荆楚文库

湖北省档案馆 编

汉冶萍公司档案
汇编（五）

荆楚文库编纂出版委员会

华中科技大学出版社

本册目录

（十）汉阳钢铁厂

吴健致公司董事会函

洪宪元年一月二十四日（1916.1.24）

董事会钧鉴：

接奉一月十九日台缄，以健自接办汉厂以来，内而全厂工务，外面地方交涉，均由一人主任，坐办名称对于职务范围，尚嫌不赅括，经公议改为汉冶萍总公司汉阳钢铁厂务长，特刊发钤印，加函委任，以崇体制等因。奉此，健猥以菲材，辱蒙钧会改重名称，曷胜铭感。惟汉冶萍总公司汉阳钢铁厂务长，此名义固佳，而健窃窃有疑惑者，则以有似于总公司之厂务所长，但有"汉阳"二字限制，以健之资望才力不足，实不胜厂务所长之任，自不敢奉命。若系令专管汉厂钢铁两厂务，除钢铁外特另任有人，又殊非尊函嫌坐办名称对于职务范围不赅括之意。健愚见，钧会若专为加重名称起见，莫如改称为汉冶萍公司汉阳钢铁厂厂长，似较为名实相符。是否有当，伏祈明示祗遵，除函陈外，肃此。祗叩

崇安

吴健谨肃

王勋致公司董事会函

民国五年四月一日（1916.4.1）

董事会大鉴：

吴任之来信谓，汉厂洋化验师解尔，每月薪水英金六十镑，早于二月间合同期满，因一时接替无人，商留数月，久欲觅一华化验师以代，惟均无博士学位，恐尚不妥，因化验师常与铁路验收工程师交涉，倘无博士学位，遇有钢质化验之争论，难以压服。现有意大利人曼弗来台（Manfredi），具有博士学位，曾在汉口礼和炼锑厂当化验师，愿就汉厂之聘，每月薪水英金五

十镑,订立三年合同,如以为可,即祈速示;再拟另雇华化验师有博士学位者一人,为洋员之辅助,二三年后即可不再雇用洋员。是否可行,并请核夺等语。查吴君所陈办法甚是,且新洋员月减十镑,务希照准,以便转致速订为祷。此颂

公绥

兼代经理　王勋

夏偕复、盛恩颐致公司董事会函

民国六年七月二十五日(1917.7.25)

董事会公鉴:

接据吴任之厂长洋文函称:汉厂机器股雇用德籍工程司史榍,原订三年合同,于一九十六年三月底期满,业经留订一年,至本年即一九十七年三月,续订又届满期。因其办事勤奋,复展留一年。惟该工师原薪英金五十镑,当一九十六年初次留订时,即约定加薪五镑,因欧战大局未定,迄未实行,但以有约在先,又值金价日落,该工师工资已不足原定之数,拟请自本年八月份起加薪五镑,以践前言,而免觖望,请为核示等语。查该工师史榍,既据吴厂长称其办事得力,一再展留,加薪本系允许在前,现值金贱之时,实行照加,藉示体恤而全信用,似可照准。用特转请贵会核议示遵。

祗颂

公安

总、副经理

夏偕复致公司董事会函

民国六年十月六日(1917.10.6)

董事会公鉴:

前据汉厂吴厂长以汉冶两厂所用洋员薪金向订金镑,现值金价奇贱,几视从前减半,各洋员殊形苦累,要求酌加,函请每一金镑折中作银六两算付等情。当以中国雇用洋员,应用中币,今因金贱而请加,未闻银贱而请减

者,似此专令公司一方面受其亏损,殊不公允,莫如趁此洋员要求之时,一律改用中银计算。查取欧战前十年金镑汇水,平均定一价格,以后无论涨落均照此支领,其不愿者仍听汇水上下,饬与各洋员协商是否情愿,复候核夺等语去后,兹据复称,遵查欧战前十年金镑汇水通扯折算,每一金镑实合银七两五钱五分九厘,鄙见此后三五年内金镑决不甚贵,若照此商之洋员,度无不乐从,特嫌于公司一方吃亏更大,似仍以每一金镑折银六两为合算。并日员年薪日金三千元者,亦照此办理,复请示遵等语前来。

查吴厂长之意,以现时金镑只合银四两余,若照十年前镑价折银,需银七两五钱零,似觉吃亏过巨。但作银六两,较现市已多一两有余,迨至金镑复原或更加涨,仍须照市算给。贱则请加,贵则不减,吃亏终在公司,似不如趁此要求之时,以欧战前十年之常价平均扯定一数,各照薪数一律改用中银,嗣后金镑涨落概不过问。目前虽稍见多,以后则不加涨,两方得剂其平,而于预算支出亦有一定确数,不致时有出入。是否有当,理合提请贵会公议示遵,并嘱会计所开具洋员薪水比较单,附请查核。祗颂

公安

附单。

总经理　夏

［附件］　洋员每年薪数时价合银与定价合银比较单

照时价合

日金五万一千元,五七一二五合,规元二万九千一百三十三两七钱五分

日金一万四千七百四十元,八五合,规元一万一千七百八十二两。

英金四千一百四十镑,三先〈令〉一九本〈士〉半合,规元二万一千八百三十七两二钱六分。

美金二千四百元,九〇二五合,规元二千六百五十九两二钱七分。

共计规元六万五千四百十二两二钱八分。

照定价合

日金六万五千七百四十元,七八合,规元五万一千二百七十七两二钱。

英金四千一百四十镑,七六合,规元三万一千四百六十四两。

美金二千四百元,一五一三合,规元三千六百三十一两二钱。

共计规元八万六千三百七十两四钱,约多规元二万零九百八十四两。

盛恩颐致公司董事会函

民国六年十二月十八日(1917.12.18)

董事会大鉴:

接汉厂吴厂长函开:按查日本制铁所于工程技术人员不时选择其优异者资遣外洋居一、二年,令专门研究一事,故其人材隽秀,钢铁事业日有起色。又侨居我国之外商每三年必回国一次,以扩新其见闻。我厂工程人员既不多,而有经验者尤鲜,拟就现有之工程员不论资格、阶级,每二年慎加遴选二员,资遣外洋考察、观摩、练习,以期深宏,其造就返厂后,藉收效用,实于钢铁制造前途大有裨益等语。

查现在工程人员由外洋毕业归来能办事者本不多觐,至于经验一道,尤无足述。吴厂长所陈办法确有见地,惟每二年必派二员同时并出,一则需费过巨,二则厂矿工程人员更患不敷调遣,恐于进行方面有所阻滞。似宜量予变通,先行试派一员赴外洋研究,限其归国,如确有精进成绩,再行陆续选派,庶款不虚糜,效成实收。是否有当,即祈核议示遵。此颂

公安

副经理 盛恩颐

吴健致夏偕复、盛恩颐函

民国七年五月三十日(1918.5.30)

总、副经理钧鉴:

阳新锰矿局坐办王善夫君控案,遵经遴派本厂机器股长郭伯良君前往调查。据称,铜矿局侵占局地,延不处理一节,系有永租我之地段为铜矿局占用,当经指给他地,与我掉换,在我稍吃亏尚不巨云。至掘取戴前手采置

双港矿砂四千吨,开价分肥一事,据戴君面语健,渠手实无余砂。查王君性嗜赌,而所任用多系其私人,以致措施诸多乖谬,办理实属不善。适总经理莅厂,当将前情面详,谓即可从轻办理,遵即立予撤委,改任奚君麟石接充该矿局坐办,月支薪水洋八十元,并加委李君先荣充该矿局总稽查,以为奚君之辅佐,月支薪水洋五十元,均业已委任,饬令到差,将王前手所用司友严加甄别去留,局务力为整顿。除俟据报去留司友姓名、人数、薪数若干,再行转报外,合先肃此函报,仰祈赐予鉴察备案是幸。专肃。祗颂
崇安

厂长　吴健谨肃

夏偕复、盛恩颐致吴健函
民国八年十月十一日(1919.10.11)

径复者:

接一百二十八号函,请加汉厂各员月薪,开单呈请核准,并附不列号函,陈明加薪理由等情。查单开严恩械等计八十八人,共拟加薪七百四十九元,内工程师及各股长十六人,占四百零五元,其余三百四十四元为员司七十二人加薪之数。既据称或以资深,或以劳著,应予一并核准,照所拟加数,自十月份起支,以昭奖励。惟现值铁市疲滞、经济困难之时,大批加薪悉加所请,实具有维絷之情,兼寓期望之意,尚希转致该员司等共喻斯旨,益加奋励,是所厚望。此致
汉厂吴厂长

总、副经理

戴怡①致吴健函
民国十年五月十四日(1921.5.14)

敬复者:

昨奉台函内开:奉经理四月九日汉字第三十三号函开:接四十号函,以

---

① 戴怡(1863—?):字春塘,江苏句容(今镇江)人。时任公司鄂城铁矿坐办。

鄂城银、马两山铁矿无开采价值,若能让渡于人,最为相宜,否则亦应缩小办法,以节经费,陈请核示等情。查该矿品质虽不甚佳,弃之亦属可惜,只有缩小范围,藉资撙节。该矿山计分两处,停采多年,山场机关应即裁去,其一城局更无事可办,一并裁撤。戴委员即驻樊口局,饬将存矿九千余吨运交汉冶备用,以免散失,即希查照,仍将办理情形具报备查等因。相应函达,即希查照办理,并将办理情形具报,以凭转陈等因。奉此,窃思经理函云该矿品质虽不甚佳,弃之亦属可惜,是即未肯舍弃该矿之权,只有缩小范围,藉资撙节,犹似以待将来开采之用。饬将山场机关裁去,自应遵照办理。其一城局一并裁撤,细思似非所宜,勿论樊口局屋窄小,难以容住,而裁撤各局之家俱器件,无从存置,且城局乃办理该矿之根据,机关即山厂开工之目,亦属无事可办,不过支配各局之事而已。然最重在联络地方官绅,及与文武各机关相周旋者,无非藉其声势,得以暗中消灭小人思逞之心,免生障阻挟制之举,此亦近世人心不古,势所必然之事耳。刻如将城局裁撤,一旦失其声势,不独影响将来开采诸端,而现在樊口之存矿装运等事,亦恐由此滋生掣肘。盖办矿一役,本属难字当头,而小局面者尤难及。无论何处办矿者,地方人民莫不枝节横生,挟阻进行,民国以来,较前清时尤甚,此种情事想早在洞鉴之中。且一城局之费甚微,而公司之权势关系甚重,如果决计抛弃该矿之权,统行裁撤,亦无不可。拟将城局暂行留存,俟将樊口存矿措置竣事,再行请示核夺。是否有当,理合缕晰陈述台端,希赐转陈为荷。此复

汉阳钢铁厂吴厂长

戴怡

吴健致夏偕复函

民国十二年三月九日(1923.3.9)

经理钧鉴:

汉厂机器股部分所属各厂工人现经大加裁汰,于七日裁去二百四十余人,每人另给二十日工资,以示体恤。惟事前谣言大作,工人并投谩骂恐吓

函件,不得已呈明督军准就近请汉阳驻军寇旅部派拨军队到厂暂为弹压保护,于八日上半日竣事。此次仰赖军队势力差免暴动,间有倔强不肯缴销工牌工人一名,经巡警拘拿,搜获其身上存有工会职凭图记等件,并有刷印文件。以吴巡阅使及萧督军此次处置京汉路工严厉,当谋所以对付传布各工人聚谋,该工人即经旅部拿去矣。相应函报,并颂

钧绥

厂长 吴健谨肃

赵时骧致夏偕复函

民国十二年五月二十一日(1923.5.21)

经理钧鉴:

奉号电开,机器股前裁工二百四十余人,计月省工价若干,化铁炉改包工制能否少节工价,乞即电复,并函示现行包工办法等因。案查机器股裁工二百四十余人,计月约省洋二千六百元。化铁炉长工八班改由各班工头雇用工人工作,悉照原先工价,无稍增减。包与各班工头,每日夜班在工人数若干,我不过问,工作由各班工头完全负责。诚以工人数多散漫,在我难于驾驭,改归各班工头雇用管理,设有罢工情事,悉惟各班工头是问也。奉电询前因,除电复外,合再函详,并颂

崇绥

代厂长 赵时骧谨肃

盛恩颐、潘灏芬致赵时骧、舒修泰函

民国十四年一月六日(1925.1.6)

径启者:

大冶铁厂副厂长、大冶铁矿副矿长已于上年同时裁撤,汉厂、萍矿未便独异,应自本年一月起将汉阳铁厂副厂长、萍乡煤矿副矿长一并裁撤,以示一律而资搏节。除分函外,用特函知,即希查照。

此致

汉厂赵署厂长、萍矿舒代矿长

公司董事会致赵时骧函

民国十六年一月十二日(1927.1.12)

步郊厂长执事:

接展来函,请辞汉阳厂长之职等因。查厂矿停工已久,借款签定,即须次第开工,筹画布置在在均须熟手。执事长厂有年,一切正赖臂助,岂容遽然引去。况值兹军事时代,工习嚣张,对付尤非容易。素稔执事心精力果,不避艰难,务望勉抑退思,力图共济,幸勿再辞,是所盼祷。专此挽留。复颂

台绥

董事会启

盛恩颐、潘灏芬致黄金涛函

民国十六年六月二日(1927.6.2)

径复者:

接二十六号函,以代理期满,请饬赵厂长销假视事,否则另请派员等情。查赵厂长现已续假两月,执事自代厂长以来,应付一切,悉臻妥洽,现值时局未宁,仍希勉任其难,继续代理,俾得维持现状,是所企盼。此致

汉厂黄兼代厂长

总、副经理

盛恩颐致公司董事会函

民国十七年十一月二十三日(1928.11.23)

董事会公鉴:

前奉函示,本年八月间第四次临时会议议决,汉厂现有人员应由经理酌量裁减等因。查汉厂因停办已久,节经函饬裁人减费,藉资撙节,兹奉前因,复经转饬,再加裁汰去后,兹据黄代厂长金涛复称:汉厂稽核处业经裁撤具报,其他各机关,现有人员本合遵照办理,以期仰副钧座撙节减政之至

意，惟金涛不能已于言者，则以汉厂情形，揆之现有人员，实有不能再裁之势。谨就所及，缕晰陈之：汉厂地面辽阔，除厂基外，厂外大江、襄河两岸，工程不少，如起矿机、渣砖厂、汲水机、煤院堆栈等，以及兵工厂前之月湖倾渣，凡敷设铁轨所到之处，即厂产所在之处，直蔓延数里，不得不派员司或工人看守。又琴断口红砖厂，石泥处、伯牙台、梅子山、辅德里房屋，汉阳、汉口各处房产地皮，均须责有专人，倘有疏虞，盗窃及侵占立至。以如许广阔工厂，员司、工匠不过数十，巡警不过数十，而谓并此少数而亦从而裁减之，以为节省开支计，无论开支所省无几，果如此做法，诚恐所省者小，而所失者大，非所以维持厂务者所能贸然从事也。此就厂基工程范围及所有财产不能再裁人者一。

汉厂办事机关，原有四十股、处，有往年机关人员月报册可查。现值停工期间，虽多数归并，而各处案卷、机件图样，种种仍需专人保存，员司现仅三十三人，除每日原任处所应办事务外，兼综他机关事务或管理，并且各股、处事务前次十人或十数人办者，今则一人或二人兼之，虽曰停工事固简单，而对内对外仍复不无事事；况且汉厂机关，四处林立，当时原就工作所在地而设，非若冶厂聚集一隅，今虽欲迁就合为一处，而因各项机厂关系，事实上实无可能。苟聚集一隅，则机件或将不免偷窃，是则非守者所能负责也。此就机关而论有不能再裁者二。

民国九、十年时，汉厂员司已达二百五十余人，今仅三十三人，几去其十分之九，而上述地面如是，机关如是，分综兼摄，已属不敷。厂居繁市之中，盗窃时有。觇知厂中人少，偷儿益肆胆环攻。除每日员司办事并负责管理外，工匠则日夜轮班看守，巡警日夜三班，每班仅十二人，分布于数里之厂内外。而前此电表三十四个，竟由外间挖洞，通阴沟进来偷窃，藏置阴沟中，倘非厂尚有人，则此物已搬去矣。即此可见防范之难周，盗窃之可畏，若并此而更加裁汰，势将不能维持矣。此就现有人数论不能再裁者三。

曩者未裁以前，本可略为裁汰，今则人人事事均有责任在身，倘去其一，则一机关为之不灵，去其二去其三，则三数机关为之闭塞坍塌；非诚坍塌也，一人肩一机关或二个机关，去其人，则机关与坍塌闭塞无异；且厂炉岂能长此停顿,公司臆必筹画开工,必资熟手,留此少数员司、工匠者,皆多年在事,熟悉机件成案者。若再裁撤,将来开工均系生手,对于机件成案,势必茫无头绪,临事愕然,其不能操纵裕如明矣。工作重要,心窃谓危,似此无论人员已属不敷,即令有余,亦必留为他日之用。金涛为公司计,为汉厂计,故不得不将实在情形,直切渎陈,非敢顾恤少数人员而故违钧命,亦非敢具函搪塞,故作诡词也。若谓必加裁汰,甚至仅留数人守厂,亦无不可,特如是而厂产约近二千万或将不保,而前途危矣。金涛固应知公司诸宜撙节,而处于势之不能,又不能安缄默,敬谨披沥,伏维垂察而采纳之。

再,人员再裁撙节亦属有限,厂办公学月需经费二百元,拟于腊底收束,因教员均系一学期定聘故也。又,许君恒月支休养金七十五元,戴君怡月支休养金三十八元,公司既经济困难,此项优恤金似可截止。综上两项,月可节省经费三百余元,抑亦撙节之道,合并陈明等语。

查核所陈不能再裁情形,尚属实在;所请停办公学,应准照办;至许、戴两员休养金,关系公司信用及全体员司信仰,未便遽予停支。除函复查照外,理合转陈贵会鉴核备案。肃颂
公安

总经理　盛恩颐

(十一) 大冶钢铁厂

公司董事会致孙德全函

民国五年四月十七日(1916.4.17)

慎卿先生台鉴:

本公司大冶新厂计画,自上年入手购地,迄已大致就绪,所有建筑工程亟应次第开办。现经规定为工程、事务两部,各专责任,以厂长总其成,业已委任吴任之君为大冶新厂厂长。工程一部,委任工程顾问大岛君为冶厂

总工程师。事务一部,夙稔执事明练有为,用特委任为冶厂事务部主任。开办伊始,事务繁要,即希随时商承吴厂长妥筹办理,一面报候本会核夺。至事务部应设股员襄助,其职务员额,并请拟具简章,送会核定,先尽萍乡人员调派试用,本会长顷已面谕,务宜照办。专函委托,即祈查照。此致。

即颂

台祺

董事会启

公司董事会致大岛函

民国五年五月十三日(1916.5.13)

大岛先生阁下:

专启者,大冶新厂已达开始建筑时代,所有一切布置均当按照程序进行,素谂阁下学问与经验俱优,且多心得,在就聘最高工程顾问时,所陈各项计画,尤见老到,今于最高顾问职务外,特委任阁下为大冶新厂建筑时代总工程师,行见提纲挈领,事半功倍,兹将职务权限开列于左:

一、关于建筑方面一切工程,均隶属总工程师管辖。

一、如荐用各专门工师,须商承厂长报由经理转达董事会通过,方可订立合同,其合同由厂长签字,即生效力。

所有工师俸金暨聘用条件,均照公司向章办理。

一、除额支各项经费由厂长规定外,如有特别开支应函告厂长,说明理由,仍由厂长核发。

一、一切文牍,除关于指令各工师执行寻常职务外,均须厂长签字,以期接洽。

一、新厂告成,当另致委任书。

以上各条,即祈查照办理为荷。此颂

日祉

汉冶萍公司董事会

公司董事会致吴健等函

民国五年七月二十四日(1916.7.24)

任之仁兄厂长、大岛总工程司、屑清仁兄先生鉴:

径启者,大冶建设新厂,已由筹备而进于进行,所有职员权限亟应明定,俾各晓然,无放弃,无侵越,以收通力合作之效。兹特核定厂长暨工务部、事务部并稽核、收支两股各职务权限大纲,另纸录寄,即祈查照遵守为要。此致。即颂

台祺

董事会启

[附件]

职务权限

厂长　总握全厂用人行政事权,凡与地方交涉公牍文件均由厂长署名;凡报告公司,无论工务、事务函件,均须送经厂长核阅署名或由厂长委托之代表人代署;稽核、收支二首领虽归公司会计所遴员委任,亦须得厂长同意,到厂后归厂长及事务部主任管辖。

工务部总工程司　总管全厂工程事务,凡所计画或于工程拟有所变更或修改,均须经厂长核准;至订用中外工程师及随时调遣,均须得厂长同意。

事务部主任　商承厂长管理事务部一切例行事务,关于特别用款及增减用人或黜陟升降,均须经厂长核准。

稽核股首领　由公司会计所遴员委任,归厂长管辖。预算全厂每月用款,分别列表,由厂长寄请公司会计所筹备兑用;稽核全厂银钱支付凭单及全厂取用物料凭单,得随时径报公司;每月正式报册,除造送公司外,应照填一分送厂长处存查。

收支股首领　由公司会计所遴员委任,归厂长管辖。每月全厂用款凭稽核股预算表直接向公司会计所兑收备发;凡银钱支付悉有凭单,单上须

经各机关主管及稽核股核盖信章,方为有效;银钱帐册,厂长得以随时调查取阅。

此外,各机关职务权限及办事手续细则,统由厂长另订,由会核准发行遵守。

吴健致公司董事会函

民国五年七月二十九日(1916.7.29)

董事会钧鉴:

昨奉七月二十四日尊缄,颁示订定大冶新厂厂长暨工务部总工程师、事务部主任、稽核收支两股首领各职务权限大纲,自当遵守。承示此外各机关职务权限及办事手续细则,统由厂长另订,报请钧会核准发行遵守等因。兹经拟定冶厂同人请假章程及其他手续共五项,理合录报。即祈核准施行是幸。专泐。祗颂

崇安

　　附抄件

汉冶钢铁厂厂长　吴健谨肃

[附件]

(一)请假章程

一、规定除年节、国庆纪念及寻常天礼拜放假休息等日不计外,另有事请假者,通年积算,每年以三十日为限,自二小时起即应计算;所有婚丧、喜庆、病疾诸大故一并在内。

一、同人请假须经各该部核准,其未经请假者不得私自离公。

一、请假如多日,其所司职务必先商有同人兼代,如是者每机关只准一人。

一、同人请假日期,按年计算,如请假逾三十日者,即按各人每日薪水若干计日罚扣;其请假未满三十日者,应计日按照各人每日薪水若干照给,但须俟在公三年期满日付与。倘未届三年,因事故辞退或自行离厂者,一

概不给。

一、假期每年三十日,按年计算,不得以今年或余有十日,即连搭明年,作有四十日之假期算。

一、各处公事房应各置请假簿,凡请假逾二小时者,逐日登记,于月终造册送厂长核阅后交稽核处存查。请假簿登记如有疏漏,司其事者应科以重罚。

(二)雇用工匠工人手续

一、工务部雇用工匠及长工、小工人数若干,须先呈报厂长,经核准后知照事务所招雇。

一、工食由工务部拟定,送经厂长核准后发交事务部稽核处备案。

一、进退工人或增减工食,工务部须商奉厂长执行,转知事务部稽核处备案。

一、工匠及长工、小工归工务部管束,工食由工务部出凭向事务部收支处领取。

(三)包工手续

一、工务部建筑工程,须将工程单及图样送经厂长核阅后,交由事务部招人限期投标。

一、期限届满日,汇送由厂长开标,决定归某号承揽,知照工务部与承揽人订立合同,由工务部送交事务部稽核处存查。

一、包工用款由工务部出凭支领。

(四)工程领料手续

一、领用小料杂件,由工务部出凭向事务部物料处领取。

一、领用大料,由工务部出单送经厂长核准,交事务部采办或向别处订购。

(五)查工人员须知

一、凡查工人员,虽归事务部任用,应受工务部节制,办事如不力,工务部得以直接报请厂长辞退。惟建筑时期内查工则径归工务部任用管辖。

公司董事会致李维格函

民国五年八月二十二日(1916.8.22)

一琴先生台鉴：

接展八月二十一日复函，以本会聘请总经理一职仍复固辞，现拟公私兼顾，担任一部分之事，承乏大冶新厂厂长之职，并拟具办事规则九条，如承同意，即盼见复等因。具征谦抑为怀，尤佩实事求是。同人以大冶新厂开始经营，规模虽囿于一隅，而利钝实关乎全局。兹承俯就，极表欢迎，即奉请执事为大冶新厂厂长，仍兼本公司高等顾问，冀于全局时承指示。新厂规则九条，为厂长应有之职权，谨如尊旨，并议定仍照前经理原薪，每月致送六百两，以资办公。除分函吴任之及大岛、李屑清诸君知照外，此复。即颂

台安

董事会启

大冶新厂办事规则①

民国五年八月二十二日(1916.8.22)

一、为趱赶工程起见，厂内用人行事拟请董事会予厂长以全权。除有重大事件厂长不能担承随时报告总事务所转报董事会外，所有一切厂务，厂长均得便宜行事，酌夺施行，以免耽误。

一、厂内各部事务应如何组织，拟由厂长酌量布置，报告总事务所转报董事会。

一、除管理银钱员由董事会遴派外，其余厂员均拟由厂长酌用；董事会遴派之管理银钱员须得厂长同意，如厂长以为必要时可请董事会更换。

一、请领及存放款项，须由厂长或厂长所遴派之总稽核会同管理银钱员签字。

---

① 原件附说明："此件系李一琴先生交来送请公阅。"

一、非得厂长或厂长所派之总稽核签字,不得支付银钱,否则全由管理银钱员负责。

一、如有厂事报告,只有厂长一人可以报告总事务所转报董事会,此外厂员无论何人不得越过厂长径报总事务所或董事会;而总事务所遇有公事或传述董事会之命令,亦只能与厂长一人通信。

一、董事会如欲更换厂长,只须预先一个月知照即可更换;而厂长如欲辞职,亦预先一个月知照即可去职。

一、拟设副厂长一员,由厂长荐举,请求董事会同意。

一、厂长每年得假期两个月,假期内副厂长代理。

王勋致公司董事会函

民国五年八月二十五日(1916.8.25)

董事会大鉴:

顷接大冶新厂厂长李一琴君来函,谓有二事须先声明:一、格因气血亏耗,身体孱弱,每日晨午必须作静坐,运行功夫。除有紧要公事外,晨间午后到事务所办事,均须略迟。然晨间不越九时半,午后不越二时。二、格自二年冬辞去汉冶萍公司职务后,曾发起勘矿之举,集有公司以勘采矿产为目的。各矿之中有锰矿一种,已经领照开采。然矿既不在汉冶萍公司范围之内,砂亦并不售与汉冶萍公司所属之厂,以后恐有误传,先此声明等语。特转闻,即祈鉴察。专此。敬颂

公绥

兼代经理　王勋

公司董事会致吴健函

民国五年九月二十六日(1916.9.26)

任之仁兄先生台鉴:

据王代经理转据李厂长函称,大冶新厂事务繁重,前拟请设副厂长一员,协同办理,业奉核准,现拟请汉厂厂长吴任之君兼任,祈转请董会核准

委任前来。查大冶新厂开办之初，一切筹画布置皆属执事所手创。此次李厂长请以执事兼任大冶铁厂副厂长，自系为驾轻就熟起见。业经本会于本月二十三日常会提出，公议:咸表赞同。相应专函委任，希即查照，随时随事协同李厂长妥筹办理。如遇李厂长因公他往，或请假期内，所有冶厂一切事务均即由执事代理执行。总期无误事机，是为切要。顺颂

台祺

董事会启

公司董事会致黄锡赓函

民国六年五月五日(1917.5.5)

专启者:

　　大冶新厂开始经营，事繁责重，前经李一琴先生允为担任，比接一琴先生函称:去年承乏，本因吴任之君汉厂事繁，势难兼顾，勉暂担任。数月以来，奔走厂事，仍累吴君劳瘁。此次赴冶以一月为期，特举执事自代。查执事学识优长，经验宏富，前办冶矿久著声誉。公议即任执事为大冶新厂副厂长，驻厂办事，月支薪银三百两，并兼萍矿顾问，月支薪银一百两，共四百两，均自接任之日起支。吴君任之于上年新厂发轫之始即与一琴先生筹画一切，于新厂情形尤为熟悉，公议任为正厂长，俾遇事有所商承，不致隔膜。务望执事会商正厂长督同总工程师、各该主任，将一切应办事宜悉心规画，积极进行。嗣后凡有延用华洋员司，务必具报经理转会核夺。再，萍矿事务已分派李君镜澄、金君湘荪办理矣。除分致外，专此委任。即希查照。此致

大冶铁厂黄绍三副厂长

董事会启

夏偕复、盛恩颐致吴健函

民国六年五月十一日(1917.5.11)

任之仁兄厂长台鉴:

　　前大岛来沪时曾谈及大冶新厂尚须添用工程师五人，渠拟归后物色，

弟当答以曾否询商执事,想汉厂及他处似尚有此种人才可以调用,不必远求。据答称:曾商执事云,无人可用,故只得求之日本等语。查新厂工程师,鄙意总宜参用中国人材,不惟易于驾驭,且以奖掖后进,振兴工艺。近来留学生卒业回国之来求事者颇不乏人,如王观英之弟新自美归,又一琴先生谈及王槐清之弟曾在日本西京学校机械工程卒业,似均可搜罗,以备任使。弟昨已电致大岛,告以拟订日本工师暂勿作定。电文附阅。弟意新厂炉座及电机装置,新进诸生或有未谙,然汉厂工师中必有实验而能胜任者,能否调赴新厂,而另觅新进程较优者在汉厂试习,尚祈通盘筹画见复为盼。此致。即颂

台安

总、副经理

夏偕复、盛恩颐致吴健、黄锡赓函
民国八年八月二十八日(1919.8.28)

径复者:

接五十一号函,陈报冶厂窃焦一事,除由警所判决及本厂追回原焦外,拟请将厂巡处蓝处长宗浩记大过一次,函请核示等情。查阅附抄警所复函,对于此案如何审讯,既未附有供词,而于收赃之冶坊刘恒泰及此案有关之夫头方春山如何处分,亦不详叙,仅以"依法惩办"四字了之,办理殊属含糊。因念赃已全起,不予深究,此后仍在我厂内部严密防范,有犯必惩,以遏其流而已。至蓝处长宗浩,身为厂巡,此次窃运焦炭至二百担之多,当事竟一无觉察,微论该处巡士王恕等所控串窃,是否属实,即此溺职之咎,实无可辞。月糜巨款,养此厂巡,原为严查偷漏保护财产,而收效适得其反,其谓之何?兹既执事代请记大过一次,以儆将来,姑如所请,饬考功课登记,以观后效,仍希严饬该处长力图振作,藉盖前愆,倘再疏虞,定不宽假也。此复

冶厂吴兼厂长、黄副厂长

总、副经理

公司董事会致夏偕复、盛恩颐函

民国九年三月六日(1920.3.6)

总、副经理均鉴:

前接本年二月十七日第二十号来函,以冶厂请送大冶县夫马津贴拟厂矿合计年送知事八百元,县佐三百元,可否,请核复等因。兹于本年三月四日第六次临时会提出,公议:厂矿均在冶境,对于地方之事甚多,应以公司名义年送大冶县知事夫马八百元,县佐三百元,藉资联络云云。相应函复,即希查照饬遵。此颂

均绥

董事会启

夏偕复、盛恩颐致黄锡赉函

民国九年八月二十七日(1920.8.27)

径复者:

接七十六号函送该厂守卫规则、出入章程二份,具悉。查核所订各条尚属周密,应准试行备案。惟章程内载有甲、乙两种放行单,固为便利起见,然日久玩生,恐滋流弊,应由厂巡处逐日将截收单据汇送厂长签阅存查,以昭慎重,并希查照。此致

冶厂黄副厂长

总、副经理

[附件一] 出入章程

(一)本厂厂基按工作及寓所之区别,分厂内厂外筑造围墙及铁丝栅等,以定内外之界限;建设各厂门码头,以便出入而资守卫。

(二)凡各处来宾,本公司及本厂职员以及工匠、工人、仆役等往来厂内,须由各厂门出入,于必要时可由厂内码头出入,并须带有本厂入厂券或徽章或执照,否则守卫人有拦阻责权。

（三）本厂职员寻常往来厂内，须由西总门出入，惟遇紧急公务得由他门或厂内码头出入。

（四）本厂工匠、工人及各包工名下之工匠、工人寻常往来，须由叶家塘工匠门出入，于必要时持有特许执照者得由他门或厂内码头出入。

（五）本厂各办公处及医院、俱乐部之公役听差以及职员之仆役人等，寻常准由总门出入。

（六）本厂各包工及其办事人及与本厂交易之商人，持有执照者可由总门出入。

（七）各处来宾持有致本厂之介绍书信或本厂职员偕行者，均可由总门入厂，惟须先在总门客厅留记姓名，俾填送入厂券，以凭出入。

（八）凡宾客附搭本公司拖轮或小轮来厂者，可由厂内码头出入。其他船只载送宾客来厂，如欲在厂内码头登岸者，须由守卫人指引方可入厂。

（九）邮差电差以及地方官厅之公差因公来厂穿有制服或持有公文者，可无需徽章及执照，由总门出入，其他厂门则不便出入。

（十）地方官长及本公司高级职员因公来厂，可无需本厂徽章及执照，由总门或厂内码头出入。

（十一）除九、十两条所载人员差役等外，凡无本厂之徽章及执照者，均不得入厂。若查有混入者，立即查究。

（十二）除衣服及随身物件之外，无论何人，如无本厂放行单，均不得携带无论公有或私有物件出厂；即有放行单，厂门守卫人员仍得随时检查核对，如有不遵检查或物单不符者，守卫人员得将物件扣留。

（十三）本公司所属各机关职员来厂，均以宾客相待，如已领有本厂之执照者，得凭执照出入。

（十四）本厂厂巡处职员及巡士凡穿制服者，毋庸备带徽章或执照得由各厂门出入，不穿制服者即以寻常人员看待。该处暗探或暗巡出入厂门仍须密带该处徽章，以杜假冒。

右章程自民国　年　月　日施行

大冶钢铁厂正、副厂长　吴　黄订

［附件二］　厂门守卫人员职守规则

（一）守卫人员除遵照厂门出入章程办理外，应照左列各规则办理。

（二）守卫人对于宾客、职员或工匠、工役人等出入厂门，须以礼相待，言语举动均须和平公正，对于应行责务及本厂一切章程皆不得畏侮疏忽。

（三）总门之大铁门，除年节及例假日不计外，每日应照规定之到公、离公钟点三十分钟前开放，至三十分钟后关闭。日间其他时刻准开侧门一扇，夜间须一律关闭。惟夜间本厂人员因公出入者，准随开随闭。

（四）各处来宾至总门时，守卫人员应导引至客厅，请其留记姓名，领取入厂券。但来路不明，须询问清楚方可指引进厂。此项入厂券于出厂时须收回，盖以时计图章注销备查。

（五）本公司所属机关职员来厂，可凭该机关之徽章或介绍书由西总门入厂，守卫人仍按来宾例导引至客厅，请其留名领取入厂券，如已领有本厂执照者则不必再领入厂券。

（六）本厂职员以及寻常人等由西总门出入者，出入时，守卫人员须注意有无徽章执照等物，如未带有徽章或执照者，守卫人员应即拦阻，不得以面熟而通融之。

（七）工匠、工人如持有特许执照由西总门出入者，出入时应即将此项特许执照收下，盖以时计图章备查。

（八）无论何人出厂时，如无放行单，除衣服及随身物件外，不得携带他种公有或私有物件，即有放行单亦须随时检查，仆役等携带之物件尤须注意，如有情形不符，应将物件扣留。

（九）厂巡处职员及巡士因公往来，穿有制服者可由西总门（及他门）出入，如不穿制服即须照寻常人员相待，若无徽章或执照不准由总门出入。该处所派暗探暗巡仍须密带该处自用之徽章，俾可随时查验而防假冒。

（十）如有火警，本厂消防队得随时由西总门或他门出入。

右规则十条自民国　年　月　日实行

　　　　　　　　　　　　大冶钢铁厂正、副厂长　吴　黄订

[附件三] 厂内守卫人员职守规则

（一）守卫人员除参照厂门出入章程相机办理外,凡关于厂内守卫事宜应照左列各规办理。

（二）除各厂门及江岸各派专人守卫及稽查外,厂内守卫人须时刻于铁丝栏一带严防人民翻入或偷窃等弊。

（三）如查有翻越栅栏或在厂内窃取物件或将物件由栅栏偷出或损毁铁丝栅栏及厂门者,立即送交厂巡处,转解地方官厅惩办。

（四）如有人损毁或谋损毁本厂房屋、道路、沟渠、电线、电杆、桥梁、铁路、围墙、栅栏各种建筑物者,守卫人应即送交厂巡处转解地方官厅严办,惟本厂建筑工程有必须拆之处,不在此例。

（五）厂内严禁赌博、饮酒、口角、争斗等事,如有违犯者,守卫人应即送交厂巡处核办。

（六）厂内设有厕所,不准随地便溺,违者即由守卫人送交厂巡处处罚,罚款以犯事人一天之薪工为度。

（七）厂内查有人不备带徽章,执照或厂券者,守卫人应即盘问情由,如系误入厂内即勒令出厂,如形迹可疑或言语支吾者,即送交厂巡处查究。

（八）守卫人未经各管职员之传唤,不得无故擅入厂内办公房屋及各机厂,惟遇违犯第五条所载各事准入内干涉。

（九）厂界之围墙、铁丝、栅栏及各厂门如查有损坏之处,守卫人应立即报告厂巡处,转请派人修整。

（十）如遇狂风暴雨厂内房屋窗门于放工后有未经关闭者,守卫人须设法关闭,并将经过情形报告厂巡处。

（十一）厂内如有特异之事出现,守卫人应立即报告厂巡处。

（十二）守卫人于厂内获得犯事之人,应即交守卫长目解送厂巡处。

右规则十二条自民国　年　月　日起实行。

大冶钢铁厂正、副厂长　吴　黄订

[附件四] 入厂券、特准执照、放行单等行用章程

（甲）入厂券

一、凡宾客来厂参观，均须由招待员填送入厂券，载明姓名、年月日期，以便入厂参观。

二、此项入厂券于出厂时须缴还本厂，由各厂门或码头守卫人员收回注销。

三、凡非本厂认识者或无本厂认识之机关或个人介绍者，本厂概不填送入厂券。

（乙）入厂执照

一、凡与本厂有交易之商人及附近各往来机关办事人员等，有因公必须常时出入厂门者，可向本厂请领常年入厂执照。

二、此项执照须载明原领人姓名及使用期限，只准本人自用，不得借给他人。如他人拾得此项入厂执照者，亦勿轻易冒用，致干未便。

三、此项执照如有遗失，应即知照本厂事务股，俾转知厂巡处通饬各处守卫人员一体留意，以杜他人冒用。

四、此项执照只可于该照上载定之期限内使用，逾期即作无效。

（丙）特准执照

一、凡本厂之工匠、工人有须于工作时间出厂者，无论因公被派或因病请假或因他故，均须由该管职员签给特准执照，载明姓名、日期时刻及由何门出厂，方准凭照出外。

二、出厂之后如仍须于工作时间入厂者，须先领入厂执照，以凭入厂。

三、特准执照每纸只准一人，无论为出厂或入厂出入之时须将该照交付于该处守卫人员，即由守卫处所盖印时计图章注销。

四、守卫人员每日应将上日特准出入之工匠、工人等姓名号数及出入钟点填开报单，呈由厂巡处转报厂长办公处查核。

（丁）放行单

一、放行单计分甲、乙二种，甲种专为利便各机关各自运送材料物件以

及各职员运送私有物件,由厂内(工厂范围)至厂外(住所范围)之用者;乙种专利便运送本厂或各包工之材料物件、建筑器具等物,由本厂境内至厂界之外用者。

二、无论何人,如须携带公有或私有材料、器具以及零星各种物件由厂内至厂外者,均须各向本机关主任处请领甲种放行单,由各该主任签印发给应用。

三、无论何人,如须运送公有或私有材料机件(家私物件、行李等物不计)由厂界内至界外者,须向厂长办公处请领乙种放行单。

四、放行单上须详细注明运物人姓名、物件名称、件数或重量、由何地点出厂界、日期及限期等情。

五、放行单上所载明各情由不准涂改加填,如有涂改加填之处,须经签印处加盖图记方为有效。

六、材料物件运送出离厂门、厂界之时,该运送人应将放行单付守卫人验看放行,守卫人应在该单上加盖时计图章,汇交厂巡处备查。

大冶钢铁厂正、副厂长　吴　黄订①

黄锡赉致夏偕复、盛恩颐函

民国十年一月十七日(1921.1.17)

总、副经理钧鉴:

奉上年第五十四号钧函内开:函及医院简章均悉。查所订办法大致尚妥,惟对于患花柳病者似嫌太宽,应改为照收药价外并缴纳医金,及住院时费用照非本公司人员规则办理,望即修改通告,并希分寄一份备案等因。奉此,遵已照为修改。除通告外,理合陈奉一份,仰祈鉴核备案为祷。肃复。敬叩

钧安

黄锡赉谨肃

---

① 本章程尚有《叶家塘工匠门守人员职守规则》《江岸码头江岸门及临时大门守卫人员职守规则》《徽章工牌入厂牌等使用章程》,未录。

［附件一］ 医院简章

一、本厂医院系完全私立性质，一切经费均须纳入营业项下统计盈亏。以人道论，医院对内对外应一视同仁，来者不拒，并免收医药等费，但因营业关系不得不稍有限制，并酌量取费，以重成本而资维持。

一、本厂员司、工匠、仆役人等为本厂服务者，得遵照医院定章赴院诊治，免纳医药等费，其家属人等亦得享受同等之优待，惟产科须酌缴医金，所用药料亦须参照原价缴纳药金。

一、凡系本公司别机关之职员、工匠、仆役等人，亦得遵照医院定章来院诊治，惟须由各该机关介绍及担负医药等费。盖彼此虽属同一公司而营业须各计盈亏，故不得不收纳经费，以清界限。

一、凡非本公司之人员欲就便利来院诊治者，须遵照医院定章，取得本厂正式诊病单为凭，一切医药费亦须有相当之介绍人担负，否则一概不收。

一、凡须住院医治者，一律遵照医院章程及医生之指示办理，如住院有不端行为或不遵守章程者，即令出院。

一、本院医生在办公时间内，除本厂员司住居本厂范围之内者遇有重要疾病不计外，概不出诊，惟在办公时间外可照本院定章商请出诊。

一、本厂医院所备一切仪器药料均应由医生作主使用，凡有自行商借仪器或领取非正当之药料者，一概拒绝之，但自备价值向本医院购买非毒品之药料，医生得察看情形酌量售给。

［附件二］ 诊治规则

一、凡本厂员司工匠、公役及其家属人等遇有疾病，均得向本机关主任人取领请诊单，赴医院请诊，所有医药金除花柳病须照非本公司人员规则办理外，余均免费。

一、凡员司或工匠、公司役人等有重要疾病经医生认为必须住院诊治者，可寄借医院；有因公得病者，得免纳普通伙食金，其余均须照左列价目纳资。

员司　每天大洋二角

工匠公役　每天大洋一角五分。

补药补食等在外,或照医生之命自备亦可。

一、凡员司之家属欲延请本厂医生接生者,须照情形之轻重由医生酌定接生费,自五元起至十元止,所用一切药料准照原购价让给。

一、凡有重要病症须经专家医治者,病人可请本厂医生酌量尽力医治,如不能医治者,医生得拒谢之。病人即须另请专家医治,以免贻误。

一、凡属本公司别机关之员司、工匠、公役人等欲就本厂医院医治者,应纳医药、房饭等费,准照外人(即非本公司人员)之定额减半缴纳。

［附件三］　非本公司人员诊治规则

一、凡非本公司之人员,欲就本医院员司诊治室寄宿就诊者,须先商准本厂后方可住院,否则医院概不接收。此因病室无多,恐有应接不暇之虑。

一、非本公司人员其诊治及房饭等费分为甲乙二等,凡工匠仆役等照乙等纳费,其余均照甲等纳费。兹将甲乙两等费列左:

甲等　门诊每次洋一元,住院房饭金每天洋二元。

乙等　门诊每次洋五角,住院房饭金每天洋七角五分。

药料滋补品及特别看护费均在外。

一、本厂办公时间医生不能出诊,惟办公时间之外,如有紧急病症欲请门诊或出诊者,除药料另计外,须照左列规则缴纳诊金。

出诊(本地,门诊同)上半夜每次洋十元,下半夜每次洋二十元。

出诊(至窑止)上半夜每次洋十五元,下半夜每次洋三十元。

出诊(至港止)上半夜每次洋二十五元,下半夜每次洋五十元。

接生　按地点远近及情形酌量收费,以五十元至一百元为限。

打针　按病症所需药料取费,每次以五元至二十元为度。

夏偕复、盛恩颐致赵兴昌、金忠讚函

民国十年五月二十日(1921.5.20)

径复者:

据冶厂吴兼厂长西文来函译称,接大岛顾问函称,大塚、河濑二员在本公司供职多年,勤劳颇著,现因合同期满回国,应请给予酬劳,可否酬给大塚薪水五个月、河濑薪水四个月等语。查大塚、河濑两员在冶厂建筑工程深资得力,兹合同期满解雇回国,拟请酬给大塚薪水四个月、河赖薪水三个月,检同大岛来函转请核示等情。除函复照准外,相应函知,即希查照转行该厂收支照付可也。

此致

会计所赵署所长、金副所长

总、副经理

公司董事会致夏偕复、盛恩颐函

民国十年八月十八日(1921.8.18)

总、副经理均鉴:

据冶厂吴兼厂长函称:窃冶厂工程洎今未竣,定期冶炼尚难开炉,健谬兼厂务,抱愧殊深。然抚今日之情形,溯已往之经过,良用慨叹,不能已于言。民国三年秋,健同大岛、彭脱顾问奉派出洋考察,当时健以建造新厂工程重大,必先规画精详,然后纲举目张,进行有自。遂与专门名家麦奇接洽,拟请代为规画招标,并约同来大冶住居六个月,察勘各切,以为周详之规画。其机件预定六个月交清,工程以一年完竣。麦奇治事缜密,即来冶六个月之计划,已可概见,欣然承揽,索酬仅三万元(查龙烟规画顾问索酬十万元),比经电陈公司,适盛公病重,某董以索酬过巨,不予照准。此其经过情形一也。

夫规画之策既不见用,于是采招标法,在外洋招标,带归请董会选决,其中以摩根厂所投之标单并图样为最精详,孙会长极赞许,已表决。而某董反对,取消议决案,畀之三井介绍之厂家。此又一经过情形也。

三井介绍之厂家,标单既欠精详,规画复从简略,工作上随意裁减。不按照我之规定,两方争持,工作迟滞,机件竟因欧战阻隔,延至九年,迄未交清,价复昂于摩根。此第三经过情形也。

健于五年奉公司任兼厂长职,而大岛总工程师实先此发表,故于健明订不须负工程责任,往者以谓此职无异赘疣,曾经一再提出辞职书,未邀允准。假令此厂早经成立,或如当日麦奇所规画,一年工竣,即可出货,纵延长至二年三年犹在欧战未停以前,钢铁畅销,达于极点,则以两炉日出铁各四百吨,计年可二十五万吨,每吨时价百七十两,除成本约二十五两,一年间,可获利三千六百万两左右,合汉厂所盈一千二百万两,以银圆折算约七千万元,并公司原有成本底值,我公司资本得号称一万万元。以如此雄杰之局面,直与地球各大企业家抗衡,区区之外债,以六百万两清偿足矣。今者费款六百万元,历时至六年之久,工程尚未完竣,将来开炼有无发生意外危险固不得知,惟以此律彼,赢输相隔天渊耳。健非故为事后之评议,亦明知往者之不可谏,然抚今追昔,殊不能默默而安,谨述颠末,缕陈鉴核,以俾来者知健兼任冶厂之梗概云尔等语。

除录呈孙会长外,相应函达查照。此致

均绥

董事会启

吴健致夏偕复、盛恩颐函

民国十年十一月十二日(1921.11.12)

经理钧鉴:

本年十月二十五日案奉十月十八日董会函开:顷接经理函报,工程顾问、大冶铁厂总工程师大岛道太郎于本月十一日在汉病故,冶厂正值工程吃紧之时,所遗总工程师职务重要,请迅即遴员接替等语,当经本会公议,大岛病故,所遗大冶新厂总工程师一席,应由执事兼办,除函复经理外,相应专函委任,务期克日前往,将冶厂工程一切事宜妥为接管,实力进行,是要等因。健于十月二十日奉到号电,事同前因,当以菲材不克肩此重任,电呈辞复在卷,嗣经在沪面详冶厂工程,健实有不克兼办之处,当蒙垂察。惟复奉面谕,勉为其难,于辞职一层,不予照准,且责以公谊,自亦不敢固辞,遵于十一月十日就职。查前总工程师大岛建筑冶厂工程,健曾对彼直接于其规画中间持异议,不获采纳,职责在彼,未便哓哓。现在大工已竣十之八九,其中欲追求改造者有及有不及,即将来开炉冶炼,能否得以顺手,不致有意外之虞,殊难臆断。惟有勉竭绵薄,督率同人力策进行而已。所有奉委总工程师兼职及就职日期各缘由,除陈报董会外,理合肃函具报,伏祈鉴核,虔请

崇安

大冶钢铁厂正厂长兼总工程师　吴健谨肃

盛恩颐致吴健函

民国十一年六月十七日(1922.6.17)

径复者:

接五月二十八日不列号函,具悉一切。办事以有权限为主,所论极是,但必以规定者为依据,嗣后敝处对于执事兼任冶厂职权,准照六年五月五日及十年十月十八日董事会委任执事函办理,以免双方有所误会。即希查照。此复

汉厂吴厂长

副经理

吴健致夏偕复、盛恩颐函

民国十一年六月二十二日(1922.6.22)

经理钧鉴:

案查民国八年间,健即恳准告退,去年今年复申前请以开炉冶炼为期,荷蒙温语慰留,曷胜铭感。现在开炉有日,合再函达钧聪。十余年来,健深自惭怍,不能为公司效尺寸之劳,坐失光阴。新厂于公司前途关系尤为重

要,决非不才如健所克胜任,且不愿钧座因爱健而贻误公司,仰恳迅赐遴员接替,公司幸甚。至替人问题,同人中学问经验胜健什百倍者有之,资望远过于健者亦有之,故不敢恃爱再事因循也。以公司目下经济如此艰窘,鄙见汉厂应暂且停闭,是亦无须健之必要。伏乞赐予一并解职,实深感祷,除前于洋文私函条陈业经并及,恳予辞职外,兹再正式专函陈请,祗候

崇绥

厂长　吴健谨肃

再,前于洋文函已陈明,此次夏总经理返沪,公司或有改组,健愿献一得之愚,且必俟汉冶两厂妥贴交替而后行,兹回溯八年间,即经乞退者,盖以表示并非因公司今日之困难始萌退志也。又及。

吴健致夏偕复、盛恩颐函

民国十二年二月十日(1923.2.10)

经理钧鉴:

健此次奉命来沪,滞留两月余之久,原非得已。自问才疏学浅,对于厂事既未能施展,此次条陈各节,又未蒙采择施行,两厂前途正不知若何进行,实在毫无把握。又况工人要求各款,何者必当拒却,何者可以允许,未蒙切实明示。健不回厂,厂中无正式负责之人,诸事犹可推延,当此公司危难之际,并非故意规避,遽萌退志。溯于四五年前已经呈请解职,即去年亦曾送上辞呈,均蒙慰留。公司之待健不为不厚,而健实无补于公司,抚心殊多负疚。曩闻服部顾问将次来华,须赴汉厂察看工程,健拟藉此回厂预备交代,乃服部顾问日内既不莅沪,健正在迟徊,所幸总经理业已回国,经济方面已经筹备妥贴,厂事正可着手进行,惟健实以才不胜任,设再事敷衍,必致贻误大局,个人之受人指摘何足畏,厂事之颓败诚可惜也。所有两厂厂长职务昨已谒总经理力辞,兹特具函告退,伏祈迅赐批准,并恳立简贤能接办,健当即回厂赶办交代事宜,以便移交而卸责任,健实幸甚,公司幸甚。除函呈董事会外,肃此布陈。敬颂

崇绥

汉阳、大冶铁厂厂长　吴健谨肃

吴健致公司董事会函

民国十二年四月十三日(1923.4.13)

董事会钧鉴:

谨再陈者,窃健奉调定期离厂,业经函陈,惟在冶奉职经过情形,不能不有所述,谨为钧座缕陈之,并祈鉴察而明示之。

溯自民国三年春,始预闻厂事,是年秋蒙前会长盛公委赴英美,偕同大岛顾问考察建厂事宜,回国时,具有一切建筑规画,惟并未经购机件,嗣后全厂机件等项均由经理陆续与外洋行家订购。至五年三月,前会长委大岛顾问兼充总工程师,专任建筑事宜,负有完全责任。期间至出铁为止,又用中田为化铁工程师,合同期限不仅若他人以建筑完竣为止,良以大岛顾问负有出铁责任也。特公司当时以工程虽已有人,究不可无厂长名义,其人者,于是谬以健堪遥领此衔,是年五月奉委。厂中事务特设事务长专任之,后又经钧处添设副厂长,以综理厂事,执行正厂长职权。盖明知健之无暇兼任,故有此曲谅,而免其常川驻厂也。健自揣无此才力,当向公司请李一琴先生出任艰巨,惜李公任事未半年,因病辞去,钧处复以一时乏人,再委健充任。健曾于钧处以既有黄绍三君到冶尽可专任,毋庸健尸其名,讵坚辞不获,后又屡次求退,终至以开炉为期。十年十月总工程师大岛病故出缺,又蒙经理责之以义,令兼其职,斯时各工程渐次已近告竣,然须急事添改,以备开炉,于义亦不便恝置。此健在冶厂荏苒七年,尸位之始末也。今幸已开炉出铁矣。股东联合会以冶厂失败归咎于健,此中建筑不妥之处,应否由健负责,甚至谓健化名包工,仰祈钧座于健今去职之日,派员秉公审查,明白剖晰,是为至幸。

再,冶厂办事人员,有由汉阳调用者,有由健派用者,均经陈奉经理核准,此项人员办事如何,健去职后,当然不负何项责任。合并声明。虔请
崇安

伏候批示。

吴健谨肃

吴健致公司董事会函

民国十二年十二月五日(1923.12.5)

董事会钧鉴:

敬启者,健自民国三年春预闻冶厂建设计画,是年九月蒙前会长盛公委赴英美,偕同大岛顾问考察建厂事宜。五年五月复蒙委兼冶厂厂长,十年十月大岛因病出缺,钧会以为一时并无相当人物克任厥职,当蒙委兼总工程师之职,以促开炉进行。健以才力不逮,叠请辞职,蒙调委总事务所办事,遵于本年四月交卸本兼各职。在此九年之中,虽无实裨于冶厂,然未尝不推心置腹,惟勤惟谨,竭尽我忠,企盼冶厂之早成。讵意事与愿违,延至今年始达出铁目的。至健对于冶厂,晨昏劳思,负责几何,皇天后土,实所共鉴,诸公明达,亮邀洞悉。当大岛君与健就兼任之时,蒙前会长曾许事竣给酬,不独健等二人在受酬之列,凡冶矿汉厂员司同人未组以前有劳于冶厂者,概已论赏。而大岛不幸先开炉而逝世,钧会因其兼总工程师之劳,亦已追给其应得之酬各在案,而对健应给之酬未蒙惠及。窃公司经济实是艰窘,本无请给之可言,惟健离冶今已半载有奇,深恐迁延日久,因风别调,不得不上渎钧听。伏乞垂念健之数年微劳,酬赐奖金,实纫高谊。临颖惶恐万状,不胜待命之至,肃恳。敬请

公安

吴健谨上

公司董事会致夏偕复、盛恩颐函

民国十二年十二月二十一日(1923.12.21)

总、副经理均鉴:

据吴厂长健函请议给前办冶厂酬金等情,正核办间,接奉孙会长函开:吴厂长函称受任之初,盛前会长曾许事竣与酬,及冶矿汉厂同人论赏在先,未知有无成案,是否确实。大岛、笠原两顾问先后病故,因抚恤而及酬金,以日本关系,不得不曲徇其请。若华人生存者纷纷援例,公司何以应付?

从前分红与现留公司办事仍予优薪,均即所以为酬报,待遇已不为薄。倘伊愿停止月薪,期得一宗整款,亦未始不可,请公同考虑,酌核办理等因到会。当于民国十二年十二月二十日联席会提出,公议:孙会长来函,持论甚为正当,应由夏总经理遵照办理云云。合抄来函布达。即希查照办理。

此颂

均绥

董事会启

吴健致盛恩颐、潘灏芬函

民国十六年三月十九日(1927.3.19)

总、副经理钧鉴:

敬启者,前为建造大冶新厂,蒙前会长盛公于民国二年冬即命参与该厂筹备事宜,嗣于五年五月蒙正式委任兼摄大冶厂长事。十年冬,大岛博士因病出缺,又蒙委任该厂总工程师职务。健以才力不胜,屡请辞职,迨至十二年四月冶炉出铁,始蒙准予解职。当大岛博士暨健受任之初,曾蒙盛会长面嘱,不领兼薪,事后当特别酬劳,前赙大岛博士以日金十万圆,盖即兼酬此项劳绩也。至新厂员司未组织以前,所有汉厂及冶矿兼役出力人员俱已由李一琴厂长给予酬劳,而健独向隅。前曾于总座及夏总经理两次陈请,蒙面许稍缓筹给,健亦以公司经济艰难,未复固请。惟健素无资产,而人口众多,家用浩大,全赖薪水以赡养。今行将解职,只得仰求垂念健兼役数年,不无微劳,即赐特别酌给酬金,不胜感祷之至。临颖主臣,无任屏营。专肃布臆。祗请

崇安

吴健谨上

再启者,欧战时,公司三次发给奖金,冶厂人员咸得分与,惟正厂长不支兼薪,因是亦不议给。健并非谓应得双份奖金,不过欲证健之摄此兼职,实于公司有节省之处耳。且健在任数年不免加多酬应,如提倡运动公余游乐及济助同人等事,谅公司委员兼职,初无增加其责任而更欲损其私资也。

用是据实沥陈,伏希鉴察,曲谅苦衷,感幸无既。

吴健又上

盛恩颐、潘灏芬致吴健函
民国十六年十一月二日(1927.11.2)

径复者:

前接来函,以前兼冶厂厂长,不支兼薪,现拟退职,请特别酌酬并给予休养金等情。提由整理委员会迭次会议,兹经议决:吴任之君兼任冶厂厂长七载,未支兼薪,自应优予酬报,以答前劳。惟适值公司经济异常困难之时,而此项酬金又无前例可援,兹特酌中议定,酬予五千元,一俟砂价受到,即尽先一次发给,其所有欠薪亦一并发清。至休养金一节,应查照赖伦之休养金办法,按照在职年数与离职时年薪九千六百元,以百分之一乘之,每年应得一千八百元,金额共计一万六千八百七十五元,自十六年十一月起,按月支付一百五十元,计分九年又五个月付清。至吴君声请该休养金金额之支付期限可否缩短一层,实因公司收入有限,支款浩繁,目前两三年内碍难照办。将来营业能有起色,经济宽裕之时,或可从长讨论,斟酌缩短支付之期间等因。相应函达,即希查照。此致
吴任之先生

总、副经理

(十二) 大冶铁矿

王勋致公司董事会函
民国五年六月九日(1916.6.9)

董事会台鉴:

敬启者,去年底大冶前矿长王佐臣君奉准辞职,以杨副工程师华燕升补矿长,仍支副工程师原薪。其时业已由该升补矿长陈请加增薪水前来,

当以其在公司资格尚浅，因嘱其竭力从公，俟试办有效，再议增薪等语去后，已接办半年。兹据函称：自接任以来，新旧工程之完全责任萃于一身，夙夜在公，尽能妥办。莅事半载，虽不便自矜成绩，而开源节流，所增出额，所节糜费，颇亦不赀。且新旧工程依序进行，逐渐有成，凡此种种当荷洞鉴。但责任倍重，职务已高，仅仍领原薪，而应酬捐助等事则已随职任而加重。华燕个人之经济固已大受其影响，尚属小事，或且不谅，误以为进职不加薪水必公司视为无关轻重之员，蔑华燕个人之声望，失矿长服众之尊严，当亦非公司维持矿务、鼓励人材之意也。恳祈卓裁，将华燕薪水照章加至四百两，无任企感等语。

查外国升职必酌加薪水，中国亦然。前者该矿长升任之时，以其资格尚浅，故不予遽行加薪，非谓不应加薪也。今既已办理半载，经勋查察其种种措施，率合机宜，凡前任指挥未定各事宜均能萧规曹随，对于增出额节糜费各节，尤为可观。据另报，接任六个月，即系由十二月初至五月底，其间适值旧历年假及雨水期内，仍能于六个月之中，共出矿石三万三千余方车①比较以前最高出额尚多七万余方车。制造处向来月领木板二千余块，洋钉四百余磅，车务处向来月领洋油十听，棉纱三百三十磅，梓油五十八听，汽缸油四十八听，洋油十六听。今则统行核实按月只领用木枕数百块（减千余块），钉百余磅（减二百余磅），洋油四听（减六听），棉纱一百八十磅（减一百五十磅），梓油五十二听（减六听），汽缸油四十二听（减六听），洋油十二听（减四听）。姑不论出额之大增，即所省之料款已在每月数百元以外，其成绩确有可观。所请增薪似应照准，谨照陈明台察，该矿长薪水拟由六月份起改为每月四百两。是否可准，敬祈公议示遵。专此。敬请
台安

王勋

① 原文如此。

王以佑致孙宝琦等函

民国五年八月五日(1916.8.5)

会长、董事、经理先生钧鉴:

敬禀者,冶矿徐前坐办增祚于前清光绪二十二年到冶,历随张、庄、解、宗、刘、王、刘七任总办襄理局务,始供今职,迄今二十有一年。张任初改商办,财政尚未划一,徐坐办充当收支,悉心清厘,出纳符合。至解任时,蒙盛先宫保兼委徐坐办特创稽核,于是全矿进出款项、料矿、工程建筑无不悉受钩稽,严凭考核,以征实际。宣统元年王任禀请辞歇博洋矿师,责成徐坐办监督山厂,担任多出矿石,元、二两年曾增出矿石四分之一,成绩昭著,蒙盛先宫保委升工务长,仍兼稽核。辛癸两役,冶矿介于楚赣,岌岌可危,刘任得以措磐石于泰山之安,悉系徐坐办擘画襄助之力。民国二年八月刘任辞职,蒙公司委代坐办,实心任事,力求撙节,从未存"五日京兆"之心,三年来如一日。袁湖设厂,兼任购地,该处绅民素称狡黠,奇居产价,纠葛尤多。加以比邻各家矿厂争占要地,交涉重重,官力尚属难遍,徐坐办不惮劳怨,威信兼施,始克就绪,心力因之交瘁乞休,冀遂初衷,虽蒙给假养疴,已而病不能起,竟于七月三十一日在局去世。

窃维徐坐办家本不丰,操守素洁,前年又遭家难,以致身后萧条,遗有一子,尚在童年,善后一切实难为继。以佑分属馆甥见闻较实,不得不代为吁请公司念逝者之前勋,悯生者之孤弱,所有恤典,恳从优异,以示酬报贤劳之盛意,则存殁均感戴鸿恩于无既矣。除函恳季代办、杨矿长转请外,特肃禀陈。伏乞垂鉴。敬叩

钧安

冶矿庶务员　王以佑谨肃

公司董事会致季厚塽函

民国五年八月九日(1916.8.9)

冠山仁兄先生鉴:

七月三十一日接电开,徐坐办于晦日在局病故,特闻等因。当于常会

提出,公议:冶矿坐办一席,执事两次代理,规随维谨,能称厥职,应即改委执事代办冶矿坐办,并自八月份即支坐办薪水银一百七十五两,以专责成。务望将事务一部应办事宜,悉心筹画,实力整饬。凡关于工务事件,会同杨矿长和衷商办,相与有成,是所厚望。至统计兼稽核事务,暂时仍由执事兼理,不再支薪,合并知照。专函委任,即颂

台安

董事会启

公司董事会致杨华燕等函

民国五年八月二十二日(1916.8.22)

华燕、冠山、性之仁兄先生鉴:

接展来函,以徐坐办增祚在矿病故,历陈成绩,请从优议恤等情,具悉一一。当于常会提出,公议:徐坐办在冶矿服务二十一年,缉和地方,发展矿务,始终勤奋,劳瘁不辞。兹闻身后萧条,子息尚幼,殊堪悯念,议给治丧费一千两外,照原薪三分之一给予恤薪三年,以示优异而答前劳。即望查照办理为盼。此复。即颂

均安

董事会启

夏偕复、盛恩颐致公司董事会函

民国六年五月二日(1917.5.2)

董事会大鉴:

敬肃者,经理等奉委之初,即蒙谆嘱振顿厂矿,以裁汰滥冗为第一要义。接事以来,办理各件,无不仰体此意积极进行。除将萍矿运销局改组运输所,力事整顿,可裁汰六十七人外,兹查有大冶铁山及得道湾两处均有分局,名目与采矿处并峙,形同骈指,亟应将分局裁去,以节糜费。嗣后凡事属工部所辖者,由采矿处管理,不属工部者均归坐办调度。似此则事无隔阂,款不致虚糜。惟铁山分局主任殷玉衡(静甫)、得道湾主任张慎国(云

程)均系多年旧人,于冶矿本地情形极为熟悉,近又圈购鄂城铁矿,尤称得力,应请派为管理地亩委员,仍支原薪。至其余员司,概行给薪三月,一律遣散。是否有当,即祈核示祗遵。敬颂

公绥

总经理　夏偕复

副经理　盛恩颐

夏偕复、盛恩颐致公司董事会函

民国六年五月十四日(1917.5.14)

董事会会长钧鉴:

接据大冶矿长杨华燕君洋文函称:现办运输处主任徐厚卿,前任材料处长期内,收进支出数目均不明晰。上年经理到冶,限期造报,令材料处全体司事昼夜开工,经三阅月始造出一种不伦不类之帐册,致材料处公事延宕四月之久,其他购料等事亦诸多不合。此次沈成章接任,查出短少煤油五十五听,足见有亏职务,品格不端,虽已调差,应请辞退等语。

查上年巡查至冶矿时,因有人指告材料主任徐世明有舞弊情事,当派统计股长李君金门、新厂会计费君相善彻查,并面限徐君以两个月内将所有收发材料清帐一律造送,以凭核对。乃限满迄未造报,屡经催索,始据统计股称由徐君送到一册,系照李费两人点收实数之册加注银数,并未将收发细数载明,无从核比。日前徐君来沪,当经面询,其答词亦复游移闪烁。兹据杨矿长函称前情,是其有亏职务,自未便因已调任,稍涉姑容。应令停职,仍责成将材料收发清帐赶速造报完全,再行核办。转运处主任仍着魏君灏调充,所遗车务处主任,选据杨矿长函称,车务、制造、机磅三处应归并为一机关,慎选明练诚实之机械工程师充当,庶新购车头矿车之行驶方能持久,一切机械之修理及材料之使用、机磅之校准方能核实,并举荐美国机械毕业生周厚坤足胜斯任,应即照准。除另函季坐办、杨矿长转知各该员遵照办理外,合肃函达,即祈鉴察。祗颂

均安

总、副经理

季厚堃、杨华燕致夏偕复、盛恩颐函

民国六年六月十六日（1917.6.16）

总、副经理钧鉴：

前奉谕函，铁得采矿处与分局分峙并列，俨同骈指，亟应将各该分局裁撤，以节糜费。凡该两处事务属工程者，由采矿处管理，不属工程者由坐办调度，业经函请董会核准等因。奉此，窃思值此机关裁并入手办理，苟非严定责成，将来遇事必多推诿，转误事机，兹拟请责成各该主任，属工程者为直接出矿之事，如采矿山厂工程、约束矿工、机房等，商承矿长办理；不属工务者，为间接出矿之事，如圈购地亩、地方交涉以及治安等，商承坐办调度。所拟裁并办法是否有当，伏乞钧裁。

再，接上月二十九日寄谕厚堃函开，为地方接洽便利计，为坐办指挥灵便计，可由张、殷两君中择一委任为驻山委员，如嫌不敷，于它机关再调一人助之等语。奉此，查张君到冶二十余年，地方一切情形熟悉，拟即派充驻山委员兼顾铁得两处，并招待一切。助理一人，如果事务较繁，再请添委，暂且从缓，以节糜费。分局各司事，遵即给薪裁遣，惟请留书记一员，以办笔墨。至银钱一项，关系重要，自应由收支沈股长派人专管，较为妥协，尚祈谕知会计所，以便接洽是幸。鄂冶地产处即请以殷君充任。冶矿房屋极少，张、殷两君仍在原处，以资办公，均俟七月份起改组。合并声明。专肃。

恭叩

崇安

季厚堃　杨华燕谨启

夏偕复、盛恩颐致季厚堃、杨华燕函

民国六年六月二十六日（1917.6.26）

冠山、华燕仁兄坐办、矿长同鉴：

接十九号来函，以得铁两分局遵函于七月分起裁撤，请以张君云派充驻山委员，所有该两分局司事给薪裁遣，惟留书记一员等情具悉。张君在冶多年,人地熟悉,办理必臻妥协,所需助理即以所留书记充当,勿须另再添人。至管银钱一项,即报册上所列土筹发钱管银钱帐之司事,得铁两处共有四人,即在此四人中酌留两人分理其事,隶于采矿处,统归收支股节制,勿庸该股另派也。殷君静甫派管鄂冶地产甚妥,均请照办。此复,即颂均安

总、副经理

公司董事会致夏偕复、盛恩颐函

民国六年八月十一日(1917.8.11)

总、副经理均鉴:

前接本年八月四日第七十六号来函,报告冶矿铁山炸药库被窃炸药、铜帽、药引查办情形等因。当于本月十日常会提出,公议:炸药关系重要,应如何严密保管,乃竟任令被窃如此之巨,典守之徐泽深、卢福臻二人实非寻常疏忽之可比,即矿长杨华燕咎亦难辞,应严行申斥。一面责令务将未获炸药等项赶紧全数破获,徐、卢二人免职,候县传讯有无知情故纵情弊,从重惩办。并请总、副经理将善后办法,如储库管守各法,悉心妥筹,饬令照办等语。相应函知,即希查照办理。顺颂
均安

董事会启

夏偕复、盛恩颐致杨华燕、季厚堃函

民国六年九月十九日(1917.9.19)

冠山、华燕仁兄先生同鉴:

接三十九号会函并拟具冶矿材料处试行章程十二条,具悉。查核拟章于采买收发手续,尚有未尽周密之处。兹就来章修改,仍为十二条,并附说一段另纸抄寄,即希查照试行三个月报告。如无窒碍,再提请董会核议,作为定章可也。顺颂
均祉

附章程

总经理　夏偕复

副经理　盛恩颐

［附件］　冶矿材料处试行章程

第一条　照原文

一、冶矿材料处遵照总公司颁定归坐办、矿长公同管辖。

第二条　照原文

一、材料处之下陆、得道湾、铁山各分栈由材料处主任管辖。

第三条

一、各栈设管栈兼收发一人、司帐一人，总栈内设总帐一科，专司各栈收发总帐，并汇造表册。以上各员司均就原有之办事人，由材料主任量材支配，商经坐办、矿长核准呈报总公司。

第四条　原文第五条并入此条

一、各机关应用物料预先知会材料处，由材料主任查明，如系栈中所无者，填写购料单，送请坐办、矿长核准，由坐办或矿长交与采办员开标购买。开标时并须知会稽核处派人监视。如应购之料为当地所无者，由坐办或矿长函请汉厂或上海商务所代购，均由坐办、矿长随时斟酌办理。

第五条

一、各机关领用物料须填写领料单，先送由稽核处稽核后，再送由坐办、矿长核准，材料处方可查照发给。

第六条

一、各机关于工程上特别紧急用料，准由该机关开具借领单向材料处先行领用，一面仍须填写领料单送由稽核处稽核，坐办、矿长核准后，交与材料处，并收回前具之借领单，以取通融，而免耽延。

第七条

一、各机关通常所用之物料，由材料主任预算半年用度，开具清单，送陈坐办、矿长，由坐办、矿长分别核准后，交采办员开标照购，或函请汉沪代购,备存各栈,以免临时竭厥。

第八条

一、各栈所发各机关物料,必须填写四联发料单,注明价值。一联存根,一联送交领料机关存查,一联由领料机关盖章后收回粘附报册,一联送交统计处查照登帐。

第九条

一、各栈每月册报,限下月五号送交材料总帐科汇造总报册,其总报册限十五号送交统计处查核。

第十条

一、每届年底,坐办、矿长派员会同稽核处盘查存栈物料,查见所存物料核与帐册相符,坐办、矿长及稽核处长即于材料处报册上盖章,送交统计处核对存查。

第十一条

一、材料处内部办事章程由该处主任拟具,送经坐办、矿长核准。

第十二条

一、本章程如有窒碍及未尽之处,由坐办、矿长公同商改,以期尽善。

再,查材料处往往有物料已到而价值尚未寄到者(如外洋购来之料),因此将帐积压,现嘱商务所凡代各厂矿向外洋订购物料,其价值一经订定,即应知会各该厂矿登记。至于金价之涨落,运费之低昂,关税之高下,暂由商务所每年酌定一数,通知各该厂矿材料处查照结算,其实支之数必与酌定之数不符,应由统计处另立盈亏帐,俟年终再行转入正帐。

夏偕复致吴健函

民国六年十一月七日(1917.11.7)

任之厂长台鉴:

接五日一百三十五号台函,以此次招致工程人员,有矿学专门者应否预储一、二人一节,查本公司现在颇有乏才之叹,既有此项人员投效,正宜

择尤预储,以便将来任用。专复奉复,仍祈酌定可也。此颂

台祉

总经理　夏偕复

夏偕复、盛恩颐致公司董事会函

民国六年十一月七日(1917.11.7)

董事会大鉴:

　　查矿石为本公司根本问题,近来大冶铁矿情形殊形疲靡,出矿不多,外交日订,内顾厂需,均甚竭蹶,长此因循,不加整顿,经理等殊难负责。推原治矿之不能加增出额,非关矿山铁量之不充,实系内部组织之未善。事工两部分权并立,不相统属,指挥不灵,秦越互视,影响所及,遂至出额不充。为今之计,惟有将大冶铁矿重行改组,仿照萍乡煤矿之例取消坐办名目,一是责成矿长。查现任坐办季君冠山,老成练达,熟悉情形,堪以任为大冶铁矿矿长。矿长以下分股办事,各股之最重者为工务股之工程师,应先遴有深明矿学而又熟知冶矿情形之人方能期奏速效。查现充本公司顾问德员赖伦,本在大冶专任采矿,嗣充萍矿工师,前会长盛仍不时派赴冶矿察看工程,该员实于冶工别有心得,昨据条陈开采冶矿办法亦有见地,拟调充冶矿工务股之工程师,俾得展其所长。至现任矿长杨君华燕,人甚诚恳,学有专长,拟请调至总事务所,以备工程咨询,并令测勘新矿事宜。即祈公议,如荷核准,再当分函季、赖,征取同意。并拟定改组大冶铁矿章程,分清权限责任,缮呈贵会核夺施行。又矿长以下各员月薪,容另拟定候核。专此。

敬颂

公绥

总经理　夏偕复
副经理　盛恩颐

公司董事会致夏偕复、盛恩颐函

民国六年十一月九日(1917.11.9)

总、副经理均鉴:

　　顷接六年十一月七日第一百六号来函称,将大冶铁矿重行改组,取消坐办,任季冠山为矿长,德员赖伦为工程师,调杨华燕至总事务所各节,即于是日董事常会议决,即照总、副经理来函办理云云。特以奉闻,请查照为荷。顺颂

日祉

董事会启

盛恩颐致公司董事会函

民国六年十二月六日(1917.12.6)

董事会大鉴:

　　窃经理等前以冶矿分设事工两部,各不相谋,事权隔阂,责任不专,当于十一月七日陈请贵会将冶矿坐办一缺裁撤,专令矿长一人负责,曾蒙复核照准在案。兹将冶矿应设员额并矿长职权及分股办事职守试行章程拟呈公鉴,敬祈修正颁行为荷。敬颂

公绥

副经理　盛恩颐

大冶铁矿应设员额并矿长职权及分股办事职守试行章程

民国六年十二月七日(1917.12.7)

员　　额

　　矿长一人,下设采矿、运务、事务、材料四股,每股设股长一人,以若干员司佐理之。

矿长之职权

　　一、矿长受经理之监督指挥,督饬全矿工程师、员司执行职务,对于经

理负全矿完全责任。

一、负保守全矿产业及整饬秩序、保护公安之责。

一、负计画改良、扩充产额、减轻成本之责。

一、负撙节费用、核实材料、严杜糜滥之责。

一、对于矿石输出、材料输入负设备完全运卸便捷之责。

一、负供应制铁所分年订交矿石及汉冶两厂需用矿石之责。

一、负储备矿用材料、矿工粮食之责。

一、负造就学生艺徒以备矿用之责。

一、负考核全矿工程师、员司勤惰，每半年详加考语造送报告之责。

一、关于全矿每年应兴应改事业之计画及应用款项之预算，负事前呈请核准之责。

一、关于全矿每年成绩负撮要陈报之责。

一、有保荐各机关工程师、员司之权。

一、有停职或斥退各机关股长以下员司之权。

计画兼扩充工程师之职权

一、秉承矿长督率助理员执行规定职务，对于矿长负计画扩充完全责任。

一、负测勘山地、计画开采之责。

一、负考验矿石成分之责。

一、负协助采矿股长指挥采矿主任按照所定计画督工开采之责。

一、负协助采矿股长指挥各该管修整矿道、天桥、矿车及布置开采矿位之责。

一、负研究加增出矿并节省材料办法条陈于矿长之责。

一、负计画绘具各项扩充工程图样之责。

一、关于建筑一切工程负布置并督察之责。

一、负探勘附近矿山之责。

一、负考核工程上员司、技士勤惰之责。

一、负将日行事务报告于矿长之责。

采矿股长之职权

一、秉承矿长按照工程师计画督率采矿主任执行职务,对于矿长负采矿完全责任。

一、负约束矿丁保护公安之责。

一、负趱赶出矿之责。

一、负搏节材料之责。

一、负核算及领发炸药之责。

一、负考核监工勤惰之责。

一、负将日行事务报告矿长并知会工程师之责。

运务股长之职权

一、秉承矿长督率所属执行规定职务,对于矿长负运务完全责任。

一、关于矿山所出之矿石负按时运出之责。

一、负装载轮驳及堆放矿石之责。

一、负察看全路土工枕木、钢轨螺钉以及分路机各叉道稍有损坏立时修理之责。

一、负保管及修整磅秤、电话线之责。

一、负修理机车、大小矿车及关于运务各项机器之责。

一、负起卸及运送材料之责。

一、负整理码头趸船之责。

一、矿车搭客载货,负收取运费之责。

一、负节省材料、减轻运费、修费之责。

一、负试验磅秤及监察管磅之责。

一、负考核所属勤惰之责。

一、负将日行事务报告矿长之责。

事务股长之职权

一、秉承矿长督率所属执行规定职务,对于矿长负事务完全责任。

一、负清理从前移交及续购矿山地亩,并丈量立石及汇造表册之责。

一、负办理矿山地亩各契据、税契、验契,及与当地绅民一切纠葛等事之责。

一、负矿山地亩界内应随时派员查看，如有被人侵占或移动界石等事应随时料理清结之责。

一、负约束巡警保护路矿维持秩序之责。

一、负招待官绅外宾之责。

一、负经收房租、地租之责。

一、负办理一切庶务及不属他股事务之责。

一、负考核所属勤惰之责。

一、负将日行事务报告矿长之责。

材料股长之职权

一、秉承矿长督率所属执行规定职务，对于矿长负材料完全责任。

一、负保管各项材料之责。

一、负验收及核发各项材料之责。

一、负清理及检收各处旧料废料之责。

一、负调查各处应用材料预先请购存备之责。

一、负严重保管炸药之责。

一、负研究利用各项旧料废料之责。

一、负考核所属勤惰之责。

一、负将日行事务报告矿长之责。

中华民国六年十二月七日董事会核准，十二月十日经理处颁行。

盛恩颐致季厚塈函

民国六年十二月十一日(1917.12.11)

冠山先生台鉴：

迭寄数函，计均接洽。兹将冶矿改组大致分别条列于左：

一、裁撤坐办，以矿长一人负冶矿完全责任。

一、矿长下分设四股，以阁下兼任采矿股长，以魏兰荪君为事务股长，以周厚坤君为运务股长，以沈厚生君为材料股长。

一、裁撤转运处。

一、改车务处为运务股。

一、委任王观英君为计划兼扩充工程师。

一、改任沈吾申君为采办。

一、委任张云程君为得道湾采矿处主任,殷静甫君为铁山采矿处主任。

一、原任铁山采矿处主任黄福祥君、扩充工程处主任郑家斌君一并辞退,照裁员例送薪三个月。

一、材料股总帐归统计处做。

以上各节,除已正式分别委任各照外,即希查照新颁章程,会同各股长、主任将各机关克日改组,详细具报,以凭查核,是所至盼。祇颂

台祺

副经理 盛

夏偕复、盛恩颐致王观英[①]函

民国六年十二月二十一日(1917.12.21)

径启者:

查冶矿蕴藏甚富,只因事权隔阂,责任不专,以致经费日见加增,产额愈形短绌,殊乖公司积极进行之本意。执事深明矿学,经验尤宏,兹特委任执事为大冶铁矿计划兼扩充工程师,每月仍支原薪三百元。嗣后关于增加产额,减轻成本一切工程扩充计划,悉应按照新订职务章程,秉承矿长,加意整顿,切实进行,至所企盼。此致

大冶铁矿计划兼扩充工程师王观英先生

总经理

副经理

---

① 王观英(1891—?):字光雄,广东香山(今中山)人。时任大冶铁矿工程师。

·季厚堃致夏偕复、盛恩颐函

民国六年十二月二十三日（1917.12.23）

总、副经理钧鉴：

本月十五日接奉钧函，敬悉。十八日奉到颁发冶矿试行章程二十册、稽核等处章程三册，遵即会同各股长、主任筹备办法，谨将商议改组及近日出矿情形先行呈复，俟定期再行申报，谨列于左：

一、各机关归并改组，拟七年一月一日遵照新章一体成立。

一、扩充工程处经手未了事件甚多，代造石堡至桐梓包新厂路线亦未竣工，应俟王工程师勘矿回冶，再行交接。

一、改组后应裁、应调各员司，俟与各股长、主任斟酌妥洽，再行呈报。惟两山厂矿人员，现适出矿正旺之时，骤然裁减，恐人心惶惑，影响出数，拟酌量办理，随后逐渐淘汰。至被裁员司，请照章给薪三个月。

一、冬晴农隙，出矿全靠此时，以顾来年交额，现得铁两厂每天出矿总在两千二三百吨，已嘱张、殷两主任竭力趱赶，以防雨雪。惟江边存货十月底结算汉日两矿不满万吨，赶紧开采，方能有济。

一、工头包采矿价每吨二百七十文，自前年减去每吨一、二十文后，工头成本不敷，出矿日见稀少，杨前矿长请照原价发给，已蒙批准在案。兹定明年一月起仍照每吨二百七十文发给，合并申明。

一、采矿最恐浮土太重，取土之法，包方、跑筹，要在因地制宜，张主任在沪已面陈一切。近年铁山废去跑筹，专用包方，暗耗甚巨，现拟两法兼用，以求实际。

一、石灰窑之殷、黄两山开采灰石及李家坊哆罗石两厂，得道湾采矿处相隔太远，照顾不到，现议归采矿股直辖，请魏股长就近兼管。

以上各节筹备办法，先行呈报，伏乞俯赐察核是幸。专肃。恭叩
钧安

季厚堃谨启

夏偕复、盛恩颐致公司会计所函

民国七年三月十日(1918.3.10)

会计所台鉴:

　　大岛顾问以大冶新厂化铁炉来华装置尚需时日,该股工程师中田义算君正可乘此时机赴美练习,藉广见识,将来于冶厂工程甚有裨益,且不作为公司资派,所有往返川资旅费均渠自备。惟公司薪水照旧开支,俟炉座成功,一有的期,即可函令回厂供职。已将此意商之吴厂长,由吴厂长等函商前来,拟除三月分薪水已领外,请预发六个月薪水。敝处以此举,公司间接受益,未始不可,惟支薪半年,似属太多。兹商定,先付四、五、六三个月薪水,计洋一千零九十元,自七月起每月十五日付该工程师薪水洋三百六十三元三角,交上海正金银行收。中田业已议妥,应请照付该工程师四、五、六三个月薪水洋一千零九十元,照转冶厂,自七月起照上开办法支付。至该工程薪水之帐三个月后是否留美,抑系届时回华时止,即希查照为荷。此颂

台祉

总、副经理

季厚堃致夏偕复、盛恩颐函

民国七年五月二十八日(1918.5.28)

总、副经理钧鉴:

　　江边殷黄两石山,宣统二年购买采取灰石,因汉厂不合用,旋即停止。民国三年汉厂又称此石可用,经王佐翁复行开采,以致于今。近接汉厂函,殷黄灰石仍不合用,如果装来,恕不起卸等语。查殷黄两山码头袁湖路线横亘中间,已难开采,现汉厂既不合用,即行停止,应需白石仍由铁山采运。查新厂后面之袁家山,化验灰质极好,困索价太巨,正在磋议,俟购成后,于新厂极便,而汉厂用石亦可供应,并省火车运费。所有殷黄两山采石机关,本月底即行取消,司事杨国英、黄叔涵、刘道润等三人,拟各给恩薪三个月

裁遣。伏乞俯赐批准遵行是盼。专肃。恭叩

钧安

季厚堃谨启

夏偕复、盛恩颐致季厚堃函
民国七年五月三十一日(1918.5.31)

冠山矿长鉴:

接三十号来函,以殷黄灰石不合用,所有该两山采石机关本月底即行取消,司事杨国英、黄叔涵、刘道润等三人,请各给薪三个月裁遣等情,具悉。殷黄山灰石既不适用,应即停采,所有该处司事杨国英等三人即照来函所请,各给薪三个月裁遣可也。议购袁家山,如磋议有成,尚希见示。此复。即颂

台安

总、副经理

夏偕复、盛恩颐致公司董事会函
民国八年六月十四日(1919.6.14)

董事会公鉴:

前以冶矿矿额逐年加增,工程紧要,采矿股长一职迭据该矿长请派专员,以资佐理,业经委任矿司周开基为采矿股长,并报明在案。旋据周股长函称,六年十二月间颁发冶矿试行章程内,测勘矿山、计画开采属于计画兼扩充工程师职权项下,昨经矿长面嘱,嗣后内载该项责任悉归股长担负,陈请核示等语。当以前订试行章程,其采矿股一职系由矿长兼任,所有采矿职责详于扩充工程师而略于采矿股长,今既派有专员,且系同办一事,应即就管理上及统属上两者之职权详细厘定,以免互相争执或互相推诿之弊,函饬该矿长分别酌拟送候核定。兹拟〔据〕该矿长拟具计画兼扩充工程师及采矿股长职权各若干条,经经理等详加核改,另纸清缮,提请贵会核议见复,以便饬遵。祗颂

公绥

计章程三纸

总经理　夏偕复
副经理　盛恩颐

[附件]

(一) 计画兼扩充工程师之职权

一、秉承矿长督率本管员司执行规定职务,对于矿长负工程上完全责任。

一、负条陈矿长筹议计画一切工程之责。

一、对于全矿核准之工程,负设备及建筑之责。除各大计画应得经理批准外,所有各该计画设施关系各股之时,须协商各股,以臻妥善。

一、对于建筑工程负考料督工验收之责。

一、对于扩充工程项下应添置之各项机器车轮,负详具图说呈请矿长核议购买之责。

一、对于一切工程进行时负有竭力维持产额之责。

一、负绘具各项扩充工程图样之责。

一、凡建筑工程,负拟具投标章程及选择标单、加具理由呈请矿长酌核准之责。

一、负考核本管工程员司勤惰之责。

一、负将日行事务报告于矿长之责。

(二) 采矿股长之职权

一、秉承矿长督率本管员司执行规定职务,对于矿长负采矿完全责任。

一、负测勘矿山布置开采之责。

一、负开辟窿洞布置矿道之责。

一、负试探矿量规画设施条陈于矿长之责。

一、负考验矿石成分之责。

一、负加增出矿、节省经费,条陈于矿长之责。

一、负修理或移动矿山一切工程之责。

一、对于矿山上一切应办建筑工程,负随时陈请矿长饬知计画工程师筹议设备之责。

一、负按公司需矿预算,指挥助理、督饬矿工如期采出之责。

一、对于包方挑土,负指定地点、测算挑费及验收之责。

一、负搏节材料及核发炸药之责。

一、负减轻出矿成本之责。

一、负接收工程处所建筑矿山上一切工程并加以保管之责。

一、负约束矿丁、保护公安之责。

一、负考核本管员司勤惰之责。

一、负将日行事务报告矿长之责。

夏偕复、盛恩颐致季厚塈函

民国八年七月四日(1919.7.4)

径启者:

前接三十五号来函:拟送修改工程、采矿职权章程陈请核示等情。查前订试行章程,其采矿股一职,系由矿长兼任,所有采矿职责详于扩充工程师而略于采矿股长,今既派有专员,且系同办一事,应即就管理上及统属上两者之职权详细厘订,以免互相争执或互相推诿之弊。兹将来章详加核改,计规定计画扩充工程师职权十条,采矿股长职权十六条,陈经董事会会议通过,一并另纸抄发,即希查照,分行遵守为要。此致

大冶铁矿季矿长

总、副经理

黄锡赓致夏偕复、盛恩颐函

民国八年九月二十四日(1919.9.24)

总、副经理钧鉴:

昨接季矿长来函,略称采供汉厂灰石一事,自十月一日起敞矿因须赶

办九年份矿额,拟改归贵厂担任。又接汉厂来信,谓灰石一项请以后按月接济一万吨为要各等因。查袁家山灰石厂开始布置山厂及铁道以来,均托顺遂,工程亦积极进行,开办虽未满三月而二里长之铁道及堤岸皆已告竣,山厂亦已有石五六千吨堆积待运,自十月一日起本厂采石处当可担任运石,而冶矿则可专心从事采矿也。惟采石事虽简单,而对于石质之成分、石块之大小,以及调度运输处理包工往来帐务等事均属要务,似应得有经验之人主任一切,可免贻误要公。如派专员,又恐开支过巨,兹为两全起见,拟请委派本厂文牍股股长邹樛兼充采石处处长。查邹君向在冶萍两矿办事多年,采石及运输等事具有经验,堪以兼任是职,如蒙俯允,恳即委任,并乞准月给津贴洋三十元,归采石处开支,俾专责成而资撙节。是否有当,伏乞批示遵行,至深盼祷。专肃。敬叩

钧安

黄锡赓谨肃

夏偕复、盛恩颐致公司董事会函

民国八年十月二十二日(1919.10.22)

董事会公鉴:

本公司就大冶铁矿添建炼厂,原为势取便利,名义虽有区分,事理本属一贯。现查该厂管理部分多与冶矿分列并峙,各有专司。前据大岛总工程师建议请将厂矿合并,以资撙节,且可通筹合作,有裨厂需,当以该厂现在建筑时代,所陈办法尚待研求。兹经考察情形,其有应行统一者,曰铁路;应行合并者,曰材料,曰会计。请为贵会陈之。

铁路之设,原以联厂矿之距离,资运输之便捷,必应统一,以利交通。现由矿路接展至厂,业经告竣,所有工程均系规画全局,路线则逢湾取直,轨式则新旧同符。至管理职责,将来拟即责成冶矿运务股长担任,俾一事权。除另案办理外,惟现应行合并之材料、会计两项亟宜举行。查厂矿用料虽种类不同,支款或名目各异,要在于收发上区其类别,簿记上分其部居,即可分理清疏,实无各设机关之必要。此次萍矿会计处长李君赐求因

事来沪,已于旋萍之便委托到冶会同该厂矿长将两处材料股、会计处事务合并改组,或就矿设,或就厂设,斟酌情势,各留其一,为厂矿材料股或厂矿会计处,所有两处员司各择其熟悉而谨饬者,分留支配,余悉裁汰。似此合并管理,互相维系,于厂矿两有裨益而于月支经费亦撙节良多。除俟李处长改组报告到时另再转陈外,理合将筹办情形先行具报,即祈鉴核。祗颂公安

总经理　夏偕复

副经理　盛恩颐

盛恩颐致季厚塈函

民国十一年七月十二日(1922.7.12)

径复者:

接三十九号函,陈复会计处樊处长修理宿舍手续不完,事理欠当等情具悉。查厂矿会计处章程,该处长虽系直隶会计所,而厂矿长实有监督之权,况修缮房屋为工程处专责,寄宿舍又为事务股经管,该处长修理宿舍既不请示矿长,又不商明事务股及稽核处,竟自动支公款任意拆修,殊属不合。本应责令赔偿,姑念该处长服务以来,尚称勤事,从宽记过一次,以示薄惩。除函知会计所、考功课外,复希查照转遵。此致
冶矿季矿长

副经理

马载飏致盛恩颐函

民国十一年八月二十三日(1922.8.23)

泽公赐鉴:

此间扩充处工程师王观英君已于月之二十一日离冶,闻已另就上海美富银行职务。但工程处所有财产未据点交,预支各款亦未出具凭单,不候经理核准,拂袖竟去,辄置职责于不顾,恐此后厂矿各主任之员有重大责任者群起效尤,实觉不成事体。闻此次王工程师临行之时,由火车装出行李

有三四辆之多,平日与地方感情甚恶,恐被夫役里绅阻闹,改由官矿暨冶矿火车分路装运。迨其既行之后,又闻工程处所植之树有被砍伐,所装电灯材料均已拆去,所最重要者,仪器机件图样有无损失,不敢妄断。如此行为,即寻常员司所不能为,而况工程师乎! 飏有所见闻,不忍缄默,谨特报告,敬祈察阅,应如何处置之处,出自钧裁。肃此。祗颂

台祺

马载飏谨上

夏偕复、盛恩颐致公司会计所函

民国十二年二月二十二日(1923.2.22)

专启者:

冶矿簿记科科长樊维新,上年十二月请病假十天,期满又续二十天,累计早已逾限,并闻另就他事,当即函饬该矿查复。兹据复称,假满后并无来信等语。似此身任科长,一旦弃职他就,并无交代,殊属不成事体,应即按照请假规则第十三条开缺另补,所遗职务即希贵所赶派替人接办。除已函冶矿并知照外,此致

会计所

总、副经理

盛善怀、吴焕荣致夏偕复函

民国十二年四月二十日(1923.4.20)

经理大鉴:

据冶矿马稽核函称:准矿长函,据采矿股函称,山厂雇工一项,工资太小,请自三月起大工改为三百文,小工改为二百文等情,除照准外函达等因。查山厂雇工,向例大工二百文,小工一百五十文,今生活程度日高,酌量加资,自在情理之中,既经矿长核准,职处应予照核等情,并请转函备案

前来。理合转陈,即祈鉴察。敬颂

台绥

总稽核　盛善怀

副稽核　吴焕荣

（十三）大冶厂矿

大冶厂矿合并机构设置方案[①]

民国十三年三月十四日(1924.3.14)

大冶铁厂铁矿合并为一机关。

设厂矿长一人,拟以季厚堃任之;已兼长一年,尚称妥适,原薪三百元,拟加一百元。

前设副厂长、副矿长缺,拟裁撤。

代副厂长郭承恩调总事务所,研究副产炉事宜;副矿长盛渤颐亦调总事务所任用。

会计处处长一人,拟以原处长李赐求任之,仍支原薪。

稽核处处长一人,拟以萍矿稽核龚炳慈调任,原薪一百元,加四十元。

冶炼股股长一人,拟以原股长黄金涛任之,原薪四百元,加五十元。

工程股股长一人,拟以原股长周厚坤任之,原薪二百五十元,前兼鄱乐薪四十元裁去,加一百元,实加六十元。

采矿股股长一人,拟以原股长周开基任之,原薪二百五十元,加五十元。

运务股股长一人,拟以原股长周楚声任之,原薪二百八十五元,加四十元。

事务股股长一人,拟以原股长魏灏任之,原薪一百五十元,加二十

---

① 此方案为夏偕复拟定。

五元。

厂材料股股长一人,拟调萍矿材料股长曹澄任之,原薪一百七十五元,加二十五元。

矿材料股股长一人,拟以原兼股长盛铭任之,原薪一百元,加二十元。

因地方辽远,此股仍不能不分设。

巡查处处长一人,拟以原处长兰忠浩任之,原薪六十元,加二十元。

各股处之合并,拟俟此单定后,再与厂矿长酌定。

再,汉阳铁厂厂长由稽核处处长赵时骧兼代已及一年,尚称妥适,拟请改兼代为署理,所遗稽核缺,以大冶铁厂稽核叶寿昌调署。

孙宝琦注:赞同。

夏偕复、盛恩颐致公司董事会函

民国十三年三月十八日(1924.3.18)

董事会公鉴:

接奉函开:本公司大冶铁矿铁厂同在一隅,现在厂工大端告竣,采炼亦具有规程,况值本公司节约之际,应即将大冶铁厂铁矿合并为一机关,定名为大冶厂矿,设厂矿长一人,原设副厂长、副矿长两缺,应即裁撤;设会计处、稽核处,仍依向例,直隶总事务所;设冶炼股、采矿股、工程股、运务股、事务股、厂材料股、矿材料股,各置股长一人;设巡查处,置处长一人;设医院,置主任一人。原有厂矿各机关名称,一律裁撤,所有员司如何裁并,即由经理核办具报。除先电饬大冶铁厂、铁矿遵照,并函达外,相应函达查照。又奉函开:本会已委任季厚塈君为大冶厂矿长,月支薪水四百元,其副厂长、副矿长两缺,业已裁撤,郭君承恩、盛君渤颐即调总事务所任用。又上年春间,因调派汉厂吴厂长来沪筹办整顿事宜,曾委任该厂稽核赵时骧兼代汉厂厂长,迄已一年,尚称妥适,应即改为署理,月支薪水三百五十元。除先电达并函委函知外,相应函达查照各等因。

查大冶厂矿既经合并,所有各处股长,应即遵照贵会厘定额缺,量为支配,另行加委,以专责成。兹委任:黄金涛为冶炼股长,月薪四百五十元;周开基为采矿股长,月薪三百元;周厚坤为工程股长,月薪三百五十元;周楚生为运务股长,月薪三百二十五元;魏灏为事务股长,月薪一百七十五元;调曹澄为厂材料股长,月薪二百元;盛铭为矿材料股长,月薪一百二十元;兰忠浩为巡查处长,月薪八十元;董世魁为医院主任,仍支原薪;会计处长仍以李赐求兼任,照支原薪;稽核处调龚炳慈接任,月薪一百四十元;原充厂稽核叶寿昌,调署汉厂稽核,马载飚调任萍矿稽核,各支月薪一百四十元;潘耀荣调任萍矿簿记科长,兼代会计处长,月薪二百元;调凌子贞为汉厂物料股长,仍支原薪二百元;调罗国桢为萍矿材料股长,月薪二百元。除分别加委及函知各厂矿所处,并电季厂矿长,将原设机关、所有员司裁并改组,限于一星期内拟具办法来沪商定,另再陈报外,合将奉函遵办情形暨调派员名,先行陈复鉴核。肃颂

公安

总经理　夏偕复

副经理　盛恩颐

季厚堃致夏偕复、盛恩颐函

民国十三年四月二十八日(1924.4.28)

总、副经理钧鉴:

前奉董会盐电开:大冶铁厂铁矿应合并为一机关,所有如何裁并具报钧处核办,希即遵照。同日接奉钧处电开:厂矿原设机关所有员司应即裁并改组,拟具办法,来沪商定各等因。窃思冶矿开办数十年,头绪烦多,非先行结束,以清手续,再行移交合并,业于三月二十四日第六号函陈报在案。兹造具冶矿官局移交暨公司购置产业及存料器具简明总册一本,另有细册随卷移交冶厂,又拟具厂矿合并改组各机关统系表一纸,遵照与各股处长就事实权限再三商议,拟具办法,是否有当,统求裁夺施行。专肃。

恭叩

钧安

季厚堃谨启

盛恩颐致严恩械①函

民国十四年一月六日(1925.1.6)

径启者:

　　大冶厂化铁工程异常重要,当此二号炉停炼待修、一号炉赶工装配之时,冶炼股股长一缺尤关紧要。兹调派执事为冶厂冶炼股股长,月薪自二月份起加支五十元,连前共支五百五十元。所有关于化铁及装修炉件等事宜,应由执事兼顾统筹,全权办理,务将一号炉赶紧装配,二号炉亦早日修竣,庶可两炉齐开,增益出产,以副殷望而济艰虞,是为至要。除分函知照外,合行委任,即希查照。此致

调补冶厂冶炼股严股长恩械

兼代总经理

龚炳慈②致盛恩颐函

民国十四年四月十日(1925.4.10)

总经理钧鉴:

　　前奉示谕,以陈长启、李文凤代表被裁工人一百二十名禀控工头林美堤、陈春亭虐待、吞款各节,饬即秉公澈查,详细具复等因。并附原禀一件。奉此,查工头林美堤、陈春亭二人系由汉厂调来服务冶炼股,由冶炼股移交运务股,平日办公尚无贻误,惟挑桶长夫素称刁顽,斗殴滋事,无所不为。上年十一月间因要挟工头开除四十名,本年二月又裁黄陂帮四十八名,均系不良分子,陈长启、李文凤,亦在被裁之列。每名给以恩饷二十天正,工九天,每工九百文,各支钱二十六千一百文,由收支科凭工食单按名发放。禀称每名官票三十九千六百文,实与原发之数不符,其中是否冒领十六名,则无从查究。至虐待一节,此间并无所闻,散工不听调度,工头督率过严,

---

① 严恩械(1886—?):字冶之,江苏宝山(今上海)人。时任大冶铁厂冶炼股股长。

② 龚炳慈(1876—?):字子炘,江苏吴县(今苏州)人。时任公司大冶厂矿稽核处处长。

容或有之。况现在工人势力甚大,而被裁之长夫八十八人皆非善类,如果工头侮辱虐待,彼等岂肯忍受,此可断言者也。禀称侵吞饷款五千余串,毫无证据。虚报夫额之事,虽在意中,然起卸有科长严庆恩及监工王道平负责码头督察,岂容弊混,要非串同舞弄,决不能弥缝掩饰。总之,陈长启、李文凤等,无故被裁,难免不挟仇怀恨,联名诬控,希图推倒,另补其人,此亦恒有之事,倘该工头确有虐待吞款证据,尽可随时指出,事前就近密告也。奉饬前因,理合据实陈复,尚乞鉴核,原禀一件附呈。专肃。敬请

钧安

龚炳慈谨肃

盛恩颐致季厚堃函

民国十四年四月二十四日(1925.4.24)

径启者:

　　冶厂矿采石,现用包采制,则事务简单,仅须监收一人即可了事,所有采石科应即裁撤。该科长杨浑,送裁薪三个月,即行裁退,其监工王武源、朱绍煐,两人中酌留一人为监收员,以节糜费,函希查照办理具复。此致

冶厂矿季厂矿长

兼代总经理

季厚堃致盛恩颐函

民国十四年五月十日(1925.5.10)

总经理钧鉴:

　　接奉三九号钧处函开,冶厂白石用包采制仅须监收一人,采石科应即裁撤监工两人,酌留一人为监收员,查照办理等因。窃思冶厂白石包价为洋五角五分,冶矿白石采价每吨仅四百八十文,尚须扣还炸药价,照目下二千九百五十文之洋价合洋一角五分零,即将挑土车运管理等费摊入亦无五角五分之巨。周筱泉承包采十万吨早已满额,虽该包工藉口存石仓纠缠不清,尚未解决,而采石机关尽可先行取消,将来采石或令人承包,或由采矿

股派人兼管,容再计议。现用白石每日约二百数十吨,已饬铁山筹备,从前汉厂即用此石。愚见监收员暂可不设,监工两人拟各给薪三个月,一并取销,至杨科长经手未了,拟请展缓一月,俟将各事结束再令退职。理合陈复,伏乞垂察是幸。恭叩

钧安

季厚堃谨启

公司董事会致盛恩颐函

民国十四年九月十五日(1925.9.15)

兼代总经理台鉴:

据大冶厂矿职员模函称:大冶厂矿材料股弊端百出,售销焦丁焦末无不上下其手。售焦必须会同稽核过磅,本系曹前股长呈请厂矿长照行所以预防弊端者,彼等现在反利用此机,由胡某、蒋某与稽核处邹某等串通一气,狼狈为奸。前次售销焦丁五百吨,彼等竟磅出七百吨之多,诸如此类,不胜枚举。盛股长于每吨另取陋规两元,再与群奸朋分所得,盖不如此不足以填亏空而饱私囊,且供两位如夫人之挥霍也。人言啧啧,有口皆碑,厂矿长因投鼠之忌不得不故作疾聋。我董会诸公明镜高悬,为公司名誉计,为厂矿前途计,是否须严厉整顿,抑或另有善后,钧座自有权衡,本可无庸多渎,惟模食人之禄忠人之事,见闻所及,不敢不告等语。查原函仅有模字之名,其实究为谁人,无从得知,然信虽等于匿名揭贴,而事实具在,不难调查,应请贵经理破除情面,认真查办,具复为要。此颂

台祺

董事会启

季厚堃致盛恩颐电

民国十四年十月十七日(1925.10.17)

总经理钧鉴:遵谕冶炉于十八日停炼。已遣散小工约五百余名。所有机匠炉工多数由汉厂调冶,现值停炉,无事可做。乞速电饬赵厂长尽冶调

用,不必另雇,冶厂可减省二十天恩饷数亦不赀。至汉厂开炉需材,已请赵厂长派员来冶拣取,免得另购。堃。篠。

季厚堃致盛恩颐、潘灏芬函

民国十五年一月八日(1926.1.8)

总、副经理钧鉴:

奉上年十二月二十二日第一一三号钧函内开,冶炉暂时不能开炼,应将员司大加裁减及极少限度等因。当即召集各股处长公同会议。兹据冶炼股长函称,该股工匠除酌留数名保管炉座及附属各件外,余已一律遣散。惟员司平昔办事昼夜寒暑,备尝辛苦,而又大半来自他省,既概予裁遣,应请体念前劳,仿照成例一律给予裁薪三个月,俾便成行等语。查冶炉停炼,该股首先裁遣工匠员司,洵属深明大义,所陈员司平时办理情形确属实在,所请批给各员裁薪三个月,理合据情函陈,伏祈迅予批准,电示遵行,不胜感祷之至。其余各股裁遣员司工匠亦正在着手办理,合并陈明。专肃。

敬叩

钧安

季厚堃谨启

季厚堃致盛恩颐、潘灏芬函

民国十五年三月二十四日(1926.3.24)

总、副经理钧鉴:

去岁在沪面奉钧谕,冶炉停炼,一切即图收束,以节经费等因在案。惟裁遣工人必先于经常费外筹有的款方能著手,冶厂工资又积欠至三四个月之多,一面尚须筹款,所以进行颇非易事。阴历年内不得已将陈明办法之生铁运汉抵押,而砂捐局封船扣铁缠扰不清,百方解说,始免扣留,我处已经损失不浅,年关一切方得勉强度过。工人亦发清欠饷,每人另给工贷二十天,陆续裁遣,本月为止共计一千一百二十余名,每月计裁工食一万三千余元,另列表附呈。现厂存工人仅有少数,容再逐渐酌裁,因各项机器须派人照管,不能完全裁尽也。冶厂开办之初,事事铺张,工人太多,今日收束,颇受其累,日后开炉,总望当其事者力求节省,以顾成本。余俟有款,各项收束再行随时陈报。恭叩

钧安

　　附表

　　　　　　　　　　　　　　　　　　　　　　　　　　季厚堃谨启

　　冶厂部分已裁工人人数及工食表

　　冶炼股　裁遣二百三十八人,裁工食三千四百十四元。

　　工程股　裁遣三百六十六人,裁工食五千三百五十元。

　　运务股　裁遣四百九十三人,裁工食四千八百零五元。

　　材料股　裁遣二十五人,裁工食二百三十元。

　　共裁工人一千一百二十二人。共裁工食一万三千七百九十九元。

公司董事会致盛恩颐、潘灏芬函

民国十五年七月七日(1926.7.7)

总、副经理钧鉴:

　　据大冶铁厂全体职员公函内称,汉冶萍为中国唯一之实业大公司,早为全球所公认,现在搁浅之原因大半皆受赤党劳工会之影响。溯自萍矿李、舒两矿长争闹意见,劳工会得以成立,计三年之中萍矿一切无形之损失不计外,只现金项下多耗费至三百万元。幸盛总经理以天赋奇才,得公司特任,藉官厅援助,用迅雷不及掩耳之手段,不动声色将劳工会解散,得保平安。譬之人身痼疾虽除,气血两亏,尚须徐徐调养。吾人服务厂矿,苟稍具天良,对于"劳工会"三字应如何痛恶而深绝之,杜渐防微,以严履霜之戒。乃不谓竟有丧心病狂之材料股长罗国桢,援引萍矿劳工会之总代表何洪桂复进冶厂也。查何洪桂前在萍矿充起卸夫头,平时巴结罗国桢无微不至,罗亦与之莫逆,及萍矿劳工会解散之后,何洪桂已经就擒,罗竟忍心害理,将其保出,得以逍遥法外。今复引之来冶,俾以收发材料重任,不知是何居心?将来冶厂开工,何洪桂以曾充总代表之资格从事宣传,厂中工人

不难完全赤化。职员等同庇骈藤，不敢缄默，特以上达钧听，倘有一语不实，情甘反坐。至于罗国桢之为人，私心极重，办事乖方，因非职员等所应言，未敢多述。伏维明察，是为叩祷等情。据此，查来函虽似匿名揭贴，然所陈具有人名事实，不难调查办理，相应据情函达，即请贵经理迅速切实查明办理具复。此颂

均祺

董事会启

盛渤颐致盛恩颐、潘灏芬函

民国十五年十二月二十二日（1926.12.22）

总、副经理钧鉴：

窃自上游时局变化后，党会林立，名目纷歧，参加者份子不齐，致多有无秩序之举动，同盟罢工，习为故常，社会蒙其影响。而忍痛难言者，厥为商家，故近顷以来汉口市面备极萧条，银根奇紧，几陷于难以支持之状态。汉口系上游巨镇，尚且如此，其他可知。此间各厂矿工人亦均组设工会，罢工要求，不绝于耳，如富源、富华水泥厂均已陆续罢工。查该公司等经济尚称充裕，据闻已难以应付，以本厂矿之艰窘，则对付更属为难。现值停工，虽时有要求，尚得严为拒绝，一旦复工，则掣肘之处必多，故常以复工后之逐月经费为虑，有款尚难以应付，无款更不易措施也。总之，局势如此，盲从者多。就本厂矿而论，无知识者把持地位，遇事生风，有知识者或已另图或萌去志，以致百废不举。目击心伤，长此迁延，更不知成何局面。凡此所陈，只属大略，尚有非笔墨所能罄者，伏乞垂察，并赐方略为幸。

抑再有陈者，厂矿各部要以运务股为最腐败，每次罢工均发生于下陆，实因无得力坐镇之人，所有钢轨、钢枕及车辆等项均无帐目可稽，而坏其始基者厥为前股长周楚生君。至周厚坤君接事后，则因循敷衍而已。翁股长人虽忠实，而短于肆应，兼任运务股时，下陆曾两次罢工，时经三四日之久，片言不发，几至无法。不得已始令盛事务股长铭暂兼，幸该股长驾轻就熟，得资臂助。惟两股事极丛杂，兼顾本属为难，该股长一再请辞，只以难得相

当之人未即允许。应请迅遴妥员接管运务,并长驻下陆,俾资坐镇而便整理,不胜企盼之至。肃此。敬请

钧安

盛渤颐谨启

盛渤颐致潘灏芬函

民国十六年二月九日(1927.2.9)

若梁经理惠鉴:

新年春发,敬维公私皆大如意,为颂为祝。渤莅冶已十阅月,日无暇晷,对内对外,单独支撑,精力有限,颇难为继。渤前在萍矿因入窿受湿,致有头眩之患,年余未发,昨日陡然复剧,故不得已业经正式函辞,乞我公始终维护为叩。

再启者,华记水泥厂为此间最发达之实业,遐迩皆知,自鄂政府接收后,因工潮之影响,日形堕落。前值阴历年底开支无着,厂长张皓赴省请款未归,由化验师张灿如代理其事。工人索饷急切,张匿而不见,遂聚围张宅,毁其家具,封其住屋,张现已逃避,工潮之烈可见一斑。以素号发达之实业,尚至如斯,其他更无论矣。近日工会所揭之标语,有共产党为工人阶级之党云云。情形当可想见,专此布达。敬颂

公绥

盛渤颐谨启

公司董事会致盛渤颐函

民国十六年三月九日(1927.3.9)

我龚厂矿长大鉴:

上年五月间季君厚堃调沪办事,所遗大冶厂矿长一缺,曾由经理委任执事前往代理在案。兹接经理函称,盛代厂矿长自到冶后,适值军事工潮相继并起,该员镇静维持,悉臻妥协,对于内部整理尤能劳怨不辞,实属能举其职,陈请加函委任盛渤颐实任大冶厂矿长,月给薪水洋三百五十元,以

资劝励而答勤劳等语前来。查核所请洵属因公起见,应准加函委任执事实任大冶厂矿长,每月支给薪水洋三百五十元,以资办公。除函复经理外,相应加函委任,即希查照。此颂

台祺

董事会启

龚炳慈等致盛恩颐、潘灏芬函

民国十六年四月四日(1927.4.4)

总、副经理钧鉴:

昨午曾将此间得铁两山虽已开工,车路运务均未完备,欠薪料款,一无着落,乃盛厂矿长忽然不告离冶,仅留书一纸,于走后送来嘱各股处完全负责。职等万难含糊承认维持下去,各情形江电略陈大概,谅达钧览。缘盛厂矿长系于上月二十五日夜,陡患头晕呕吐之症,次日即不能到公,炳慈与赵襄理前往视疾,见其神色尚佳,不致久延。而盛厂矿长以办公处之日行公事未便中途停顿,当面商襄理,拟一通告请各股处长组一临时委员会,暂维现状,遇有重要问题,随时陈请赵襄理核办。职等以为日不多,且重大之事既有襄理主政,不得不勉为其难,共同维持。至本月一号,襄理因公赴汉,则委员会主政乏人,当然无形取消,职等即往石灰窑厂矿长寓所会商另定办法。因厂方各项失业工人,除经盛厂矿长暂允九十七人进厂工作外,援例后来者势所难免,动辄围逼,无理可喻。正厂矿多事危急之际,不意盛厂矿长已于一号夜间三钟秘密离冶,即在石灰窑之同人亦不得而知,故无住址。值兹采运开工伊始,辛工欠饷,购料需款孔急,文分无着,工人要求条件除加辛及减房租两事发表外,余均盛厂矿长口头接洽。采运虽已开工,大小车头及矿车、路轨等修理问题,事前毫无布置。乃下陆机厂早经裁撤,新厂机房工匠有限,目前运量每日只有数百吨,将来矿量逐渐增加,运务股能否照运均无把握,大修应归何处亦无一定办法。盛厂矿长究竟如何计画,概未与职等洽商,此次匆匆去汉,事前固未得各方面之同意,临时又不与各股处接洽,立待解决之事甚多。职等均茫无头绪,千钧一发,关系匪

浅。此职等万难含糊承认完全负责之实在情形也。

总之,盛厂矿长经手未了以及口头接洽各条件不胜枚举,决非各股处长敢于越俎代谋,可以随便解决。兹事体大,吁恳钧座俯念下情,电饬盛厂矿长暂缓至沪,一俟病好速即回冶,继续办理,以免两歧,贻误将来。大局幸甚,厂矿同人幸甚。谨将职等非敢推却,实因事前均不接洽,现在不能完全负责之苦衷具报钧处,尚祈鉴原,并乞核示施行。临禀不胜迫切待命之至。敬叩

钧安

稽核处长　龚炳慈

会计处长　李赐求

工程股长　翁德鎏

采矿股长　周开基

运务股代股长　严庆恩

冶炼股化铁科长　胡博渊

材料股长　罗国桢

事务股长　盛铭

(刘嘉晋代签)

龚炳慈致盛恩颐电

民国十六年五月一日(1927.5.1)

经理鉴:厂长离冶逾月,失业工人自厂长承认九十七人进厂后,援例又有三批,约三百人,续到者不计其数,种种威逼,难以忍受。大冶工会亦无办法,有请示政府意。同人精疲力尽,惟有全体辞职,以谢公司。炳等叩。东。

大冶厂矿全体同人致盛恩颐电

民国十六年九月二十九日(1927.9.29)

总经理钧鉴:自盛厂矿长四月一日离冶,各股股长又半数缺席,厂矿重

要事件，遂集于龚处长一身。其后共党披猖，人人自危，厂矿之不颠覆者，几希而龚处长持以镇定，卒能出险入夷。又如筹备采矿之复工，应付失业之要求，以及过境军队之招待，厂矿秩序之维持，昕夕筹划，煞费苦心。而工人动辄围逼，恒至深夜。招待军队则身先同人，虽在盛暑未尝稍避，此尤人所难能。身膺艰巨，时届半年，厂矿赖以进行无阻，实属劳苦异常。论功行赏，钧座自有权衡，惟同人等患难与共，目睹龚处长力顾大局，叹为仅见，故不敢缄默，据实电陈。倘蒙与以升迁，藉酬其劳，必能赞助厂矿长整理善后，益著勤劳。是否有当，伏乞钧裁施行是幸。大冶厂矿全体同人叩。艳。

盛渤颐致盛恩颐函

民国十六年十一月二十三日（1927.11.23）

经理钧鉴：

窃渤偕同赵厂矿长由沪启行，于本月十七日抵冶，当即将印章文卷移送赵君接收，现已移交清楚，除已正式电陈外，谨将代理经过情形敬为钧座陈之。

查渤于上年四月间，奉命来冶，其时厂矿外债约近四十余万元，各股处内容至为窳败，月支薪水约一万二千元，工食约一万八千元。于是对内部则锐意整饬，略具精神，对外债则逐渐还付，只尚欠十余万元，对员工则大加裁汰，只需薪工各八千元左右。方欲努力前进，无如军事勃兴，南北军队往来如织，招待忙碌，供应频繁，稍一不慎，糜烂立见。所幸远托福威，厂矿依然无恙。遂即乘机停止采运，以期款不虚糜，拟俟元气稍复再行重整旗鼓。乃军事甫定，而工会突兴，潮流所播，气焰益炽。如操之过切，即不免发生事端；如处之太宽，又不免大权旁落。此时此境对付极难，不得不虚与委蛇，以顺潮流而维大局。更念多一日停工，即公司多受一分损失，仍一面积极筹备开采，并拟扩充厂位，对于矿工要求，满拟俟象矿解决后，即采其办法而折衷之。当时与各工人往复磋议，确已舌敝唇焦，矿价虽增为六百三十文（时价约合一角八分），尚未超过公司规定二角五分之数，其余薪工纵照工会条件增加，约月需二万余元，回复未裁减以前之原状，仍不至重累公司。其时渤已患头眩之疾,只以关系重要,依然力疾从公,乃事变日亟,出人意料,所有裁工纷纷来冶,环请复工,迭被包围,未敢遽允。渤因头眩剧烈,在寓休养,该失业等更群趋寓所强渤同赴工会,抱病前往,围至深夜,各处股长亦同在工会,均缄默不语,绝无主张。深恐酿出意外,反难收拾,遂订九十七人暂行复工三个月之条件,仍规定修平车打铁桶两项,免与通常复工相混。各处股长亦对于公司负责,何竟当时不发一言,令无转圜余地,反徒为事后之空论? 窃所大惑不解者也。

总之,渤自就职以来,所省实非少数,一一有案可稽。虽然未敢言功,尚可告无愆戾,而赋性戆直,绝不畏难苟安,顾以局势严重,独当其冲,非徒无益,兼以病益加剧,难以支持,当即就近商陈赵襄理,准以各处股长组织临时委员会,代行厂矿长职务,以为冲缓之计,亦可趁此养疴。所拟通告曾经赵襄理及龚稽核改正后,始行缮发。乃发出后适得密报,谓鄂省总工会追究解散萍矿工会一案,渤亦在通缉之列,将由大冶总工会监视等语。威权之下,何能理抗,不得已匆猝启行,仍一面专函委员会,请其代为维持。其时距该会成立业已三日,是渤离冶之苦衷,当时难以告人,而渤交代之手续尚觉无所欠缺。只因前承委托之重,不得不将经过事实披沥上陈,伏祈垂察为祷。但渤虽卸仔肩,初衷获遂,而冶厂矿为公司根本所系,有所见不敢不言。查自本年四月复工起,至渤交卸日止,公司除汇冶现款外,尚有大宗材料,如炸药、煤炭等项,为数可观,而出矿仅及二十一万吨左右,若不彻底设法减轻成本,将来何以支持。附此陈明,并乞裁夺。敬请
钧安

盛渤颐谨启

严恩棫致盛恩颐函

民国十六年十二月十日(1927.12.10)

总经理钧鉴:

化铁炉长工凤称难治,民十以来,恶风更甚曩者。恩棫自冶调汉后再自汉调冶,吴厂长及季厂矿长俱以若辈横行不法为患,命加整顿。恩棫不避艰险,一再于就职之初将二厂全体长工遣散,改组包工,所有不良分子不

令溷入其间。是后平日工作纲纪复张，凡遇长期停炉得以早行遣散，不致坐耗工资，凡此公司之益，若辈视为自身不利，怨尤所致，集矢一身。去秋大冶工会勃兴，今年春夏间若辈更藉势复工，风潮激烈，恩械不得不远避其锋。近来工潮渐息，厂矿临时委员会电促恩械随同赵厂矿长赴冶解决失业工人，自维义难推诿，业于上月三十日在冶办理完竣。惟若辈中不良分子仍聚居冶地煽惑，众工以为恩械解散工人已非一次，此回突然举动，亦出恩械一人主张，谣诼繁兴，居心叵测。恩械以此行目的已了，遂于二日晚离冶，所有历来处理化铁炉长工困难情形，理应呈候鉴察，并恳对于善后问题饬令及早筹备。查大冶化铁炉长工多属出铁场部分，日后工潮激荡，包工制亦难为补救，欲省劳工，不得不为。铸铁机等之设备，所需经费似可就原定扩充工程中暂缓不急之工移拨充用。如蒙采及刍议，饬令筹划，恳暂调恩械以原职，驻沪办事，俾得禀承钧意，就近与工程顾问等筹商一切。是否有当，恳赐批示祗遵。

大冶厂矿冶炼股长　严恩械谨上

盛恩颐、潘澜芬致赵时骧函

民国十八年一月二十三日(1929.1.23)

径启者：

　　查十七年份采运矿砂，尚属踊跃，不误交额，兹值年终之际，厂矿办事各员，自应酌予奖励。惟公司经济支绌，此为试办之初，未能充分加奖。经本公司整委会议决，拨发四千元为十七年份该厂矿员司奖励金。厂矿长勤劳夙著，应照月薪支数给以一个月酬金，其余各员司给奖标准，以办事成绩为等差。勤于任事者，给以一月薪金之半数；异常出力者，至多可给至一个月薪金；其成绩平常者，或给月薪之二三成，或一二成；其办事不力或请假逾期者，则完全不给。至工务所上年调用两员，仍归入冶厂人员给奖，统在此四千元范围之内，由执事会商村田顾问，公平支配。仍望将员司给奖各数列单见复备案为盼。此致

冶厂矿赵厂矿长

总、副经理

赵时骧致盛恩颐函

民国十九年七月十九日(1930.7.19)

总经理钧鉴:

　　顷据采矿股周股长函称:查本公司所交日制铁所矿砂,年有定额,近数年来,交额均未足数。在事实方面,固以时局不靖,采额受其影响,而在矿山本身,实因矿层深入地腹,地面岩土加增,难以采掘所致。上年工务所曾委森口矿师会同翁工程股长与开基共同计画未来施工方略,乃由森口矿师建议将属股得道湾原有压气机添购电机及黑油原动力重行装配使用,并将狮子山原有窿道继续扩充进行,以达开采目的,预计民十九、二十两年定额各为五十万吨,二十一年为五十五万吨,二十二年为六十万吨,二十三年至三十八年每年为六十五万吨。当经工务所村田顾问核准,并指定由工程股负责安装电机,属股负责开凿窿道并拟添聘电机及扩充窿道工程员各一人以资进行各在案。

　　兹属股狮子山窿道工程已于本月八号在钧处开标,不日即可兴工。惟工程员尚未聘定,现查有属股得采处技术助理盛隆龀学识经验俱深,堪以升补,该员薪水应根据民国七八年间得采处开凿窿道时工程员徐迁乔原薪,月支洋一百二十元。所遗盛缺,即调铁山助理陈学源补充,仍支原薪;其有盛遗缺薪洋七十元,即以铁山助理张克泰补受;递遗张缺薪洋五十九元,即以得采处助理魏晋寿补受。除将陈学源君由铁调得办事外,其余递补员司仍各在原处办公。至所遗铁山陈助理缺,暂悬,俟觅有相当人员,再行呈补。所有升调人员,以利进行各情由,理合函呈,伏乞鉴核转呈等情。

　　谨查该股现值积极扩充,贵在人得其用,所拟升调各员,早经议及,均系为事择人,当以关系工程,前会议时向村田顾问接洽,曾表同意,理合转陈,务乞俯准示遵,以利工程为祷。敬请

钧安

　　　　　　　　　　　　　　　　　　　　　　　赵时骧谨启

赵时骧致盛恩颐函

民国十九年十一月十七日(1930.11.17)

总经理钧鉴：

奉阳电准将医院名目取消，改为卫生股，并嘱将改组情形具报等因敬悉。遵即函知该股，仍以顾君接任卫生股长，原订合同继续有效，在事员役照旧供职，一面函复县署，不便兼办地方禁烟事宜。惟此次奉令改股，仅属正名，并非改组，故无更张之必要。理合具复，仰祈鉴核备案为祷。敬请钧安

赵时骧谨启

沈开运①致盛恩颐函

民国二十年十二月二十五日(1931.12.25)

总经理钧鉴：

窃以职衷惭愚鲁，恨鲜知而鲜能，身托骈孱，惟矢勤而矢慎，相依既久，陨越时虞，守兹惕厉之心，仰副裁成之意。对于厂矿全境范围，不惟盗窃案件未致发生，卒至巡查偷运靡不破获。综计本年之内，若铁山区、黄思湾丙区等处迭获窃犯甚多，查获炸药共六百四十一筒，引线三十三卷，铜炮二百零五枚，均经先后呈报厂矿长备文解送大冶县政府法办在案。

又查六七月间，大冶、阳新之共匪红七红八两团盘踞大王殿、太子庙等处，千万啸聚，出没靡常。彼时大冶县长及全城各机关职员相率迁避港窑，各顾生命，而职处所属之铁山区铜鼓地、下陆各区所员巡，日处警风骇浪之中，亦将有不敢冒险久留之势，遑言静镇，几失主张，一发千钧，计将安出？职乃置生死于不顾，尽职责于当然，亲往分途，晓以不能片刻旷我职守之利害，授以临时处置应付之机宜，差幸所属员巡深明大义，安心毅力，守护维持，是以厂矿全部公物材料得无丝毫损失。未几，对江之麻城、罗田、圻水

---

① 沈开运(1877—1938)：字文祥，湖南长沙人。时任大冶厂矿巡查处处长。

各县先后被红军占据,即兰溪赛花洲等地均有匪军踪迹,一江之隔,赤焰披猖,腹背堪虞,惊恐万状。职无分昼夜,尽力筹谋,并承厂矿长会同县知事、联防团、港商会长联名电请行营速派大军设法进剿。连日军队之来冶者,络绎不绝于道,以故所来各军分驻厂矿方面者居其多数。军队既不能统一,军纪即不能全望严明,在兵士中不免时有骚扰现象,经职竭力联络,到处周旋,始得弭患无形,相安无事。加之今岁水灾之巨,百余年来所未见者,自经胜洋港闸口溃决,水势漫延,所有石灰窑至下陆一带尽被淹没,而附近上下堤垸多致倒塌,灾民迁避,纷至沓来,连日约以万计。其中良莠,猝感难分。除与各团体会商设法拯济外,并亲身随时督带员士严密检查,幸未发生他故。

何图赤祸稍平,外患猝起。此间反日运动,尤叶家塘所驻之第二十六师学兵营为最热烈,冶厂所住之日人门首标语、宣传粘贴,几无余隙。斯时也,辱国救国,阻之不可;就事论事,助之不能。而尤恐该兵士中之不识厂矿事体者再加无理侮辱,徒酿成意外之交涉,而无补于事。进退维谷,筹虑再三,当即禀承厂矿长之命,邀同商会长向该军之李参谋长委婉请求设法制止,幸未旬日而该军即奉调前方,故得化验为夷,诚不幸之幸矣。职经此窘艰,应劳心力,事后洄溯,尤觉悚然,其所以得获平安之结果者,无非我总经理福星远荫,厂矿长指示方针,有以致兹。

所有本年份职处办理一切事务暨经过事实大概情形各缘由,理合备文缕呈钧座,伏乞俯赐察核。敬叩

钧安

大冶厂矿巡查处长　沈开运谨上

柳晓明致盛恩颐函

民国二十一年九月七日(1932.9.7)

敬肃者:

窃自民十九春奉委接任大冶厂矿运务股长职务,倏近三年,驽马驰驱供职无状。虽其间忧患迭经,辛苦备历,而连年矿砂交额勉与买数相符,至

运务上应兴应革诸事宜,莫不昕夕筹维,兢兢罔懈,所以坚忍奋勉者,冀以报钧座之委任,而尽职分于公家也。惟思个人之精神不逮,万事之变象靡常,运务一职,既管起卸,又辖交通,范围虽小,事务纷繁,稍一不慎,险象环生,视之轻易,任之维艰。以晓明学识浅疏,长此负担,自觉非宜,与其贻误,何若识时。拟于本年停运后辞去本兼各职,谨抒下忱,肃陈钧鉴,倘蒙俯念苦衷,能将晓明调任他职,则感戴尤深矣。迫切陈词,无任屏营待命之至。谨上

总经理盛

柳晓明谨肃

沈开运致盛恩颐函

民国二十二年二月二十二日(1933.2.22)

总经理钧鉴:

敬呈者,窃职□①福荫,得获安平。屈指光阴,承乏七载,率属办事,行必三思,陨越时虞,但求无过。谨将二十一年度职处经过事实敬为我钧座陈之。

(一)严防赤匪。我厂矿驻在范围居县东北,地临江畔,左邻港窑,上达于得铁两山,悉属生产机关,最为重要,设遇匪乱,损失何堪! 十九年,红军由此道来窥,不啻鸟受弓惊,迄今犹竦毛发;且大冶全县半属匪区,忽忽数年,毫无宁日。去岁,县城迭遭危急,港窑一带时有警闻,以故终岁防维,未或一时稍懈。右翼顺江而下四十余里为沸源口,系阳、大两县毗连之地,亦乡间繁盛之区,距离红军渊薮不过数十余里,联合实业团呼吁县政府摊款堵筑堤闸积水,以注金湖,特此一片汪洋颇得防御效果。虽恳政府安设电话,由沸直达厂方,冀灵消息,但杆线不时断坏,我厂不次派工人修理。时适匪风甚炽,奉驻军司令官之命令,归各实业团分担要隘,各派侦探数名,以补军事之不足,公议由厂方担任沸源口方面侦察事宜,增设临时

---

① 此处残缺10余字。

侦探三名,殆如各营递步哨,俾可速通警耗,及早提防,庶免临事张皇,乃绸缪于未雨也。

(一)军事招待。港窑湖一带驻军时因前方紧急开拨增援而去,综计一年内驻厂之军有陆军第四十八师、鄂北保安部队及中央陆军新编第七旅,继续换防,有时军队开拨殆尽,仅存司令部后方留守。又三省朱总指挥绍良,鄂北保安司令张刚,三省边防绥靖主任何成濬,络绎来此视察,我厂均不次欢迎,职奉厂矿长令代表接洽,联络感情。现驻窑湖以至下陆、铁山方面兵力较为雄厚。至于沣源口方面仅有实力不足之联防队□①之匪出没靡常,惟客冬零星散匪忽乘机扰乱,沣源口实濒于危,团董、职员被害者数人,青年男妇被捉去数十,大小商抢掠一空。我厂唇齿相关,不获已亟恳唐兼司令飞调新七旅之一营开沣镇调楚观兵舰上下游弋。如是匪徒敛迹,化险为夷,姑且安之,堪以告慰钧注。

(一)清理户口。层峰严令清查户口,以防匪党混迹其间,冶县各区遵办编册格外认真。职鉴于我厂职工散处于各区者亦复不少,照章应归各区负责。职拟得统一办法商之区团主任,凡我厂矿职工,编造总册,归汉冶萍负责(即将居住他区各户划出编入),另成汉冶萍一部分,居异其地,统一其责。似此办法,手续较为简易,责任无事分担,各方均以为然。闻区团主任亦□□□□,遂知照各实业团体以此法办理矣。

(一)整理处务。前岁年终报告,辱蒙嘉奖,惭感交萦。职质驽骀,只知黾勉,惟有督责区队所矢勤矢慎,冀图稍获全厂矿之安宁,以期无负我总经理劝勉之至意也。查二十一年内各区队所巡查偷运,糜不破获窃铁之犯,并拘首要,所有大小车轮、路轨以及卷盘各铁件,查获颇多。又黄思湾、下陆乙丙两区等处缉获炸药三百一十四筒,□□二十五卷,铜帽二百三十一枚,均经先后呈报厂矿长,将已获各犯解送大冶县法办在案。

兹值公司经济艰窘,又值减政时期,迭奉厂矿长召集会议,尤当仰体钧意,切实遵行。是以工匠门稽查游巡队长先后出缺,遴先巡长呈请升补,减

---

① 此处残缺 10 余字。

少薪资。即勤务督察员一缺，因久未到差，呈请裁撤。又复减领材料杂支。纵撙节之数虽微，实鉴于公司之困难也。总之，责职所在惕励而行，只期无愧厥心，不计求全之毁，其所以得获全厂矿之安宁者，皆我总经理福星远荫，厂矿长指示方针，有以致兹。理合将二十一年度职处办理一切事务暨经过事实大概情形各缘由备函缕呈钧鉴，伏乞俯赐察核。敬叩
钧安

巡查处长　沈开运谨呈

沈开运致盛恩颐函

民国二十三年一月二十二日(1934.1.22)

敬呈者：

窃职自负巡查之责，年复一年，时虞陨越之羞，慎而又慎，远蒙福荫，得获安平。叹驹隙之迅驰，又鸡年而将尽，岁周复始，春新与崇祜增绥。瞻仰钧辉，依旧上详明报告职处责任，一则严防偷窃，一则预防匪党。溯二十二年度得铁两山厂之大小窃案靡不破获者，殆有由来。良以春夏间两山迭次发生聚盗抢铁之事，派队前去，殊难制止，旋幸擒获巨贼吴洪发、吴明三。该两人者皆当地一呼百诺之盗魁，经职呈报厂矿长与其送县惩治，未几释出，仍然行窃，不若用以毒攻毒之计，予该两贼巡山捕探名义，酌给工资，专负两山窃案之责，迄今果有效力，不但聚众抢铁案件竟不发生，即陆续被窃之大小铁件亦皆陆续缉获。至于炸药案，各区所全年虽查获数起，而药线究亦不多。此严缉盗贩不遗余力得减少公物之损失也。

去岁匪共迭有警闻，军队不时调防，居民未遑恐惧。今岁自西路剿匪第三纵队陈司令驻冶之后，适赣省围剿陈李联共，大股匪党相率前往赣闽，以图一逞，是以冶境反转危为安。然零星散匪到处扰害，而防范仍不能稍疏。复奉陈司令官命令，各区及各公司均分别组织义勇队，我厂矿成立队士六十名，并于得铁两山之要隘搭盖警棚，就更夫各负其责，注意警锣。复设哨位于水塔旁，昼夜三班服务，呈奉厂矿长批准就职处巡士中轮流抽调前往工作，布置周密，防患未然。对于户口尤不时检查，俾奸宄无所藏匿，

是以全厂矿安静,无事发生。尤幸由县派员来此视察训话,义勇抽查户口,皆获赞许,均堪呈慰钧座。

理合将二十二年度服务各情摘要备函呈报崇鉴。谨呈

总经理盛

巡查处长　沈开运谨呈

沈开运致盛恩颐函

民国二十四年二月十五日(1935.2.15)

总经理钧鉴:

敬呈者,窃职供职巡查,维护厂矿,得福星于远耀,获全厂之安平,年复一年,只求无过,惟有勤慎自矢,以仰副钧座之德意而已。查二十三年度旱灾之后继届冬防,县属居民几成饿莩,流氓地痞抢劫横行,以致得铁两山窃案层见迭出,幸各区所员巡严为防范,办事认真,迄无事故发生。复查二十三年度得铁两山窃铁案未有不破获者,其中尤以新铜电丝及钻机、橡皮管、短钻子等件两案为最要。查该两案情节重大,失件之代价颇巨,迭承赵厂矿长悉心考察,指示机宜,职率巡山捕探,指挥踩缉,是以不数日间两案并获。又总计所属区所全年拿获炸药四百一十筒(内有五整盒),引线大小二卷,铜帽三百三十个,均先后呈报厂矿长,当将要犯解县惩办在案。总之,职责任所在,只知抚躬惕厉,尽厥天职,振无倦之精神,不计求全之毁。尤其去年军队换防动起交涉,奔驰接洽,舌敝唇焦,其所以获全厂矿之安平,非远叨福荫曷克臻此。理合将二十三年度职处办事务各情形备函呈请钧鉴,伏乞俯赐察核。敬叩

崇安

巡查处长　沈开运谨呈

盛恩颐致赵时骧函

民国二十四年八月二十一日(1935.8.21)

径启者:

查原有大冶厂矿卫生股办事章程行之已久,惟以今昔情形不同,特为

重行修订,相应备函连同章程送请查照,希即转行遵照办理可也。此致

大冶厂矿赵厂矿长

附重订卫生股章程二份。

总经理

[附件] 重订大冶厂矿卫生股章程

第一条 本厂矿卫生股专为本厂矿员工等诊疗疾病股设,非本厂矿人员请求诊治时,其规则另订之。

第二条 诊治科目:外科、内科、皮肤科、小儿科、眼耳鼻咽喉科、产科,其余各科得商准医师酌量诊治,但花柳科概不应诊。

第三条 本厂矿员司、工匠、公役及其家属人等遇有疾病,得向各主管机关领取诊单来股就诊,免纳医药各费,但产科不在此例。

第四条 门诊时间,除星期及例假外,规定自上午九时起至十一时半、下午一时至三时止,三时以后为出诊时间,惟临时有急症发生得变通办理,随时应诊。

第五条 出诊时间,除星期及例假外,规定自下午三时起至五时止,凡本厂矿员工居住厂矿范围以内,遇有险要症候及其他特别情形,不能亲自赴股就诊者,得于规定出诊时间以前,详细填具出诊请求单送股登记,按照先后依次临诊。惟遇危险急症随请随到。

第六条 上午七时半至九时、下午三时至五时,为准备一切诊察住诊病人,检验工作,施行手术以及出诊等事。

第七条 本股在得铁两山及石堡分设急救治疗所各一处,其治疗范围专以救治外伤为目的,其他疾病概须赴股就诊。

第八条 凡员司、工匠、公役人等遇有重病经医师之许可得在股住诊,除因公致病者外,须缴纳左列膳费:

员司 每天银圆三角五分。

工役 每天银圆二角。

病人须要滋补食品,经医师许可得由病家自备。

第九条　凡来股就诊之重要病症在所列科目之外者,医师亦得酌量诊治,如认为须专家诊治时得谢绝之。

第十条　员司家属欲延请本股医师接产者,得依情形轻重收取五元至十元之接产费,所用一切药品材料应照价让给。

第十一条　凡就诊者均须亲自来股,以便详为诊察,对症施治,免有贻误。如仅以口头或具条要求给药者,概行拒绝。

第十二条　来股就诊者除重要疾病外,均须按号就诊。

第十三条　病者取药时如须药瓶,每只取押款小洋二角,俟将空瓶送来即当照退押款。

第十四条　凡来股就诊者,无论门诊住诊,均须听从医师之处置及指示,否则得谢绝诊治。

第十五条　如有未尽事宜,卫生股股长得随时陈由厂矿长转陈总经理核定修改之。

沈开运致盛恩颐函

民国二十五年一月九日(1936.1.9)

总经理钧鉴:

敬呈者,去冬赴沪叩谒钧辉,事毕返处,倏又三月。窃以一年容易,又是春风,责任在身,惕励自矢,得福星于远映,获全矿之安平。谨将全年度经过之事略约报告于总座之前。

查二十四年度水灾几遍全省,冶县多属难民,饥寒盗心,事所必有,以致得铁两山窃案不时发生,职率员巡严令捕探,幸大小案件皆得破获,其中尤以采矿股公事房经纬仪一案。该仪代价颇巨,以其被窃情形重大复杂,故不厌悉心揣夺,设法钩稽,数次亲率侦探各处侦察,卒得于九江外埠原赃取回,即职亦万不料有如此破案之速者。若论阳、大匪患,数年来未绝根株,去秋陈军长解散赣省大部分红色之军队,因与徐彦刚匪魁混合,声势浩大,冶境岌岌乎危。彼时人心惶惶,各厂矿员工迁移奔避者不鲜。当此变发生之始,职即得其真因,布置预为防范,员巡用命,静镇不惊,独我全厂矿安然无扰,此足征福荫之浓也。又总计所属各区所全年度查获炸药四次,计一千三百三十三筒(其中有一次查获千余筒),查获引线三次,计四十六圈,查获铜帽二次,计六十二个,先后呈报厂矿长,分别案情轻重,要犯送县,从犯送局,斟酌惩办,科罪相当,亦皆职天职使然,从不敢稍涉粗疏,致负钧座之德意。

理合将二十四年度职处办理事务各情形备函呈报,伏祈俯赐察核。

敬叩

崇安

大冶厂矿巡查处长　沈开运

盛恩颐致赵时骧、龚炳慈函

民国二十五年一月十四日(1936.1.14)

径启者:

公司自改用预算制度后,总稽核处早经裁撤,惟大冶稽核处迄今尚存,形同骈枝,自应一并裁撤,以节经费,用特专函布达,即以公函达到之日作为大冶稽核处裁撤日期。所有卷宗器物应由(交由赵厂矿长)贵厂矿长妥为分配保管,其裁缺之处长处员,应援因公被裁例,各给薪水三个月,以符向章。即希查照办理(并于结束后具报)为要。此致

大冶厂矿赵厂矿长

大冶稽核处龚处长

总经理

翁德銮致盛恩颐函

民国二十五年一月二十九日(1936.1.29)

总经理钧鉴:

前上敬电,计邀察核。窃查赵前厂矿长服务公司垂四十年,历任汉阳铁厂造册分董、稽核股长及统计股长,钩元提要,备极精详,以是积功,升任厂长。时值财力枯竭,工潮澎涨,公竟不辞劳瘁以任之,内外兼营,保全甚

巨,汉厂同人至今尤称颂不衰。及调长大冶厂矿时会尤为艰险,卒能解散失业工人,使厂矿渐入正轨,非有毅力卓见者,不克胜此。自民十八以后,水旱之灾,风鹤之警纷至迭乘,在在均足以影响厂矿工作,赵公无不穷心竭力以应付之,一切情形,当已早邀洞悉。故于上年胜阳港堤闸抢险案内,曾承钧处记功一次,固已灼见其辛劳也。至于小心翼翼,节省财用,四十年犹一日,舆论翕然。兹竟中风不救,在公司失老成,在同人失模范,当必同为太息。用特择其功绩之最著者据实上陈,拟恳俯照敬电所请,由公司举办丧葬事宜,俾示优异。关于抚恤一节,当亦与寻常职员不同,并乞特别从优,以明笃念有功者之至意。统候卓裁示遵为祷。肃此。敬请

崇安

翁德鋆谨启

沈开运致盛恩颐、赵兴昌函

民国二十五年十二月二十二日(1936.12.22)

总经理、襄理钧鉴:

敬呈者,十一月二十七日阳新股匪乘虚猖獗,将抵盛洪卿,职于深夜两次派游巡队长王权舆、乙区区长张亮卿率领巡士及各公司凑派巡警共八十余人,化装地方队士驰赴前方堵截,并令沿站发号,俾壮声威,匪闻即走,如是得铁两山转危为安,所有详细情形先后呈报兼代厂矿长转呈钧座在案。前该匪向保安退却之际,适曹县长率兵到达盛洪卿,遂跟踪追击,匪复窜往鄂城。曹县长凯旋晤职,谈及此次股匪人数不少,彼时由换缲桥退走者实因我厂矿队伍出发神速之故,否则盛洪卿及得铁等处必遭蹂躏。此虽全厂矿之幸,皆我钧座福荫之所致也。

又,二十四年九月奉令各厂矿成立厂矿联保办公处,当经各方推选职为联保主任,兼职年余,事务繁重,均经随时呈报厂矿长转呈钧处察核矣。迤值冬防吃紧,职仍督率各区队所严加防范,差幸安平,堪以上慰廑注。

查本年度窃铁之案皆得先后破获(如大小车轮、钢轨、炮条、铁件及轴缸油十一箱),又黄思湾丙区两处查获炸药一千五百三十三筒,引线十五

卷,铜帽三十四个,各案研讯明确,就案情之重轻定窃犯之首从,均陈奉兼代厂矿长命令分别送区送县送局,科以相当之罪。万不料于国难严重之候,突遭西安叛变之危,职处职责攸关,预防不测,对于外籍人来此参观者特别注意招待,即本厂矿外籍人赴山及偶适他处时,均派巡士随行护卫,藏械防险,决无意外之虞。

所有全年度办理经过各情形理合肃函呈报,伏乞察核。敬叩

钧安

大冶厂矿巡查处处长　沈开运谨呈

盛恩颐致翁德銮函

民国二十六年六月二十九日(1937.6.29)

径启者:

查冶厂开炼在即,车运及起卸事务,均极繁重,运务股势难兼顾,应自七月十日起,将运务股划分为二:一、车务股,专管车运;一、起卸股,专管起卸。分工专责,庶免误事。兹委任柳晓明为起卸股长,支乙等五级薪;李钊为车务股长,支丁等一级薪。相应函达,即希查照办理,并转知遵照。此致大冶厂矿翁代厂矿长

总经理

盛恩颐致汪志翔函

民国二十六年七月十三日(1937.7.13)

径启者:

兹经修正大冶厂矿组织章程三十条,并订定大冶厂矿办事规则四十一条,以资遵守,相应检同组织章程、办事规则各一份,随函附致贵厂矿长,即以文到之日作为公布日期,请烦查照施行,并将文到日期具报为要。此致大冶厂矿汪署厂矿长

附组织章程、办事规则各一份

总经理

[附件一] 修正大冶厂矿组织章程

第一条　大冶厂矿受汉冶萍总经理之指挥,监督经办采矿运矿、炼焦制铁等业务。

第二条　大冶厂矿之组织如附表。

第三条　文书科、化验科、人事科分掌左列事项:

(一)(文书科)关于文件之撰拟、翻译、收发、缮校;卷宗之保管,册报及出厂证之审核等事项;

(二)(化验科)关于各种化验成分及质色等事项;

(三)(人事科)关于员工之进退、奖惩、请假、抚恤及薪工之核计等事项。

第四条　会计处掌左列事项:

(一)关于各项帐目之计算及登记事项;

(二)关于成本之计算及统计事项;

(三)关于银钱之收支事项;

(四)关于编造预算决算及单据表册等事项。

第五条　工程股掌左列事项:

关于工程设计、测量、制图、印图及机械、电机、土木、修理、制配与工程实施之指挥监督等事项。

第六条　制铁股掌左列事项:

关于制铁采石事项。

第七条　采矿股掌左列事项:

关于采矿工程事项。

第八条　炼焦股掌左列事项:

关于炼制煤焦事项。

第九条　车务股掌左列事项:

关于支配车辆、调度行车,编定时刻及养路与修筑等事项。

第十条　起卸股掌左列事项:

关于各项起卸及司磅并管理码头及趸船等事项。

第十一条　事务股掌左列事项：

（一）关于产业之保管、地亩之登记购买以及清丈收租保证等事项。

（二）关于教育之设施事项；

（三）关于采买事项；

（四）关于庶务电话及不属于其他各股之事项。

第十二条　材料股掌左列事项：

（一）关于钢铁、煤焦、物料之收发、储藏及保管事项；

（二）关于核对料价、稽核数量、登录簿记、填制报告及预算材料等事项。

第十三条　卫生股掌左列事项：

关于医药、疗治、防疫、公共卫生及检验体格等事项。

第十四条　警务股掌左列事项：

关于警卫、治安秩序、训练、消防、清洁、人口调查、户籍登记及护送运输、稽查违禁等事项。

第十五条　大冶厂矿设厂矿长一人，承总经理之命，管理督率全厂矿所属各处股科员工，并内外一切事务。

第十六条　文书、化验、人事三科各设科长一人，职员至多不得过十人，直属于厂矿长，各承主管之命分掌各项事务。

第十七条　会计处设处长一人，分收支、成本、簿记三科，各设科长一人，职员至多不得过十三人，直隶于总公司会计所，并受厂矿长之指挥监督，各承主管之命分掌各项事务。

第十八条　工程股设股长一人，分机力、机械、电机、土木四科，各设科长一人，职员至多不得过二十五人，各承主管之命分掌各项事务。

第十九条　制铁股设股长一人，分制铁、采石二科，各设科长一人，职员至多不得过十二人，各承主管之命分掌各项事务。

第二十条　采矿股设股长一人，分铁采、得采二科，各设科长一人，职员至多不得过三十人，各承主管之命分掌各项事务。

第二十一条　炼焦股设股长一人,职员至多不得过十二人,承主管之命分掌各项事务。

第二十二条　事务股设股长一人,分车务、养路二科,各设科长一人,职员至多不得过十五人,各承主管之命分掌各项事务。

第二十三条　起卸股设股长一人,分起卸、司磅二科,各设科长一人,职员至多不得过二十人,各承主管之命分掌各项事务。

第二十四条　事务股设股长一人,分庶务、产业、购买三科,各设科长一人,职员至多不得过八人,各承主管之命分掌各项事务。

第二十五条　材料股设股长一人,分钢铁、煤焦、物料三科,各设科长一人,职员至多不得过十八人,各承主管之命分掌各项事务。

第二十六条　卫生股设股长一人、中医二人、西医一人、药剂师一人、伤科一人、看护一人、助手二人,各承主管之命分掌各项事务。

第二十七条　警务股设股长一人、区长八人、游巡队长兼消防队长一人、勤务督察员一人、稽查四人、书记二人。

第二十八条　大冶厂矿各股科因事务上之必要,于规定员额外得酌用雇员及实习生,惟须事前陈报总经理核准。

第二十九条　本厂矿各处股科所属所有一切设备物料以及图册、表记、档卷、书籍等,概归各处股科主管员司分别自行负责保管之。

第三十条　本章程自公布之日起施行。

[附件二]　大冶厂矿办事规则

第一章　总则

第一条　本规则依照本厂矿组织章程各项规定订定之。

第二条　本厂矿各职员执行职务应依照组织章程及本规则暨本厂矿各项规程之规定办理。

第三条　本厂矿各处股间,因事务上有互相关联者,应协商办理,遇意见不同时,由厂矿长裁夺之。

第四条　本厂矿同股各科间,因事务上有互相关联者,应协商办理,遇意见不同时,由该股股长裁夺,异股者,由各该股长会同裁夺之。

第五条　本厂矿各股科长得向总经理陈述意见,惟其余日行事务均须由厂矿长转呈。

第二章　权限及责任

第六条　厂矿长、处长及各股科长对于应办事件核定办法,分别发交各该处股科拟办,如有疑义时,须陈明办理,其未核定办法之事件须随时秉陈主管人员拟办。遇有重要或疑难事项,须分别陈候各该主管人员裁夺办理。

前项陈述及请示事件遇繁复周折时,得用签呈呈核。

第七条　凡本厂矿发出文件,概由厂矿长签署,厂矿长在假时,由代理厂矿长签署。

第八条　拟稿及核稿人员均须签名盖章,如二人以上合办者,会签,其有关两股以上者,会核。

第九条　本厂矿令行各处股科照办事件,应随到随办,限期呈复者,并须依限呈复。如有特别情形不能即办者,须先呈报理由。

第十条　本厂矿职员对于承办事件应随到随办,其有特别情形不能即办者,应先向主管人员陈明理由。

第十一条　本厂矿职员对于机密事件及未经宣布之公文函电,无论是否主管事务,均应负严守秘密之责,退职后亦同。

第三章　各处股科之职掌

第十二条　会计处依照组织章程第三条之规定分设簿记、成本、收支三科,直隶于总公司会计所,由处长承厂矿长之命督率办理一切事务,除办事细则由处另订外,其所属职掌分列如左:

（一）簿记科　专司本厂矿各项帐目之计算及登记,并编制预算、决算及各项表册事项;

（二）成本科　专司本厂矿成本之计算及一切统计事项;

（三）收支科　专司一切银钱之收支及登记现金帐事项。

第十三条　文书科、化验科、人事科依照组织章程第四条之规定,隶属

于厂矿长办理一切事务。除办事细则由各科另订外,其所属职掌分列如左:

(一)文书科 专司文件之撰拟、翻译、收发、缮校,卷宗之保管等事项;

(二)化验科 专司各种化验之成色及检验分析等事项;

(三)人事科 专司人事、功过、请假、抚恤及薪工核计、员工进退等事项。

第十四条 工程股依照组章程第五条之规定,承厂矿长之命督率办理一切事务。除办事细则由股另订外,其所属职掌如左:

(一)机械科 专司各项机械工程之设计装置、修理、制配、制图、印图、翻砂、木模等与工程实施之指挥监督事项;

(二)电机科 专司各项电机之管理及电力工程之设计、装置、修理、制配、制图、印图等与工程实施之指挥监督事项;

(三)机力科 专司各项发动机力之设计及管理等与工程实施之指挥监督事项;

(四)土木科 专司各项土木工程之设计及修理、制配、测量、制图、印图等与工程实施之指挥监督事项。

第十五条 制铁股依照组织章程第六条之规定,承厂矿长之命督率办理一切事务。除办事细则由股另订外,其所属职掌分列如左:

(一)制铁科 专司炼制生铁,管理化铁炉及一切设计等与工程实施之指挥监督事项;

(二)采石科 专司开采白石及一切设计等与工程实施之指挥监督事项。

第十六条 采矿股依照组织章程第七条之规定,承厂矿长之命督率办理一切事务。除办事细则由股另订外,其所属职掌分列如左:

(一)得采科 专司开采得道湾矿砂及矿山一切管理、设计、测量、制图、印图等与工程实施之指挥监督事项;

(二)铁采科 专司开采铁山矿砂及矿山一切管理、设计、测量、制图、印图等与工程实施之指挥监督事项。

第十七条　炼焦股依照组织章程第八条之规定，承厂矿长之命督率所属专司炼制煤焦、管理炼焦炉及一切设计等与工程实施之指挥监督事项。办事细则由股另订之。

第十八条　车务股依照组织章程第九条之规定，承厂矿长长之命督率办理一切事务。除办事细则由股另订外，其所属职掌分列如左：

（一）车务科　专司支配车辆、调度行车、编制时刻表及编造报告表册等件；

（二）养路科　专司管理修筑全路工程并沿线植树等事项。

第十九条　起卸股依照组织章程第十条之规定，承厂矿长之命督率办理一切事务。除办事细则由股另订外，其所属职掌分列如左：

（一）起卸科　专司煤焦、矿砂、生铁及各项材料由水陆进出之起卸等事项；

（二）司磅科　专司煤焦、矿砂、生铁及各项材料由水陆进出之过磅平秤等事项。

第二十条　事务股依照组织章程第十一条之规定，承厂矿长之命督率办理一切事务。除办事细则由股另订外，其所属职掌分列如左：

（一）庶务科　专司管理电话机及公役之进退暨不属于其他各处股科之事项；

（二）购买科　专司采办等事项；

（三）产业科　专司产业之保管、地亩之登记、购买之丈量以及收租保证等事项。

第二十一条　材料股依照组织章程第十二条之规定，承厂矿长之命督率办理一切事务。除办事细则由股另订外，其所属职掌分列如左：

（一）煤焦科　专司煤焦之保管及会同监磅、稽核数量、登录簿记、填制报告、编造预算等事项；

（二）钢铁科　专司钢铁之保管及会同监磅、稽核数量、登录簿记、填制报告等事项；

（三）物料科　专司各项物料之保管及会同监磅、稽核数量、登录簿记、填制报告、编造预算等事项。

第二十二条　卫生股依照组织章程第十三条之规定,承厂矿长之命督率所属专司本厂矿员工、警役之医药、诊治、防疫及公共卫生并检验体格等事项,办事细则股另订之。

第二十三条　警务股依照组织章程第十四条之规定,承厂矿长之命督率所属员警专司本厂矿警卫、治安秩序、训练、消防、清洁并人口调查,户籍登记及护送运输、稽查违禁等事项。办事细则及编制由股另订之。

第四章　文件收发及编存

第二十四条　本厂矿各项到文由文书科收发员折〔拆〕封、录由挂号,登入收文总簿后,呈送文书科长按照急行、重要、次要、例行四种,用卷夹送呈厂矿长批阅后,仍交文书科登记日期,抄录原文及批示办法,分别通知承办。

第二十五条　本厂矿各处股科关于对外文件,应先由该主管签呈厂矿长批示,发交文书科办稿,或会核送由厂矿长判行后缮校送印,交收发员登录发文总簿封发,原稿由文书科归档备查。

前项文件如厂矿长批示变更办法或缓行时,仍由文书科知照各该管处股科。

第二十六条　文书科应将各处股科档案分组编号保管,遇调阅时,凭调卷单检交,阅毕照单点收归档。

第二十七条　凡本厂矿发出文件,监印员或校对员须加盖名章。

第二十八条　本厂矿到文,凡封面写厂矿长亲启或密启字样者,收发员须将原件送由文书科呈阅,不得擅折〔拆〕。

第二十九条　文书科收发员应分置收发文总簿,管卷员应置编案总簿,以便稽考。

第三十条　洋文文件由翻译人员承办之,其收发手续及保管与中文同。

第五章　帐目之登记

第三十一条　本厂矿一切银钱之收支帐目之纪录,成本之统计,预算决算单据表册之编计及原料之收付,保管记帐等事项,由会计处另订各项方法概要办理之。

第六章　消防

第三十二条　本厂矿消防事务由警务股管理,所有消防员警即在警务股员警中轮流训练,其平日训练科目及临时任务暨各项用具方法,由警务股另订消防规则办理之。

第七章　医药及公共卫生

第三十三条　本厂矿员工、警役因公受伤及患病,除重症而限于设备得送往医院治疗者外,概就卫生股诊治,就诊时由该管处股科具条通知施行。

第三十四条　卫生股每日诊治工作外,应注意全厂矿公共卫生,随时会同庶务科督率夫役办理,并将每月诊治情形缮成统计表呈核。

第八章　考勤

第三十五条　本厂矿员司办公时间,每日上午八时至十二时,下午一时至五时,遇有事务紧要或不能中止时,得延长之。

工人工作时间由各股科主管另订之。凡在工场各职员司办公时间与工人同。

第三十六条　厂矿内设置签到簿及打钟机,凡本厂矿员工到班及下班时,均须亲自签名或亲按打钟机,其规则另订之。

第三十七条　办公时间非因预约之来宾不得延见。

第三十八条　凡员工、警役因病或不得已事故不能办公时,应按照请假规则办理,其规则另订之。

第三十九条　本厂矿各处股科于休假日应各派员轮流值班,其轮值次序及时间另订之。

第九章　附则

第四十条　本厂矿各处股科办事细则由各该主管拟订,由厂矿长汇呈总经理核定之。

第四十一条　本规则公布之日起,试行三个月,如有窒碍之处,准陈请修正。

汪志翔致盛恩颐函

民国二十六年七月十八日(1937.7.18)

总经理钧鉴:

　　案查奉颁修正大冶厂矿组织章程第三条规定设立文书、化验、人事三科,又同章程第十六条前半段内载,文书、化验、人事三科,各设科长一人,职员至多不得过十人,直属于厂矿长等语。此次奉令改组,自应遵章办理。查原有厂矿长处设文牍二员,处员三员,采办一员,管磅三员,化验科科员三员(连新调狄斌在内),除采办拟另文陈请委任为购买科科长,管磅应划归起卸股,化验科拟请遴委科长外,所有文书、人事两科科员拟即以文牍等五员支配工作,非必要时,不另添人,以节经费。至文书科科长一职,查代理事务股股长管维屏,品学兼优,对于本厂矿事务卷宗俱极清晰,向在厂矿长处兼办机要文件,为历任所倚畀,拟请委任为文书科科长,仍兼代事务股股长,以资熟手。人事科科长一职,查有吴秉深,品性端正,前供职萍矿二十有一载,在代理洗煤科科长职务时,月支薪金一百一十元,适合现行丁等三级薪,拟请委任为人事科科长,并支原薪。是否有当,理合取具该吴秉深履历一份,禀请鉴核示遵。肃此。敬请
崇安

职　汪志翔谨禀

盛恩颐致汪志翔函

民国二十六年七月二十七日(1937.7.27)

径启者:

　　接准第一五六号函陈:此次奉令改组,自应遵章办理(云云至)请鉴核示遵等因具悉。查吴秉深熟悉洗煤及炼焦情形,炼焦股开办时,当另有借重,至人事科长一缺,希由贵署厂矿长另行推荐妥员。管维屏准予委任为文书科科长,仍兼代事务股股长。除知照会计所、人事课及委任外,相应函

复,即希查照。此致

大冶厂矿汪署厂矿长

总经理

（十四）大冶厂矿巡警

徐增祚致盛宣怀函

洪宪元年三月十八日(1916.3.18)

宫保大人钧鉴：

敬肃者,冶矿自去岁经董会函请湖北巡按使拨派警备队半哨来矿驻扎,以资镇慑,并由增祚节制指挥,当于该哨官张振英领队到日,除令遵守省颁规则,不准干涉民政外,并另定简章八条,嘱其担任保护仅管本矿范围以内事件。该队初到尚遵约束,即该哨官亦颇能严绳以法。自驻定数月,闻驻在石堡至铁山四处警队,有于巡查时拿赌、拿销磺等类,并该哨官有擅自办人罚款等事,即经严加诰诫,凡遇此等事件,皆宜报由敝处移县办理,不得违法侵权。适今年该哨官为全体警队控告,经巡署警备处函饬严加鉴察,俾不至干涉外事。又迭接县知事兼充警备队执法官函嘱转饬该哨官遵奉巡按使饬文,只准该警队认保护防剿之责,不准与闻拿赌禁娼等事,以免流弊,即又严饬遵照。不料三月十六日,测量处夫役在外与人斗殴,该哨官不问情由,即听兵士报告拿获,擅自将测量夫刑责。正在料理未结,而十七日午后,又突有警备队兵士在胜洋港与水警冲突,致枪毙水警信息。当即派人调查,尚未得复间,该警备队张哨官面来报告,谓该警队兵士于二月十五至胜洋港,查下陆所报拐案,适见胜洋港茶馆有赌,当地人已走散,该处水警上前承认系属小赌,即被该警队严责当兵者不当聚赌,该水警怀恨在心。本月十七日兵士杜庆堂请假赴黄石港购物,道经胜洋港,即被水警打骂,业经两方面长官各认查办,不意该警队复夺门出外寻仇,阻拦不住,致肇命案云云。该哨官未去,水警二段段长颜其铃、四段段长刘凤藻亦同来面告,谓警备队屡屡至胜洋港茶馆,藉拿赌为名,实多敲诈,并有许多不安分之处。且云矿局未有警队时,地方颇为安静,自有警队,反多骚扰。今乃水警文明,若亦如警队枪击,则胜洋港住户将不堪设想。现在二段船内警士李锡卿一名,已为枪伤致毙,四段船内警士田兴有亦已受伤,应请示以办法等云。旋调查人到,当即细加详问,据谓闻诸舆论,警备队实屡到胜洋港敲诈,不仅仅藉拿赌敛款,且别有宿娼争风等事,当以两方面皆属兵队,案情重大,人命攸关,即一面函告县知事,请其亲临勘验,一面电报巡按使,以尽职务。现在已经县知事勘验,并奉巡按使复电,嘱饬张哨官将行凶兵士交县讯办。所有该哨官张振英约束不严,自不能逃省宪之明察,即增祚节制无方,亦甚惭溺职。除已函报经理、董会严加议处外,理合将警队肇祸情形报告,伏祈垂鉴。敬请
钧安

徐增祚谨禀

王勋致公司董事会函

洪宪元年三月二十二日(1916.3.22)

董事会大鉴:

顷徐介甫君来信略谓:去岁函请湖北巡按使拨派警备队半哨,来矿镇慑(云云至)饬该哨官将行凶兵士交县讯办等语。查旧时巡丁不敷分派,且不得力,故有请省派警备队之举。本期除暴安良,有益矿务,讵举动野蛮,肇此人命重案。该哨官约束无方,酿成巨祸,似难再留,拟请函致湖北巡按使饬查明白,即行撤换,是为至祷。徐君来函附呈公鉴。顺颂
均绥

兼代经理　王勋

公司董事会致王占元电

民国五年八月三日(1916.8.3)

武昌。兼署省长王督军钧鉴:据大冶矿员电称,近日武汉下游土匪滋

扰,矿区辽阔,防范宜周,请再饬拨警队等语。查该矿本有警队半哨驻防,刻因警备不敷分布,请饬加派警队两棚,到矿防护,以免疏虞,一俟平靖,即请调回。仁盼施行,至深感祷。汉冶萍公司董会叩。江。

夏偕复、盛恩颐致季厚堃函

民国六年六月七日(1917.6.7)

冠山仁兄坐办鉴:

接六月四日十八号来函,以近日时局多故,黄石港前驻陆军昨已调省,现在驻冶仅有矿局警队,殊嫌单薄。新厂小工土客杂处,已严饬杨帮带加意防范等情,闻之殊为系念。

查前据吴厂长来函,以冶矿官警杨大明经县知事呈奉省长,委兼新厂稽查弹压,对于厂警动多干涉,深虞日久酿成事端,主张将官警追回,由矿自行募练,与新厂一律等语。当以冶矿地势绵长,冶民亦非易与,纯用自练巡警,恐权力有不足之处,无以镇慑地方,自以借拨官警为宜。至冶厂自成一范围,情形与汉厂相同,可如该厂长之议,仍用自练,不假官力,须由该厂长就近与鄂省官厅言明,与官警划清界限,俾免冲突。一面饬厂巡处李处长,平时联络感情,有事和平消解,以期双方兼顾,日久相安等请。陈经董会公议照办,函知吴厂长遵照在案。兹据前情,则现值有事之秋,更应妥筹防范,以维治安。除将来函所陈情形函厂外,合亟函达,即希查照,会商吴厂长将厂警如何划分权限,各负责任之处妥筹办理;一面即由执事督饬杨帮带严束所部,加意巡防,勿稍疏懈。仍望将会商办理各情形随时报告为盼。此复。即颂

台祺

总经理
副经理

季厚堃、黄锡赓致夏偕复、盛恩颐函

民国六年六月二十日(1917.6.20)

总、副经理钧鉴:

　　接奉六月八日谕函内开:据吴厂长来函,以官警杨大明经县呈奉省长委兼新厂稽查弹压,对于厂警动多干涉,及可如该厂长之议仍用自练,与官警划清界限,俾免冲突。陈奉董会议准,合亟函达会商,妥筹办法各等因。奉此,窃惟吴厂长因公赴沪,锡赓业已抵冶,厚堃遵即会同商酌。查冶厂自练巡警,原为保守主权起见,岁费多金,操纵自我。此次陶知事呈准省长委任杨帮带、阮县佐为冶厂稽查弹压,既奉省长明文,似难即行取消,拟每月由厂暂送津贴若干元,该警在厂内所设机关嘱迁厂外,并有省派保厂警队三棚,即日可到,亦并驻扎厂外。据杨帮带称:此三棚军服兵饷均由省给发,作为官派。如此厂内巡士、厂外警队界限既清,以免干涉。李巡长遵即谆嘱和平相待,暂且维持。

　　抑锡赓更有请者,新厂落成,规模宏大,即厂外市面居住者,亦厂工居多,倘警权不能统一,发生事端,殊多窒碍。查萍乡煤矿设有矿警局,内外巡警均归自选自练,局长亦由矿自派,惟请省长或道尹加委,并颁发官印,一切由矿节制,拟请仿照办理,尚祈钧座转陈董会议核,函请鄂省长照准施行,并将所派新厂警队三棚撤回省城,以一事权而杜后虑,实所企祷。至冶矿运道产区地段较广,节节与地方连带,交涉尤烦,诚如钧谕,自以请拨官警,赖以镇慑为宜,曷胜感佩。此矿厂形势各别,即办法不同也。厂矿界限业已划清,厚堃遵即督饬杨帮带晓喻兵士,巡哨地点,各宜遵守,不准逾越,认真防缉,以冀仰纾廑系。

　　所有厚堃、锡赓会商厂巡警队分别办法,理合肃函陈达,伏乞俯赐察核是幸。专肃。恭叩

钧安

季厚堃　黄锡赓谨启

吴健致夏偕复、盛恩颐函

民国七年八月七日（1918.8.7）

总、副经理钧鉴：

窃查大冶铁矿前因原有矿巡不能得力，经董事会函请鄂省长调拨警队驻矿巡防，原属一时权宜之计。上年五月间，该警队换防时，健即建议将官警退回，自行募练，陈经钧处转奉董会会议否决后，又以该队哨长杨大明为该县知事禀奉省长委兼冶厂稽查，动多干涉，对付为难，仍申前请。陈奉钧函，饬会商冶矿将官警与厂巡划清权限，以期相安等因各在案。

顷接冶厂来函，悉该矿警队有调省改编陆军之信。以健之愚，矿业自办矿警本为部章所许，仍以乘此时机自练矿警为宜。盖警备队挑练不精，习气甚重，为管带者倘约束不严，其流弊更甚。矿长虽有节制之名，究以非其所辖，操纵两难；且同在一处，厂则自练，矿则官警，形式既殊，情复暌隔。倘自行招募，严格取材，勤加训练，必较官警为得力，而权自我操，事收实效，无形之裨益尤多。矧及时改组，尚有便利之处，现派冶厂厂巡处蓝宗浩为省公署金秘书长所荐，其人曾从事警界，富有经验，办事明敏，招练矿警即可责成该巡长一手经理。成立后，由公司委任为大冶厂矿巡警处处长，再呈请省长加委为大冶厂矿警察局局长。曾以此议商之金秘书长，深表赞成，并谓如公司自办矿警，当力为协助，以期其成。有此时机，正资利用，此则厂矿一致守望，既可相助，呼应亦极灵通。维持治安，防护矿产，均有裨益。并该巡长经省长加委，对于地方权力可以操纵，亦无扞格之虞。审慎再三，便利之道似无有逾于此者。用敢不辞越俎之嫌，谨请钧处核转董会会议，如蒙采纳，示下之日，当与金秘书长暨季矿长妥商办理。专此具陈。

祗颂

钧安

吴健谨肃

夏偕复、盛恩颐致吴健函

民国八年三月三日(1919.3.3)

径复者:

接十九号函陈报筹设大冶石湖警察各情形,抄附请愿条款并专章及预算册件,请为核示等情具悉。案查上年八月间,执事来函以冶矿拨用警备队不甚得力,又以该队哨官兼冶厂稽查,动多干涉,现闻该队有调省改编之信,乘此时机退回,自练矿警,即由现充冶厂厂巡蓝巡长招练。俟其成立,呈省加委为该厂矿警察局长,即以所练警士分驻巡矿,以收通力合作之效,请为核夺等情。当以厂矿兼维,办法甚是,转请董会议准在案。兹据来函,请愿警察处设立石湖警察专局,核其编制,与地方警察无殊,专为冶厂而设,每年经常、临时两费,共需七万六千余元。而冶矿矿警尚须另行筹办,既与前次函请办法不符,而规模过大,经费过多,据以转会,必难通过,且按照执事自请练警宗旨,亦不相合。缘以矿用官警,呼应不灵,且多干涉,始有自练之举,今以地方性质、地方职权之警察,用于厂内巡防,喧宾夺主,妨碍实多。局长任免虽规定由我陈请,在目前或因人之便利,固可无虞掣肘,而立法必期久远,计划稍疏,设后有障碍,挽救实难。流弊所极,又安保其不蹈官警之故辙也?兹经审核,以为厂矿警察与地方警察分别设置,较为妥协。原有之厂巡仍旧,一切办法,悉照现行章程,由我公司自行办理,无须更易。至冶矿区域,另遵农商部专章组织矿警,警士额数定为八十名至一百名,其如何办理分配之处,另函冶矿长,拟就办法及预算,再行核办。

其中窑至桐梓一带地段,已在厂矿范围以外,请愿设立地方警察专局,用以辅助厂矿,绥靖地方。其该局长,必须由我公司推荐警务合格人员,由省处委任。其不称职及人地不宜者,得以呈请撤换,荐员补充。至厂巡处长一职,完全由我公司遴委,矿警长则遵部章,呈请本省长官委任。如地方警长,由我公司认为适宜,亦得呈请兼充。经费一层,目前冶厂警饷员薪并各项杂费,月计一千三百元,即以此为限,不再扩充。冶矿地面辽阔,矿警人数,应视厂巡为增,其经、临两费,参酌汉厂警费,每月约定二千元。至请设地方警局及应附设之保安队两项,除开办费外,每月经、临两费亦以二千元为限。创办之初,地方收入无多,一切费用暂由公司担负,惟不得超过定额之外。将来地方繁盛,得有收入,则收入若干,公司即减给若干。如是,则厂、矿、地方巡警三机关,职务权限不致混淆,而皆受制于公司,自得指臂相联之益,而无秦越漠视之虞。用特函达,并将请愿条款酌改附寄,即希查照。将编制预算另拟送核,转请董会通过后,再会商警务处办理为要。此致

汉阳铁厂吴厂长

总、副经理

黄锡赓致夏偕复、盛恩颐函

民国八年四月十九日(1919.4.19)

总、副经理钧鉴:

窃维本公司在湖北大冶县境内营业二十余载,投资达千万以上,将来大冶厂矿办理地方事宜之得失,关系于公司之前途至为重大。前清时代,我公司虽属商办性质,仍有官力可借,地方官绅易就范围,人民更不能无理反对。自民国成立以来,民权日强大,民气日嚣张,冶地绅民刁滑素著,官吏亦难保不偏袒绅民,彼遇事挟制,到处拷诈,我既无力抵制,不得不忍气退让,或以金钱运动。公司长此受亏,其何以堪? 势非别谋官力,藉以对付地方,不能纾此困难。吴厂长有鉴于此,遂有就厂矿地界请设警察专局之动议。半载以来,奔走武汉与鄂省官吏,往返措商,初无丝毫希望,继得金煦翁之助力,得邀省警察厅之许可,并为筹划进行之手续,及派专员来冶查勘地势,划分警区。赓等以事成可望,曷胜欣幸。盖石湖警察成立之后,厂矿境界及附近一带已为特别区域,除特别事件不属于警察范围以内者外,均归我自办,地方官绅不能无端干涉也。前接吴厂长来函,附示汉字第三十八号函谕,敬悉钧意,厂矿、地方警察必分别设置,并不欲以官权侵入,致涉纷淆,盖恐日久弊生,势必喧宾夺主,发生障碍等因。仰见深谋远虑,无微不至,莫名钦佩。惟此次拟办石湖警察专局,事经吴厂长与季矿长及赓

等再四研究,若厂矿、地方分办警察,则将我认其经费,而彼获其实权,若不藉专局为名,则厂矿没由获到官权。况地方警察早经成立,彼原有兼办矿业警察之成例,吾不先发制人,恐官权之侵入为期必不远也。用敢不揣冒昧,将详细节略另纸录陈,伏乞垂察,并祈训示遵行,无任恳切盼祷之至。专肃。敬叩

钧安

黄锡赓谨肃

附呈略一分

[附件]　请愿设立石湖警察专局意见节略

(一)目的:本厂原有厂巡处,虽有保全治安之责,而无司法行政之权,遇有重要事情均须仰仗地方官。异日厂务发达,人民众多,五方杂处,良莠不齐,若厂巡行政无权,武装无力,对于厂内治安已属难保,厂外更无论矣。不但此也,石灰窑地方警察早经成立,警权在握,设侵入厂境,则彼实而我虚,将何以抵御?非推翻而吞并之,不能由我操纵而收保全厂内治安之效,兼获厂外警权之益。惟警权操自政府,须依照警察章程,具有一定之手续,方能达到目的。今拟改设警察专局,无非欲保全我厂巡固有之地位,而扩大其范围,以达于地方,并藉设专局之名义,以谋得司法行政之权,盖专为本厂之利益起见也。

(二)改组情形:原拟但就厂巡处请地方官加札委任该处处长,期谋得实权,惟此权只能行于厂境之内。其时冶县公署设厂外,地方警察之举已在进行中,将来警巡并立,事权不一,必多窒碍。而该分局之经费,厂矿仍不免有所担任,则同是出经费,莫若另请设立警察专局,直隶省警务处,不受冶县节制,转可以握有全权,似较为得计也。警察专局既设之后,厂巡但可改为厂警,万不可完全取消。所有厂内警务仍须由厂警专管,厂警之长由我选派,并即以此厂警之长请任为专局局长,所有厂巡处现行办法及经费、服制等仍照旧有规模,不得因设专局而有所变动,以留基础而备后来退步之用。此与吴厂长、蓝处长及吴厂长与省署金煦翁再四磋商改组之实在情形也。

（三）权限：警察专局既由公司组织，局长既由公司荐举并得更换，则表面上虽属地方官局官长，而其内容实与公司之厂巡处及寻常之员司相同，谅不致不就我范围；苟或有之，则尽可更换。如异日有不由公司举荐自由任免局长之举，是政府先违定案，则我公司亦否认担任地方警察之经费，而回复厂巡之旧状，由我公司自行照旧办理。盖权利义务必相辅而行，我公司以荐举更换局长为权利，以担任经费为义务，今既不能享此权利，自无尽此义务之可言也。

（四）警察区域：石湖警察专局之区域，自胜洋港起至道士洑止，沿江约二十里。其间应设地方警岗只有九处，即石灰窑三处，中窑三处，道士洑三处，其他三十余处皆专为厂矿而设。按地面计，厂矿约占十之七，地方约占十之三。惟不假地方名义不能设立警察局，更不能有行政司法及向政府领购枪械之权利，遂有此拟办石湖警察之举。冶绅闻悉此举，深惧专局成立即为特别警察专区，已不受冶县之节制，冶人更难以干预，颇示反对，且暗中竭力探访，而有运动抵制之传言，于此可见此局之关系于我公司洵极重大也。

（五）经济：查目前厂巡处每月开支约计一千五百元，矿巡每月开支三百余元，警备队约七百余元，共计厂矿约二千五百元。将来本厂开炉之后，工作地点及工人均必加添，厂巡必因而推广，经费亦必渐加，约须达每月二千元之数，则全数为三千元之谱。再加公司核定地方警察费二千元，则与石湖警察经费预算相距不远。苟此项预算略为减省，而石湖警局开办后即应在警区之内照章收取各店户警捐，虽为有数不多，亦可稍资贴补。以此计之，经济一端，公司必不致受亏，况石湖警察经费原属地方公益，异日认定公路、公港之公益捐，当可以此抵制或扣除之也。

黄锡赓谨呈

吴健致夏偕复函

民国八年四月二十二日（1919.4.22）

经理钧鉴：

昨日武昌王督军宴新简何省长，健亦蒙召赴行署侍坐，会晤金煦翁暨警察总厅崔厅长,谈及大冶石湖警察请设专局事,健深表迟延之歉,且告以全年经费七万余元,实嫌太大。金煦翁谓,或可令缩小规模。崔厅长嘱即由我斟酌如何减轻按月经常费用,函厅商办。煦翁谓,若减轻开支,每年五、六万元,贵公司董事会当可通过。健即唯唯。因思此件得官厅如此俯就,实为绝好机会,不宜错过。当函大冶厂巡处蓝处长,饬将前所呈寄石湖警察专局编制各项,迅即力为裁汰,每年经费以洋五万元为度,另行定编,缮寄来厂,以便函送崔厅长酌夺施行。是否有当,相应函达,仰祈训示祗遵。查黄副厂长对于此件亦具有意见条陈,想钧座虚怀若谷,定蒙鉴察健等之若衷,必不以哓哓见罪也。专肃。祗颂

崇安

厂长　吴健谨肃

夏偕复、盛恩颐致黄锡赓函

民国八年四月二十八日(1919.4.28)

径复者:

接四十一号函,以请设石湖警察专局,拟具意见节略,陈请核夺等情具悉。查吴厂长前次函送拟具请设石湖警局请愿书,并编制概算等册,因其厂矿与地方设警混合,日久弊生,势必喧宾夺主,发生障碍;且设立专局,仅顾冶厂一面,而冶矿仍须另办,已年需经费七万六千余元,董会既难通过,实力亦所不逮。当经核定,厂矿警察与地方警察分别设置,原有之厂巡仍旧,无须更易。其中窑至桐梓堡一带地方,在厂矿范围以外,请设地方警局,藉以辅助厂矿,绥靖地方,每月经费以二千元为率,经费既由公司担任,局长任免亦应由公司陈请省处照办等情,复令遵照,将编制预算另拟送核在案。是地方设警,原所赞成,其应行核改者,惟办法之权限分清,及担任之经费减少耳。

兹阅来函,以冶地绅民刁滑素著,民气嚣张,遇事挟制,到处敲诈,地方官难保不偏袒绅民;我既无力抵制,不得不忍气退让,或以金钱运动,非别谋官力,藉以对付地方,不能纾此困难,因有请设专局之举等语。抑知警察

本属行政范围,其司法权限非常狭小,只有违警律中所载关于妨害安宁秩序等之违警罚得以处断,若情事稍涉重大,即应归司法官厅,或知事公署办理。若如所称,绅民遇事挟制,到处敲诈,此项事端如有实迹可指,则妨害安全与诈欺取财等罪业已成立,当由法庭判断,纵设专局何能办理?现在即无专局之设,公司亦何致无力抵制,不得不忍气退让,如来函所云也。推其意,一若设此专局,即可代替司法官厅之用,并握有高级官厅统治地方之权,而厂矿所在之地,亦即从大冶县境完全划出,不惟得免地方绅民之干涉,并已超地方官吏管辖之范围,宁有是理?至设地方警察早经成立,彼原有兼办矿警之成例一语,办理矿警另有专章,规则定以部令,经费出之矿局,地方既无从过问,尚何兼办之可虑,更有何成例之可援也。

再查节略第五项,设冶厂开炉之后,厂巡必须推广,经费亦必渐加等语。查厂巡处每月开支约计一千五百元,巡丁已有七八十人之多,实已足敷保卫巡缉之用;即开炉后,一时亦可勿须推广。至设石湖警费,原属地方公益,异日认定公益捐当可以之抵扣,此尤不近事实之言,无烦晰辩者矣。

总之,警察职权极有限制,用以弹压巡缉,维护安全则可,而设有此一局即可解免种种困难,殊为必不可能之事。仍在对于地方官绅联络感情,缓急有恃。执事明达,当不河汉斯言也。除函吴厂长,仍照前定办法删节经费,另行编制,寄候核办外,此复

大冶铁厂黄副厂长

总、副经理

季厚堃致夏偕复、盛恩颐函

民国八年十二月十二日(1919.12.12)

总、副经理钧鉴:

案查冶矿自公司承认铁捐每吨银一两,前清鄂省即派武胜练军巡防等营驻矿保护,饷由官发,及至民国元年复经鄂政府军务司酌派练队,彼时因军务未定,暂由冶矿及湖北水泥厂担任饷项,旋即止饷。至民国二年,奉鄂都督府派第五镇第十七团驻矿,饷糈即归鄂省发给,旋即他调。民国四年,

徐前坐办因自办矿巡不力,陈请董会商请鄂巡按使拨派警队五棚。至民国五年,以矿区弯远不敷填扎,复陈请董会转请督军兼省长添拨两棚驻矿,以资保护各在案。查警备队隶属鄂省,编练章程,系属就地筹饷,所以驻矿警备队七棚,饷项服装及油煤等费均由矿供给,每年约需银六千两。昨据驻矿该队郑连长面称,警备队现已实行改编,该队列入陆军第一旅二团第二营等语。似该队已编入陆军,饷由部发,与警备队就地筹饷情形已属不同,拟请援照前案将冶矿应发警备队饷项及服装等费即行停止。仰祈钧处据情转陈董会,商请鄂督军饬行停给,并恳仍照前案派兵驻防,以保矿区而维实业。是否有当,尚求察核施行,是所至祷。专肃。恭叩

钧安

季厚堃谨启

公司董事会致夏偕复、盛恩颐函

民国九年一月十五日(1920.1.15)

总、副经理均鉴:

前接上年十二月十七日第一百二十九号来函,以驻冶警队改编陆军,饷由部发,拟请函致鄂省准将冶矿原发饷项及服装等费即行停止,并请仍照案派兵驻矿,以资保护等因。当经分函湖北督军、省长核准见复去后,兹准湖北督军公函内开:查警队改编陆军,一切经费悉由湖北自行筹给,惟名目既易,其原订就地筹饷章程自不适用。所有贵公司担给之警队饷项及服装等费应即停止,并照常派队驻矿,以资镇慑,但嗣后该队换防,其彼此旅费仍请由贵公司担任给付。除令湖北第一旅饬属知照外,函复查照转知等因到会。查警队换防是否每年一次,每次来往约需旅费若干,从前练军驻矿时是否由矿付给,应请转饬冶矿查明具复。如果所费无多,自可由矿照付。除俟复到再行函复督军外,相应函致贵经理查照办理。此颂

均绥

董事会启

何佩瑢致汉冶萍公司函

民国九年一月二十八日(1920.1.28)

径启者：

前准贵公司函开，以前派驻矿警备队现已编入陆军，饷由部发，所有由矿供给该队饷项、服装及油煤等费即行停止，并恳援照二年成案仍派兵驻矿，以资保护等因。当以事关军政，咨请湖北督军署查核办理在案。兹准咨复：查此案前据该公司函请到署，当以警队改编陆军，一切经费悉由湖北自行筹给，并未列入中央军费之内。惟警备名目既不存在，从前就地筹饷章程自不适用，所有冶矿担给警队饷项及服装等费应即停止，并照常派队驻矿，以资保护。惟嗣后该队换防，其彼此往来旅费仍由冶矿担任，随时给付等语，函复在案。准咨前因，相应复请查照是荷。此咨。等因。准此，相应函达，即希查照。此致

汉冶萍公司

湖北省长　何佩瑢启

夏偕复、盛恩颐致公司董事会函

民国十年九月六日(1921.9.6)

董事会公鉴：

据冶矿季矿长函称：湘鄂战争，现岳州已下，人心当可稍定，军队已无过境。惟石灰窑对江圻水县城前日被土匪占据，知事潜逃，地方颇受蹂躏，省中派兵剿办，业已平复。上月二十八日象鼻山脚下姜湾地方忽到溃兵十余人，持有枪械，乡民聚集数百人互斗，溃兵死两人，乡民死一人，伤三人。闻信后即会同商连长带队前往弹压，溃兵由军队追逐出境。当时两山颇受惊慌，乡民幸即解散。此次溃兵经过矿内均属大批，随到随送，勿令稍留。惟矿界以外即铁山后路各村镇尚有逗留，三五成群，与痞类结合，奸抢掳赎等事时有所闻。因我矿防备极严，未敢侵犯。陆军仅有一连，又五处分派，兵力甚薄，恐难策应。现就得、铁两山暂招健儿四十名，编为团丁，由巡查

员带领。因属徒手,并制刀械等件,专为防卫山厂,以补兵力所不足,一俟解严,即行取消。每丁拟日给三百文。事竣再行陈报。理合申明,伏乞备案等语。

查近阅报载,湘鄂已停战议和,军事之兴或可中止,惟时局未靖,溃兵土匪勾结为患,势所难免。该矿长因驻军单薄,暂招团丁,由巡查员督带,分防山厂,自为思患预防冀保安全起见,且系临时性质,事属可行。除函复照准外,理合据情转陈,即祈鉴核备案。肃颂

公安

总经理　夏偕复

副经理　盛恩颐

湖北督军公署致孙宝琦函

民国十一年三月二十三日(1922.3.23)

径复者:

准贵公司函开:敝公司总、副经理转据冶矿季矿长函称,准湖北督军署军需课来函,冶矿每年协助警备队饷钱七千二百串文,十年份应协之饷克日派员解交来署,以资关放等因,冶矿近来经济困难,实属担负不起,可否婉切陈请蠲免,以恤商艰等情,函由经理转陈前来。查贵省历年派兵驻矿维持实业,保卫地方,冶邑商民同声感戴。此项协饷前因警备队改编陆军,饷由省发,早经奉准停止。惟因调防训练,曾于王前督军任内由矿照原供警饷数目缴过换防旅费一次,计钱七千二百串文。此后调防接防均由冶矿派轮驳拖送,不计水脚,故旅费亦未缴解。刻值铁市疲滞,经济艰窘,商力益难支持,惟有恳祈贵督军俯念商艰,准予蠲免,以示体恤而维实业。如蒙允准,嗣后驻矿军队换防仍当由敝公司饬备轮驳往来拖送,不收水脚,以期双方兼顾。为此,备函奉恳,敬祈查照核准见复等因。准此,查前警备队改编陆军接管卷内,贵公司冶矿每年协助调防杂费七千二百串,历年报解,并报明中央核销各在案。复查本署所辖各军平时扼要驻防,以军事上论,冶矿一隅,实无驻守之必要。如果撤回驻矿军队,本署亦可减少军事用款,而

冶矿势必添练矿警,用费尤多。原以本署应有保商保民之责,冶矿向有补助军费之例,值此军用空虚,艰于罗拙,前项例解之款未便免除。应请贵公司查照,迅转冶矿季矿长将上年例解之款钱七千二百串从速派员解交本署核收,以济军需,至纫公谊。兹准前因,相应函复查照办理为荷。此致
汉冶萍公司董事会孙

(十五)萍乡煤矿

李寿铨致夏偕复、盛恩颐函
民国六年五月二十五日(1917.5.25)

地山总经理、泽臣副经理钧鉴:

奉本月十日公函,敬悉一切。于萍矿积习洞烛靡遗,并承指授机宜,钦感莫名。窃查萍矿宽大,相沿固不待言,近数年来因牵率而流为散漫,著手无从,徒增慨叹。兹承董会信任,畀以全权,又蒙不弃,指示亲切,无论如何,当以毅力决心通盘筹画,切实整顿。本矿冗滥之根全在机关纷列,入手亟宜裁并。然有因区域太宽,其事可并,而其地不相联属者,又有限于办事人之才具而不能兼摄者,然不力求整饬,究非正本清源办法。再四筹维,拟仿照汉厂组织而稍变通之,矿长之下暂分九股,除收支、稽核、警察、卫生四股单独性质外,余分五股,一总务股,一矿工股、一洗炼股,一机器股,一电机股,将全矿原有各处分属于五股,作为第一步改良办法。从前分处太繁,有事甚单简,而亦侈然与重要机关并驾,用人焉得不多。有所统属,不并而并,而冗员自无可容。工程分股,因暂无统摄之才,故占其四。特设总务一股,则最琐碎之办事部分已有统属。似此乃可执简御繁,即为裁并之张本,将全矿改组一定,即可著手裁减前约之数,必期达到目的。兹拟萍矿改组统系表一纸,又改组各股姓名表二纸,寄呈台鉴,即乞钧定颁示遵行,至为盼祷。敬颂
公绥

李寿铨

[附件] 萍矿改组统系表

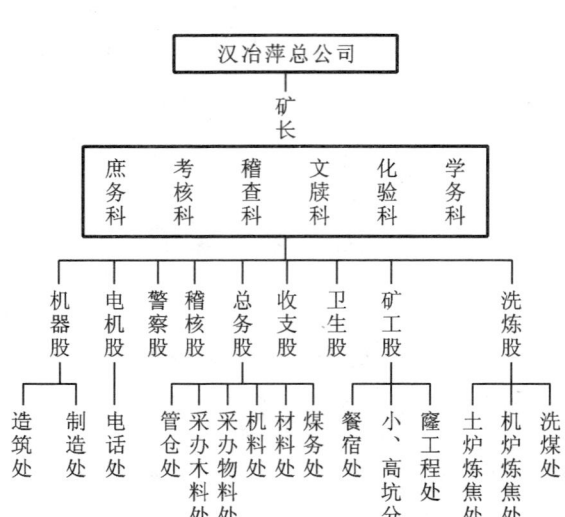

夏偕复、盛恩颐致公司董事会函

民国六年六月一日(1917.6.1)

董事会公鉴:

　　接奉台函,以接萍矿金正矿师来函拟具辞就两问题,详加披览,意在争权,应请代会将矿长与正矿师责任权限逐一分清,规定办法,送候酌核等因。查金正矿师此次来见,当为劝勉,并将职权问题面加解释。兹奉前因,嘱将两方责任权限分别规定,俾各有遵循,不相侵越,洵属课绩泯争之道。兹拟定矿长责任权限十四条,正矿师责任权限八条,另纸录呈,即祈核夺。

祗颂

公安

　　附件

总经理　夏偕复

副经理　盛恩颐

[附件] 矿长正矿师责任权限

（一）矿长责任权限

一、矿长受董事会委任，管理全矿事务、工务，应受董事会暨总、副经理之监督指挥，对于事工两部负完全责任。

二、矿长负有保守全矿产业及整饬秩序、保护公安之责。

三、矿长对于全矿负有督饬进行并计划改良之责。

四、矿长对于全矿工务负有扩充产额、减轻成本之责。

五、矿长对于全矿事务、工务之费用负有考核撙节之责。应将每年应兴事业之计划及每年收支预算拟定，报由总、副经理查核，转陈董事会议决施行。

六、矿长对于每年预算，如有临时支出逾于预算以外应行追加者，得详具理由事实，报由总、副经理核转董事会决定。

七、矿长应将每年决算报由总、副经理查核，转陈董事会。

八、矿长对于矿工所需材料，负有核实考察、严杜糜滥之责。

九、矿长对于煤焦输出、材料输入，负有设备完全、运卸便捷之责。

十、矿长对于款项及材料之支出，于各主任签字后，均由矿长审查加签，如认为不合时，得驳查之。

十一、矿长对于全矿员司负有督率指挥、考核功过之责。关于各机关主任有缺额之时，矿长报由总、副经理转陈董事会委派，如董事会无相当人员之时，矿长可保荐于总、副经理，如总、副经理认为可用，转陈董事会决议施行。如各机关主任有不胜职之时，矿长应叙明事实，报由总、副经理查核，转陈董事会；如有渎职之时，矿长可先令停职，一面叙明事实，报由总、副经理查核，转陈董事会正式免之。至各机关主任以下之员司，应有进退之时，矿长可先自行之，仍行报告总、副经理查核，转陈董事会立案。但亦须先得各主任之同意。

十二、矿长于应有职务照章执行外，如遇事有兴革、动支巨款及临时发生重要事项，得详具理由，报由总、副经理查核，转陈董事会议决施行。

十三、矿长对于矿山办事章程如有增损时,得报由总、副经理查核,转陈董事会议决施行。

十四、矿长应将每年全矿事工两部进行各事,分类汇编,报告总、副经理核转董事会,以觇成绩。

(二)正矿师责任权限

一、正矿师管理全矿工程,商承矿长,妥慎办理,负工程上之完全责任。

二、正矿师对于全矿工程上员司,如窿工、机器、电机、炼焦等机关,负有督率指挥之责。

三、正矿师对于矿工员司,应有进退之时,须商承矿长行之;如矿长以为矿工员司有须进退之时,亦须会商正矿师同意后再行之。其重要者,应由矿长转报总、副经理查核,转陈董事会。

四、正矿师应照事业计划所定,负有增加产额之责。

五、正矿师对于出产,凡关于工程上之成本,负有减轻之责。

六、正矿师对于工程上之费用,负有核实支配之责。

七、关于工程上款项及材料之支出,得先由正矿师审查签字,再交矿长加签发给,如认为不合时,得驳查之。

八、正矿师负有随时测探矿量,以期保全将来产额增加之责。

李寿铨致夏偕复、盛恩颐函

民国六年七月六日(1917.7.6)

地山总经理、泽臣副经理钧鉴:

奉六月二十日第十七号公函,敬悉。查萍矿奖金专为窿工程一部分而设,系在本矿出煤之初,由赖伦呈请张前总办准定行之,至今悉遵旧章。此项奖金窿工程亦分两种,一系进窿监工人员,每月按照出数、灰分、车量、经费四项,比较逾额而订。除正副矿师不给外,从华洋总监工起,以下均可得奖,多寡不一,悉视各段工程,由洋总监工,照上四项分别计算核发;一系窿工程在窿外办事人员,人数不多,亦有奖金,月有定数,每月由华总管按照定数发给。如有增减,必呈请矿长、师核夺。通计每月窿工程员司奖金,比薪水约十分之六。又,洗煤处亦有奖金,以洗数多、灰分轻给奖,大约每月总在二百元上下,除处长外,该处员司及机匠分得之,亦系赖伦呈请张前总办所订。此外,不独各办事处向无此例,即其他各工程亦无之,历年帐册俱在,均可调查。用特据实奉复,即乞察照为荷。敬颂

公绥

李寿铨

李寿铨致夏偕复、盛恩颐函

民国七年四月十八日(1918.4.18)

地山总经理、泽臣副经理钧鉴:

洗煤处处长林振璋,患肺病有年,近更增剧,哮喘时发,夜不成眠。据医生云,此间天气,于病体不甚相宜。该处长恳请准给长假,回闽就医,当以其病剧系属实情,未便挽留。查林处长自前清光绪二十五年四月到矿,迄今近二十年,初随同前总矿师赖伦创造安平一段铁路,复随铁路工程师马克来展筑萍矿铁路,告成调回本矿,随同机器师史弥德起造大小洗煤机及洋炼焦炉,工竣即兼管洗煤焦事。至民国元年,改为专管洗煤,于洗煤任事最久,情形亦最熟。颇能由阅历而多所引申,如另设水池截留煤泥,复淘壁石,搜提遗煤,皆系该处长平日留心,举其所知,就商赖伦设法改良,每月多收煤泥二千余吨,又多得净煤二千余吨。化无用为有用,悉搜剔之糜遗,历年公家收进利益为数甚巨。又查前清光绪三十二年,赖伦因限洗煤灰分,曾嘱史弥德订定洗煤奖洋专条,该处长每月约得奖洋四五十元至百元。至宣统元年,经林前总办停止。迨民国四年六月,黄总矿师复订洗煤奖洋,约二百元上下,仅于司事及工匠分派,为数已微,该处长亦不愿分润,其平日实心为公,深明大义,已可概见。现在该处长因病请长假,回籍就医,势难再留。应请俯念前劳,就商董会酌量酬给,以奖前功,而劝来者。至接管洗煤事,查有该处副手陈肇章,与林处同系福建船政学堂出身,又同在洗煤处办事有年,情形熟悉,人极纯正。与金正矿师熟商,拟即以陈肇章接管,最为相宜。用特函请核夺示遵,至为盼祷。敬颂

公绥

李寿铨

李寿铨致夏偕复、盛恩颐函

民国七年十月七日(1918.10.7)

地山总经理、泽臣副经理钧鉴：

　　查上年五月二十五日曾具十三号函,请添帮手,后于八月间,在沪面陈,曾蒙俯念矿事烦重,允许添人,嘱须慎择,比以未得相当人员,故未续请。本矿外交内务已极烦杂,加以年年军事,屡濒于危,措置稍有一疏,关系匪浅。铨精神虽固,年齿已增,历年以来,备尝艰险,过于劳心,时发头眩,每念责任之重,非得切实帮手不可。而此事甚难,非品学兼优,而又熟悉本矿情形者,不能得力。查有株萍路局前运输课课长舒群,号季俊,湘乡人,年约三十以外,系留学东洋,专门铁路,其人品端学粹,精勤干练。从民国元年起共患难五年,默察其人,不独忠于所事,且事事顾及本矿,深识大体,心敬久之。舒君于前年冬调充广三铁路车务课长,今春因母老辞职,该路挽留不果,现奉母家居,不愿远游,拟聘为本矿总务处长,当可切实帮助,即照株萍铁路课长月薪,拟订二百元。用特函陈,务乞俯允,于矿务前途实有裨益。敬候示复,即当函邀,至为盼祷。敬颂

公绥

李寿铨

李寿铨致夏偕复、盛恩颐函

民国七年十一月三日(1918.11.3)

地山总经理、泽臣副经理钧鉴：

　　本矿警长一职,兼办安源市警,最关重要,不独系乎全矿治安,且关于地方治安。溯查民国元年冬季李烈钧督赣时,谋夺本矿不成,适值前警长周渭南请假离矿,乘间夺我警权,令任赣省高营长锡庚兼矿团管带。其时董会叠电力争不得。经萍绅调处,由高营长暂行兼代,本矿当派在矿警供

职年久之陆学海为帮带,预为收回本矿警权之地步。至民国三年三月,高营长拔营他往,取消兼带矿团管带,即以帮带陆学海升充管带。至民国四年四月四日,据萍乡县咨转奉内务部、农商部定名曰萍乡矿警团兼理安源市警事务所。复于五年一月十三日,据萍乡县咨转奉内务部、农商部颁发奉批令通行矿场警察局、所组织新章,将矿警团改为矿警局,将管带改为局长。历经呈报董会,并由董会报部,咨江西行政公署,各在案。

陆学海在矿警供职最久,情形最熟,读书本色,操守素严,故委任斯职,对内对外,只求当时允协。其所短者,无警察上学问,每饬整顿,似苦无从下手,因之警务懈弛,而才具又不优,办事率多固执。任事以来,不独官绅两界感情不佳,即本矿各部分感情亦不甚好。近日陆君对于各界龃龉尤甚。长此以往,于警务固难望起色,尤恐官界遇事干涉,反多碍手。铨办事一本至公,人惟求旧,犹是恒情,若察其人不能称职,亦断不能姑容,矧斯职关于地方交涉,又岁縻数万金,不求改良进步,将何以善其后,决计更易,以斯切实整顿。该警长亦自知竭蹶,来函辞职。惟本矿查无相当人员,且斯职易人,须费手续,用特据实呈请迅赐遴选具有专门警察学识,精明干练之员,来此接替。一经选定,并请取具该员履历,转请董会分别报部、咨请江西行政公署加委,以符前案,并令该员速来接替,至为企盼。

再,查陆学海才具虽短,人极忠实,民国以来,矿次几经危险,颇能协力维持,护保安全。最险者,民国五年五月间,江西驻矿防营,全营哗变,虽经铨事先预防,面商马前镇守使,密派重兵,四面包围,该营官长犹敢带手枪向矿警迫胁。其时矿警各首领、警士均能固守坚拒,屹然不为摇动,卒未糜烂,未始非该警长平时正以率属之效,其前劳自不可没。拟请酌给酬劳,以赏往绩。

又,查民国三年二月七日、十四日,三月二十五日,四月十日,四年一月十五日,四月十八日,五年三月十五日,敝处为矿警交涉叠呈董会公函并抄件,均请调查察核,合并陈明。敬颂

公绥

李寿铨

盛恩颐批:候派接替。陆学海屡次出力情形,秘书处调卷呈核。

李寿铨致夏偕复、盛恩颐函

民国七年十二月三十日(1918.12.30)

地山总经理、泽臣副经理钧鉴:

　　奉五十五号公函内开:查萍矿既设材料处,又有机料处,同一管料,而两设处所,迹近骈枝,尤属冗滥,应即合并为一,名曰物料股。即以现办机料处处长曹华清君澄改任为物料股股长。株洲采木处要职未便久悬,即以裁缺材料处长之刘哲君文炯调任为采木处处长。除分别委任外,相应函达,即希查照转行,并饬将材料、机料两处各冗员,切实淘汰,认真整饬,是为至要等因。并附委任书二纸照收。遵即分别转行饬遵。旋据曹君华清力辞,当以两处归并,曹君才具颇优,为之所以难者裁人耳,允由总事务所裁定,然后归并,饬仍遵谕办理。

　　查本矿物料繁多,如钢铁、木料,为数甚巨,且距通商各埠较远,各种物料必须全备,现虽归并,而办公及堆料厂,其势不能合并。上年裁人后,材料处只余七人,机料处原有五人,兹复将材料处司事裁去费顺泉、仇镜江、缪申保等三人,月节薪洋一百零二元,共留司事九人,仅敷该股办公。复据曹华清、刘哲君两君称,应裁司事各有经手料件,必须月内交清,其薪水应截至本月底止,当即照准,并照上年裁人例,各给薪水三个月离矿。昨据曹华清君函称,所有材料处正杂各料,业已查照点收清楚,实行合并,并就留用司事,遵即重行改定职务,认真整顿。又据刘哲君君函称,材料处各料,业已交代清楚,日内即赴株洲采木处供职各等语。所有材料、机料两处实行裁并,物料股曹股长、采木处刘处长,均已分别就职任事。用特据实呈复,即祈察照为祷。敬颂

公绥

　　　　　　　　　　　　　　　　　　　　　　　　　　李寿铨

李寿铨致夏偕复、盛恩颐函

民国八年一月二十七日(1919.1.27)

地山总经理、泽臣副经理钧鉴:

　　上年十一月三日寄呈六十八号函,久邀台鉴,至今未蒙示复。本矿警长一职,颇难其人,正在筹计,适接江苏实业厅长张君轶欧来函,力荐前充本矿警长周渭南接充。查周渭南号寄湄,无锡人,系日本留学,专门警察毕业,曾充本矿副警长兼教练五年有余,至民国元年九月升充警长,后因李烈钧乘该员假旋,谋夺警权,以致该员未能回矿。溯该员在矿时,警务极有起色,成绩昭著,至今矿及地方犹有去思。据张君轶欧函称,该员离矿后,历在鲁省、苏省办理警务等语。该员学有专门,于本矿及地方感情素洽,驾轻就熟,比生手尤强,拟即以之接充警长,庶可赶紧切实整顿。再,查周渭南充警长时,以陆学海副之,陆学海才具虽短,人极忠实,于警务内部情形最熟,拟仍留为副手,亦极相宜。用特函请钧夺。如蒙许可,即乞电示,以便电复张厅长,即嘱周渭南来矿接替,将警务早日整顿,实有裨益。敬颂
公绥

　　　　　　　　　　　　　　　　　　　　　　　　　李寿铨

程仁复等致夏偕复、盛恩颐函

民国八年五月三十一日(1919.5.31)

总、副经理钧鉴:

　　前呈艳电,谅蒙鉴及。李矿长保荐周渭南接办矿警,仁复等非敢有意违抗,但周渭南心地叵测,总、副经理远在沪滨,难于遥察,兹特撮要详陈。

　　查民国元年周曾勾引欧阳彦谟、周泽南,以武力强迫夺矿,经在矿同人誓死坚拒。嗣复偕同马幼良携款二万串,四处诱煽,始以势胁,继以利诱,幸全体职员不为所动。否则,萍矿业为周渭南一人断送矣。当周卖矿之时,薛前警长被逼而去,周遂接办矿警,非特同人羞与为伍,即本队兵警亦群与为难,几酿大变。周知众怒难犯,急向总局乞假,黄夜出境,到株之后,

方命人来安接眷南旋,事隔数年,尚留劣迹。兹闻复长矿警,群情实深惶骇。

至陆警长接任以来,适值邻省不靖,湘赣接壤,伏莽四起,如二年之溃兵过境,五年之赖营兵变,均能督率群僚,相机布置,矿境民市,赖以保全。今闻去职,不但仁复等群失瞻依,即阖境商民,亦咸有卧辙攀辕之慨,足征舆情素洽,更调非宜。伏乞总、副经理俯念矿业重要,收回委任周渭南成命,仍以陆警长续任,庶慰群情,则矿局幸甚,地方幸甚。专此。肃叩崇安。仰祈垂鉴。

<table>
<tr><td>萍矿矿警</td><td>稽查处长</td><td>程仁复</td></tr>
<tr><td></td><td>稽查佐理</td><td>沈志峻</td></tr>
<tr><td></td><td>二队队长</td><td>黎泽芬</td></tr>
<tr><td></td><td>一队队长</td><td>高正魁</td></tr>
<tr><td></td><td>东区区长</td><td>张全吉</td></tr>
<tr><td></td><td>南区区长</td><td>徐一士</td></tr>
<tr><td></td><td>西区区长</td><td>杜鼎元</td></tr>
<tr><td></td><td>北区区长</td><td>范启胜</td></tr>
<tr><td></td><td></td><td>公叩</td></tr>
</table>

再肃者,周渭南于卖矿之后,将薛前警长威逼去职,私吞公款二千余元。嗣被警士侦悉,聚众哗噪,周渭南始将该款退出数百元,其余全被吞没,劣迹昭著,尽人皆知,务恳总、副经理派员莅矿调查,便知真象。以上二事,倘有一字虚诬,仁复等全体均甘反坐。又叩。

夏偕复致公司董事会函

民国八年七月十七日(1919.7.17)

董事会大鉴:

顷接萍乡李矿长函称:上月二十三日下午三时,突有窿工多名抬一受伤工头汪大全直送总事务所,声称被总平巷洋总监工乌生勃里克打伤,其势汹汹。当经窿工程监工等喝令送至医院。其时有窿工人一百数十名聚在总平巷公事房门前，又有百余名哄至乌生勃里克寓所门前，势将暴动。一面派矿警长带警士弹压开道，令工人各散；一面由金正矿师赴医院会同陈医生验汪大全伤。汪大全小腹痛不能忍。据汪称，系被乌生勃里克踢伤。据陈医生云验无伤痕，系触发小肠气，病甚重赶紧医治，当不致命。

次日由金正矿师传集见证，说打说踢，其说不一。缘该段工作之地，除工头外，仅有四工，四工之说亦不一，其余皆经过段首，远望不清。内有工长刘增余，经仇总管询，曾在段首经过亲见，令其出证。而总管西礼夫特忽欲开除刘工长，似恶其作证也。因之众工不平，又有秘密开会，蠢蠢欲动之势。金正矿师当即函责西礼夫特，不准开除刘工长，令其认错，以平众愤，而工愤仍不能平。先是总监工邓厚斯亦有打工之事，遏而未发，至此一发难收。二十七日晚，总平巷各总监工、正监工佥称，众愤如此，极力弹压劝阻仍积不能平，监工等无力维持，应请暂令三洋员不必进窿，以免危险而维大局。当即饬令三洋员暂不进窿。至三十日汪大全已渐愈，复邀集陈医生、周警长在金正矿师公事房传汪大全询问，汪仍坚称系被乌生勃里克脚踢，并传乌生勃里克对质，乌亦坚不承认脚踢。揆厥情形，乌虽踢而不重，适值汪工头发小肠气，病痛不能忍，全归咎于一踢所致，幸未致命，而众愤已不可遏。近来工人知识已开，偏重势禁有所不能。前承董事会留用洋员，本嘱该洋员等格外谨慎，不可打人，奈伊等临时不慎，致此风潮，犹幸随时防范疏解，未成事实。叠与金正师筹商多日，此三洋员万不能再令进窿，伊等亦知众工如此情形，不复留恋。现暂派工程佐理员周君抡元代理西礼夫特总平巷总管之职；至邓厚斯、乌生勃里克所遗总监工之职暂不派人，由各段正监工担任。惟总平巷总管责任綦重，应请迅派精明强干工程师来此接替，以专责成。至西礼夫特、乌生勃里克、邓厚斯三员薪水应从何时截止，并令离矿，候示遵行。又附再启内称，函请迅派工程师接替总平巷总管职务，不必拘定出洋留学生，只要在北洋大学堂专门矿务毕业便可以，遇有紧要工程，有正矿师可指点也。惟以身躯伟壮，才具开展能服人者为上。若曾在别矿服务，饶有经验者更宜。缘此间以窿工程为最重要，而该处一部分人员又居多数，大率皆来自市铺，仅有在矿年久之资格而无矿务学识，并无普通学识，以至遇事罔识轻重，颇难驾驭，目前断不能全行更易。新来总管程度太高，恐难俯就，魄力不大，不能服人，又兼工人如此情形，择人不得不慎，用特详陈，以备采择各等语。

查留用德员本属接替无人，一时权宜之计，讵意闹此风潮，碍难再留，自应令其离矿，一面物色相当人材预备接替。至该监工等离矿定有日期、欲赴何地时，再行函请贵会报部备案。谨先报告，即祈鉴察。专此。敬颂
公绥

总经理　夏偕复

夏偕复致公司董事会函

民国八年七月十九日(1919.7.19)

董事会公鉴：

昨据萍矿李矿长函报，洋监工西利夫特等殴打矿工，致起风潮，请予停职，暂以工程佐理员周抡元代理总监工之职，请速派工师接管等情，当经转陈在案。兹续据该矿长函称，查总平巷为本矿最重要之工程，总管一职亦最重要，现派代理周君抡元虽系熟手，从前本常进窿，近因金正矿师公事房事需佐理，多时不能进去；骤派代理总管，窿内段落纷歧，扼要处所非谘访前任不能洞悉，况将来新总管接手又系生手，更须询问有人。西礼夫特在矿充总管十余年，公忠素著，向无遗误，即乌生勃里克、邓厚斯亦颇著勤能，均有成绩，殴工一事，各处管工在所不免，值此时会致此风潮，众工成见已深，无可如何，若强令进窿，实在危险。权衡轻重，不得不姑令停职，以维全局，免致意外。今又与金正矿师再四筹商，西礼夫特固因眷孕，一时不能成行，即乌、邓目前恐尚不能回国。且该洋员等上月下旬之事亦不在开除之列，拟将其薪水截至上月底止，及时预为辞退，仍各送薪水三个月，并留该洋员等暂行住矿，遇有窿内要工接任总管可以随时向西礼夫特询问。至乌、邓两人，俟路通即令离矿，公义私情，两面兼顾，于工程亦隐有裨益等语。

查该洋员等在矿有年，勤于职务，此次因殴工发生风潮，致令停职，所

请将该员等薪水截至六月底止,仍各送薪水三个月薪及该员等各因事未能遵行,俟可以离矿时再遣等情,应予照办。除函复该矿长俟该洋员等离矿定期,系起程回国抑赴他处询明预告,以便转请陈部,并由经理等亟觅相当人材接替总监工另再具报外,理合据情转陈,即祈鉴察。祗颂

公安

总经理　夏偕复

公司董事会致农商部函

民国八年九月十二日(1919.9.12)

敬启者:

前因中德断交,敝公司厂矿所用德籍工程师一时难以遣撤,当将职务、姓名电奉大部核准留用在案。兹查萍乡煤矿所留洋员内有监工邓考士一名,现在所管工程接替有人,业经辞退。该洋员邓考士拟于九月二十日动身赴沪。除由萍矿就地报明官厅发给护照外,理合备函奉陈,敬祈大部转咨内务、外交两部查照,并由部行知上海交涉员为荷。谨致

农商部

汉冶萍公司董事会孙等谨启

公司董事会致夏偕复、盛恩颐函

民国八年十一月十一日(1919.11.11)

总、副经理均鉴:

接奉孙会长函开:日前接萍矿工人施洪恩等三百余人联名公禀一件,内称李矿长寿铨结党营私,蠹公肥己,恳请查办等情。查萍矿为公司最重之机关,汉厂燃料全赖此区,设有意外,全局攸关。兹据该工人等禀称前情,虽不能尽属实事,亦未必无所根据,事关全局,极为重大,望诸公密议派妥员即日详细密查,俾得水落石出,以明真相。兹将原件寄上,祈查核办理是荷等因。当于本年十一月一日第十七次董事常委提出,公议:萍矿工人所禀各节无论是否属实,殊于矿局有关,应即委任调查员朱士振君亲赴萍

矿,切实密查报会核夺。惟事关秘密,应请朱君俟查帐董事赴萍时一同前往,免露形迹,俾昭慎重云云。除函朱君往查外,合抄原禀附奉台览,即希查照。此颂

均绥

董事会启

李寿铨致夏偕复、盛恩颐函

民国八年十二月十六日(1919.12.16)

地山总经理、泽臣副经理钧鉴:

驻萍赣西镇守使方君耀庭印本仁,对于本矿极力维持,现委矿警局长周渭南兼镇署咨议官,从此军警联络一气,于矿事裨益良多,至为可感。用特报请察核备案,并请转致董会,致函道谢为盼。敬颂

公绥

李寿铨

公司董事会致夏偕复、盛恩颐函

民国八年十二月三十日(1919.12.30)

总、副经理均鉴:

案查前奉孙会长函,据萍矿工人施洪恩等禀讦李矿长寿铨结党营私,蠹公肥己,函请密查一案,当经本会议派调查员朱君士振亲赴萍矿按款密查,据实声复,并抄录原禀函致贵经理查照在案。兹据朱士振君复称:遵即亲往萍矿,不露声色,周谘博访,逐款详密探查,谨将查明情形开具报告书,呈请查核等情前来。查朱君报告书内第一条所称,李矿长自纳妾后视事不免稍懈,为人情之常;第四条所称丁志强、张德瀛在老关等处开矿事或有之;第五条所称除周渭南外,余者尚不十分招摇。报告书末并云,原禀各节大都无甚实据可按,其中难免不有人挟嫌唆使,此后应如何严申诰戒,加意防维之处,自当由贵经理随时察酌办理。除函复孙会长外,合将朱君报告书抄录奉览,即希查照。此颂

均绥

董事会启

附抄件

［附件］ 朱士振报告书

为报告事。窃士振于十一月十一日接奉台函,并附原禀,奉委前往萍乡各处密查萍矿工人施洪恩等联名禀讦李矿长寿铨结党营私,蠹公肥己一事。士振于十一月三十日偕同查帐董事代表乘轮至汉,由汉赴萍,逐款详密调查,于十二月初十日查毕。谨将调查所得逐款开列于左:

一、原禀称李矿长正欲纳宠,适工头陈胜芳献姬投其所好,由此鱼柳一串,侵公肥私。试陈构室成市,富甲一乡,从何而来? 而铨殷实可想等情。

查李矿长寿铨在职有年,征诸舆论,原尚任劳任怨,实心办事,自纳妾后视事不免稍懈,员司中亦不免有偏信者,此亦人情之常,未足据以为罪。陈胜芳乃萍乡土木工人,向来地方上建筑等工此人经手者为多,包工既久,积至殷实,此与萍矿无关,似可毋庸置议。

一、原禀称李矿长使叔李渭渔及弟李占魁总管餐宿处帐房,伙张德瀛舞弊,年侵十余万金,有捏造花帐细查可知;委表弟陈仲苍采办木料,亦年侵十数万元,木厂有帐可稽;并在株洲伙开湘南一木行,内侵外赚,贪婪无厌等情。

查此款所重者在帐目,如谓系萍矿各帐,则已由董事详查另复,如谓餐宿处及木行帐目,则事隔多日,无从根究,该工人等未免任意雌黄,木行有股遍询亦无知者。

一、原禀称李矿长仇视旧人,一网打尽,及俞燮堃与黄矿师离矿亦皆李之阴谋等情。

查所谓仇视旧人,殆指前撤屠鹤清、王士林而言,至俞、黄离矿,此事外人无从得知,亦难以探访,即使有因,然黜陟之权实操自总公司,断非李之一言所可左右也。

一、原禀称李矿长使陈国桢等营业,并派腹戚蓝成玉坐守永和,李夥有股,是为明证,及丁志强、张德瀛在老关五埠下高坎等开矿盗用萍矿器具等情。

查李在永和伙股,遍询无有知其底蕴者。丁、张在老关等处开矿事或有之,盖现在萍矿附近开挖私矿,颇不乏人,若谓所用器具及炮药油箕无不取自萍矿,丁、张辈不独无此大胆,亦决不出此下策。况物料有人专司,亦岂容人随便乱取,不加考察以自贻。伊戚如谓李寿铨伙偷无疑等语,更属猜度之词。

一、原禀称李引用私人及受贿举荐丁志强等入矿等情。

查李寿鼎、李占魁、吴策安、周伦元、舒季俊、丁志强、周渭南、张德瀛等,其中虽有经李矿长援引者,然用人大柄向在总公司,各该员既已受过公司委任,此时则不必论其来路之正不正,但当考其奉职之勤惰与声誉之优劣。以上各员振皆一一谘询,除周渭南外,余者尚不十分招摇,办事亦有认真者,既无劣迹可指,纵荐举时不免有徇私情等事,终可原恕。

一、原禀称舒季俊到差两月起建大厦,周渭南交其妻弟解回二千元等情。

查此款一无确据,当系摭拾附会,无足讨论。

一、原禀称上年公司提红给奖,汉冶工人皆有分润,惟工等未沾雨露,皆肥铨囊等情。

查去年公司分红,工人确未沾及,据闻汉冶工人亦尽无之,大约各厂矿除工头外,工人例不分给。至员司间摊派红奖,似应定一标准,开示于人,以昭大公。此次支配,闻有不甚得当之说,至今物议犹未平息。

一、原禀称工等深抱不平,传单开会,南督兵枪弹毙工,幸林同崔营长双方劝散,铨畏情亏,邀南强保鼎,勒逼工等具连环保结,以绝公禀而塞言路等情。

查工人施洪恩等控告原委,由于要求增加工钱,传单开会,举动不免激烈,矿警前往弹压解散,确有其事,所求不遂,故致禀讦。

按查禀中所摭各节,大都无甚实据可按,以意揣度,其中难免不有人从中播弄,挟嫌诬告,以快私意。此时双方又复平静,工人亦照常工作。询之路人,所论佥同,足见当时之风潮内中必有人唆使也。惟李矿长寿铨在矿年久,不无专恣任意之处,信用乡人,亦所不免,遇事不能持平,自易滋生訾议,故萍矿各方面对于李之为人毁誉不一。总之,天下事本难尽如人意,李矿长勤职有年,但能尽心为公司办事,更再加以检点,私德上苟有不检,似亦可曲予鉴原,以示策励而息诬讦。所有奉委密查萍乡工人施洪恩等禀讦李矿长寿铨各情由,合即开具报告书,据实陈复。恭请

公裁

夏偕复、盛恩颐致盛渤颐函

民国九年一月二十三日(1920.1.23)

径启者:

萍乡煤矿机关纷列,员司众多,体大事繁,措置匪易,近年以时局多故,对外应付尤感困难。兹派执事为该矿事务长,佐理矿长办理内外一切事宜,月支薪洋一百五十元,自到矿日起支。合行委任,即希查照,克日到矿,即在矿长公事房办事,务须将一应事务切实考求,悉心事理,并随时报核,以副厚望。此致

萍乡煤矿事务长盛君渤颐

总、副经理

李寿铨致夏偕复、盛恩颐函

民国九年三月一日(1920.3.1)

敬复者:

叠奉萍字十号、十三号公函,并附抄禀,均敬悉。上月二十五日窿内出险后,除饬赶工修复轰塌窿路外,急筹善后办法,由金正矿师责成各段监工加意防范,并由矿师亲身进窿考察,每星期至少一次,又于黄家源地方就老井另开通风口预防危险。然此特事后应有之计画,尚非久远之规。窿内为全矿根本,关系何等重要,而人才缺乏已极,最为可虑,现充正副监工者,多半粗鄙庸妄之徒,寄以分段工程重任,焉得无弊?焉得不危险?昔日洋员

威力尚足,驱策已属勉强,继任华员威力不逮,更无可恃。为今之计,非切实整顿不可,非赶紧筹备人才不可。叠与金正矿师详加讨论,历验以来,大凡专门留学回国者,多不能耐劳,徒縻重薪,无补实际。窿内人才,仍以北洋大学矿科毕业生北省人最为合格,身体强壮,志趣正大,现有一二充本矿正监工、试用监工者,已有明征。拟请函致北洋大学,挑选矿科毕业生,北省人,身躯高大、有魄力者十余名,到矿考验,合格者派入窿内试用。俟其情形熟悉,然后量材任职。窿内共十九段,必得抽换一半有学识之正监工方有把握。至金正矿师手下,必须有切实可靠而真能耐劳之佐手两人,与矿师常常更替进窿,于窿内工程乃能切实整顿,此佐手亦即于毕业生中选用。铨负全矿重任,于窿内最为注重,故屡以筹备人才为请,此系根本大计,目前尤需才万急,务请酌夺,从速施行,并祈示复,至为盼祷。此上
总公司总经理夏、副经理盛

李寿铨

夏偕复、盛恩颐致李寿铨函

民国九年四月十六日(1920.4.16)

径复者:

接三十七、四十二号两函,以东巷总管周抡元体弱不胜烦剧,请仍调回正矿师佐理,所遗职务,请予迅派替人;又请调北洋大学矿科毕业生来矿试用,以为储才之地等情具悉。查东巷总管职务重要,周抡元既因体弱不能胜任,愿请调回原职,自未便强以所难,刻下正在物色,一俟得人,即行派往,但未接替以前,仍由周抡元担任负责,希饬遵照。至北洋大学毕业生,虽派员赴津询问,据复有人愿往与否,须暑假毕业后再定。惟详询薪水川资等事,此中能否得人,殊不可必,不如登报招生,考而后用较妥。请由尊处拟一广告稿,详具体格、程度及录取后薪水、川资、服务各条件送核,当分登京津沪各报,如有应者,先就本处考验,再送矿试用也。此致
萍矿李矿长

总、副经理

汉冶萍公司招用高等工程学校毕业生广告①

民国九年五月二十二日(1920.5.22)

本公司各矿现需有工程智识之监工员十余人,凡有下列资格者,可通函上海四川路三十六号本公司总事务所。信内须附全身照片一张,医生检验身高、身重及强健之证书一张,及毕业文凭照片一张。如得本公司复函许可,即来受最后之考校,录取与否,由本公司用函通知,来往舟车费由本公司照给。

一、身体　报名者须身高英尺五尺七寸,重一百三十磅(衣服等除去),惟仍须到上海总事务所受本公司医士之检验。

二、程度　有高等实业或大学矿科毕业文凭或曾任其他矿务公司职务者。

三、年龄　在二十五岁至三十岁。

四、薪水　练习期内,月给薪水八十元,半年后由矿长考验得力,每年按加二十元,至二百元为止。如材能出众者,嗣后斟酌续加。

夏偕复致李寿铨函

民国九年六月一日(1920.6.1)

径复者:

接五十四号函,以东巷总管周抡元体弱多病,请速派一二得力助手佐理等情具悉。查窿工职务重要,前以此项工程人员缺乏,登报招考,即为储材之地。现在报考者纷纷而来,经严格试验,中程者尚不乏人,当俟陆续派送来矿试用,即望会同正矿师,就此次考送人员中徐自甄选,或可拔十得五,以资助理也。此致
萍矿李矿长

总经理

---

① 本文选自 1920 年 5 月 22 日天津《日日新闻》报。

盛恩颐致李寿铨函

民国九年十一月十九日(1920.11.19)

径复者:

接八十二号函,具报窿工处整顿职员,请以邵逸周、李堂充周总管佐理,并续裁东平巷正副监工及学习六人,陈请鉴核等情。查该矿东平巷周总管抢元,前据函称体弱多病,拟请辞职,故派邵逸周前往试用,以备接替,兹据称周抢元早经病痊,近颇振奋,自应仍充东平巷总管,以资熟手,邵逸周、李堂准予改充东平巷佐理,并令逐日进窿督察。至请裁正副监工丁志强、郑楚林、朱少泉,谢宾臣、王伯生五名,学习屠鸣盛一名,均着开除。此次窿工处前后裁去二十一人,均就旧有员司,不另添人,经此汰除冗滥,不惟度支撑节,且以濯磨人材,殊堪嘉尚。惟查现有人员,较之开滦,尚嫌过多,滥竽仍所不免,尚希随时督察,删繁汰冗,以期廓清积习,振刷一新,是所殷望。此致

萍矿李矿长

副经理

周厚坤①致夏偕复、盛恩颐函

民国十年三月二十九日(1921.3.29)

总、副经理钧鉴:

萍矿以改良窿工须从革新监工入手,曾陈请钧处招用监工,经钧处批准,并嘱技术课办理在案。查各该监工均已陆续赴矿供职,事近一年,敝课早应报告结束,乃以彭生道仁,久病请假,遂致延搁,今该生已奉钧处命令取消,此事自应结束。特呈简略报告一件,录取者文件十六件,内计本人照片、医生验单、文凭照片、受雇合同各一纸,又因故未克供职者二件,检验不

① 周厚坤(1894—?):字朋西,江苏无锡人。时任公司技术课课长。

合格之检验书十四件,敬祈收入,交由文牍课保存为祷。专肃。恭叩

钧安

技术课长　周厚坤谨启

［附件］　录用萍矿监工概略

投考者约五十人

受公司医士检验者三十八人

正取十四人

备取四人

有病不可服务者五人

有病勉可服务者四人

身健而体格不合者三人

身健而因他项缘因未取者二人

中辍者五人

学校统计

北洋大学　五人

南洋公学　三人

南洋路矿　二人

同济医工　一人

京师大学　三人

河海工程　一人

湖南工业　一人

他矿办事　二人

到矿供职者十六人

谢镇椿　李人卿　仲志英　法麟经　谭　仁　洪　勋

薛代强　任宗海　王汝成　戴明之　陆品琳　王国琛

张祥熊　陈为齐　王恒源　刘畅春

试习者一人

于家骥

因出洋留学自请解除者一人

唐景周

考取后因病取消者一人

彭道仁

李寿铨致夏偕复、盛恩颐函

民国十年六月二十一日(1921.6.21)

敬启者：

　　铨从事萍矿二十四年，过蒙信任，感愧交并，以前经过毋待赘陈。溯自长矿以来，十年之中，七遭兵事，内容复杂已极，殚精竭虑。一面对付外界，一面整顿内部，时局虽极纷扰，矿规已渐整齐。正思猛力进行，藉酬知遇，无如年逾六十，忧患余生，精神不继，近忽得头晕、心忡、手足拘挛等症，一时举发，不克自持。医云系年老用心太过所致，药难为力，必须静养。始知心血既耗之躯，平日外强究不足恃。而矿务如此重要，对内正在进行，对外仍多棘手，百端纷沓，片延即误，非新发于硎者，不克当兹重任，断非垂老病躯所能肩此。铨爱矿素深，亦颇自重，回思近十年中，经多少危险，受多少磨折，被多少谗谤，亦既问心无他，从未轻萌退志。良以慨念时艰，非实业不能救亡，非愚忠不能任重，不自揣量，年齿虽增，犹有一往无前之概。一衰至此，夫复何言，若再强留，必至坐误。用特肃函陈情务乞转陈董会，俯念矿务重要，另简精明强干之员来此接替，俾铨得早卸重肩，回籍养疴，此后余年，皆我总、副经理之所赐也。并求垂怜病躯，赐速派员，铨当整理手续，以待交卸。衰朽残年，难再效力，清贫犹昔，不负初心，书不尽言，诸祈鉴亮，不胜迫切待命之至。除函陈董会外，此上

总公司总经理夏、副经理盛

李寿铨

盛渤颐致夏偕复、盛恩颐函

民国十年六月二十四日(1921.6.24)

总、副经理钧鉴：

敬启者,萍矿工程及事务两部各要务,月前总经理莅矿,均在洞鉴,兹不赘陈。惟日昨李矿长忽发生辞职之举,渤事前未得而知,及至矿长签发辞职之函,始经阅悉。当将此时不能遽辞各要端委婉劝慰,切实陈说,而矿长云:萍矿系中国实业,既承公司信任,岂不尽心维持,致贻有初鲜终之诮,无如年老体衰,与其误事机于后,何若速隐退于前,此辞职之意,匪伊朝夕等语。渤虽竭尽愚言,颇难挽回去志。在公司准辞与否,自有权衡,又何待渤之妄议？然渤既在矿,洵有不能已于言者,敬为经理详陈之。溯矿长在矿二十余年,自民国元年以来,迭经军事影响所及,设非矿长老成坚忍支持,曷克臻此？况萍矿对内对外,好不易见,怨则易生,而矿长于事之纷至沓来,其从容镇静,尤非识浅者所能及。至清廉自守,其素志耳,人尽知之。再以关于萍矿大局而言,矿界问题于今未了,恐一易生手,诸多掣肘隔膜之处,即接替之人有干济之才,亦未必一时即措置裕如也。管见所及,据实上陈,务乞经理可否于李矿长辞职函到时转商董会,切实慰留,是所至祷。至矿长函云衰老病躯,以渤视之,其精神犹未艾也。渤因重斯矿,即不得不因之得斯人也。区区愚忱,伏乞鉴纳。敬颂

公绥

盛渤颐

公司董事会致夏偕复、盛恩颐函

民国十年七月五日(1921.7.5)

总、副经理均鉴：

据萍矿李矿长来函,因病辞职,并接贵经理函请慰留各等语,先后到会。兹于民国十年七月一日第十次常会提出,公议:李矿长在萍年久,甚为得力,应即电复慰留云云。除电李矿长外,合抄电稿布达,即希查照加函慰

留为荷。此颂

均绥

董事会启

李寿铨致夏偕复、盛恩颐函

民国十年七月二十八日(1921.7.28)

敬复者:

奉萍字三十六号公函,续奉号电,又奉董会支谏电,均敬悉。自顾何人,过蒙见重,感悚莫名。铨辞职苦衷,悉详前函,毫无他意。窃念受人重寄,惟力是视,力所能勉,自应策励进行,力有不能即当洁身引退。凤昔趋公,犹惧不克胜任,衰年多病,曷敢贻误事机,此深为矿计,不得不辞之坚也。既承厚意,一再慰留,又值多事之秋,迫于公义,谨当力疾勉任其难。惟是矿长一职,关系重要,垂老病躯,终难久恃,爱矿素深,望贤若渴,仍乞转商董会,随时物色人材,预备接替,庶矿与铨交受其益。铨在职一日,自当勉尽一日之力,掬忱复慰,不尽依驰,并祈鉴亮,是所切祷。除函复董会外,此上

总公司总经理夏、副经理盛

李寿铨

夏偕复、盛恩颐致李寿铨函

民国十年八月十六日(1921.8.16)

径启者:

接四十三号函,以东平巷总管周抡元,迭函辞职,意甚坚决,无可挽留,拟至九月底交卸,遗席拟请以佐理员邵逸周升充,即照周支奖金并入邵薪支给,陈请核示等情。查周总管抡元,既辞意坚决,不获挽留,应准辞职。所遗该总管一缺,即以邵逸周升补,惟邵君前派来矿时,本储为总管之用,故当日许以三百元月薪,言明不给奖金,兹既升为总管,准自升任之日起加薪五十元,以示区别,不另给奖金。至佐理员尚有李堂一员,足资佐理邵之

遗席,即毋庸补人,用资撙节。除分别知照外,相应复请查照饬遵。此致

萍矿李矿长

总、副经理

李寿铨致夏偕复、盛恩颐函

民国十年十一月三日(1921.11.3)

敬启者:

查矿警局长沈成麟自上年二月十五日接事,旋即赴京因公耽延半年,至上年八月间始回矿任事,已一年有余,矿警腐败,更甚于前。初以该员为名臣之后,又系留学陆军出身,办警当游刃有余,历次规戒,冀其振作。不料其积习已深,殊失所望。疏懒任意,于办事太形隔膜,以致警务懈弛,走漏日甚,且嗜好渐深,历戒不悛。长此以往,于公于私,均不相宜。尤可怪者,眼光太小,对于地方感情固不佳,对于本矿各处亦多窒碍。警察为本矿最重要机关,处兹时局尤当加意整肃,若照该员因循坐误,铨实不敢负责,不得已据实上陈,应请速简贤员来此接替,大加整顿。本矿警察历办不得其人,受累匪浅。如一时难得相当人员,或仿照汉厂办法,归事务长兼办,由本矿暂派专员,隶属于事务长之下,专办警务。试办数月,俟有成绩,再行请补,亦是一法。因上半年盛事务长代办半年,颇著成效,故有此请。统祈钧夺是遵,至为企盼。此上

总公司总经理夏、副经理盛

李寿铨

周厚坤致夏偕复、盛恩颐函

民国十年十一月十七日(1921.11.17)

总、副经理钧鉴:

敬肃者,前为萍矿扩充工程,须用监工事,陈奉面谕,饬即招考等因。遵于十月初间登报起,截至十月底止,计陆续投报者共有五十四名,经课照各生文凭履历详加审择,评定正取戴夔生、黄本鸿、陈学普、林汝哲四名,

又备取朱廷俊、李方振二名,以备候补正取不到之缺额。惟戴、黄二生籍隶湘鄂,接近安源,似应由课饬其自备川资,并觅妥保前赴萍矿,径由萍矿长面试任用,庶省转折。拟请钧处函知萍矿查照。其陈、林二生,籍隶江浙,距沪较近,即由课饬其自备川资,并觅妥保前来本公司面试后,陈请钧处函交萍矿任用,尚觉妥便。至于监工薪数,已先登报,均照详章规定发给。是否有当,伏乞裁夺施行。所有录取监工各员,仿照文凭、履历、相片及医生证书等件,共计六套,又录取监工详章四纸,理合一并附呈,统祈鉴核备查。专肃。祗请

崇安

技术课长　周厚坤谨肃

计附　录取各生仿照文凭等件共六套

录取监工详章四纸

［附件］　详章

一、监工须能看图并画草图。

二、监工须有建造钢梁、钢骨屋、水管、钢筋、三合土及土方工程之经验。

三、绘图器自备,并须自备一准确之时表。

四、工程师如命监工于夜间工作,监工不得拒绝。

五、监工如不称职,工程师得用罚薪办法惩戒之。罚薪后如仍不称职,工程师得随时将其职务解除。

六、前四月每日薪大洋一元五角,星期日与休假日如不工作,均不给薪。

七、星期日、休假日或十日以外之特别工作,均照正薪开半给与酬劳。

八、每月七号发薪。

九、医药费与他员司一样办理。

十、来往旅费由各监工自备,唯因公出差不在此例。

十一、公司得随时将上项日薪办法改为月薪,惟第五条之执行毫不因

以妨碍。

十二、录取者应觅妥实保人。

十三、本详章系指示录用后双方应行了解之条件，切勿误为录用之书件，至录用与否，为另一问题，须待本公司通知方生效力。

布　告

民国十一年二月四日（1922.2.4）

本矿制造处改为修理处，所有该处员司照常办事，工匠照常工作。现派王机器师接管修理处，全厂事务从二月四日起，所有员司工匠悉听王机器师节制调遣。特此布告。

民国十一年二月四日

李寿铨、舒修泰致夏偕复、盛恩颐函

民国十一年九月三日（1922.9.3）

敬密启者：

本矿警务最关重要，其关键在兼市警，办理得法，则权自我操，一不得当，则外界干涉。况现在各省财政困难，谋事人多于鲫，谁不垂涎？有隙必乘，权一旁落，矿害无穷。民国元年李烈钧夺矿不成，强夺警权，千方百计，经年而后收回，前车可鉴，今更非昔比矣。上年因沈成麟太不相宜，寿铨曾具六十八号函，陈请别简贤员，切实整顿。想因未得相当人员，未邀示复。延及本年六月间，赣西军事，遍地土匪，而以最腐败之矿警当之，焉得不出事。其时危险万分，外界出面干涉，内部刻不能安，幸蒙垂鉴，电派修泰暂行兼代，固此主权，始有把握。修泰接手后，昕宵整顿，两月以来，稍稍改观，恢复名誉，而他人觊觎之念究未尽绝也。

伏念矿警从前腐败太甚，非得一年半载切实训练，不能收众志成城之效，而全矿事务纷繁，又不仅警部一端。寿铨年已衰朽，勉力支持，只能提其大纲。修泰既任副职，亦不能专事警部。再四熟商，仍非另派矿警局长不可。而此缺颇难其人，查有现充矿警二队队长马根源，军界学识资格均深,毫无习气,曾于本年三十八号函陈报在案。其人为修泰素所器重,借调来矿,自任队长以来,寿铨细心察看,足胜警长之任。若以之升充警长,有矿长督率进行,警务必大有起色。阅其履历,于警长资格亦极相当。为全矿计,为矿警计,面面想到,似觉周妥,用特密函陈请,并取具该员履历一份,附呈钧鉴。如蒙允准,即乞俯赐委任,并请转恳会长,先向内务部、农商部呈请批准,由部咨赣省军民两长暨警厅加委,以符矿警兼市警原案,而杜一切觊觎,实为公便。再,此事关系重要,借强权谋此者,多不得不占先著,乞速赐密复,以便遵行。盼切,祷切。此上

汉冶萍公司总经理夏、副经理盛

李寿铨　舒修泰

仇瑞龙等致夏偕复电

民国十一年十一月三十日(1922.11.30)

经理钧鉴:舒副矿长举动鬼蝎,促成罢工风潮,致萍矿受重大损失,路人皆知,若再留矿,为害无穷。同人迫于公义,不敢避嫌,谨电恳钧座速免其职,治以应得之罪,以维矿务,而保危局。迫切待命,务乞鉴原。仇瑞龙、程方保、陈肇章、金岳礽、王道昌、周明玉、刘文炯、曹澄、黄显章叩。勘。凌善永、龚炳慈公出,徐恩弟假。

盛恩颐批:进退员司公司自有权衡,联名攻讦之风断不可长,所请应毋庸议。

仇瑞龙等致夏偕复、盛恩颐函

民国十一年十一月三十日(1922.11.30)

总、副经理钧座:

昨上勘电,亮蒙赐览。舒副矿长修泰到矿以来,举动即不正当,诸多怪状,笔难馨述。又复私心自用,促成罢工风潮,致令完全之矿重受莫大损害。其促成风潮之由,当路矿工人俱乐部成立两月之时,所标宗旨非下级工人所知,因恐受害,多不敢入部,当时曾调查入部者仅三百余人,路工为

多,矿工尚不及十分之一二,该部已渐消沉,部长已经他适,伊忽赴该部演说数次,极力提倡,而工人遂纷纷入部,骤达四千余人矣。伊对局中局外谈论,恒以协助该部为务,兴高采烈,自鸣得意。乃忽乘萧镇守使到任之初,潜赴镇署播弄是非,危词耸听,迫县取消该部,而风潮以起,矿警矿团既皆袖手,客军因之作壁上观,内既无应,外不敢援,愈到极危之境,则工人条件愈苛矣,不得诿祸于新潮流也。以最重大之事儿戏出之,前后颠倒,若是焉得不出事?出事之时,仓皇失措,事定之后,故态依然,何无心肝至于此极?军政绅商各界,株萍路局同人,无不痛恨而深鄙之。为萍矿前途计,未尝不推原祸始共恶而切恨之也。内外情形若此,伊之人格信用扫地无余,不独不能长矿,适足害矿;不独不能为萍矿之助,适足为萍矿之累。李矿长既忠于为矿,当不致为其掩饰,亮必早达聪听。金正矿师、凌处长赴沪之时,瑞龙等曾托其直陈钧座。为顾全大局计,宜速免其职,至今未奉明令。黜陟大权,操之自上,未敢妄测。惟伊实自负委任,劣迹昭著,于人何尤?瑞龙等服务萍矿有年,谨慎从公,从不敢越职言事,今迫于公义,激于公愤,若再同甘缄默,不独无以对公司,抑且无以自对。除电陈外,用特据实合辞上陈,务恳钧座俯念萍矿重要,免其副矿长之职务,处以相当之罚,以除公害而保将来。不胜迫切待命之至。敬颂

钧安

仇瑞龙　陈肇章　金岳礽　王道昌　程方保　曹澄　周明玉　黄显章

谨上

盛恩颐批:详前批,毋庸议。

盛恩颐致孙宝琦函

民国十一年十二月二日(1922.12.2)

慕公会长钧鉴:

今夏曾奉电谕,推荐吴君连庆,前系留德陆军学生,回国后迭任军职,干练有为,嘱派接充萍矿矿警局长等因。当时以沈局长虽在假期之中,尚未开缺,故未能即予委任,现在沈局长因人地不宜,已调沪另候任用,遵即

委任吴连庆署理该矿矿警局长兼安源市警事务所,饬其刻日赴矿就职。用特陈报,上纾廑注,并希转电萧镇守使接洽为荷。肃颂
崇绥

副经理

李寿铨致夏偕复、盛恩颐函

民国十一年十二月十四日(1922.12.14)

敬复者:

奉萍字四十一号函谕,捧读之余,殊深惶骇。舒副矿长修泰轻躁荒谬,有负委任。寿铨早具函电直陈,仅候钧裁,何烦各主任妄渎,且本矿上下各安职守,向无联名攻讦恶习,何递出此,当遵示剀切晓谕,伊等亦自知悚歉,尚祈格外鉴原。至舒副矿长之举动乖方,信用全失,不宜留用,钧座自有权衡,毋庸多渎。大凡用人之始,无不慎重,而遇有深负委任者,不得不立予斥退,以彰黜陟之公。

寿铨衰病从公,时虞陨越,刻刻求退,望贤若渴。只以公司困难若斯,分应竭力维持,以待替人,而于躁妄害公之人,亦不得不据实纠陈,以尽长矿之职分,并尽爱矿之愚忧也。仍祈速赐钧夺,全矿幸甚。此上
总公司总经理夏、副经理盛

李寿铨

李寿铨致公司董事会函

民国十二年三月一日(1923.3.1)

董事会会长、诸公钧鉴:

敬启者,十年六月间曾以衰病侵寻陈请辞职,旋奉钧谕慰勉殷殷,不得不力疾维持,以待替人。上年适值公司经济万分困难,虽系病躯,何敢言退?不料艰窘之中忽起工潮,工潮之后几断接济,其中冒险忍辱、履艰负重情形,均随时函电陈报总、副经理在案。当万分吃紧之时,只有硬撑之一法,老病在所不计,虽至失眠咯血亦所不顾,惟盼稍有转机决计求退耳。幸

蒙经理维持,难关得度,未至糜烂,诚为万幸。窃念萍矿何等重要,加以外患之纷乘,内容之复杂,即以年富力强、精神干练者当之,稍一不慎,犹不免于贻误,断非衰朽所能勉强。自问从事萍矿二十有五年,长矿十一年,诸艰备历,寸善毫无,心血耗尽而病丛生,若再濡滞,不独无以对公司,抑亦太不自量。用特肃函决计辞职,无论如何不敢再留。夙蒙见重,务乞始终成全,迅即派员接替,俾得卸此重肩,回籍养疴,不胜迫切待命之至。除函陈总、副经理外,敬颂

公绥

李寿铨谨启

李寿铨致夏偕复、盛恩颐函

民国十二年六月二十九日(1923.6.29)

敬启者:

　　廿七九号函亮邀钧鉴,简派矿长继任,董会自有权衡,何庸妄参末议。然寿铨服务公司廿余年,近以衰病辞职,而于期望矿事之整顿,无刻不萦于怀,末见所及,不妨陈之钧座转商董会。寿铨衰病,固不能再为公司效力,金正矿师诚笃过人,才具不甚开展,近经折磨,神气销铄,脑筋不灵,似须容其休假一半年,培养充余,方能效力。目下能得吴厂长任之、黄副厂长绍三来此,一任矿长一任矿师,俟两君到矿后,察看人才当用者用,当去者去,当添者添,必使处处首领得力,而后可进行整顿。吴、黄两君学有专门,才又宏富,前在两厂,成绩昭著。黄君尤驾轻就熟,以之合力整顿萍矿,游刃有余。设钧处需人襄佐,两君不能同来,只得一位酌带得力佐手,亦足胜任愉快,以其年富力强,精神能周到也。如公司以萍矿长一席必须长于外交之人,查有常州武进人张赞巽,号荟甄,系萍矿张前总办之胞弟,曾随其兄在矿办事,其才具不独胜寿铨十倍,且过于其兄多矣。伊在前清曾任安徽广德州知州,廉明凤著,今有去思。民国以来,又充安徽中国银行行长,颇精综核。现闻其家居,年近五旬,正当强盛,若委充矿长,有张前总办之遗爱,更收事半功倍之效。寿铨夙矢愚忠,虽不能再为公司效力,总期萍矿得人,

此区区之心,可陈之钧座转达董会者也。矿务紧要,务乞熟商董会,速赐简派,至为盼祷。此上

总公司总经理夏、副经理盛

矿长　李寿铨

公司董事会致夏偕复、盛恩颐函

民国十二年七月十一日(1923.7.11)

总、副经理均鉴:

　　接第六十六号来函,萍矿李矿长以衰老多病,荐贤自代,并陈抵制工潮办法等因。查前由贵经理抄陈李矿长来电,曾请派员前往会同主持,绝不推诿。兹奉孙会长来函,亦以李矿长原请派员会同办理,即饬黄绍三君前往,俾有商榷,并请转知经理饬矿将如何遏止内部纠纷之处,妥慎相机办理等因到会。除由会专函委托黄绍三君前往萍矿,会同体察情形,妥筹办法报会核办外,合抄会长来函布达,即希查照,转饬萍矿遵照办理。此颂

均绥

董事会启

公司董事会致夏偕复、盛恩颐函

民国十二年十一月六日(1923.11.6)

总、副经理均鉴:

　　前者叠据萍矿李矿长函电辞职,曾一再慰留,嗣复来函荐贤自代,情词恳切,未便强留。兹已如请委任黄绍三君接任萍乡煤矿矿长,并改聘李镜澄君为总公司顾问,仍照矿长原薪,月支夫马费四百三十元。除先后函电委任外,相应函知,即希查照。此颂

均祺

董事会启

萍矿同人致夏偕复、盛恩颐电

民国十二年十一月八日(1923.11.8)

汉冶萍公司正副经理钧鉴:萍矿全体同人为当局溺职误公,欺上凌下,特电陈明,以维全局事。窃李矿长阴刻狡诈,欺蔽弄权,藐上命若弁髦,视工程为儿戏,借矿界以挟董会,用权术以骗公司,对于萍矿旧人尽情压迫,以致人心涣散,诸务废弛。历年之倒行逆施,损公利己,非笔墨所能尽述。甚至明激暗嗾,造成工界罢工,称病要挟,以窥公司动静。金矿师总揽工程七年以来,绝不进窿,职守放弃,经验毫无工程既无布置,推广久已停废,现在煤槽将罄,产额减少,经费加多,煤质恶劣,灰滓参半。至于今日,大有水尽山穷之概,而矿司尚茫无知觉,置若罔闻。现象如斯,可为浩叹。近更有院长殴打司友一事,同人公推代表陈诉情由,不独矿长、矿司不容启齿,拍案詈辱,尚将同人代表一律开除。其措置失宜,昭然若揭。同人等为萍矿前途计,为个人人格计,不能再安缄默,今本良心主张,特电申明,此后万难与之合作,如或正、副经理顾全萍矿,必有正当办法,否则同人等断不能同流合污,放弃人格,惟有全体辞职,以明心迹。急待电复,感盼无任。萍矿同人公叩。

龚炳慈致夏偕复、盛恩颐函

民国十二年十二月二十二日(1923.12.22)

总、副经理钧座:

本月二日奉不列号密谕,以有人告讦李前矿长等舞弊营私各情形,附发抄件两纸,命即密查详复,毋稍徇隐等因。奉此,炳慈遵即不动声色,按照所告各节,逐条细访,并参与平日在此目睹耳闻各情形,分别据实详注另纸,录呈钧鉴,伏乞密察施行。

龚炳慈谨密呈

附呈查复抄件十一纸(此信因恐人偷阅,故由总稽核处转呈。又叩)。

谨将奉谕密查李前矿长等被告各情形,据实详复,呈候鉴核。

一、原函所告株洲木料前购之价系七元九角五,六月所办五万,加到十元九角五,后又办五万,加到十五元九角五,均系陈胜藩经手,李镜澄与会计凌子贞通同合作。办木几种,共得利五万元,李则分赃二万八千元,凌分一万四千元,工头陈胜藩则分八千元。此木价株洲采木处长并未经手。尚有本地木较株洲木贱,然现所办本地木价较株洲木价奇昂,其中暗昧,外人难知,请派员详查一节。

查工头陈胜藩大约即陈盛芳之误,在株洲开有天申福牌号木行,早有人说李附有股。陈之财产,现在确有二十余万之巨,李之二姨太系陈所送买女,恶劣不堪。李子文台与陈换帖,李亦仿佛默许其通谱,待陈如家人,言听计从,引为心腹。惟木料加价一事,尚属情有可原,近年湘省军事纷起,各处兵匪不分,四出掳掠,木商裹足,来货顿缺,而本矿又乏现金应付,因此奇货可居,高抬价值,亦是实情。不过窿木一项,既系本矿需用大宗材料,年约数十万,买卖甚巨,议价极应公开,或照投标办法,当众择定,以昭大公,而免物议。乃李矿长既不公开投标,议价时并不邀采木刘处长在场公同议商,及至议定之后,又不将木客要求加价理由,何以遽加至十四元之多,更何以湘东之木并不加价,一切经过情形,于星期常会时,宣告同人,竟独断独行,与陈等私相密议,仅以"特别木"三字增价一倍。即使木商要挟,亦未免太好说话。此中内容,虽本公事房同人概不能知,且平日对于公司派来之重要位置,如副矿长、前盛事务长等防范甚密,函电隐瞒,厌恶稽核,联络会计,已属不避嫌疑。待工头如亲串,笑面相迎,更失矿长身份,毫不顾忌,何怪人言。固查无直接得赃之证据,然难免无合股间接渔利等情事,况经济困难至此,不思撙节,而以重利得来金钱,见好于工头、木行,则李矿长无私有弊之嫌疑,百口难辩。惟此事似与会计无甚关系也。

一、原函所告现在米一石一百五十斤价在五元前后,因今年岁甚丰,而今所办之米价,则为七元六角五,办几种米,共赚万元,系管仓处黄炳文经手,李则分五千元,黄、凌各分五千元。此三人结为死党,所有采买一切往来信件,均在会计凌子贞公事房密商办之,总公事房人员则不知也一节。

查本矿需米,年约数万担,亦系大宗买卖,早应公开投标,彼此均不吃亏。乃李矿长偏信黄彬文等之言，定一远购之价，近乡各处虽有极便宜之米来问，同一不要现款，非经黄等之手种种挑拨，不能成交，听其把持，地方人民来矿控黄不止一次，李总置之不理。每届出新时，内自矿长公馆姨太起，以及家人仆妇，外则本地奸商人等，无不到处张罗借钱买米，因每担可赚一二元不等，彰明较著，毋庸调查，在矿同人大概均知。据闻黄彬文等，家资已积有数万金，皆李一人之力也。查李自去年起，竭力拉拢会计，今年往来更密，在李无非为自己出入便利起见，而凌则受其牢笼，以为泰山可靠，忘却嫌疑，不知旁观者清，人言可畏。其实凌系附和之人，既无采办之权，似不能有分赃之事。至李、黄二人，有无分肥情弊，则人亦不肯直说，其中不尽不实，难免李子、姜之中无运动得贿等行为。李矿长既不能约束家人，复以公款结欢于本地劣绅，固定自己地位，虽无得赃之实据，亦难逃徇私溺职之咎，将何以对公司付托之重耶。

一、原函所告煤泥有洗煤台管煤泥工人许德树，系李镜澄三姨太之表兄，包收煤泥一万吨，每吨洋一元，运至长沙可卖六元八角一吨，李镜澄则先担垫洋一万元包办此事，由徐东谷经手，除用度外，此煤泥约赚数万元，李则分赃二万元，许德树、徐东谷各八千元。许德树仅一管煤泥工头，何得包办煤泥，其中弊病一言难尽。本年八月经许德树私运出八百吨至株洲，矿上人不知道，后经旁人告发，始得将煤泥扣留，照吨算价，并无人过问。由此可知李镜澄之种种阴谋黑幕矣一节。

查此项煤泥若由洗煤台工头包销，将来流弊必多，李矿长不顾利害，以此事调剂旧仆现充工头之许德树出面承销，其实李子李姜均暗附有股，每吨缴净价一元，定购五千吨，照章应先缴价，然后凭会计出条发煤，方是正办。乃许工头以为有恃无恐，竟私运煤泥数百吨至株洲，被人告发，而会计处以李矿长一言之介绍，既不收足其押款，又不要殷实担保手续，似欠完备。此种无本生涯，当然获利倍厚，因此外间不平，眼红争夺，愿先缴价承购者颇众。而许工头本系裁缝出身，不谙商情，受各方面之打击后，放出煤帐，影响难收，私囊未满，公款已亏欠二千元左右。凌处长知事不妥，立逼取消前约，李矿又复竭力扶助，迫令所谓徐东谷者缴现款五千元，存会计处作许某押款,以徐出面顶替,许等坐享其利,每吨贴徐洋两角。查徐东谷并无其人,实习冬古之误,原系盛前会长、张前总办之旧部,人极精明可靠。李因习现在稍有身价,迫其顶替,以掩人耳目,非习所愿,又非李之私党,强权之下,何敢违命?此人勤俭耐劳,熟悉商情,凡习经手采办湘东木料以及各物,总较市价与他人便宜,不使公家吃亏,尚有念旧天良。李则身为矿长,不如一工长之自爱,借公济私,讨好于子妾、仆役,不顾公款,不惜声名。虽查无分赃之证据,实已有负公司之委任。会计处凭矿长一言,任其亏欠煤价至一千数百元,亦属咎有应得。惟凌处长始逼矿长取消许之前约,继即函托株洲胡局长扣留已运煤泥,追回欠款,查其一切经过情形,尚无得赃之嫌疑。李矿长始终徇私偏护,以公家财物滥做好人,情节显然难逃公论也。

一、原函所告窿油专为李镜澄子李文台包办,假借徐东谷、陈胜藩二人之名,李文台吞入私囊则有一万数千元。李镜澄为矿长吞矿上股东之血本,其子何功何德,何得包办窿油,若不究查,以后有人效尤,试问将如何处置等语一节。

查萍矿需用窿内茶油,成本既重,市价涨落亦甚活,恐非李子敢于包办者,遍查外间并无有李文台包办窿油之一说。大约因藉其父之势力,与谱兄工头陈盛芳之资财,在外招摇运动,从中稍得费用,事或有之,然数不满百,吞入私囊决无一万数千元之巨。况闻李文台私债累累,散给各处,待父天年之借券约有二千元以外。李妾、李子每晚必在华医赵慕贤家中聚赌抽头,声名狼藉。所有一切鬼祟之事,均在赵处接洽,李矿长装聋做哑,充耳不闻,以致矿事家事一塌糊涂。同人咸谓其存心阴险,损人害矿,不忠于公司之果报也。

萍矿稽核处谨密呈(前后共十一纸)。

黄达夫等致夏偕复、盛恩颐函

民国十三年五月二日(1924.5.2)

萍矿腐败早在正副经理洞鉴之中,且李镜澄已去,黄矿长已来,则办事有人矣。然公司尚有顾虑不到者,即矿警局之腐败是也。夫警局之设,原为保护矿有产业,维持市面之安宁。整顿四区两队,能各尽厥职,乃局长之专责。然吴连庆自到差后,则大不然,只顾自私自利,一味敷衍,假借萧安国之威势,视财如命,一意孤行,毫无忌惮。谨将矿警局吴连庆之黑暗胪呈钧座。

假名吞饷:矿警局护兵一名,假设姓名程士廉,每月饷洋七元,十二年元月份起至今空悬;警探一名,假设姓名李振东,每月饷洋六元五角,十二年元月份起至今空悬;火夫目一名,假设姓名萧洪盛,每月饷洋八元正,十二年三月份起至今空悬;一队兵士一名,假设姓名李星垣,每月饷洋七元,十二年八月份起至今空悬。以上四名均系册上有名,其实无人,每次发饷均归吴贼入囊。

假公领取物品、木料多件,以利私用:按月由矿警局领单内取回家私用之物品,洋油一听,茶叶二斤,冰铁水壶一把,扫帚四把,鸡毛帚一把,电灯泡两只(有电灯又要洋油,系因湖北公馆要用)。

假冒修渣车陆续所领木料:派一、二队兵士能木工者唐明辉、陈少奎、张正其三名,在矿警局工作经年,所做木件,均系吴贼搬运回鄂及家用,大概计数如左:樟木八方桌一张,樟木方桌一张,樟木圆凳八把,樟木大长椅一把,樟木大方椅四把,樟木茶几二把,樟木转心椅一把,樟木半边月火柜一只(内藏火炉),樟木洗面台一座,樟木书架一个,樟木西式衣柜二只(连二),杉木方凳十把,杉木大米桶一只,杉木长脚盆一只,杉木西式靠椅四把,杉木圆脚盆三只。

擅将矿警局原有物件及查获存局之钢铁搬去作为已有造私物用:十二年十月二十三日搬去钢铁八十斤,十一月九日搬去五十余斤,交老街颜铁匠店内做铁床上横条并一切杂物等,均带往湖北家用。搬去局内原有公物及赃物:座钟一架,桌椅三堂半,床铺十一套,铁火炉两个,书桌两张,水桶三担,脚盆三只;贼赃木箱二口,贼赃大梓油桶一只。

吞没烟土:十二年八月二十六夜四句钟时,有内勤巡长段瑞林、兵士易庆元等,在洗煤台下查获烟土十五个,计重十一斤四两,经该巡长、兵士将烟土缴局后,迄今终未见吴如何发表,不料被吴贼吞没。又,法警与警探陆续查获烟土共数十余斤,每个十三两之谱,每两售洋一元五角三分,系矿警局拿干薪的稽查严埭峰出售,此人乃吴贼之亲戚,现兼充湖北同乡会庶务员。并转请该会住闲之白玉奎代售,白玉奎售土每两得洋三分。若要调查情形,向老街六也轩茶楼问朱炳元,便知确实。

乱用私人,通同作弊,实有故意违法行为之种种:任矿警局文牍科长者,系伊亲李庆生,原是一个老瘾鸦片烟。吴因自己有弊,即特许李庆生在矿警局内楼上开灯吃烟,此事为局内人员所共知,不知经理能准否。

支应处长张心如,亦是伊亲,不理局事,每月薪水不敷,在罚款内提洋十元津贴,在外闹娟宿娟,现强占土娟名新妹子,安居广东房子后,与韩铁匠同僚事实。

稽查李鹤龄、程士俊,都是吴贼之外甥,于十二年元月跟来矿警局,即派挂名稽查。尚未到局当差,日夜与法警罗石林夥包烟赌、娟户等项,按月征收捐税,得洋五十元之谱,兼在吴贼住宅内开设烟灯不正行为,局长明知,不加管束,情实可查。

稽查李孔阶,前因盗卖洋焦,屡经报局不究;于本年一月九日私卖洋焦,经第五岗警士知觉,报告东区区长,即转详局长,置之不理。又于一月十三日盗卖铁件,已报告在案,未究办,此人倚仗文牍长势力,诈骗外人,情形是实。

伊之外甥李少龄,于十二年十一月来局,即派挂名稽查,每月坐拿干薪。

谎报公费:矿警局每月领交际费洋五十元,为招待各项开销之用,又按月报加领招待费洋三十余元,此笔谎报是实。

护兵出差费每次洋一角,伊不然,每次报领两角,每月合计多领洋二元之谱,未见发给,此弊可查。

总务科长朱训渠每年购办单棉军服及皮鞋等件,军装在牛角坡刘裁缝店包做,每套谎报洋一角三分;皮鞋每双谎报洋五分正,在横马路一心店包做,有帐可查。于本年四月二十八日假修雨板杉木板二十块,实因私造书箱之用,是矿警局木匠所做,属实。

私用公人:二队兵士周金山、陈焕星调局当差,顶补吞饷空额。兵士胡元益调局,专为伊家使用。兵士彭得生调局顶补泥水匠,专为市警房屋修理之用,伊将原有泥水修理匠裁去,故此派兵士修理市警房屋,每月可多收租金洋四十元之谱,吴贼独得私吞。

北区清道夫由十二年六月调往吴连庆家内,派裁缝职务,按月回区拿饷。就是轿夫四名,轮流在吴连庆家内充火夫职务,尚未在局当差。

苏骏发由十二年元月挂矿警局马弁衔,在吴连庆家内做事,尚未到局当差。

尚瀛生由十二年元月挂矿警局内勤巡长衔,在吴连庆家内作事,尚未到局当差。

一队兵士刘云梯,由十三年三月六日起,每到月底来局拿饷一次,派住家职守。

一队兵士马岑,派外巡职务,日夜在烟馆坐吃鸦烟,自不知身任何事。

二队兵士欧阳纯,由十二年九月起不在局服务,住潘仲仁处当差。

吞没各款:矿警局罚款、拉报款、矿警房租款、地租款、市警菜票款,以上各款均归吴连庆所收,至今未报销照缴。

以上各种,是吴连庆贪赃枉法之铁证,借萧安国之淫势,为害矿警局之甚,我等不知正副经理将如何处置吴连庆,以维善后。若仍听其仗萧之余威,残害警局,则不知贪赃枉法,警局腐败伊于胡底。

安源萍矿同人俱乐部　黄达夫等谨呈
民国十三年五月二号上禀

黄锡赓说贴

民国十三年五月十日(1924.5.10)

萍乡煤矿矿长黄锡赓谨呈。

窃查萍矿居湘赣边境,铁路虽属交通,风气仍多闭塞,土著及在矿职员工人率有数十年来未越雷池一步者,其知识之幼稚、眼光之短浅概可想见,至今犹有称汉冶萍为三公司各计盈亏之说。近年公司营业不振,萍矿出货无多,成本加高,经济日绌,彼等闻之非特漠然无动,并有可向汉冶取偿之谬见。又此辈以矿长为全矿之主脑,尤为莫大之优差,若欲图保其地位,凡属各方要求自必极端敷衍,故遇有为难问题发生,非惟不能援助,且因要挟不遂必出其阴谋诡计,以中伤之,殆已成为惯习。其故由于张前总办当创办之初,收拾人心政尚宽大,对于地方士绅及矿次职工多所嘉惠,久成骄子。厥后继任总办、矿长,大率循途守辙,但以公家金钱为联络感情之具,驯致积重难返,成此腐败之局。现在时异势迁,为矿长者即欲激发天良,扫除积弊,然环境如此,必如探视蜂巢,自招刺痛,既难广收效果,尤恐贻误大局。锡赓苟素餐尸位,阳奉阴违,粉饰一时,且耽安逸,未尝不可。但公司困难如此其甚,上峰待遇如此其优,锡赓若再蹈旧习,听其沦陷,在锡赓固自淹于失败,大局亦何以曲全。锡赓今既洞明萍矿内外情形,必须熟筹对付方法,但立于矿长地位,欲破除情面办事,其间实有为难,惟有设法舍此地位更换名义而进取之。其理由略述如下:

萍矿弊病复杂,离不可收拾之地步已不甚远。管理与工程上应行兴革之事固多,但因习惯自然,矿长若取严格主义对待,各方既虑失毁威信,且其反动力之猛烈,恐非矿长能力所能当。若于矿长之外特派专员为总公司一方之代表,专务整顿各事,表面为监察矿长、矿师恪遵定章执行职务内容,便可使矿长得一转旋之余地。矿长方面仍须相机联络,保存感情;专员则于名义上既属公司代表,自不必再事敷衍。按事理言之,矿长与专员同为公司委用之人,均当为公司股劳,但实际与人情上略有不同之处,因吾国无论何事率以感情为前提。现在萍矿矿长犹如人之头目与肢体,明知肢体患毒疮不治必将致命,但本人即为名医,自动刀针,势有不忍,仍须另延他医代施割治。又矿长与在矿职工犹如父兄之与子弟,明知子弟荡检逾闲,应当笞责,使之悔过,然举杖时终不免优容姑息。惟有以教管之权属诸师长,人情类是。盖矿长为矿之主体,其办事性质往往有不能不对待公司之趋向;专员属于公司,遇事即可以公司名义,对矿所处之地位互异,办事之便利实多。此理由一也。

　　萍矿范围广博,职员约二百余人,工人约及万人,矿长总全矿之大成,事务有副矿长相助,工程有矿师专任,似内外交涉酬应并无矿长独任之必要。但萍矿习惯无论轻重事件必须与矿长直接解决。若矿长因事请副矿长或他人代为接洽,来者必认为矿长有意推诿,遂怀怨望。锡赓在萍自朝至暮会客拜客,交涉酬应,已觉不胜其繁,安有余力以顾正务?目下萍矿各部正待积极兴革,工程方面亦有急应改良节费之处,其中曲折与得失均须潜心考察,再定进行方针,若卤莽从事,必贻后害,未可尝试。锡赓对于处理大小事项向必权衡轻重,审察难易,大致不错,方敢施行。萍矿内幕黑暗,前途重要,锡赓若久居矿长地位,不能尽心办事,岂非与董会及钧座期望之心大相违背?今若改易名义,不妨以副矿长兼代正矿长,或即以副矿长改任正矿长,以期正名定分,寻常事项除由矿长照习惯办理外,关于改革整顿各事即由特派员完全负规画之责,随时陈报公司核准后指导矿长、矿师实力奉行。如此,则救济始可着手。此理由二也。

　　关于整理萍矿之计画及改良节费之点,锡赓已详三月二十六日所上洋文函中,所有特派专员之职责,兹再说明于后:

　　特派专员于奉委后,当先赴萍矿驻扎,将关于管理上工程上应兴应革之处详审妥筹,破除情面,切实整顿,以用费减少出货增多为惟一之责任,并预定于六个月内,于管理上之整顿计画分别办有成效。公司颁发之命令,矿局如有阳奉阴违之处(此种陋习萍矿最甚),特派专员应严行取缔;矿局遇有特别情事或额外支出,矿长、矿师应先商承特派专员,得其同意方可照办。特派专员亦应随时监察全矿各部分,凡用人行政有不适当之处,特派专员得纠正之。

　　矿师于工程上本应负完全责任。惟萍矿近年办法不良,藉口缺乏经费,将必要之扩充工程概行停止,亦不具报公司。目前出货艰难,虽由工人不受管束,亦缘工程上种种疏放所致。特派专员对于此项担负审察及补救之责,随时督促矿师实行,以期款不虚糜,事无偏废。

　　以上各节为特派专员特定之任务,特派专员于奉委后,应将彻底澄清办法,分别部分,权衡缓急,报明候核施行。愚昧之见,是否有当,尚乞钧裁。

黄锡赓谨呈

夏偕复、盛恩颐致马载飏函

民国十三年五月十二日(1924.5.12)

径复者：

接四月二十二日来函，具陈整顿要事三端，请为核示等情具悉。查萍矿诸务废弛，积习甚深，所请整顿三端，具有见地，兹分条答复如左：

一、改用图章　图章所以昭信守，明责任，兹于五月一日起，改用萍矿稽核处处长之章，画一整齐，应准照办。

二、凭单盖章次序　嗣后各机关所出凭单领单，应先送稽核处审核盖章后，再送矿长盖章，至矿师处，除与工程有关之用款用料凭单，由矿师连带盖章负责外，其余凭单，毋庸矿师盖章，以省繁复。

三、稽核收款　萍矿对于各项收款，向不遵用正式凭单，业经函电饬令自五月一日起，遵章填用在案，盖收款凭单，与支款凭单同一作用，同一重要，务须恪遵办理。所有收款凭单即由该矿长查照前次颁发式样刊印，分交有收款各处随时填用。兹将各项收款应由何处填单送核办法，分列于下：

甲、员司所缴房租，应由经收处于每月或每季汇缴于会计处时填单，附以清册或清单送核。

乙、员司逾假所扣薪奖，按月应扣细数，先用稽核处开单，送交会计处，于发薪时照扣，扣到若干，再将总数填具凭单送核。

丙、员司购用粗焦，应先在会计处缴款后，由会计处填写四联单，将购户一联、稽核处一联、矿长一联，统交由购户持送稽核、矿长核准盖章后，再赴煤焦处领焦，煤焦处验无稽核及矿长图章者，不准照发，仍于月终将截收购户一联，汇送会计处，与存根一联核对。

丁、所售六境烧煤，统照丙条办法办理。

戊、高坑小坑售煤，统照丙条办法办理。

己、电灯费，照甲条办法办理。

庚、修理处代造株萍路及大冶厂矿机件，此项价款，均系转帐，无现款收入，自无收款凭单，惟代他处制造，有现款收入者，应由修理处于缴款会计处时，填具凭单送核。

辛、会计处之汇水或兑余兑亏，此项如有收入或付出，每月终由会计处开具凭单送核。

壬、林业收余，应由管理林业处填具凭单送核。

癸、材料处转售废料余料，照丙条办法办理。

来函请饬会计处凌前处长造具任内收款分年总册一节，本应照办，第念造册需时，似此凌前处长羁留在矿，则各处更调交接，势将因之阻滞。查各项杂收，各经管处均有月册分报矿长及会计处。尊处可调取矿长处存册，以之钩稽会计处收款帐目是否相符，不难查出，可毋庸另造总册，以省周折。

以上各节，除函该矿矿长照办外，即希查照办理，立法固期周密，执行尤在得人。执事综核精详，不避嫌怨，凤所深佩，上列各项，系就理想所及，事实上是否推利尽利，抑别有办法较尤周密之处，尽可发表意见，随时陈候核改可也。此致

萍矿马稽核

总、副经理

夏偕复、盛恩颐致杨文麒函

民国十三年五月十七日（1924.5.17）

径启者：

案查萍乡煤矿，矿区辽阔，工役众多。前遵部章组设矿警局，兼理安源市警事务所，其警局长一职，内策全矿之安全，外应地方之交涉，至关重要。现充警局长吴连庆，警务废弛，应予撤委。兹特委任执事为该矿警局局长，兼安源市警事务所，月支薪水一百六十元。自接办日起支，即希查照，刻日赴矿就职，接收交代，一面开具履历，陈由该矿矿长会县呈请省署加委，以

符部章。务望勤奋供职,将警务认真整顿,以副委任。仍将到矿接办日期报查。此致

杨君文麒

汉冶萍公司总、副经理

公司董事会致夏偕复、盛恩颐函

民国十三年五月十九日(1924.5.19)

总、副经理均鉴:

接第二十三号来函,并附萍矿黄矿长拟呈说帖,俱悉。兹于民国十三年五月十六日第五次董事临时会提出,公议:既据总、副经理函陈黄矿长整顿萍矿计画,并请改易名义,俾负完全责任,详核所陈,不为无见,应特派黄锡赓为萍乡煤矿矿务监理。该员奉委后即赴矿地常川驻扎,将关于管理上、工程上应兴应革妥筹整顿,以用费减少、出货增多为惟一之责任,责令于六个月内照其所陈计画分别办有成效。该员务当实心实力贯彻进行,所有矿长原负责任仍由该员完全担负,毋得稍有诿卸,并由总、副经理督促该员迅赴事功,是为至要云云。除专函委任黄君照办外,相应函复,即希查照办理。此颂

均绥

董事会启

公司董事会致夏偕复、盛恩颐函

民国十三年十月三日(1924.10.3)

总、副经理均鉴:

接萍矿黄监理锡赓敬日快邮代电称,萍矿腐败,中外皆知,挖肉补疮,终非根本之策。前以大局可庆太平,东款亦望成就,尚见一线生机,故于本年春夏间二次冒昧条陈救济方法。今则江浙风云,全国震动,加之东款横生波折,矿次经济益窘,负债至七十万之巨,受影响者达四五万人,地方复发生矿界纠葛。默察种种情形,深叹萍矿前途难有希望,即使将债款清偿,

徒敷衍以维现状,亦犹垂绝之人,进以参苓,不过苟延残喘而已。倘欲死灰复燃。自应别开生面,先将大部分员司工人逐步裁减,一面暂停工作,一面设法解决内外问题,或者大事可望就绪,得庆重生。即使各项问题一时不能解决,则停工休业亦较易办,但裁减人员,至少需洋二十万元,以清积欠之薪工。事属急迫,务恳迅定办法,速筹汇款,俾便遵行,否则实难维持。惟有请予开缺,另简贤能继任。临电迫切待命之至等语。

查萍矿积弊,亟待整顿,是以本会前据贵经理陈请对于该监理特隆以名位,畀以事权,克期整顿。乃荏苒至今,限期已届,毫无成绩,唯以停工休业为言,实属有负委托。既据声请,实难维持,请予开缺,应予照准。希即查照转饬为要。此颂

均绥

董事会启

黄锡赓、舒修泰致夏偕复函

民国十三年十月五日(1924.10.5)

经理钧鉴:

敬密启者,查公司艰窘情状,人所共知,故萍矿近一二月内,凡内外各部均极安静,无所要求,盖明知借款未定,虽求亦无益也。顷闻大借款有成立之希望,如果消息一播,则地方绅董及矿次工人势必群然而起,思谋种种之利益,是因经济活动转增对付之难。窃维整顿萍矿计画之大纲,一曰矿界问题,一曰工党问题。查矿界一项,若责由矿办理,则亦徒与萍绅敷衍,虚縻巨金,应请钧处设法与赣省当局疏通,使多年悬案早为解决。此举系与官绅之交涉,自应仰仗钧座及董事会之力行之。至于工党问题,早与官厅商有具体办法,所以未能即着手者,一因本矿缺乏经济,临时无款对付,反恐有碍大局,一因江浙问题发生,各省均在戒严,且在抽兵调将中,故官厅方面亦以暂缓为上策。但鄙见夜长梦多,不如趁大借款未发表之先,即以公司经济困难为由,将工人裁减三分之一,则工党之势既微,然后辅以官力,自不难于解散。若夫本矿员司亦嫌浮冗,应一并裁减三分之一。经此

一裁,虽于出产上不免暂受影响,然终可恢复原状,并可希望增加。惟是着手裁汰,至于需现款二十万元,俾发积欠及遣散所需之薪工,务恳迅赐设法。如数筹妥,密汇长沙,以备一朝之用。是否有当,理合密陈,仰祈核夺施行为祷。敬叩

钧安

黄锡赓、舒修泰谨肃

舒修泰致夏偕复函

民国十三年十月十二日(1924.10.12)

经理钧鉴:

　　窃泰以菲才,荷蒙委任暂行兼代矿长职务,当于本月九日就职,业具青电陈报在卷。惟查李前矿长移交时,黄前矿长因筹款事赴申,托由泰代为接收,兹准黄前矿长来函略称,除本年新增各卷均由文牍员照管外,余仍根据前任移交,执事代接之卷册,请烦接收等语。泰即照此接收清楚,理合陈请鉴核备案为祷。再,黄前矿长已于十一日启行。合并陈明。肃此。敬叩
钧安

舒修泰谨肃

夏偕复、盛恩颐致公司董事会函

民国十三年十一月二十五日(1924.11.25)

董事会公鉴:

　　前据萍矿舒代矿长电称:小洗煤台于前岁停工,时因工人俱乐部要求,准酌留员司工匠二十余人,现该处并未洗煤,可否一律裁汰,请示等语。当以小洗煤台既未洗煤,应亟裁撤,电饬遵照去后,兹据复称:遵即照办,计裁去监工三员,工长二名,工匠小工十五名,代班工人十六名,所有窿工外段向派在小洗煤台验桶之员役、工长,共计三人,业已一并裁撤。再查高坑分矿,近因无焦可收,炼焦处所用之收焦工长四人,亦已饬即裁去。此次被裁之各员司、工长、工人,薪食均截至十一月十五日为止,每月约可节省洋五

百十六元有零,理合具报,并附开清单送请备案等语。除分别知照外,理合报明,即祈鉴核备案。肃颂

公安

总经理

副经理

公司董事会致盛恩颐函

民国十三年十二月六日(1924.12.6)

经理台鉴:

民国十三年十二月四日第十六次临时会由会长提议,赖伦顾问在公司效力有年,现在顾问合同期满,应由盛代总经理酌量录用,以资熟手而免废弃。当经公议赞同,相应备函达知,即希查照办理。此颂

台祺

董事会启

盛恩颐致孙宝琦函

民国十四年一月三十一日(1925.1.31)

慕公会长阁下:

昨奉三号钧函,以据曹君亚伯面称,萍矿总监工袁星华,因今夏直井内发水,与电机工程处监工李葆发意见冲突,愤而辞职,务望查明,设法保全,以昭公道,并附抄示袁监工函件等因祗悉。查上年七月间,据萍矿黄前矿长函报,湘赣之交,连日霪雨成灾,本矿西平巷窿内,突浸大水。正竭全力日夜抽戽之时,窿内大电机忽尔走火,势极危险,应换电线,开电鼓,以资营救,奈窿内热度太高,地势窄狭,工人束手。而电机师易鼎新独奋勇冒险,亲自为之,始得脱险,挽救数十万财产,易君之力也等语。当以易电机师奋不顾身,保全甚大,特予记功,并给予一次奖金五百元,以示报酬而资激劝。嗣据舒代矿长函,据金正矿师面称,当日营救电机被焚时,换线开鼓,电机处监工李葆发亦甚得力,并谓九月间查办废木舞弊案,同人罢工,该监工尤

能力持正义,极力抵制,复将李葆发嘉勉,并予加薪各在案。至袁星华,系窿工外段总监工,对于窿内营救水火并无具何劳绩,至此次向金正矿师辞职,亦未据该矿长转陈,即马稽核等亦并无控词报告情事。兹奉前因,理合查案陈明,即祈鉴核。肃复。敬颂

勋安

兼代总经理

公司董事会致盛恩颐函

民国十四年二月三日(1925.2.3)

兼代总经理台鉴:

　　昨接湖南赵省长世电内开:顷闻萍矿矿警局长杨文祺调充赣西第九旅炮兵营长,其矿警事务势难兼顾,兹有敝署驻萍军事委员沈开运,服务贵矿有年,倘能委其承乏,不仅人地相宜,希即赐复等因。查萍矿矿警局长向由贵经理派委,此次赵省长所荐之沈开运能否令其补充之处,应请贵经理查核办理,并复赵省长为盼。除来电先已抄送外,特此函达。顺颂

台祺

董事会启

公司董事会致盛恩颐函

民国十四年五月十五日(1925.5.15)

兼代总经理台鉴:

　　据萍矿舒矿长、金矿师电称:年来萍矿事益棘手,积欠工饷米木各料不时告罄,四面张罗,仍欲勉渡难关,静候公司宣布方针,再图整顿。乃迭电请款,呼吁已疲,工人索饷日肆围逼,威信无存,人心散漫,兼之工作停顿,工人懈怠,已成习惯。米木油又罄,续办无方,以致窿工不能修葺,际此涨水,危险万状。至于炼焦炉损坏,各处锅炉未洗,以及其余紧要工作,均因工息料缺不能举行。默察前途,在在濒于绝境。各工程首领因此环恳辞职,业经电陈。泰、祐等点金乏术,自无维持能力,且属公司雇员,设影响治

安或工作发生危险,当然不能负责,用特引咎陈请解职,迅委贤能接办,以谋救济。除电总经理外,特电陈明,乞即电复等情。查核所陈,欠饷不发,人心散漫,工怠料缺,恐生危险各情形,关系至为重要,应请贵经理通盘筹画,妥速办理。除电复挽留外,合抄电稿布达,即希查照筹办见复。此颂
台祺

董事会启

马载飏致盛恩颐快邮代电
民国十四年五月十八日(1925.5.18)

总经理钧鉴:奉命暂代矿长职务,时艰才短,本难胜任,因感知遇之隆,不得不勉为其难,当向舒矿长表示,仅能代为维持半月,以期两全。现各主任仍在请辞,而易鼎新处长闻已他就,昨复来函辞职。金岳礽处长在长沙养病,去志甚坚。至于工饷,虽发一月,但米木油各料只敷数日之用,库空如洗,罗掘俱穷,似此种种,实属无法应付。且飏复兼代事务股事,一身三职,精力有限,陨越堪虞。务祈迅催舒矿长公毕即旋,一面从速设法,源源汇款,俾奠危局。无任盼祷。马载飏叩。巧。

马载飏致盛恩颐快邮代电
民国十四年六月十三日(1925.6.13)

总经理钧鉴:萍矿穷困情形达于极点,历任矿长颠顶敷衍,对内对外,感情信用,丧失殆尽。舒矿长藉奉命赴沪为名,一去不返,将全矿重负及种种遗毒集矢于飏。飏非蠢夫,甘为笨伯,第念萍矿为我公司根据地,而汉冶萍又为我国之最大实业,不得不尽一份子维持之责。今兼代矿长已届匝月,公司即无一钱汇矿,本地又无分文可借。所藉以苟延性命者,仅以售煤所得之四万余元,杯水车薪,本无济于事。今则饷款逼索,商款催偿,米木无款续办,欲抛焦而无主顾,欲售煤而无货可交,四面荆棘,寸步难移。近则各方面无论事之大小,款之有无,均直接与飏交涉,一若全矿除飏一人外而无第二人负责者。如此情形,飏虽牺牲,亦属无益,惟有设计图脱而已。

此非飏有负于公司,实公司之有负于萍矿也。总之,公司无论有办法无办法,有款无款,飏决不能久代矿长。务祈一方面迅赐遴员接替,一方面赶紧汇款济矿,以定危局而全信用。除电董事会外,谨特电陈。萍矿稽核、代行矿长职务马载飏叩。元。

雷炳焜、金岳祐致盛恩颐函
民国十五年五月十二日(1926.5.12)

经理钧鉴:

顷奉本年四月十二日萍字第二三号函开,前以萍矿改组后,急须裁减冗员,节省浮费,曾于第十七号函饬将全矿应裁人员及薪数拟开详单,于函到十日内寄沪核定,迄已逾期,未见复到,特再函催,即希迅速照办,幸勿延搁等因。奉此,焜、祐等谬蒙知遇,应竭涓埃,曾以矿境艰窘,必裁员节薪方能补救等情,屡陈管见,岂有钧谕相同,反事延搁,只以款未到而员已裁,其中为难情形,非可举似,谨为我经理略陈之:供职员司,贫富不同,情地各异,未裁之先,虽缺薪减食,然尚望将来之发展而慰藉,今日之艰难,一旦豁然撤去,或急归里,或谋另栖,纷索欠薪,何辞相抵? 其难一。今年元正,被裁工人千余名,至今未清积饷,矿则耗去寄养之费,工则尽呈待毙之形,再加多数被裁职员,倘唆聚强索,干涉之,则彼皆理直推诿之,则我实词穷,其难二。焜、祐等再三筹议,约计裁员经费需洋三万元之谱,巨款寅来,裁册卯呈,先后之间,难易攸判。肃此陈明,伏乞采纳。敬颂
钧绥

雷炳焜、金岳祐谨肃

沈开运致盛恩颐、潘灏芬函
民国十五年九月二十四日(1926.9.24)

总、副经理钧鉴:

敬陈者,九月十二日由长沙邮呈一函,计邀垂鉴。兹将近来情况详报于下:

十二日,职约同金矿师及凌处长等赴萍与军部及各机关接洽维持办法,甫行至中途闻局中矿警闹饷甚烈,对于第三军朱军长委来之大队长胡承焯、副队长廖树林有围殴之举。职奔回弹压,幸未酿生变故,但已招第三军部及市党部、工会等之非议,派队干涉,压令改组,并由工会组织纠察,维持治安,表面对职派人保护,暗中实行看押,及询究首事之人,则均逃逸矣。

十三日,四区岗警复岗,一二两队兵士实行考查淘汰,二队副目郭惠廷愤受激刺,在八方井前水池内溺毙。午前十一时,约同矿局首领诸人往市党部磋商以煤易米维持日食,定于午后二时在总局召集商界会议,及期到候金矿师不至,电话不通,派人往视,则金矿师痛醉不知人事,身旁有铅笔遗嘱,意图自戕。延仇医生诊治,据云已伤脑及五脏,恐难有救。而易米之事未有结果。晚间谣言不一,警备终夜,幸无事变。

十四日,矿中无主,对内对外均无办法。处此千钧一发之时机,职等自当力任其难,庶不负公司之委托,乃召集全体职员会议,公推仇达甫、袁礼滨主持工程事宜,谢子静主持事务股事宜,陈绍韩担任交际事宜,胡承焯、廖树林担任训编矿警两队事宜,负责有人,秩序井然。

十五日,矿警两队改编就绪,将两队并为一大队,以胡承焯为大队长,廖树林为大队附,原有两队长为区队长,每区队两排,共计一百六十人,除选留老兵外,以此次维持出力之纠察工人补充。大队长薪公月支二百元,队附月支一百五十元,此项经费不另开支,即就原有矿警局额支项下通盘统筹,挹彼注兹,并由总局加给大队长等委状,俾明统系而重职责。

十八日,革命军蒋介石总司令有来安之询,筹备欢迎,至二十日上午始由萍城来安参观全矿,在总局宴会。探其口气,注重两点:一、劳资合作;二、筹一办法先维持现有工人之生活。金矿师之病日重一日,由醴陵外国医生接其赴醴诊治。

二十一日,为中秋节。凌处长多方借贷,全矿员工每人支洋一元,但此次失工者要求复工,前此王鸿卿代唐镇守使所招之运夫一千余名,回安二百余名,要求照向例五角一日结算薪饷。夜间工人又有大集合,蒋总司令派白崇禧参谋长来安训话,始获解散。

二十二日,闻蒋总司令赴袁州督师,矿中代募夫一百五十名。

二十三日,市党部常务委员刘昌炎、工会主任朱少连到总局,与各职员会议,结果先由矿局将积欠之数及维持现状拟一工程计划书,交由市党部转呈总司令核夺,一面报告公司请示办法。

此近日以来之情形也。至矿中困难情形,凌处长已有函报告,公司若不设法接济,不独在矿各职员之身家性命深觉危险,恐职等力量有限,将来有不堪设想之事实发生矣。理合函陈,伏乞鉴核。敬请
钧安

萍矿矿警局局长　沈开运谨呈

潘灏芬致公司董事会函

民国十五年十月四日(1926.10.4)

董事会公鉴:

前据萍矿陈报金总工师被工会逼迫急图自尽遇救,神经错乱,已成癫症各情形,业经转陈在案。兹据该矿仇瑞龙、谢逢禧、凌善永等敬代电称,金总工师病有转机,已于二十日护之至醴住院调治。又接金总工师九月二十七日由长沙代电称,祐因病沉重不能视事,于二十五日来长就医,矿事已公推凌处长、仇所长诸公暂时负责维持,一俟病状稍有转机,即行来沪面陈各等语。除复函慰问并转报总经理外,理合转陈鉴核。肃颂
公安

副经理　潘灏芬

公司董事会致孙宝琦函

民国十五年十月八日(1926.10.8)

慕公会长阁下:

接奉江电,一是敬悉。萍矿雷矿长前次辞职,本会于未奉六月十九日钧函允辞之先,曾去电挽留,旋接雷矿长六月二十九日艳代电允再往试,此后续来函电亦只云因湘鄂路阻暂难前往,并无续再辞职之说。现既不知伊

在何处,而萍矿同人业已公推仇瑞龙、袁星华两君代理工程股股长,维持现状,正与尊旨择人暂代之意相符。所有矿长一席且俟大局稍定再行商酌可也。至厂矿三处现均在战事区域之内,虽有报告,并不甚详,好在机炉尚无大损,但不知能否就此结局耳。兹将经理转据厂矿报告被兵情形来函六件照录寄上,敬祈察览。盛总经理赴东后所议如何,尚无函电到会,除专函催询,一俟复到另再奉陈外,谨先肃复,以慰廑系。专此。敬请

勋安

董事会谨启

附抄函。

敬再启者,正缮函间,接经理转据萍矿矿警局沈局长函报,南军到萍及市党、工会干涉矿事、攫取警权各情形,较为详细,特并抄奉尊览。再颂

勋安

董事会再启

三、查勘矿山

安徽太湖县新仓煤田说略

民国六年八月三十一日（1917.8.31）

一、地点　新仓在太湖城东南乡，距城三十五里，在太湖河（即沙河，宽约半里）南岸，距安庆一百四十五里，自新仓以北，至冷家坡八里之间沿河一带，历年所开土窿二十余处，或因纠葛，或因款绌，一律停止开采。

二、地质　地质属水成岩，火泥、砂石、石灰石为主，矿母岩煤层向北倾斜三十二度至三十六度。煤脉自新仓南七里驼童山起至新仓北八里冷家坡为止，计长约十五里；煤脉之广，东至杂必桥，西滨沙河，东西广约十三里。煤田面积约计一百四十余方里，惟煤层厚薄及共有几槽均无从探悉。

三、地面之状况　所开土井悉滨沙河，其东北、东南以及新仓附近一带均未开过土井，地面虽无煤层显露，但详辨土石以及山溪、深涧、行潦岸坡，皆有形迹可征。且地面之土石有条不紊，煤脉断层最少，于营业不受影响，范围虽不及萍矿之大，而大山甚少，高原为多，筑井设机工程当较萍矿为容易布置也。此矿请派矿师测勘。

四、运道　自新仓至望江县之泊湖，计陆程三十八里，湖长九十里，至沿江之华阳镇，直达大江。或由新仓至石牌，陆程五十五里，由石牌过漳湖水程九十里，出江即是安庆。然漳湖冬季之水不及泊湖之深也。历年所开土井悉滨沙河，因便装煤斤，皆由沙河用竹筏运往石牌，转载民船，由石牌出漳湖运往安庆。但此河雨后则水流甚急，水深七八尺，至一二丈，数日不雨，水深半尺至一二尺，此河不合运输煤斤之用。

五、煤样　煤样取自河滨旧井口，凡经风雨涤荡，且河滨之土井悉系开入煤层截处，难得佳煤，以此化验，恐难合格。

六、矿区各项价值　木料八寸径，八尺长，每根约五角。砖每万二十五元至三十元。石灰每担五角。米每担三元。油每担十五元。木工每工一百三十文。瓦工每工一百三十文。矿工每工二百文。

缪嘉升谨呈

缪嘉升：探矿报告
民国六年十一月二日（1917.11.2）

嘉升自奉派探矿以来，迄今三阅月，所探铁矿已二十余处，或以矿质不佳，或以运道不便，或以矿质尚佳矿量有限，均不能完全合用。惟当涂采石矶内宝兴、利民两公司之矿产为最佳，各山相距彼此不满十五里，利民费款不满十万元，迄今开采无期，除姑山以四百元购得外，余均租赁，每亩每年租金八角，以三十年为限。宝兴除钟山以六百元购得外，余亦系租赁。宝兴现已开采者，惟平岘埠一处。由平岘埠至毛公桥有轻便铁道二里半，由毛公桥至采石水程二十里，经过五桥，水大桥低，大船不能通行，冬季水浅，又必停运，现有日本购办矿石，日运二百吨，已觉困难。大小洼山为各山适中之地，倘由此建筑铁道，至采石约计二十二里，再与各山接通，运输便利，即使日运三、四千吨，亦易事也。运道既无款兴筑，销路恐因此阻滞。两公司之矿产除姑山、钟山外，共计面积三千四百五十三亩，共约计矿量二万万八千五百万吨，倘能与两公司磋商购归我公司，开采预算以四十万元为得矿之费，以五十万元为筑路费，以十万元为领照注册交接绅士费，以二十万元为设线路、建机厂、造码头、起房屋等费，需款不过百二十万元，则公司第二铁矿已筹备充足，即汉冶添设冶炉及应交日本铁矿即使逐年增加，每年以二百万吨计，亦可供一百四十二年之需。嘉升愧无实学，谨就所探各矿妄为蠡测，开请鉴核。至矿质矿量，以及调查情形，仍请质诸复勘者，以昭慎重，冒昧缕陈，伏乞钧裁。

甲、安徽当涂县采石矶内铁矿（皆属于宝兴、利民范围）：

一、宝兴公司矿山面积

平岘埠　二百七十四亩

大洼山　五百七十四亩

东山　二百四十二亩

龙山　二百十亩

泥山　五十三亩

共五山,计一千三百五十四亩。

二、利民公司矿山面积

小洼山(与大洼山毗连)　二百四十六亩

扇面山(与平岘垱毗连)　三百八十二亩

梅子山(与东山毗连)　一百六十三亩

考老山　八百三十五亩

南山　四百七十四亩

共五山,计二千一百亩

三、宝兴、利民两公司之矿量

大、小洼山,八千万吨,矿质甚佳。

平岘垱、扇面山,七千万吨,矿质甚佳。

东山、梅子山,三千万吨,矿质甚佳。

龙山,一千五百万吨,矿质甚佳。

考老山,五千万吨,矿质不甚佳。

南山,四千万吨,矿质尚佳。

共约估计二万万八千五百万吨。

乙、当涂赭家冲铁矿(城南三十五里,仅一处未经购定)。

大、小姑山,面积一百九十二亩,约计矿量三千六百万吨,利民设福民公司,于民国二年购定,嗣有皖人方履中争执,由农商部判决,各得姑山之半。此山矿质最佳,纯洁不含杂质。

钓鱼山,面积二十余亩,约计矿量二百五十万吨,与姑山同一矿质,同一矿床,此山尚无人购定。

钟山,在姑山、钓鱼山之北,与姑山相距八里,与钓鱼山相距约六里,面积四百亩,于民国四年宝兴设宝新公司,以六百元购得,闻方履中又出而干涉,至今尚未解决云。但此山矿质不佳,矿量不富,不得称佳矿也。

和木山,与钟山相距约十里,矿质既劣,矿量极少,不值采用,闻已有人购定。

以上各山均沿大河,水程三十里可通大江。

丙、江苏溧水县长冲铁矿(城北三十二里)。

燕子口,面积约计二百七十亩,矿量约计一千三百万吨,铁矿与沙石层衔接,矿质尚佳,含铅重,运道不便,距河约二十里,距江约一百三十里。矿区既小,运道又不便,似无采用。

丁、江宁秣陵关王村铁矿(距秣陵关七里,距金陵五十七里)。

章山或曰凤凰山,面积约计八百亩,矿量约计八千万吨,矿质赤铁矿,不甚纯洁,四山相连,东北一山积土最厚,矿量有限,南部一山又属沙岩,惟东西两山与北部一山山高矿富,图说容缓缮就,再行寄呈。

缪矞升致夏偕复、盛恩颐函
民国六年十一月三日(1917.11.3)

总、协理大人钧鉴:

前月十二日由当涂寄呈一函,想早邀钧鉴。兹将十月份探得矿山另附报告一份,并十月份旅行日记一并附呈鉴核。十月份连日奔驰,前向芜湖交通领二百,除支给张连胜兄三十元外,余均用罄,兹饬跟丁许福堂投前,乞支二百五十元为感。一俟沿江上游探毕,即行具报。矞升于三十一日行抵秣陵关,距金陵五十余里,俟款到即赴江北泗州天长县探觅铁矿,再赴沿江上游。而烟煤矿,自太湖探得新仓后,迄今两阅月竟不能获。至各矿图略,因仪器行李均寄存芜湖,容缓缮呈。专肃。敬请
钧安

缪矞升谨肃

黄锡赓致夏偕复、盛恩颐函
民国六年十一月五日(1917.11.5)

总、副经理钧鉴:

奉命查勘进贤煤矿,业已葳事,于本月四日回冶。谨查该处前经广大

公司开有土井一口,刻因废止,井中堆塌不堪,井口亦填塞,而该处泥土甚厚,煤槽情形难以查悉,无从计画开采之法与经费,殊为失望。惟据该矿工人称,煤槽约厚八尺云。井外尚堆有去年所挖之煤,前次之煤样即自此取得者也。窃以为公司拟购采此矿,以供炼钢之要需,须在广大公司之矿境内或附近酌量开井,详细探查。盖该处煤槽甚深,约须离地面三十余丈方得见煤,若全用土法开采探槽,需费必在万金以外。查冶矿备有打钻机一架,能打三百英尺深,拟先开小土井,径约四、五英尺,深约一百尺,然后再用钻机在井底打探,庶几可得煤槽之梗概,而经费亦较省,约估此项工程需银五千元之谱。应否照此续探,敬祈钧裁议夺,如蒙赞许,即乞赐知,以便来申面商办法。除请刘乙燃先生面陈种切外,理合肃复,并陈管见。

顺请

钧安

黄锡赓　谨肃

缪黼升致夏偕复、盛恩颐函

民国六年十二月十七日(1917.12.17)

总理、协理大人钧鉴:

　敬肃者,黼升于十一月六日饬许福堂专呈一禀,请领洋二百五十元,收到后即赴六合冶山,于十一月十九日,由宁赴九江,二十二日赴彭泽。在山十九天,迄未能早日具禀,歉仄之至。彭泽煤矿两处,湖口一处,俱非烟煤,徒费时日。兹于十四日行抵九江,连日绘图具说,一并寄呈钧阅。明日赴大通,再至麒麟庵及顺安两处,月底当回沪面禀一切。专禀。敬请

钧安

缪黼升谨肃

　附件:矿图三张,说略一册,日记一份。①

---

①　矿图、日记未选。

[附件一]　江苏六合县冶山铁矿说略

地点　冶山在六合县东北,距县治四十五里,距八柏桥十五里,冶山之北,系安徽泗州天长县界,距天长县治四十里。

地质　东部为石灰岩,中部为片麻岩,北部为硅岩,西部为白云石。硅岩之下有泥煤一层,铁矿脉路成槽,厚约十五尺,蕴藏于白云石下,倾向东南,深入山中,矿脉之下系陶土与黄铜矿。

矿质　褐铁、辉铁两种。褐铁成槽,质纯洁,深入白云石下;而辉铁则零星散漫,无条理也。

矿量　矿量以矿脉深入山中,脉之深浅无从探悉,惟矿脉延长约五里,厚约十五尺,亦不为不富也。

采矿　铁矿之团结于土壤中或与麻石嵌结,采取则易,而冶山矿脉深入山中,自必凿井采取,施工较难。

运道　自冶山至八柏桥十五里,自八柏桥至六合有河可通,长约三十里,冬季水浅,夏季桥低,不合运输;自六合至长江划子口,有大河可通,计水程九十里,曲折虽多,而河流尚深,冬夏均无阻碍;如由冶山至长江,以直线计,约六十五里。

矿区情形　冶山于清末已有何云祥(天长人)试办,曾开三井。两井相距一丈五尺,深约六七丈,开入铁矿下层,获陶土、铜矿;余一井与他二井相距约二十丈,开入铁矿,深约十余丈,获铁矿甚多,均纯洁,因无销路,又乏经费,停止开采,计已六年。

[附件二]　江苏江宁凤凰山铁矿说略

地点　凤凰山(或曰章山),距金陵五十七里,距秣陵关七里。

地质　属片麻岩,铁矿嵌结于麻石中,地层由东南倾向西北。东部一山,土壤最厚;南部一山,半为麻石,半属铁矿;西部与北部二山,山高矿富,采用不竭。

矿质　系赤铁、褐铁两种,质俱佳。

矿量　东部一山,土壤最多,约有八百万吨;南部一山,纯系赤铁,约计一千五百万吨;北部一山,亦系褐铁,约计三千万吨;山后高原,尚有数百万吨。惟坟墓甚多,不易开采。

面积　东西约三里,南北约一里,约计三方里半。

运道　自凤凰山至秣陵关,计陆程七里;自秣陵关至金陵一水可通,计水程九十里;倘自凤凰山至金陵,以陆程计五十七里。

［附件三］　江苏溧水长冲燕子窠铁矿说略

地点　长冲(山名燕子窠)距县治三十二里,距秣陵关四十里,距金陵九十里,距圩河八里。

地质　属沙岩,铁矿团结于沙石层,由东南倾向西北三十八度。

矿质　系辉铁、云母铁、磁铁三种,质俱佳。

矿量　铁矿团结于沙石层,沙石多,铁矿少,约计矿量一千万吨。北部高原,含量最富,约可得矿三百万吨。

面积　南北长约一里,东西约半里,约计面积半方里。

运道　自长冲至天星桥圩河,计十五里;由天星桥至金陵,水程一百二十里。天星桥一带,圩河冬季水涸,船只不通。

［附件四］　安徽当涂县采石矶矿山说略

平岘埠、扇面山　地点距采石矶十五里。地质属沙岩,二山毗连,同一矿床,矿质尚佳。磁铁、褐铁两种。二山矿量约计七千万吨,二山面积六百五十六亩。扇面山属利民,尚未开办;平岘埠属宝兴,现已开采,由平岘埠至毛公桥,有轻便铁道二里半,由毛公桥至采石矶,水程十二里,冬季水涸,现已停运。

大、小洼山　地点距平岘埠十里,距采石矶以直线计二十二里。地质亦属沙岩,矿质最佳,磁铁、褐铁二种。矿量约计八千万吨。面积八百二十亩,此山最大,应由此为筑路起点。大洼山属宝兴,小洼山属利民,均未开采。

东山、梅子山　地点距大小洼山四里。地质沙岩，二山同床，矿质亦佳，纯系褐铁，矿量约三千万吨，面积四百零五亩。东山属宝兴，梅子山属利民。

龙山　地点在大小洼山之东，相距约四里，地质沙岩，矿质亦佳，磁铁、褐铁，矿量一千五百万吨，面积二百十亩，亦属宝兴。

南山　地点在大小洼山之北，与龙山相距约六里，矿质亦佳，褐铁，矿量约计四千万吨，面积四百七十四亩，属利民。

考老山　地点距大小洼山约七里，距南山约六里，矿质劣，褐铁一种，矿量约五千万吨，面积八百三十五亩，亦属利民。

泥洼山　地点距大小洼山约十里，距考老山约六里，矿质磁铁、云母铁两种，矿量未计，面积五十三亩，亦属宝兴。

以上各山共计面积三千四百五十三亩，矿量约有二万万八千五百万吨。

戴山　地点距泥洼山约五里，矿质褐铁，不佳，矿量不富，面积约一百二十亩，未经两公司租定。

桃子山　距泥洼山仅半里，矿少质佳，惜山太小也。

蒋山、长山　二山毗连，距县治约十里，距平岘埠约五里，距长江约八里，地层属沙岩，二山同床，铁矿堆积于沙岩中。蒋山虽大，约计七百亩，矿质既劣，矿量甚少；长山虽小，约计百亩，矿质尚佳，纯系褐铁，约计七十万吨。

以上四山未经租定。

［附件五］　安徽当涂县赭家湾姑山、钓鱼山说略

地点　姑山在当涂县城南，距县治三十五里，地名赭家湾，东山曰小姑山，西山曰大姑山，山之北有钓鱼山，相距约三里。

地质　属沙岩，铁矿在沙岩下层，惟铁矿多，土壤及沙岩俱少，且铁矿深入地中，与钓鱼山同一矿床。

矿质　磁铁纯洁，不含杂质，钓鱼山矿质亦同，约计含铁百分之八

十分。

矿量　大小姑山,除土壤沙石外,可净得铁矿三千六百万吨,钓鱼山并无土石,可净得二百五十万吨。

面积　大小姑山一百九十二亩,钓鱼山二十余亩。

运道　钓鱼山离河约三里,姑山滨河,河流入江,自姑山至江口金柱关,计水程四十里,河流尚宽,冬季水浅。

调查记　钓鱼山未经购定,大小姑山于民国三年有利民公司另设福民,以四百元购得,嗣皖人方履中设振冶公司,争执涉讼,由农商部判决大姑山划归振冶,小姑山划归福民。小姑山有天主堂一所,索费二万金,福民未允,迄未解决。义冢千余,由福民给费,每冢四元,现已一律迁移。

［附件六］　当涂县钟山铁矿说略

地点　钟山在钓鱼山西北,相距约六里,距县治约二十五里。

地质　属沙岩。

矿质　赤铁矿,质次。

矿量　未计。

运道　矿山滨河,入江约三十里。

调查记　民国四年宝兴设宝新公司,以六百元购得,方履中又出干涉,迄今尚未解决云。

王观英:勘矿报告
民国七年一月十二日(1918.1.12)

董事会钧鉴:

敬启者,观英本年奉命派赴芜湖等处查勘各矿,兹特一一报告如下,但因汉阳化验单寄到稍迟,所以不能早日奉达,合并声明。

去年十二月十二日,观英由沪启程,十三日到芜湖,因天气不佳,至十五日赴离芜湖六十里之刍县,即日查勘,当日回芜。十七日赴泾县,在芜湖南向一百七十里而遥,详细查勘煤矿。二十三日仍回芜。二十四日赴太平府，在芜湖之东北六十里，查勘该处铁矿一日，当即赴沪，面陈梗概后，即行回冶。共计旅行二十四日。

尖县有铁矿之山，系由北向南，断层甚多。山之极高者名大磕山，离扬子江有七里，在尖县之南，凡九里。闻此山有铁矿，是以详细查勘，见山边有二千尺长，约四五百吨松铁石，并无露面之脉，此山确非铁矿之山，所以未采矿样，然甚松，矿约有五成铁质在内。大磕山之东四里许，有一麒麟庙，与庙相近处，有一铁矿，脉已露出地面，约有五十尺宽，脉底系杂质白石，由东至西倾斜向南八十度，因未带器具，不能深挖采样，但按地质而观，此矿内层，成分必好。兹将浮面所采者化验如下：铁三六. 一七；矽养三〇. 三二，锰〇. 二五，硫〇. 〇八二，磷〇. 〇二一。

斗山，在尖县（即繁昌县）之西九里，此山亦有数百吨松铁石，但矿脉尚在山之西三四里，今所见之松铁石，系云母石质，据汉阳化验成分如左（或稍有错误）：铁六三. 六八；矽养八. 一〇；锰〇. 一九；硫〇. 〇二七；磷〇. 〇〇五。

泾县煤矿：

泾铜公司有煤矿三处：一曰晏公塘，离泾县城东南十八里，共有煤脉四路，三路均二尺宽，一路有八尺宽，每脉均有沙石约五十尺宽，隔离其间；第二及第四路，现有直井二条开采，一直井深有一百尺，一深二百尺，共煤样化验分数如下：水一. 〇〇；灰二二. 五二；油二三. 五八；硫三. 五四；炭精四九. 三六。此煤灰分虽高，但比萍煤尚低，亦能炼焦，较萍煤不相上下也。

一处曰摇头岭，在泾县城东向二十里，山面煤脉只二尺宽，直井下至二百五十尺之处，有十五尺宽，矿内煤甚小，水亦不多，现采之处，脉向北倾斜四十五度至七十度。晏公塘之脉向南倾斜三十五度，想此两脉实系一长脉也。其煤化验如下：水二. 二〇；灰二一. 三二；油二一. 三四；硫三. 三四；炭精五一. 八〇。此煤比晏公塘火力（即炭精）高，灰及硫均少，实与晏公塘之煤无异也。

一处曰古楼埔，在泾县城东北向三十里，此处泾铜公司现新开一直井，预算下二百五十尺,可抵煤脉,此直井工程未完。在已露出之脉(由东至西),约有二三里路之远,有土法旧井数百个。

此三矿之运道甚不好,每年三月起至九月止,小轮船只能在青弋河行一百五十里,离泾县城二十里路。又由泾县城到此三矿,约有二三十里,路程极难,若遇阴雨,则现所用之小车,亦不能行,最善须用钢绳路,因造铁道万不上算也。

太平府铁矿:

太平府北离芜六十里,离扬子江一里,即泾铜公司之三铁矿。离太平府十五里,可由山河直达。又离此山河六里龙山桥无矿;和睦山有一露天矿,脉约二千尺长,由此山至对面,山名曰观□□脉宽约五十尺,一边系灰白石,一边系火石,脉由北至南倾斜向西八十度,其化验如下:铁六一. 五一;矽八. 四〇;锰〇. 四五;硫〇. 一二四;磷〇. 三二八。此铁矿与大冶所产者仿佛,因此处地质亦与大冶相同也。约略估计,此矿在二百尺下应有一千三百万吨之谱。冢县之铁矿,远不及太平府之佳,而且多,但麒麟庙一处,本公司应再加细勘,然后圈购。观英所勘之铁矿,除大冶外,以太平府所产为最。至于所勘之数处煤矿尚好,但必须先计及最善之运法,其煤脉斜畸有五十度者,每亩必能出五百吨之煤也。

夏偕复、盛恩颐致周开基[1]函

民国七年四月三日(1918.4.3)

专启者:

煤铁两矿为本公司营业之源,亟应多觅佳矿,以为后盾,业派杨华燕矿师赴芜湖一带探勘煤铁各矿。凤谂执事矿学毕业,具有专长,用特委任执事前往芜湖,随同杨矿师探勘,月支薪水洋一百五十元,自起程日起支,旅费由杨矿师处支给并报。此致
周开基先生

汉冶萍公司总、副经理

---

[1] 周开基(1891—1957):字子建,江苏吴县(今苏州)人。时任公司探矿工程师。

缪黼升致夏偕复函

民国七年七月二十四日(1918.7.24)

总理大人钧鉴：

敬肃者,黼升于七月十五日赴湖州,于今日到苏,兹将景牛山说略附呈钧核。矿样俟赴江阴青山探毕一并带沪,黼升所携川资尚足,今日向江阴进发,一俟青山勘毕,即行回沪,面禀一切。专肃。敬请

钧安

缪黼升谨肃

附说略一折

[附件] 浙江长兴县景牛山铁矿说略

地点:景牛山(或曰金牛山),在吴兴、长兴两县交界处。景牛山与界牌岭对峙,即吴、长两县由此分界,而矿山完全隶属长兴李家巷市(距大石桥半里),在县治东南,距市七里,距城二十四里,距吴兴城三十六里。

地质:系硅岩、石灰岩为主,矿母岩铁矿层结于砂岩、硅岩之间,硅岩在矿床下层,矿脉倾向东北二十五度。

矿质:褐铁、赤铁两种,褐铁多,赤铁甚少,质颇不纯。

矿量:脉厚约百尺,长约二百七十尺,深自山顶至山脚止,约五百十五尺,共计一千三百九十五万立方尺,每吨以十二立方尺约计之,共计一百十五万八千吨。矿质不纯,以七折计算,约可获(八十多万吨)。

运道:自吴兴至李家巷市,水程四十八里,自矿山至李家巷附近之青草河,为矿山距河最近之路,计六里。或自矿山陆行十二里至吴兴所辖之雪水桥,亦通吴兴大河,自雪水桥至吴兴,水程十八里。

或由青草河向东北行过横山市,出蔡浦港,入太湖,水程约二十里。

调查记:景牛山铁矿于民国六年十月,有绅士吴某等领探矿执照,在李家巷设筹办铁矿事务所,约费千金,山面采获铁矿十余吨,并未深探。

缪翩升:磁窑煤矿报告书

民国七年十月二十四日(1918.10.24)

地点　磁窑属山东宁阳县,在津浦铁路南驿车站东十五里,距县治七十五里。

地质　属水成岩、有砾岩、石灰岩,为主矿母岩。煤层倾向东北,偏东十二度,斜度平均二十一度,煤田分东南部与西北部两区。煤脉有四,厚薄不等,四槽以下有无煤脉,无从勘悉。煤层最厚者为第四槽(煤厚七尺至八尺)及第二槽(煤厚四尺半),至第一槽与第三槽煤薄,不合采用,殊可惜也。矿区部位条理明晰,详察地面状况,断层有二,然关于营业影响尚微。

矿质　烟煤质佳,坚度较萍煤为强,含硫亦较重,至所含磷硫等质化铁能否合用,必待化验以为标准。华丰炼焦,生煤未经水濯,块末并用,入炉自焚,不加详察,倘能改良炼法,可成佳焦,与华丰现制之焦必大相悬殊,在中国商场上可占第一等地位,敢用臆断。

煤量　矿区全部面积计六十方里,东西长十二里,南北阔五里。第四槽煤厚七尺,第二槽煤厚四尺余,两槽煤量共计六千二百三十七万余吨。其余两槽煤层太薄,不值采取。倘每日出煤三千吨,全年则九十六万吨。以此推算,可供六十余年之用。

运道、运费　由矿区至南驿车站十五里,由南驿至浦口一千二百里,由浦口运至汉厂计水程一千八百里。现在华丰运煤由矿至太平煤栈(距南驿四里),专用人力车,每车运煤半吨,每吨费八百文(约合六角二分);由太平栈上火车,起卸费每吨百文(约合八分二厘),运至浦口每车装三十吨,每吨运费二元六角;浦口装船起卸费每吨约合洋一角;由浦口至汉厂,每吨水脚约一元四角,税费约八角。由矿至汉水陆转运起卸、煤税等费每吨合计洋五元六角零二厘。

目前华丰公司之情形

翩升于前月二十八日偕陈君鸣岐由沪赶程,三十日抵大汶口,距矿区十八里。即日至矿,详勘实在情形。查华丰历年所开土井共三十二处,曾经出煤之井计十四处，其余十八井或开入断层，或因水大中途而止。现在出煤之井只有三处，土法开采兼用机器。工程腐败，不知改良；经理麻木，不得其人；内外纠纷，徒资糜费。陈君鸣岐与华丰向不接洽，盘踞左近产煤之区，挑唆是非，将华丰出售矿区在上海、镇江等处招摇，华丰大受影响。华丰矿上主持无人，黼升于矿区勘毕后复至济南，与华丰经理接洽，索价三十七万元。华丰矿区约九方里，倘得收买，尚可经营获利。谨将计划预算条列于后。

计　划

收买矿区以下列三事为要点：

一、煤质合用与否　该矿煤质含硫较重，须由化验处分析为含硫尚不至损坏铁质，方可收买。

二、售价相当　该矿索价三十七万元，收买之后尚须抽水，需费甚巨，且暂时不能出煤，耽延时日，耗费必多。现在所存煤焦与去岁唐景斋订购时数目大不相符，去岁煤焦价可值八九万元，现在所存不及去岁十分之四，倘费二十五万元至三十万元尚合收买，增此则不值矣，连抽水及邻矿费将及四十万元。

三、邻矿能否相让　邻矿有三区，西部有陈鸣岐之大成公司，计三百余亩，迄今四、五年，尚未领照。北部有叶功甫之惠和公司，矿区约九方里，本年划界，亦未领照。东部有上官文周之福兴公司，已开二井，均未获炭，有房屋数十间，小锅炉二座，小绞车二部，去岁曾领探照，请领矿区六百余亩，与华丰矿区重复有五百余亩之多，因有纠葛，探照由部撤回。故此三区必须同时收买，需费约数万元，否则于矿务进行纠葛纷扰，永无宁日，华丰可为殷鉴。

凿井　矿上现有出煤之井三处，不久即难以出煤，将来应凿大井一座，入煤层深处，竣工后再继凿第二大井，为第一井之副，以垂永久。目前则应先开小井二处，以便采煤应急，藉此可探煤层之深浅及煤脉之槽数，为筹备将来大井建设之地点至要之图也。

设银行　矿区距省会及商埠均远，于金融周转殊不灵便，图久远之计，不能不设银行于大汶口,矿上需款随时领用,兼营大汶口商业,一举两得,亦要图也。

筑铁路 第一手续以凿井、设银行、筑铁路三事为要图,该矿距津浦路南驿车站十五里,每日出煤三百吨,则用人力车运往车站尚可支持,然遇阴雨即行停运,倘出煤至五百吨以上,则人力车不敷运输,且矿间应用机器、材料等在在需车转运,倘不能迅速直达,收效必迟,故筑路为当务之急。

设机器修理厂 开矿既用机器,不能不设完全修理厂,以资便捷而收实效。华丰原有机厂布置既不合法,设备又不完善,应另行改组,以求完备。

设警备、请驻防 山东为土匪最盛之处,土匪横行,民无以安;不设警备,无以自卫;不请驻防,难以弭盗。华丰去冬今春两次被劫,掳人勒赎,损失甚巨,此不早设备有以致之也,应募警备队百四十名长驻矿区,并请陆军永久驻防,以弭盗患于未形。(下略)

沈渊儒:视察铁矿报告
民国八年四月二十三日(1919.4.23)

经理钧鉴:

奉派赴温州视察铁矿,遵即驰往踏勘一过,谨将调查所得状况详陈如左:

一、温州距上海为四百海里,轮船约三十四小时而达。惟航线附近礁石甚多,遇雾即须停轮,台州湾一带风浪甚巨,航海者咸称不便云。

一、探闻旧温州府属各县矿山多至二百余处,以铅矿占大数,锑铁为次,钼、锰、陶土等又次之,煤矿则无闻也。该处人士办矿思想颇热,然屡起屡仆,未闻有成,大抵为学误与财才所限耳。近者,该处东门外有冶昌铁厂之设立,该厂系收买附近所产之铁砂(Magnetite Sand),用法制炼,或成生铁或铸锅釜,销售尚称畅旺。惟因该处所产木炭价廉,故用代焦炭,然温度不足,铁质因之不佳。近筑小化铁炉一座,约高十余尺,吹风水管等略具,目下尚未开炉也。

一、此次往勘之铁矿据原介绍人汪君言，系王姓之产，一切矿照等手续具已完备，只待集资开采。赴温时汪君因事未同行，到彼后即往访王姓山主，接洽则云在日本留学未归，其代理人亦因事赴杭州未定归期，当由其家族派人导引。此矿在后述万茶泉矿与泉埠之中途，地名山根，因闻乡人言该处系铅矿，故即饬人上山采取矿样，确属方铅，故未赴勘，遂另请人导往万茶泉视察。后闻之温州办矿人言，王姓本无铁矿，不知汪君之说从何而来云。

一、万茶泉铁矿在温州（今永嘉县）西北六十余里之地，由温州雇船西北行四十余里而至泉埠（村名），由此北行约三十里而至坛头垟（村名）。矿山位于村之东北，由村后上山，随山道蜿蜒曲折而上，约程十余里达万茶泉山巅，即见铁矿露头，距地平约三四千尺之高，矿苗为结晶，铁矿（Specular Iron Ore）杂以粒状之石英，亦有填夹于石中成线状者，露头宽处尚不满一尺，其走向约为南三十五度，东倾斜向南三十度。由山巅顺坡东南下二三百尺，发见同样之矿苗，惟杂质愈多。山巅西北下七八百尺名开眼洼之处，矿苗复见，然宽不满二寸矣。再下则均系山田，无从探其有无。总之，此矿露头状况似系地质学上所谓填孔作用（Cavity Fillings），则矿质散处施工不易，且矿苗杂质既多，自无开办之价值矣。

一、自泉埠至坛头垟一带约程三十余里，两边崇山峻岭，均系火成岩所成，铅铁各矿散布颇多，而无稍好之矿苗，大约乡人之所谓铁矿均系持样询人知为铁质，彼等即以发见地之多寡及山之大否，以定其所谓矿之大小也。缘是由，万茶泉矿勘毕返温后，当有人谓平阳、青田二县尚有铁矿，愿导往察看云云。惟既无矿样取来，而探闻其露头之宽，均不过三数尺，且路程较远（均离城百余里），似未便率尔前往，以免徒废时日，虚縻旅费。奉委前因，用特缕述如上，附呈矿山略图一纸，所有携回之矿样留课备考。并陈，敬请钧察。

技术课课员　沈渊儒报告

四、厂矿基建

（一）大冶铁厂建设

王勋致盛宣怀函

洪宪元年一月二十六日（1916.1.26）

补公会长钧鉴：

敬肃者，前日接奉钧函，所论大冶新化铁炉一节，敬悉一切。查吴、岛由美国回华之后，先后接到标价数份，其中最廉者为烈德干利，次则摩根。惟烈德干利之标未列具详细清单，恐将来必难免争点，故勋与吴、岛均主张由摩根订购，当于七月二十二日函呈董事会请示办理。旋奉董事会公议，准即向摩根定购，惟须先由勋电商前途再能减价若干否，再向定实。当即遵电前去，并接回电，允减美金二千四百念五元，惟限我早日定实，如过迟则须另议。即由勋于八月二十二日函呈董会，报告一切，函内亦注重早向摩根定购，当即蒙公议照准。勋即亦预备合同。不谓烈德干利系三井代理，伊见我取定摩根之单，即大肆运动，并即于八月十三日函致我会长及王子展董事，以不宜辞少取多为词，请求我公司暂待二、三星期，即将清单补寄前来，俾凭比较。当奉王董事允其所请，并由勋电商摩根厂将标价展限三星期，既而三井将清单交到，由勋细核，并将一份寄与吴任之，又留大岛在上海核对一切，当将不同之处对出，烈德干利所缺少之件，应增改如左：

一、顶塔原标乘柱六条，须改为四条。

二、升降机原标系每一转二分四十五秒，须改为一分四十五秒。

三、矿石车中柱须改用铸钢，其底及铃原标拟用钢板，须改为铸钢。

四、存料表须酌加零件若干。

五、桥下之护网须改加坚牢,并须周密,以资保护。

六、梯级虽清单之所未列者,亦须按图样一律加入。

七、铃之吊机炉顶总铃上下之法须系自动式。

八、车盖须加造圆车盖。

九、各风管须有开风掗。

十、总风管须加管两条。

十一、炉心冷水槽,须改用六寸厚生铁板。

以上所缺之件,乃按照摩尔根之标互相比较者,当即详细抄寄吴任之核对,并向三井指出,必须照加,方可向彼订造,否则仍由摩根订定。讵三井一口答允如数照为增改,概不增价,并经其缮函认可,遂与订定,并于十月二十八日函呈董事会,报告一切。其合同稿未签字之前,则早已预寄吴任之,请其复核,接其回信,惟第九条工料一项,略有拟改,即已由勋与三井照为改妥,有吴任之十月十六日洋文来函可以复查。是则不惟其标其清单即其合同稿亦均经吴任之详细讨论矣。总之,此事吴、岛及勋其始均赞成摩根,嗣因三井一切事件均就我范围,而其价又复较廉,且系奉王董事面谕留候三井比较者,故三井既廉,则遵向三井订定矣。兹承钧问,谨照奉闻。

再者,三井初允我增改一切之时,本以为出入有限,不必电商烈德干利厂,即已自行答应,不料去函后,接该厂来函,所增改之十一款,有须加价者分列如左:

第一款,允改不加价。

第二款,须加美金八千八百六十五元。

第三款,须加美金二千四百七十元。

第四款,允改不加价。

第五款,须加美金一千九百四十五元。

第六款,允改不加价。

第七款,须加美金六千六百三十元。

第八款,允改不加价。

第九款,须加美金二千七百四十元。

第十款,允改不加价。

第十一款,允改不加价。

共计须加美金二万二千六百五十元。

勋以三井行业已签明合同照我加改,无须增价,今该厂云云,应由三井行自负责任,现正向之严驳。更有一层,现接到列德干利图样,见炉顶是单盖,不是双盖,当与大岛商议,惟究不知吴任之在美时,所交与列德干利之清单有无载明双盖,故又函向吴任之取阅原清单之底稿查见,确未有叙明,当请三井电询前途,改用双盖须加价若干,一俟接到复音,会同大岛切实磋议后,再行请示办法可也。恭肃。敬请

钧安

王勋

汉冶萍公司致三井洋行函

民国五年二月一日(1916.2.1)

三井洋行台鉴:

查十二月二十三号台函,又正月十八号台函所附来之十二月七号由毕士堡列德干利厂寄与纽约贵分行之函,敝公司愿意将增加各件之增价问题按照下列各条彼此磋议。但须声明,此项磋议不能有碍于敝公司所坚持之理由,即系贵行所签之合同,不仅系列德干利厂代理人之资格,而亦系当事人之资格,敝公司当然有权可坚持合同上之切实履行并其所订明之一切条件,无须由敝公司承认加价之理由是也。

第二款　吊机。列德干利公司清单原定吊机每二分四十五秒可来回一次,旋议将该机加固,改为每一分四十五秒钟可来回一次,列德干利公司则要求加价美金八千八百六十五元。查列德干利公司新定之详细清单曾声明,当其首次估价时,本按每一分四十五秒钟来回一次计算,旋以缓速度之机当能胜任,遂将缓速度之机附入于新清单。惟列德干利既以速率度之机投标于前,则未经本公司许可不应擅自改用价较廉、力较弱之缓率度机

器。设使该厂家能证实一旦有一吊机损坏不适于用,其余一吊机能独自应用,使两化铁炉按出铁能力倍数照常出铁,而不致有窒碍危险之虞者,本公司则能准许该厂家改用缓率度之吊机。

第三款　装矿车。其中柱须用有护领之铸钢,元径四英寸,以一根装于吊车,另一根装于备急之装矿车,即在两炉中间之通联桥之上行走者是也。至于装矿竿及炉盖改为用铸钢以代钢板所制者,因此项更改该厂要另加美金二千四百八十元,按此项护领二个乃系必须有之件,除此之外,虽明知更改者较为相宜,亦愿不更改也。

第五款　桥下之护网。平桥之旁及其下统须安宽而有力之护网,以保护桥下之行人。该公司对于此更改索另加美金一千九百四十五元,敝公司之意,此项乃必不可少之件,苟无此网,则化铁炉不为完全矣。但敝公司估计白铁绳护网之重量约仅三千磅,诚不解该厂所索乃如此之多也。如该厂允由我在此间自造,敝公司可就近代造,其造费由该厂缴还也。

第七款　炉盖之吊杆。必须有此件以升降炉顶之盖,此吊杆行使必须系完全自动并须能较准分秒,与大吊机指臂相应,该厂于此项更改索加价美金六千六百三十元。查本公司原意自始至终均系双炉盖之工程,即系上层小炉盖系用平均重力启闭者,下一层大炉盖用炉盖吊杆升降者。惟列德干利厂之意始终均系单盖之工程,然而该公司原来之说帖及图样均未有提及,故本公司从前竟不知之也。旋收到第四二二九号图样,始发见炉顶工程之不同。又接到该公司上开之十二月七号来函,乃显见该公司对于我公司采用炉盖吊杆之原意完全误会,实则误吊杆乃用于下层大炉盖非上层小炉盖者。然而此差谬乃由于该公司误会我所拟炉顶工程之所致,而此处工程,则我之清单未经详细之说明,是以现在我公司愿意取消此项之更改,其炉顶问题,俟接到该公司对于炉顶双盖工程应加价若干之估单,再行提议可也。

第九款　热汽管架座。所有波士热汽管及热汽总管之架座,均须备有在外面启闭之滑动式汽门,以为更换热汽吹管时免热汽外泄之用。此项更改,该公司索加价美金二千七百四十元,敝公司之意此项更改以有之为合

宜,应请该公司照为制交,不另加价也。专此。敬请

台安

三井洋行致王勋函

大正五年五月五日(1916.5.5)

汉冶萍公司商务长台鉴:

大冶化铁炉一事,顷接到电报,列德干利厂以贵公司增改太多,以致迟误,今料价增巨,必须将原合同之价重新改议,否则不肯履行原合同责任云云。敝行为保护贵公司利益起见,已电嘱敝行之纽约支行对列德干利厂声明,汉冶萍原定单所更改各件,既不能互相妥议,则一九一五年十月二十六号合同所载原定单仍然有效,必须履行,如该厂答复不允照行,即当执行相当之对待,以强迫该厂对于该合同之执行。此乃敝行代贵公司所取之行径,即祈贵公司查照为荷。但有一层必须预先声明,倘若列德干利厂所争执之点,即系因为贵公司更改之关系,以致迟误,故不能强迫该厂履行其合同之说,如为彼得胜,则敝行对于贵公司一九一五年十月二十六号所签之合同亦须解除也。专此。敬请

台安

上海三井洋行谨启

王勋致公司董事会函

民国五年五月九日(1916.5.9)

董事会台鉴:

敬启者,我公司由三井洋行代理美国列德干利厂定造大冶化铁炉,业已签定合同,呈报贵会在案。惟合同内有增改之清单包括在全价之内,讵该厂家对于此项清单须另外计价,迭与三井行往返磋商,亦经随时呈函贵会,但合同既经订定,我公司只得抱定不能加价之宗旨,故此数月间,与三井来往函驳,亦只论及增改清单加价之问题而已。今不料列德干利厂忽然向三井声明,以增改各件价值之问题久未议决,原定合同当作无效,所定炉

身及附属机器亦不制造云云。查合同可分为两段,一是照列德干利原来炉身之帐单,一是我公司要加改之清单,不能因第二者之未经协议,遂忽并已签定之第一者而亦取消之;且磋议第二者之时,该厂家及三井并未有如增改各件不能议妥则须取消原合同之说。三井亦自知理曲,本月五日来函谓,已电嘱该纽约分行向列德干利厂切实抗议,务须履行原合同,倘仍不允,定当起诉。惟细玩三井来函之语气,似自居于居间人不负责任之地位。其原函照译华文另纸呈览。殊不知当订约之时,勋早虑及此,必须三井于合同上声明所签合同,不特代表列德干利,并自居于当事人之一,原合同即如此签法,迨今日事已决裂,岂容其退居居间人之地位? 如三井起诉该厂家而幸得胜诉,我固甚慰,不然者我亦可起诉三井也。故连日将全案之往来函电及勋之意见,交与丁榕律司阅看,伊亦言三井应负责任,此一层务须与三井争明也。今三井正在向该厂严重交涉,或尚可不致决裂,否则,由三井起诉之要求履行合同,幸而三井胜诉则已,不幸而败诉,则三井应负完全责任,一切损失应归其赔偿。而冶厂之工程已为之迟误不浅,关系甚大矣。为今之计,似宜一面与三井交涉,一面另行筹备向他厂订购之准备。但化铁炉机件繁多,必须派妥人往美国,或向摩根公司定购。

今四顾无可派之人,惟驻英代理彭脱君尚谙知原委,故一面已先将此案之函件函寄彭脱君,俾预知一切。如确须往美另定者,则电到即可成行,当不至过于延滞也。现下钢价继长增高,此时再定为价必大,所亏之价及工程迟误之损失,将来必须一并向三井索偿也。谨此报告一切,是否有当,敬祈公议示遵为荷。此请

台安

王勋

王勋致公司董事会函

民国五年五月十八日(1916.5.18)

董事会台鉴:

敬启者,大冶化铁炉由三井洋行代理美国列德干利厂订定合同,并合

同内订明,按该厂清单有必须增改之各件,由三井一律承认,照为增加,其全价订定美金二十二万三千五百元。讵因三井未经与该厂订明,致该厂要另加美金二万二千六百五十元,我执定合同不允照加,经三井向该厂交涉,前途又不允减让,往返磋商,延已多月,历由勋函陈在案。兹该厂以料价高涨,三井既未与定实,故全炉料价更须加美金十一万九千元。三井向我要求,我坚执不允,而该厂态度,如不允照加,则并及原合同亦不肯履行,在我既订有合同,则无论三井与该厂如何纠葛,均于我无涉,我只知执定合同,如前途不允履行,即可由我起诉,业于月九日呈明贵会。旋奉公议,本公司自应责成三井照约履行,不能任其脱卸。但此节在平常买卖固属如此,然在我大冶化铁炉工程视为命脉,如与结讼,虽胜诉已有把握,惟耽延时日不少,无形损失必难悉数取偿于胜诉之裁判,故亦欲和平了结。当告知三井,钢价日涨,列德干利广所拟加之十一万余元,兹不辩论咎在于谁,宜立即允照加价,俾速开工;至于所加价应由我或应由三井承认,自可以按合同条件,由仲裁判定,此乃极和平极公允之办法。讵三井明知一经仲裁,该行必输,故一味支吾不允仲裁,反劝我授权与彼,允给前项十一万余元之增价,随后再由彼商请总行尽力设法津贴与我,并代拟我致伊函稿及伊行复我函稿,要求我照缮,其函稿译成华文附呈大鉴。如此即系要我先承认加价,我岂能照允!旋由正金大班儿玉君闻之,亦不韪该行,遂自愿作为调处人两方和解。前晚由儿玉君约同勋及三井大班,三面磋议,讵仍坚持不稍退让。因提出仲裁之议,则又不肯。诘以何故不肯,始则曰未签合同时增改清单,大岛已允三井只认美金五百元为度。我驳之此节早已问过大岛,据言并无其事,业于去年十二月二十四号有函声明在案。继则曰合同第十六款云,如合同条件之解释有所争执须以仲裁判定,今所争者价钱,并非条件之解释,按诸合同,无仲裁之必要,二则如仲裁输了,该行吃亏不起,而汉冶萍是大公司,何在乎此。又曰,今加价已逾合同价之五成,似是另外一新合同而非旧合同之面目。凡所言论,大都类此,竟无与辩之价值,故磋议仍一无效果。为今之计,似应一面向摩尔根公司另行订造,以免延阁工程,一俟订定即当检齐证据,延律师起诉,所有摩尔根公司合同价多出若干及延迟我工

程之一切损失均要求三井赔偿,请法律裁判。是否有当,敬祈公议裁夺为荷。专此。敬请

台安

王勋

三井洋行致汉冶萍公司函
大正五年五月二十日(1916.5.20)

汉冶萍煤铁厂矿公司台鉴:

化铁炉一事,敝行今日接到纽约敝分行来电谓,厂家之另加价兹已涨至美金十二万一千五百元,并谓按照美国现在市面之情形,此加价实不可免也云云。但念及关于此项生意之各种困难,敝纽约分行立即与厂家磋议,智尽能索,舌敝唇焦,前途始允将另加之价减至美金八万元。惟须立即回复,并须贵公司允其将交货期限略为展长,因该厂已接到定单甚多,其现在情形已视前更变故也。抑敝行欲言者,以上所减系敝行竭力所得之效果,厂家必不肯再行减让。为此,拟请贵公司允准按现在之价由敝行与该厂立即定实为荷。此请

台安

王勋致公司董事会函
民国五年五月二十三日(1916.5.23)

董事会台鉴:

大冶化铁炉事,现接三井来信,始则曰加价又涨至美金一十二万一千五百元,继则曰已极力磋商减至美金八万元,惟总要我公司应允此加价之八万元,方肯订定。兹将来函译呈台阅。惟前日接摩根公司来电,本礼拜初间,当可开价,似宜候摩根价再行定夺。又接大岛昨日来电,谓即日来沪,帮同与三井磋商,务使讲理云云。应如何办理之处,敬候公议示遵。专此,敬请

台安

王勋

公司董事会议案

民国五年五月二十四日(1916.5.24)

王代经理函:三井代理列德干利厂订定化铁炉合同,该厂以料价大涨,三井未与定实,索加美金十一万九千元,如不允照加,并原合同亦不履行一事,自上期会议报告后,连日与三井交涉,嘱其转电该厂开工速造。至加价应由我出,应由三井承认,自应按合同条件,由仲裁判定。讵三井一味支吾,反劝我照允加价。随后由伊商请总行设法弥补,拟稿要求照行,拒而未允。又经正金儿玉君出面调处,三井仍不退让,磋商一无效果。为今之计,似应向摩尔根另订,以免延误,一俟订定,即当检齐证据,委托律〈师〉起诉,将因此所受贵价之亏及迟延工程所受损失,要求三井赔偿。是否有当,请核议示遵。又函称,现接三井来信谓,列德厂所索加价已磋减至美金八万元,惟须立即回复并须允其交货期限展长等语,来信译呈。前日接摩根复电,本星期内当可开价,似宜候其开价,再行定夺。又大岛昨来电,日内来沪帮同与三井磋商云云,并请核议。

公议:此事关系甚大,应俟摩根价单寄到,比较三井现加之价相差若干,一面再俟大岛来沪向三井切实磋议后,再定办法。

公司董事会议案

民国五年六月三日(1916.6.3)

民国五年六月三日临时会议,到会者:王子展、李伯行、沈仲礼、周金箴、张知笙、林薇阁、杨绶卿(兼代表盛泮臣);查帐杜炳卿(兼代表谢纶辉)诸君。

王子展先生代表孙会长主席。

王代经理函(略)。

公议:三井因列德干利要求加价,现经大岛居间磋减至八万美金,本公司与三井各认一半,论其理由实曲在三井,本难承认。惟据王代经理函称,照此加价较摩根原价尚属便宜二万美金左右,若再坚持,徒伤感情,拖延时日,与本公司借款办炉之计画,不惟背谬,且无形损失尤巨,公同筹议,准照大岛调停办法,就此了结。但经此定议不可再有翻覆,应请大岛将商允三井加价各认一半及此后不得再有异议等语,函致本会备案。即请王代经理查照办理为要。

王勋致公司董事会函
民国五年六月十五日(1916.6.15)

董事会钧鉴:

大冶化铁炉加价美金八万元一事,前蒙贵会议准本公司认付一半,其余一半由三井认付,除由大岛面告该行以此了结电告纽约行外,当即缮具续订合同交由丁榕律师复核后送与三井认可签字。讵该行云:接纽约复电云,列德干利厂又邀求两事,一不担保重量,二添料机是德国某厂专利品,现虽未在美国注册,似无须付专利费,倘将来须付,仍须由我公司认付。当即驳以此两层不独于合同业经裁明,而且于未订合同之先已有来往函电询明各节,由贵行声明列德干利担保重量以每百分上下五分为率,又添料机专利费由该厂自理,与本公司无涉,一一认可后,本公司方肯订定,合同具在,何能翻悔?且事隔多月,前时并未有异议,现更无提议之理由。三井亦自知理屈,云业已电纽约理论。勋告以无论回电如何,应由三井理妥,本公司不能允肯于合同再有所更改,应请将续订合同先行签字,彼仍不肯,谓大班现在日本,不能作主,仍须俟大班回来方能签字。兹将续订合同拟稿译呈钧鉴,应如何对付之处,即祈公议示遵。专此。敬请

钧安

王勋

附注:经董事会五年六月二十三日常会公议:炉机重量事关工程,据代经理面称,吴厂长即日来沪,应俟吴到询商后,再行定议。

[附件] 定造大冶化铁炉续订合同

上海汉冶萍煤铁厂矿有限公司及上海三井洋行,兹于西历一九一六年

六月□号订立合同,作为一九一五年十月二十七号所订合同之续订合同(本合同内名前合同为正合同)。兹因正合同内开,汉冶萍允购三井允售完全化铁炉二具由列德干利厂制造者,共计价美金二十二万三千五百元;又因各种原因之故,列德干利厂不允照造该项化铁炉二具,必须加价美金八万元方肯照造;又因合同之双方对于此项加价美金八万元之责任及付给有所争执,意见不同;又因该双方为维持彼此现有之交谊起见,允愿将争执之点及意见不同之处和平调息。兹故订立续订合同表明其条件如左:

一、列德干利厂所索加之美金八万元或将来另有索加之款由合同内双方付给及担认,但汉冶萍认付最多不过美金四万元,三井认付最小[少]美金四万元。

二、三井洋行对于上开之调息办法,应售与及照交与汉冶萍公司完全化铁炉二具,其制造及装配须切实按照本合同所附之清单,该清单即作为本合同之一部分。

三、汉冶萍公司除付给正合同所订完全化铁炉二具之原价美金二十二万三千五百元及加价项下应行认付之数,声明最多不过美金四万元之外,对于该完全化铁炉二具之续需价值及一切费用,均一律无须认付。如有续需之价值及费用,须由三井洋行认付。

四、正合同第三条订明,该完全化铁炉二具之开始交货日期及完全交楚日期,兹分别展至一九一六年九月三十号起至一九一七年正月三十一号止;又正合同第十四条订明,以一九一六年九月三十号为交足化铁炉各活动配件一半之日期,兹展至□□□□①;又正合同同条订明,以一九一六年十二月三十一号为化铁炉炉身交楚之期,兹展至□□□□□②,除此两项日期更改之外,该正合同之第三条、第十四条仍一切完全有效,即系如逾期不能交货,汉冶萍有权可取消合同,及三井应担交货迟延之损失责任等项是也。

五、该三井洋行重行申明,该三井行实系以当事人资格与汉冶萍签订正合同及本合同,故合同内所应履行各条件,均应其按照履行之,如果对于

①② 原文如此。

正合同或本合同或合同之组织或所载之一切情事有所争执或意见不同，应按照正合同第十六条由仲裁判定之。

六、兹议允并声明，本合同仅系正合同之续件，而非正合同之替代，是以除本合同切实声明更改之各处，其正合同应完全仍作有效，一若本合同未经签立时之一律有效也。

以上各条，当于上开年月日，由双方签名作实。

清　单

单炉盖式四百五十吨完全化铁炉二具，每具须配备斯他那宾拿富式之吊机、连华特连那德式之关掣，每吊机之力如遇其他一吊机有损坏之时，必须能兼充两炉添料之作用，并须一切按照一九一五年十月二十六号列德干利厂之说帖及细单，另须增改如左：

甲、顶塔　该厂原拟六柱式之建造法，兹须为四柱式。

乙、吊机　须担保此项吊机之能力充足，如遇其他一吊机损坏之时，能添兼充两炉添料之作用。

丙、添料车　其中央总柱须配备两柱，其一用于吊车，其二备为缓急之用，于两炉当中之相通平桥上运添炉料。

丁、炉料表　须配备探料吊机高下表，钢丝绳平均力之堕锤及探杆二枝连零件一切俱全。

戊、吊机房及平桥之铁梯。

己、添料车车盖　吊车建造法须配备元车盖一具，以免于炉顶添料时煤气之外泄，由吊机运用之为自动之式。

庚、热汽总汽管　须有两接口，一接通由热汽炉之热汽管，一接于其他一炉之热汽管，以备缓急时彼此可以通用。

辛、炉架座　另有炉架座一具，须以水冷法生铁铸成，其四周以钢板围之。

以上之合同价格，订明在纽约港内交到船上，共计美金二十六万三千五百元。

一九一六年六月三号

大岛（签字）

公司董事会致季厚堃函

民国五年六月二十九日(1916.6.29)

冠山仁兄先生鉴:

昨致一函,以徐坐办因病给假一月,委任执事代理职务,想已先此达览。兹查徐坐办近有函电询商数事,条答如左:

一、六月元电,新厂基地,据李芸荪云,急需动工处为章家嘴、炭厂、曹家铺、章家山、沙子包等处,该地房屋约一百六十余间,坟约四千余冢,其余基地暂不施工,所有庐墓,已饬并造详册等语,即请执事督饬将庐墓详册迅速造送,一面将上开急须动工各处庐墓,与里绅磋议迁费,俟册齐一并报告,以便核议。至果树一项,前已照来册所列等第价值,统以七折核发,议决知照。然必俟工程用到该地,上有果树,再行按株给价,其用不着者,暂仍其旧。但宜先令投报某地有第几等果树若干株,查实注册存据,以防冒滥。

一、六月八日函,续丈基地一千四百三十余亩,除无纠葛者概照给价外,内有三十一户坟山、水田、湖溏等,约共四十五亩有零,因各业户涉讼,契经县署调验,尚未发价。但此三十一户地,均为新厂必需地亩,如久不判结,甚碍工程进行。兹拟将该地价全送县署,请其发给印照,即使缠讼不休,而免碍我工程等语。即请执事将三十一户基地询明吴厂长,是否在急于开工之列,如果急于待用,即照徐坐办所拟办法,将该地价全送县署,请发印照,以免迟误。

一、六月十八日函,以此次购地,得各堡里绅代表协助,开具姓名,请分送酬金,并省委余晓楼君辛劳一年,并请酌酬等语。前于常会提出公议:购地固须借资绅力,然核阅来单,竟开至二十七人,未免过滥,陈、罗两绅,各送二百千文亦嫌过多,应函该矿坐办将开送名单分别出力等次,核实删减;且购地虽毕,而迁坟拆屋等事现正开始,应俟一律办毕再酌量议酬。至省委余晓楼君辛劳一年,共津贴夫马费洋三百元,由矿致送。

一、六月十八日函,寄送公司与富源争购地亩,经印委查办完案,抄录原详地图等件,均已照收备案。惟函尾称,续购地亩投税,县署详奉财厅批令,照新税率办理等语。已由孙会长分函鄂省巡按、财厅,仍恳查照旧率投税,俟得复再行函知。

已上各节,即希分别查照办理为盼。此致。即颂

台安

董事会启

公司董事会致季厚堃函

民国五年七月二十七日(1916.7.27)

冠山仁兄代坐办鉴:

大岛来沪面称:新厂事务所亟须建筑,而建屋地点适在富源公司拨换之地,因手续未清,富源阻止动工等语。查本公司与富源公司争购云、叶两姓地亩纠葛一案,上年经省委会县查勘,各就便利,将两公司已购之地互相拨换,两方允洽,就各原有卖约将此次移转管有之丈尺界址,由县分别批注发还,或批销,另给印照,给予两公司收执管业等情,订立条款,开折绘图,详奉前巡按使批准,照此定案,行县函知公司查照,并据徐坐办准县抄送全案详折及执照批注原契等件,照抄寄会备案各在案。是与富源交换地亩业经定案,所有移转之地,应有管有之权,何以尚有手续未清,阻止动工之事?大岛语焉不详,无从遥度。用特函达,即祈执事迅速查明是何情形,根据县案与富源公司理论,俾得早日解决,以便施工。盖建造事务所为办新厂入手之基,此所早成则办事人始有集合地点,一切方可部署也。至要至要。至炉基地段,亦急须动工平地。迁坟一事,亦关紧要,本会对于此项迁费未能遽定者,实以坟墓闻有数千冢之多,若照前函,每正穴二十六千,副穴二十千计之,成一巨款,购地预算早已逾额,不得不加审慎。尚望与里绅再行切实磋减,并正副穴系以何者为区别,亦望询明见告,一面并请查照迭函,先将炉座地段赶紧查明实数,查齐造册寄会为盼。此致。即颂

台安

董事会启

大岛致笠原电

大正六年八月二十五日(1917.8.25)

笠原顾问鉴:大冶化铁炉事,抵日后即托三井电美询来探孔列。据回电云,现因美国政府有训令之故,是以该炉完工之期以及装运之期均难确实答复云云。一面又托外务省转致驻美大使,向美政府交步,照目下情势,一时亦难遽得要领。该炉完工之迟早,实于公司及八幡制铁所均有绝大影响,是以应请阁下与公司筹商决夺左列之根本计画:

一、来探孔列业已制成而可运出之机件,先行着其运华,其余之件悉行解约。

二、前条所云其余未交之件,当请八幡制铁所赶速代为制造。

三、凡有在日本所不能造之件,则重向美国定购。

四、上开计画,如公司决定照办,即宜规定何物当重向美购,何物当在日造。为迅速规定计,必须鄙人亲自往美查察分别,方有急效,故应请公司以全权委任鄙人办理。

若照此法办理,鄙人意料三个月内,兹事全体可以解决。即请阁下与公司当轴者,速行磋商,即以公司意向速行电复。

上项计画,一俟公司决夺后,鄙人拟即先往八幡与其当事者协议,然后取道上海往冶,处置离冶后一切公事,于十月初首途往美。

公司董事会致外交部函

民国六年九月二十四日(1917.9.24)

敬启者:

窃查本公司前经股东会议决议,在大冶地方添建化铁炉,就矿冶铁,于民国四年十月由日本三井洋行经手,向美国列德干利厂订造日出生铁四百吨大化铁炉两座,订期交货载在合同,彼时因欧战发生,美系中立,向其订件当可如期运交,然以欧战影响,交货期限虽经展长,仍未照约履行,迨至本年美又加入战团,情势一变,钢铁订件禁止输出,迭经催交,尚无效力。

伏念本公司原以汉厂四炉产铁无多,国内自用与国外输出,供不应求,始有此借款添炉之举,经兹顿挫,转增担负,现值欧战延长,我国路工之需轨,兵工之制械,无不以钢铁为要需,扩充出额实为当务之急。现经委托本公司大冶钢厂总工程师大岛道太郎亲赴美厂查催,其已经制就者,嘱先运华,未成者,另商办法,但未经该国政府特别允许出口,则造件无从起运。为此,备函陈恳大部咨请驻美公使,向该政府商明上项机炉系为增进公司产额,筹济军国要需,现值中美一致敌德之时,凡所以裨益战务,援助协约者,应无不表示赞同。务请商准特许出口,给发运照,并予该厂以特别利便,俾该机件得以陆续运华,早庆观成,实纫公谊,并附陈英文节略一通。敬祈俯赐核准施行,至深感荷。谨致

外交部

汉冶萍公司董事会　孙宝琦等谨启

公司董事会议事录

民国六年九月二十五日(1917.9.25)

李会长报告:前据会计顾问笠原君八月二十七日致经方及总、副经理函称,大岛顾问由东京来电一件附呈察阅。查大冶化铁炉建设之事乃公司紧要问题,已隔多年,尚未竣事,现考铁价之将来,希望甚佳,以及合同所规定尤须实行,是以该项工程赶须完结。惟购买钢料甚为困难,鄙人之意亦以为舍照大岛来电办理外,无他善法,应请诸公从速核定等语。

经方与总、副经理细核大岛来电,所拟办法系为促进冶厂要工早庆观成、双方利益起见,经方极表同意。适笠原君复向总、副经理催询此事,当时经方与总、副经理即行函复笠原君,请其电复大岛君,请与制铁所接洽后早日来沪,再面商一切。日前大岛君回沪来见云,即日前往大冶,料理数日即回沪,启程匆匆,未及细询一切。及其由大冶回沪,早间来公司,经方当时与笠原君及总经理接见,面商往美应办一切,首询以三井所代订之炉究竟已成若干? 大岛君云,约在五分之一。经方云,其余五分之四,制铁所所不能代制之外,必须仍在美国他厂订购者,大约需款若干? 大岛君云,大约

美金二十万元左右。经方云,君可于到美时,将必须应另购之件议妥后,电告本公司,候公司电复,即行代本公司签字。大岛君云,此时非寻常可比,若候回电再代公司签字,必致误事。且现在宣战时代,电报往来稽迟时日,计由美电华,在美候回电非十日不可,我计算此炉早成一日,约有八万利益,是耽搁十日,即公司受八十万之亏损,候电签字是寻常办法,公司若为利益计,不应于此时拘守成法,牺牲此八十万之利益。经方云,代表公司之全权,若不候电而签字,我无此全权允许,须请董会公决。又据笠原君于大岛君未来见之前面告总经理云,大岛君之意全权一人已足,公司如相信鄙人,似可不必添派他人。经方正拟询商此节,大岛君来公司系午前十一时,而所趁之船须于午后一时开行,坐谈为时甚迫,不及细商,伊即启程。又经方查通例,全权远赴他国办事,全权文凭所以持示所赴之国以为凭信,而全权所应办之事另有训条交与全权,以便全权照训条所列各款办理,以省往复函商,贻误事机。此番大岛君所面称不候电而签字,全权不必派二人,及本公司所派之全权应否照通例加给一训条或另法变通办理之处,以上三端应请公决。

公议:李会长所请公决三端,李会长系照规则办事,大岛君所请者系为时势起见,自应如李会长所云另法变通办理,以赴事机。大岛君面称赴美所应订之件,约价美金二十万元左右,必实有把握。惟现在钢铁市价增涨无已,倘今之美金二十万元左右者,彼时或又高出此数,此事关乎本公司财政最为紧要,笠原君系本公司顾问,预算亦其职任上所应与闻,应请笠原君函告大岛君,请其于到美后,万一所应订之件出于其面称大约美金二十万元之数,速行径电本公司或电达笠原君转告本公司核议电复,再行签字。至本公司添派一代表全权,不过为此事须求我政府转托美政府帮助,将来大岛君到美后,凡有与美政府交涉事件易于办理起见,大岛君以一人已足,当再恳求我政府电我驻美公使于使馆或领事署中就近酌派一人与大岛君接洽,相为援助。至全权文凭之外例有训条,今变通成例,即将大岛君来电所开之一、二、三条一并载入所致笠原君函中,请其转告大岛君照办。

公司董事会致笠原函

民国六年九月二十九日（1917.9.29）

笠原先生大鉴：

　　本年八月二十七日所致李会长暨总、副经理来函并附大岛君由东京来电一件，曾由李会长暨总、副经理于八月二十九日函复阁下转达大岛君在案。九月二十五日李会长将大岛君此番以大冶新炉一事赴美全权代表本公司一切办法及商办情形报告到会。本会公议：大岛君与李会长接晤时面称，赴美所应订之件，约价美金二十万元左右，应请笠原君函大岛君，请其于到美后万一所应订之件出于其面称大约美金二十万元之数，速行电本公司或电达笠原君转告本公司核议电复，再行签字。又，通例全权文凭之外，向有办事之训条，今变通成例，即将大岛君来电所开之一、二、三条一并载入所致笠原君函中，请其转告大岛君照办。查大岛君八月二十七日东京来电所开之第一条，来探孔列业已制成而可运出之机件，先行着其运华，其余之件悉行解约；第二条前条所云，其余未交之件当请八幡制铁所赶速代为制造；第三条凡在日本所不能造之件，则重向美国定购。以上三条请即函致大岛君照办。至大岛君此番所称在美应订之件，即系大岛君八月二十七日来电之第三条所称重向美国订购之件，合并声明。兹将英文代表本公司全权文凭及九月二十五日本会议案抄附，请即速行函寄大岛君。顺颂
台绥

　　　　　　　　　　　　　　　　　　　　　　　　　　董事会启

吴健致夏偕复函

民国七年四月二十一日（1918.4.21）

经理钧鉴：

　　大冶新厂袁湖购地，曾经公司详请前湖北民政长段委任余观海为委员在案。近盛府汉口地皮被人盗卖，余涉嫌，经盛府委托赵厚堂君邀请张履鳌大律师，将余拘押夏口县公署，是余君袁湖购地差使，当然应予撤销。业

经由健呈请湖北兼省长王查案撤销,奉四月十九日指令开:呈悉,余观海准予撤销差使,现在购地事如已完竣,无须再委,倘有未尽事宜,候呈复到日,再行酌委可也。此令。等因。奉此,并训令行余观海撤去此项差委矣。合亟函报尊处察核。

再,准冶矿季矿长函,以据陶知事询催余晓楼君未完手续,当函商黄厂长,余君去后,是否可免替人,黄复信意主仍须替人,健拟托由省长公署秘书长金煦生君代为物色妥人,呈请兼省长加予委任,但月须送以夫马费,将来县知事有酬谢,委员自亦不能免也。至托金所觅之人员,系与说明一切当帮助在我之一方面,必较余为得劲,尊意倘亦谓然,即请迅赐电示,俾便遵行。专肃。祗候

崇安

厂长　吴健谨肃

吴健致夏偕复函

民国七年五月二十二日(1918.5.22)

经理钧鉴:

接奉苟密电示,敬聆一是。冶绅冯兆凤等十八人于十七号面告季冠翁、黄绍翁,以我所许公益捐经年不决,请自明日起,厂矿一并停工(即十八号),否则不负责任。经李、黄会电询健对付,再电约赴冶一行,以便与知事妥商解决。当于十八号晨电复季、黄,请求知事保护,一面劝慰绅耆,余俟谒见省长后,如何核示再电达。拍发后,即晋谒王兼省长并呈阅冶电,蒙省长即电饬大冶县陶知事负责保护,切勿停工,并有公益问题如果为难,可呈由本省长秉公核定等谕。原电抄奉台阅。健回厂即将此情电知黄、季两君,并告以当派舒楚生君代表来冶。晚接陶知事电告,是日午后到窑,竭力保护,暂仍开工,颇示公益捐不定,风潮仍不能平之意。季、黄来电促舒速赴冶,舒楚翁当于十九号早附厂轮赴冶。继余晓楼省委已奉省长令委程知事敉功,尚在蕲水县承审差将次交卸到冶。窃思公益捐数每年若干,冶绅无强迫要求并以停工为要挟之理,舒行时,健语以抵冶可语知事、绅耆,省

委已派有人，不日即来，公益捐事，应稍待省委来日商议定夺，总期两方面得以过去，非此无理举动，我即为所吓急急承认定局也。彼如急欲定局，只能年认五千元，否则可推候省委来公决，或请知事呈候省长核定饬遵云云。舒楚翁今日回厂，据言，到冶见冶绅人众来势汹汹，坚欲将公益事解决，当告以滋事重大，须经公司经理并董事会全体通过，即吴厂长到场，亦不克立即解决，幸省委计日可到，诸君可稍待，此事在我公司一方面，亦急欲定局，绝不挨延，陶知事亦担任作速商决，众即解散云云。合即详陈聪听。敬颂崇安

厂长　吴健谨肃

吴健致夏偕复函

民国七年六月二十日（1918.6.20）

经理钧鉴：

敬肃者，冶邑绅民索新厂捐款，业经新派省委程寿乔君前往会同县知事及地方绅民，多方磋商，均以前允给每年六千六百元为词，故其数六千元恐不能再少。其名目以本冶厂方面认为公益捐，而地方绅民及县知事、委员等以矿业条例第五十九条、第六十二条为援引，第五十二条所谓偿金，指地价租金而言，众拟定名目为"租金"。业经程委员电商，当即复函请其一再磋商，定名为"公益捐"，不获允承，大概非用"租金"二字不可。日昨程委员来汉面述交涉情形，并交到会拟条件，查条件内拟一年给六千元，第一次先付三年，一自六年一月起算，余与前次县知事所拟条件相同，并接黄绍三君函拟条件前来，大致周妥，就此条件内签注，如不能用"公益捐"名称，用"租金"二字，将所援引矿业条例不适用语句叙明：乃由县委绅民参酌比依条例，请用"租金"名目，表示非适合条件，系属众意。余均详粘签，连同程委员条件，一并呈送钧鉴。

健查冶邑坚以非用"租金"名义不可者，探其原因，实因冶矿前者以公益捐名称，经徐前坐办年许四千两，后因地方无需自治费，即减少两千，以其公益名目，恐将来公益所用不满，所捐之数我得藉口减缩。以此之故，冶

邑绅民此次绝对不愿用公益名称,援矿业条例用租金名目,现已再恳程委员赴冶一行,作最后之解决,年给六千元,作为准数,"公益捐"名称而不用"租金"名目,请其力争。至若六年一月起算,第一次先付三年之拟,健拟开炉或七年起算,黄绍三君函拟破土日起算。查新厂系六年开工,即以六年起计算,距今只两年,所请先付三年,则预支八年份耳。健以预支一年不能承认。鄙意数目业已解决,现在为条件上之争议,字句出入攸关,不便擅专。理合先行驰陈钧核,训示办理,万一冶邑不认为公益捐,坚用"租金"名目,请示尊意,其有未尽事宜,乞速指示,以便遵行。

再,黄绍三君函拟,冶邑捐款至巨,若用公司名义,包括鄂城等县矿捐云云。所拟不为无见,但健前于冶矿提议公益捐时,曾以公司认付捐款,请省长支配之拟,虽呈蒙省长令准支配,厥为县邑官绅所摒弃,殊于事实上不能办到。至新厂兴办时,健亦提议厂矿共捐公益,又不果行,至为憾事。前次程委员赴冶时,曾面为重嘱,又经函达,反对用"租金",始终抱定用"公益捐"名称,请其争持,卒难圆融。此次程委员再赴冶为最后之解决,俟得确复,即呈报钧鉴。肃此谨陈。敬叩

崇安

厂长　吴健谨肃

盛恩颐批:鄙意公益名目在所必争,如冶绅不放心,可注明"永远不得减少"字样。仍请总经理核夺。

夏偕复批:拟稿中有"占用"字样,应改为"使用"字样较好。

吴健致夏偕复、盛恩颐函
民国七年七月六日(1918.7.6)

经理钧鉴:

敬肃者,奉六月念六日第四十八号钧函,敬悉。健于函呈钧处条件后,嗣又与程省委磋商,将条件大加修正,所有"占用"及"租金"等字样,一律删除,交程省委携冶会商办理,但程省委二次赴冶,正在进行商榷间,适冶县陶知事病逝,主体递故,不免停顿。现奉委尹君桐阳接任冶县事,尹君与金

煦生君至好,来函云代为维持,并悉程省委亦与尹君至好,故彼此联络尚非难事,条件想自易商妥也。健已函告黄绍三、季冠山两君与新任知事会晤接洽外,所有最终改正条件,原底录呈钧鉴。谨此肃陈。敬颂

崇绥

厂长　吴健谨肃

［附件］　改正条件

汉冶萍公司在湖北大冶县境添设新厂,扩充应用铁路,所需基地路线,除人民私产已给价圈购外,所有用及公港、公路、水利之处,经汉冶萍公司与冶邑各界代表凭王兼省长委员程、大冶县知事陶认定各条办法如左:

计开:

一、汉冶萍公司在大冶县境添设新厂扩充铁路,凡需用公路之处,另行筑还公路一条,使行人往来,交通不致断绝。凡有需用公港之处,应建设暗沟或明沟,以泄山水。

二、汉冶萍公司在袁湖上下圈购之地点内,应修造码头一座,为地方人民往来之用,码头左右如与公司工程无妨害,准人民停泊船只,惟不得堆积货物于驳岸及码头之上下。

三、凡全部铁道干路及支路经过之路线,有跨行人道路之处,公司应修涵洞或天桥,以便行人往来,而免危险。

四、凡电线经过之处,如有电杆必须设在民间田地中者,公司可使用之。

五、公司为振兴实业,不得已使用各处公港、公路等地点,冶邑绅商人民既愿意随时维持,除照第一条办法外,每年认付公益捐洋□千元,分四季交付知事公署,制付印收。

六、此项公益捐冶邑绅商人民不得移作不相当之开支,亦不得用于无公益之处。公司既尽认捐巨款之义务,与地方人民负有相助团体之责,此项公益用途应有考察之权,每于年终由知事公署函告公司,以备查核。

七、此项公益捐,公司应自开炉日起,按季分缴,停炉时期无付。

八、此项公司所认之捐款,系经大冶各界代表认为汉冶萍公司对于大冶地方已尽最完全、最后之义务,自后公司营业发达,扩充使用公有路港、水利等等,冶邑绅商人民不得再有他项要求。

九、袁湖上下一带,既经公司圈购,凡江岸、江面,应听公司设施,无论何人不得干涉。

十、以上各条,先由知事会同委员呈复省长核准立案后,再缮二份,一份存大冶县知事公署,一份存汉冶萍公司,彼此永远遵守。

程牧功呈王占元折

民国七年七月(1918.7)

敬呈者:

窃委员于五月二十八日奉省长委任,办理大冶袁家湖购地交涉事宜,遵于六月一日到差。查袁家湖交涉,以路港一案迁延最久,关系重要,比即驰赴大冶县,会同前任陶知事继贞,召集冶代表袁镛、胡俊奎、张立达等,切实磋商。当由冶代表提出条件十一条,其大致谓,路港为地方公有,须由公司每年认纳租金,又为地方人民利益起见,须公司于购有地点内筑还公路一条,并修码头一座,以为地方人民往来、运输货物之用云云。委员以此项条件系片面要求,应转交汉冶萍公司征求同意。复于是月二十一日向汉冶萍公司逐条讨论,由汉冶萍公司修正条件共十条,大致谓袁湖全境已经公司圈购,其间纵横路线应附带田地为公司所有,至展长铁路路线,亦经公司备价购买,其经过水港,由公司认修明沟或暗沟,以泄山水,与地方人民实无妨碍,且公司既允另筑大路一条,以便行人,另修码头一座,以便地方运输,已属尽有完全义务,准诸事实,实无租借之可言,不得已必须公司认输巨款,只得认为公益捐云云。查两方争执,不过“租”、“捐”二字之差。而认租,则所有权属大冶;认捐则所有权属公司,是名为“租”、“捐”之争,实在所有权之争也。委员以此案重大,不敢草率判断,只得仍回大冶,会同新任尹知事桐阳,再四研求,务期解决和平,免烦宪虑。遂于本月十六日重开会议,不料委员在县守候开会,而冶绅等不愿就商,忽于定期开会之前一日,

呈请县署检卷上诉。似此情形,委员虽欲秉公处理,免失和平,奈冶绅不受
商量,已无着手之余地,案悬莫结,内疚滋多。然委员办理此案,仅及月余,
往返奔驰,乞无休假,未敢负延搁之责备。理合将办理本案经过情形暨两
方所提条件,另折呈请鉴核,敬候批示祗遵。谨呈
湖北省督军兼省长王

大冶袁湖购地委员　程救功谨呈

公司董事会致夏偕复、盛恩颐函

民国七年九月三日(1918.9.3)

总、副经理均鉴:

据大冶绅学商各界代表彭兆凤等公函称:冶厂移山塞水,掘毁公共港
路,除已起诉外,函请开会议决,不宜再容吴、季两人在冶办事等情。兹于
本年九月二日董事常委提出,公议:查大冶绅商代表所控契价短税之说,本
公司业已补清税契。至公路公港之说,亦经省委余、程两君与之议有年纳
六千元之办法,只因"租"、"捐"两字之争,致未办结。现在又已起诉,究应
如何办理,仍请总、副经理妥筹核办云云。合将原函抄录奉览。即希查照。
顺颂
公绥

董事会启

盛恩颐批:候总经理商定。

黄锡赓致夏偕复、盛恩颐函

民国七年九月二十日(1918.9.20)

总、副经理钧鉴:

刻奉第四十四号钧函,既孙会长函抄,敬悉。本厂基地第一、二两批产
价补税一案,经王兼省长饬财政厅转令大冶县仍照旧税率正五附二补纳,
嘱查照办理,仍将办理情形见复等因。

查王兼省长复孙会长函,早经吴厂长抄寄冶矿转送到厂,当将补税一

案着手进行。本月上旬程省委到冶后,赓即邀同季矿长赴县与尹知事商议办法,据尹知事谓,尚未奉到财政厅明文,惟省长既有公函致孙会长,则将该函抄交县署,亦可照办云。现已将基地原契按照全价,另行赶造清册,第一起计一千零数十号,业已造就清册,本日已饬交涉员向石奇将该契及清册赍送县署,照正五附二补税矣。此两批契纸号数甚多,另造清册颇需时日,已与季矿长商定,每约一千号造册一本,造就即送县补税,以免耽误。一俟第一、二两批应补税手续完毕,当再报告。至冶绅方面,无甚动静,当不致再生枝节也。谨先奉闻,以慰廑系。专肃。敬请

钧安

黄锡赓谨肃

夏偕复、盛恩颐致公司董事会函

民国八年二月八日(1919.2.8)

董事会公鉴:

接据冶矿季矿长函称:袁湖圈购厂基,自民国三年十一月徐前坐办蒙盛前会长委任筹办,四年五月开始丈购,至五年七月,徐前坐办病故,计已圈购三千九百七十余亩。是年八月厚塈复蒙董会委任赓续办理,计补购二百四十余亩,又购通石灰窑至新厂路线,计地五十余亩。由是厂矿沿江路线方始接通,而厂基亦完全购竣,自东及西由西塞山至石灰窑沿江一带,计长十五华里,厂基内南北进深三四里或一二里不等,俱抵江为界,均为汉冶萍之产业。计厂基共购地四千一百八十六亩零五厘四毫二丝,立契四千八百六十二张,又印照二张,内除与富源煤矿争购涉讼凭县断结提契二十五张换到富源地基印照三张,除亏地七亩零六厘三毫一丝外,实计厂基地四千一百七十八亩九分九厘一毫一丝,契据四千八百三十七张,印照五张,地价钱三十九万四千七百八十七千七百八十文,税契钱二万八千九百六十四千九百零五文,洋三十二元三角,此厂基地价及税契用款之数目也。又新厂至石灰窑购行车路线计地五十五亩六分三厘一毫三丝,立契四十七张,地价钱一万二千五百十八千二百八十四文,税契钱一千一百零四千八百四

十四文,洋二十三元。两共钱四十三万七千三百七十五千八百十三文,洋五十五元三角。除造具清册十五本,交由吴、黄两厂赉呈外,此皆徐前坐办竭尽心力,计画深远,至今而始竟厥功,已悲宿草,其劳不可泯灭。厚堃接续办理,不过补购未了,结束一切,延及两年,惶悚殊甚。

接管卷内各业户因事争卖涉讼共三十一起,除逐渐清理由县讯结外,其余四周已购,或非坟墓即系村庄以及乡间市镇。凡此之类,当时皆以困难搁起而又居奇特甚,既无势力可强迫,惟以口舌为折冲。至购买延祥寺矶头成讼一案,虽城绅与里绅为难,在县控告,致陈、罗两绅被县拘押,因延祥寺矶头为厂矿交通一线咽喉,城绅欲藉此为公益捐要挟地步。厚堃得此消息,即嘱该绅约石堡众姓以公众名义出卖,城绅忿无可泄,所以迁怒于陈、罗也。又冶绅彭兆凤等以下厂内公路公港事竭力反对,屡次赴省上诉,厚堃并被控告。凡此购地经过之情形,困难不仅如斯,不敢不为我两经理略陈梗概。现已圈购事宜一律清楚,拟本月止将购地局裁撤,所有案卷契据及一切册件均移交新厂接收,以凭存案,司事三人一并移请酌量录用。惟购地里绅陈月庭、罗功丞、云开轩三人向未领薪,尤以陈、罗两绅始终其事,劳怨弗辞,应如何给与酬劳,除函达吴、黄两厂长请分别办理外,所有袁湖购地告竣定期撤局,理合肃函先行呈报,伏乞酌夺转呈等语前来。

查圈购厂基时历四年,款糜巨万,徐前坐办开始于前,季矿长结束于后,其间发生纠葛,备历困难,在事之勤,后先无闲,除由经理等复函嘉慰,并以里绅陈月庭等三人帮同购地均未支薪,嘱与吴、黄两厂长商拟酬金数目,报候核请议给外,合将厂基购地竣事据情转陈,即祈鉴核备案。再,购地清册十五本前据黄副厂长赉送到沪,已发交会计所产业股保存,合并陈明。专此。祗颂

公绥

总经理　夏偕复

副经理　盛恩颐

冶厂建筑工程进展状况

民国八年二月十八日(1919.2.18)

一、已完工者

沿江驳岸、童梓堡工匠住屋、职员住宅三组、俱乐部、锅炉房、电机房、水池、水塔、高白炉一只、公事房一所、化验室、栈房七所、修理房、翻砂房、淀水房、进水道、存矿码头、趸船一只。

二、已动工者

厂巡外房屋、化铁炉两只及附属机件、矿石存仓三处、厂内铁路、炼焦炉地基、铸铁房、抽水房、趸船一只。

三、未动工者

矿厂连接铁路、职员住房七组、叶家堂工人住房九组、煤焦仓栈及机械、打铁房、模型房、装卸生铁设备。

夏偕复、盛恩颐致公司董事会函

民国八年十二月二十三日(1919.12.23)

董事会公鉴:

窃维冶厂自六年兴工建筑后,该县绅民等藉公港公路为问题阻挠开工,意在捐款。当函请贵会电致湖北省长仍派购路原委余晓楼君前往理结。余君到冶迓会该县知事,邀同县绅集议,始望极奢,要求巨万,经县委再四辩论,酌定岁捐四千元,为地方公益之助。该绅等力争不允,最后减为八千元,坚持不能再少,并援矿业条例五十九条及五十二条之规定,照使用土地应给关系人之偿金为词,名为"租金",不认为"捐款"。当以所议未能接近,抑置未理。该绅等因所欲未遂,竟要求厂矿停工,以肆恫吓。后又因城绅与里绅为延祥寺路线购地事涉讼,牵及冶厂地价短税,在省呈控。其时余君晓楼因事被控法庭,而此事无人接洽,久悬不决,终碍进行,饬由吴厂长呈请湖北省署另派委员程救功君到冶,赓续前议。

适大冶知事新任尹君对于厂事亦尚维持,集议磋商,定为每年由冶厂认缴六千元,以三千元为使用公路之公益捐,以三千元为使用公港之租金,自民国七年一月一日起算,年分四季缴纳县署,以后公司如有扩充,不得再有别项请求,并将冶绅及本公司开出条件折中酌定,改为八条,先由两方认可,再会呈省署批准立案,如约履行。兹据黄副厂长函,转据吴厂长函送大冶县委公函,此案呈奉省长指令,准予立案等因。除将原函折件保存外,照抄函折陈请备案前来。

经理等查该厂地方捐款一事,纠缠数年,始则计较捐数,继而争持名义。经吴、黄两厂长协助磋磨,县委折衷处断,始告结束。理合查案陈报,并将县委公函及批准条件抄送,即祈鉴核备案。祗颂
公安

总经理　夏偕复
副经理　盛恩颐

黄锡赓致夏偕复、盛恩颐函

民国九年二月六日(1920.2.6)

总、副经理钧鉴:

敬肃者,查本厂化铁炉所需灰石之计画,原拟就桐子包购山采用,七年份即着手圈购,当以该处山主中有李姓者向为冶矿哆啰石及灰石等包工,深悉该山地势便利,为本厂所必需,即居为奇货,索价银二万余两,屡商无效,遂决先购袁、田两山,以为将来之用,一面另行设法使减此山之售价。去年吴厂长函示,钧谕圈购此山,其时汉厂亦拟就本厂袁湖采用灰石,赓又与该山主磋商,仍坚持原价,不肯稍减,致又搁置。现值夏历年关在迩,探悉该山主需款至急,是为圈购此山良机,即向该山主一再磋商,并申言本厂已就袁湖开采,可不必另购他山,惟桐子包山价苟能较贱于袁、田二山,本厂尚可购入云云。该山主始允减价,每亩照前例九十四串文,后经再三开导,方得议定每亩钱三十四串文,较之袁、田山价减少一串文。此次购山所以坚持到底必须较袁田二山之价为低者,实欲破此田地每亩九十四串,山每亩六十二串之前例。现袁、田二山价格已减至三十五串,桐子包山又减

至三十四串,则以后续购山田当可不再援九十二[四]串及六十四[二]串之例也。

复查目下袁山开采灰石供应汉厂,水运码头固甚便利,但为冶厂计,尚非最上计画。盖袁山在化铁炉之东,而天桥起点在化铁炉之西,即在桐子包相距七八里之遥,如用袁山之石,陆运必不可少,若每里每吨运费作洋一分,年需十六万吨,则一年之中多费洋一万二千元之谱,铁道成本尚在外。若采用桐子包灰石,可直上天桥,此项运费即可省却。按桐子包山田约计一百十余亩,需钱四千串,合洋二千七百元之谱,连拆迁房屋灰窑等费不逾四千元,以较一年中所省运费只及三分之一,是为冶厂炼炉用桐子包灰石较袁山为合算之情形也。又查去年吴厂长曾致函厂矿,拟以万金购得此山,未获购成。现该山主因见本厂已在袁湖采石,又因年关需款,故肯廉价脱售,似不可稍纵,以失时机,业已准备丈量立契付价,于年内办竣。理合将详情陈报,以慰廑系。敬请

钧安

黄锡赓谨肃

夏偕复致黄锡赓函

民国九年四月二十四日(1920.4.24)

径复者:

接三十号、三十三号两函,以开采桐子包李家山灰石,并调地亩员王武源为监工等情具悉。查桐子包李家山,当购置时,原备开供厂用,兹以所开袁家山石少土多,仅供汉厂,请并开此山,以应两厂之需,既商经吴厂长同意,并将包工包单批准,应准照办。请调地亩员王武源为该山厂监工,所有地亩事归并地亩交涉员向石奇兼理,即将事务股地亩员薪水停止,均予照准。惟请加王武源薪水一节,查九年度该厂预算,王武源加薪只列四元,此次请加九元,于预算不符,应照预算所列加薪四元,连原薪共支三十元,自五月份起加支。除知照会计所转知遵照外,此致

冶厂黄副厂长

总、副经理

夏偕复、盛恩颐致黄锡赓函

民国十年一月二十七日(1921.1.27)

径复者:

接三号函,以据交涉员向瑞槐条陈,李家山后座山地四十余亩,可以廉价购入,又该山去年所购地界内民房二十余幢,拆迁费现已估得约数,及中窑吴、罗二姓屋,已愿领费拆迁各节,当以李家山后座山地,价虽廉而坟墓太多,迁费甚巨,势难照购,惟去年所购该山地界内民屋,急应办理拆迁,及中窑吴、罗二姓屋,拟即一并给费办理,面商吴厂长,意见相同,抄附估计迁费清单,陈请核示等情,并附清单到处,具悉。查核单列各条,该山后座山地,就目所见,已有坟墓二百余冢之多,将来办理迁让,给费既巨,纠葛尤多,自以不购为是。至李家山去年购定地界内民屋二十余幢,估给迁费九百九十千文,将来或有要求,至多不过加给二成。又中窑冲已购地界内吴、罗二姓市房各一幢,共估迁费二千串,均当核实,准并照给,以清前案。相应复请查照办理。此致

冶厂黄副厂长

总、副经理

(二) 厂矿扩充

夏偕复、盛恩颐致季厚堃、杨华燕函

民国六年八月十八日(1917.8.18)

冠山、华燕仁兄先生同鉴:

前以冶矿事工两部分地而居,形格势禁,妨碍实多,议定新计画,将事工两部办公房及各员司人等一切住屋,均移设于得道湾,以期便利,而免隔阂。曾于上年九月间由大岛改定移设建房预算书,计公事房银一万两,单身员司住屋五千两,员司眷属住屋及八处主任眷属住屋共二万一千两,矿

长住屋四千两,工人住屋五千两。共计四万五千两。兹接华翁洋文来函,拟将工务一部分所用之房屋先行估计兴修,所须款项视大岛预算,已占大多数。至事务部应需住屋若干,需款若干,尚未计及。将来事务部修建,设以所余之数不敷应用,则事后追加,殊属费事,亦非通力合作之道。鄙意建筑各有先后,事无不可,而两方住屋各需若干,修费各需若干,必得预为协商,切实估算。

兹将华翁洋函译汉抄附,即希二公查照来函事理,会同商榷,通盘筹画,另拟详细预算,寄候核夺。总以核实从俭,能以不逾大岛预算为更妙。此致。即颂

均祺

总、副经理

附译函

[附件] 杨华燕致夏偕复函

敬启者:

上月二十七日来函来已收到,后以诸事尚须略事调查,迄未裁复。得道湾组织总公司各节,兹已查明,议办各事条列于下:

各事务所及眷属寄宿舍

建筑各事务所及眷属寄宿舍等共需洋二万一千两,业已允准照拨。查各事务所如稽核处、收支处、材料处、车务处、扩充工程处,须洋二千二百五十两,五处共须洋一万一千二百五十两,所余仅九千七百五十两,以充建筑各书记眷属寄宿舍之用。

寄宿舍

建筑寄宿舍,足以容留三十三人者,原估之价系六千两,此专为工务科、事务科各员而设舍之外,并建有厨房,现恐此数尚不敷用,当设法增至七千两。

公事房

公事房原估之建筑费计一万两,除轮运处外,其余各事务所人员均可

在彼处从公。

工人住宿所

原估之价为数恐亦泰少。查车务处及修理物件处所用工人均系下六村附近土著，今若将该两处移设于得道湾，自不得不多建房舍，以备该工人等住宿。此层于原估时未曾计及，所估之数是以甚少，今既查有此项情节，即当于常支经费内拨用款项，以筑工人所须之房舍。

得道湾建筑之修理机械处一切工程大致已经告成，下六原有之修理机械处内所有各种机器，下月中即可迁移至彼，故此建筑工人住宿所之一事，不能再有耽延矣。本公司事务部如收支处、会稽处等，何时可以迁往得道湾，现在尚无定期，工务部所需之房舍拟即按照下开之建筑办法从事建筑，而留出款项以备将来移置事务部之用。工务部所需之房屋，拟即从事建筑各项房舍开列于下：

一曰总公事房，内分六处：

甲、为工务部

乙、为得道湾采矿处

丙、为扩充工程处

丁、电务总管处

戊、材料处

己、会议厅

以上共须洋六千五百两，所余三千五百两，以备充事务部支用。

二曰各处所须之房舍，每处须洋二千二百五十两，共须洋六千七百五十两。

甲、矿务处（二年前已经完工）

乙、车务处

丙、扩充工程处

丁、材料处

三曰眷属寄宿舍。眷属之须安顿者计有十二家，每一家眷属所须之房舍须费六百两，共洋七千二百两。

　　筹拨之款共计二万一千两,而工务部一部分各办事处已占去洋六千七百五十两,眷属寄宿所又须洋七千二百两,两共一万三千九百五十两,其所余之数以备事务部之用者不过七千五十两而已。

　　四、工人寄宿舍须洋五千两,或尚不至此数。至事务部一部分则无工人须为安顿。

　　五、各员寄宿舍。工程科员数甚多,约有二十余人,亦须房舍安顿,拟即将所余之五千两尽供建筑该员等寄宿舍之用。所建之房舍务须宽大,可容二十余人,今若将所余之五千两分给与事务部,恐不敷所需。该项寄宿舍均照卧房式样建造,配有厨房,俾寄宿其中者可以自备伙食。

　　以上所拟先将工务部一部分迁至得道湾暨一切办法,如承俯允,则矿长所须之房舍亦须及早建筑,否则在铁山、得道湾两处奔走,殊形不便,且亦废时。今之所拟,三月九日信中已经提及,大岛亦以为然也。约一星期前,铁山工程处及各员寄宿处以大雨时行,屋漏不堪,不得已停工,俟雨止再行工作。屋上所盖之瓦不得不酌量更换,俾下次大雨时不至再为此停工。上开估计之价值及所需建之房舍,皆遵照二月二十七日来示办理,切盼复示遵行。又,敝处所发之函尚未奉有复函者,兹特开列于下:

　　一、四月二十九日函内详建造砖灰瓦窑事。

　　二、七月三日函内详增加各员薪水事。

　　三、七月七日函内详预防意外危险,预先保险事。

大冶矿长　杨华燕谨上

黄锡赓致夏偕复、盛恩颐函

民国六年十一月七日(1917.11.7)

总、副经理钧鉴:

　　前与大岛等会商,所拟在新厂下游江边添筑码头,以备冶矿装堆东矿之要需,当经饬令工程股,按照所定计划绘具图说,并具二十七号函陈报在案。兹堆矿码头图样业已绘成,招标章程及工程估单,俱已核就,约估此项工程需银四万八千余两,当经送请杨矿长察核,并经杨矿长嘱由本厂代为

招标,除已登报招标并由杨矿长另函详陈一切外,合将图样一幅、招标章程
一册,寄呈钧察。专肃。敬请

崇安

黄锡赓

黄锡赓致夏偕复、盛恩颐函

民国六年十二月二十九日(1917.12.29)

总、副经理钧鉴:

敬肃者,大仓洋行承筑大冶铁矿矿砂起卸码头之新江岸工程,业已开
工,该处应造铁路干路一道,枝路七道,筑矿砂存厂六格。其工程之计划早
经与大岛顾问商拟妥洽,刻已令工程股绘成图样,编订招标章程,但恐尚有
增减之处,已将此图送交冶矿查核核定,仍照前例招标承造。兹特检送一
份,以供钧察。按此种布置,系就冶矿原有码头斟酌而变通之,使地位宽
展,输送便利,而免以前堆矿侷促及阻碍行车诸弊;即将来改用机器起卸,
亦无扞格等情。计其容积可堆十八万至二十四万吨,合并申明。专肃。

敬请

钧安

黄锡赓

黄锡赓致夏偕复、盛恩颐函

民国七年六月二日(1918.6.2)

总、副经理钧鉴:

敬启者,接诵第三十二号公函,敬悉。大仓洋行所包冶矿接筑袁湖江
岸工程,因地脚不坚,应修改章程,加添工费事,已经照准。又承指示,被水
冲去之工程,应由该包工赔修,不得混入加添工作之内,并经钧处函令冶矿
派员来厂帮同监察等因。遵即函知工程股查照矣。此后该江岸工程进行,
赓当随时亲往该处严行监察,不使有混淆情事。请释廑系可也。

惟查大仓洋行承包此项江岸工程之外,尚有冶矿存矿厂铁路堤岸工

程,亦系该行另一合同承包,此二项工程之地点有连带关系,今照修改章程,江岸斜度既较原样略平,则其顶必向内移进若干尺,因此铁路堤岸亦须缩短若干尺。该行对于加添之工程,须照章加价,则对于减少之工程,亦应照章减价。当经与之力争,始允将原定铁路堤岸工程之价计银一万七千三百十二两四钱四分减去银一千七百四十一两一钱九分,合净价一万五千五百七十一两二钱五分。并此申明,敬祈鉴核。祗请

钧安

黄锡赓谨肃

季厚堃致夏偕复、盛恩颐函

民国七年七月十四日(1918.7.14)

总、副经理钧鉴:

前奉面谕:冶矿近来日本重要人物时来参观,而办公处所尚未建筑,不足以壮观瞻,只须不动正项,另筹别款,从速办理等因。

查冶矿总局屋本窄狭,尚系官办移交,已将倾圮,员司办公本属勉强之计。宣统三年王前总办曾将余矿规元一万两呈缴公司,蒙盛前会长批作建造公园之用。民国二年刘前坐办呈请即以该项余矿一万两由公司拨还,作为建筑公事房之费,业蒙董会通过在案。兹奉前因,当托新厂土木工程师绘具图样,寄呈钧座察核。据该工程师称,估价总在一万数千两,拟请查照前案及民国三年至本年上届积存余矿一万零六百余两,亦经存帐,二款之内请拨银一万两,不敷之款,再由厚堃将所存废铁变价凑集,总以仰遵钧谕,不动正项为要义。伏乞批准,以便招标选择,呈请钧座定夺。现在石灰窑一带厂矿并设,正钢铁发达之时,将来鄂城开办,水陆交通,上达武汉,下至九江,扼要中权,石灰窑必为长江巨镇,所以建筑总汇机关,尤以石灰窑为适当。专肃。恭叩

崇安

季厚堃谨启

（三）款项预算

盛宣怀致公司董事会函

民国五年三月十八日（1916.3.18）

董事会诸公台鉴：

本日接上海正金银行支配人儿玉谦次函称：贵公司于新设扩张改良工程，现已着手进行，惟近来情形多变更，贵公司前定预算，不知能否敷用，颇为代虑，所以敝行殊望贵公司按照现在情形重定一切实确正之预算，以资进行，故将左开数端，特行奉询，尚祈详查赐复：（一）重定预算之款项目及其估价；（二）如重定预算九百万元不足敷用，拟如何办理，请将办法详细示知；（三）预算内照金本位算者若干，照银本位算者若干，祈分别示知。以上各节系奉敝总行头取专函嘱托，务祈费神代为详查，早日示复，不胜感祷等语。相应转达贵会，希将贵行指询各节，逐款详查，究竟前议通惠公司分年借款一千二百万元，是否敷用，通惠能否办理，以便即日函商孙会长，再行转复前途，不胜感祷。除函代总经理、总稽核、会计所查照外，敬颂

公安

盛宣怀

大岛致王勋函

大正五年七月十九日（1916.7.19）

代经理台鉴：

敬启者，接奉上月二十四日台函，嘱将各项新工程预算，兹谨附呈台阅，并附陈鄙见如左：

一、高坑煤矿之预算　谨按尊意，如按照每日出煤一千吨为止，其费用应估若干，但每日出煤一千吨，必不敷汉冶之需用，黄矿长原估系按照每日二千吨，故鄙人仍按照二千吨估计。

二、由高坑至安源之铁路　谨按尊意,可以劝北京筑造此路,作为萍株之枝路,但鄙意窃恐其不允。因该线前已测过,山路崎岖,万不能筑造普通式之轨道,只宜于三尺宽之狭轨。如筑此狭轨,可利用大冶矿所换出之五十五磅旧轨也。

三、汉阳提副料炼焦炉　查现时预算所按照货价及水脚,均如此之高,而欲于目前建造此项炼焦炉,实非其时,鄙人万难同意,请静俟欧战告终,全球已回复原状,再议可也。今暂时不建造此炼焦炉,于公司亦无所损失或窒碍之处。粤汉路之武昌及长沙一段,闻本年年底即可竣工,届时萍矿之焦炭,可以由炉边直运至武昌,无转折之烦,亦无破碎之虑。是则萍矿原有洋土炉之资本,不至废弃,又不须另筹资本充汉厂炼焦炭之需,所微嫌不足者,仅炼焦之煤气,不能利用之而已。然既省另筹资本,则亦足以弥补之矣。

四、大冶厂预算之不敷　查大冶厂预算不敷,大多数原因为所受欧战之影响,其重大不敷不关战祸影响者,只建字十五项地段项下之迁坟、砍树、搬房及税契等项,此等项数目及价率均逾于原估数倍;又同项项下,凿石及填土、改良路线,较原估多用而已。其余不敷,均为鄙人原估之所载,尊处以已逾款额,暂且删去。兹仍须补入者,鄙意仍照前补入之三项,即系堆存生铁栈、起生铁机及煤炭起卸机,最为紧要。苟无此三者,多用小工五百名,另须筹备其寄宿场所,此项场所为原估之所未及。且厂中各处所必需之工人,业经不少,今陡增如许,以此等毫无纪律之众,处于远离城镇之地,作辍无恒,往来不定,而欲恃之为长久之策,殊虑未能也。至于工程师费用,建一建二两项,因原估遗漏,当时未经加入,又现在预算系吴君估造,如一切人员均由其经雇,一切用款均由其直接管理,可必无不敷之虑也。合并声明。专此。敬请

台安

大岛谨启

预算一　高坑煤矿开办费

民国三年黄锡赓君原估银一百八十万零七千两,现因材料涨价,酌加

一百分之十分又三之二,计银十九万三千两,共计银二百万两。

工程顾问　大岛(签字)

预算二　高坑至安源铁路建筑费

由高坑至安源建三尺狭轨铁路一条,计长五. 三英里,用大冶所换出之五十五磅旧钢轨。

路基计五. 三英里,每英里二万两,合银十万六千两。

购地二百亩,每亩五十两,合银一万两。

迁坟、迁屋补田禾树木价及印契费,银一万两。

以上路基三项合计银十二万六千两。

预备株萍车易于装煤之场合银三万两。

车辆:

三十六尺汽车三部,每部二万两,合银六万两。

十五吨货车七十部,每部银一千七百五十两,合银十二万二千五百两。

以上车辆二项,共计银十八万二千五百两。

总共估银三十三万八千五百两,按整数言之,估作三十五万两。

大岛(签字)

预算三　汉阳提副料炼焦炉

按三井标价,每日炼焦七百五十吨,美国制葛巴式提副料炼焦炉机全具,在纽约交到船上,美金八十七万元。

煤焦起卸机十二万五千元。

二共炉机价美金九十九万五千元。

按三井随后报价约涨价一成,计九万九千五百元。合共估美金一百零九万四千五百元。

加水脚按一万二千吨计算,每吨五十元,合美金六十万元。

总共美金一百六十九万四千五百元,以整数言之,估作日金三百四十万元。

加建筑费日金二十万元。

宾尔素油机日金二十五万元。

硫酸机日金九万元。

总共估日金三百九十四万元,以整数言之,估作日金四百万元,按七五申合规银三百万两。

大岛(签字)

预算四　大冶铁厂之不敷

列德干利厂合同之特别加价,美金四万元。合日金八万元,七五合规银六万两。

水脚率加增按三千吨,每吨三十七两(约美金二十五元),合银十一万一千两。

迁坟、砍树、迁房及印契等,银五万两。

凿石及填土不敷之价,加增银五万两。

追加堆存生铁栈,银五万两。

追加装生铁机,银十万两。

追加卸煤机,银十万两。

追加三年内普通费用,银十五万两。

共计银六十七万一千两。

大岛(签字)

预算五　象鼻山开办费

民国三年份王宠佑君之预算,鄙意现时尚可采用,不必更改。

扩充铁路,银七万两。

装矿码头,银四万九千两。

碎矿机等,银二万两。

钻机等,银八千两。

压汽机,银一万二千两。

矿车等,银二万二千两。

房屋,银一万两。

杂项及不能预算之项,银四万四千两。

共银二十一万六千两。

王勋致公司董事会函

民国五年七月三十一日(1916.7.31)

董事会台鉴:

敬启者,前以各项扩充工程预算不敷尚巨,当即嘱大岛核实复估,兹接复函译呈台察,并分别申明之如左:

一、高坑煤矿之预算　按开采高坑与否问题,尚未大定,现仍候六河煤矿及大冶煤矿两处之征实,方定取舍,故高坑预算之问题暂可从缓。

二、高坑安源之铁路　诚如大岛所虑,政府或不允筑造高坑至安源之路线,故如开高坑,则该路必须自筑,以狭轨为宜。大冶所拆之五十五磅轻轨,本已售与日本,兹与商取销不售,留作此路之用。

三、提副料炼焦炉　目前钢料及水脚均异常腾贵,此项炼焦之炉机,当然以暂缓为宜。

四、大冶厂之不敷　查大冶厂之不敷,按大岛估开如左:

列德干利厂合同之特别加价美金四万元,合日金八万元,七五合规银六万两。

水脚率加增按三千吨,每吨三十七两(约美金二十五元),合银十一万一千两。

迁坟、砍树、迁房及印契等,银五万两。

凿石及填土不敷之价,加增银五万两。

追加堆存生铁栈,银五万两。

追加装生铁机,银十万两。

追加卸煤机,银十万两。

追加三年内普通费用,银十五万两。

共八项计银六十七万一千两。

第一项因三井爽约出乎意外,第二项乃时势使然,非人力之所能,逮第三、第四两项,原估时不能算准,至于第八项,则系原估时所漏,自应追加。惟第五至第七三项,最初原估单,实有此三项,勋以其共需二十五万之多,借款额不敷指用,故商明吴、岛及呈明贵会暂行删去,拟俟开炉后有余款之时,再行补购,兹既系大岛之意,仍须以追加为宜,其所言亦颇合事理。兹将其原估该三项数目及现拟追加之数目,分列于左:

原估(业已删去)	现拟追加	比较
生铁栈五万两	五万两	相同
装卸煤机十五万两	十万两	今多[少]五万两
装生铁机五万两	十万两	今多五万两
三共二十五万两	二十五万两	相同

以上各项是否应准其追加照造,应请董事会公议示遵,如荷核准,则其款由何处筹措,均祈台示遵办为荷。此请

台安

王勋

王勋致公司董事会函

民国六年一月十二日(1917.1.12)

董事会钧鉴:

据正金银行函称:现接横滨总行来函,以大冶铁厂工程预算不敷之款,公司究拟如何筹措,请即预定办法,切实示知,方可续行动用九百万元借款之开支等语。查大冶新厂预算前因不敷甚巨,当拟将可缓可减各项工程分别删减,以期收支适合,免致筹措维艰,先于民国四年八月十七日专函陈明,俟与吴厂长及大岛顾问妥商再定,嗣据吴、岛将拟缓拟各项分别删改,互商同意。旋因机炉加价、水脚增涨、迁坟、填土等费,亦与原估之符。复经嘱令大岛核实复估,曾据大岛将不符四项并请追加生铁栈、装铁机、卸煤机及普通费用等四项开具预算,共计实尚不敷银六十七万一千两,当以所请追加是否照准,不敷之款如何筹措,于上年七月三十一日函经贵会公议:冶厂预算不敷,追加自不能免,惟现在大局未定,应俟工程粗具之时,切实查明实需追加若干,再行设法筹措等因,载在议案。兹据前情,该行系恐将来工程未竣,款项不继,故请预为筹定方针,免致停待起见。所有前项不敷

银六十七万一千两,究应如何筹措,务祈迅赐公同议定,以便转复正金银行查照。专此。敬请

钧安

王勋

大冶新厂建筑及汉厂冶矿萍矿扩充用款报告及善后案
民国十一年(1922)

本公司于民国二年因汉厂建造第四号化铁炉完工乏款,并扩充钢厂等工程,萍冶两矿欲增多产额,添置设备,并于大冶建造新铁厂之需,遂赓续订措。辛亥年五月,公司与日本制铁所正金银行议售生货一千二百万圆合同内尚未履行之九百万圆,以供应此项用途,当时计算,该借款之日金以八钱计,合银约七百二十万两,拟以一百六十万两应付汉厂工程,六十万两应付萍矿工程,一百万两应付冶矿工程,其余四百万两,为大冶建筑新厂之需。三年秋,该厂矿应添各项建筑工程之预算告成,计汉厂需银一百八十万三千余两,萍矿六十七万五千两,冶矿一百二十二万一千余两,大冶新厂之首次预算于四年编成,计需银四百三十三万二千余两,综计四处共银八百万有奇,是时日币汇价亦几及九钱,核计借款九百万圆适足敷用。

孰知自是以往,欧战延长,机器物料无不逐步飞涨。而日币汇价日见低落,逮七年春,各处进行之工程,仅汉厂强半就绪,冶矿掺半,萍矿约十之四,而冶厂建筑则进行未久,机件大半未经订购,且规画照初又略有更改。其时日币已跌至五钱,逆睹该项借款,定不敷用,从前预算数目亦不足恃,因而将各处工程分别已做者,计已用款若干,未做者照时估计,修改预算,结果则汉厂前后需款一百九十五万五千一百六十两,萍矿七十六万二百九十两,冶矿一百四十四万九千七百七十两,冶厂增至五百八十一万一千三百二十两,四处共计九百九十七万六千五百四十两,较之首次预算增加一百九十四万四千五百四十两,其时借款九百万圆项下已支用二百八十八万三千圆,合银二百十八万七千两,其未支之六百十一万七千圆,以五钱合银,只三百零五万八千五百两,借款全数合银不过五百二十四万五千五百

两,不敷该项工程之需,缺短至四百七十三万两之巨。不意日币汇价仍有落无涨,八年九年冶厂工程正积极进行之际,需款甚巨,而拨用借款则殊不合算,盖收银少而将来还银多,亏损必大。适其时,公司年有盈余,款项裕如,是以所有应付该项建筑之款,除在外洋订购机件俱系金价,以借款拨付一百四十余万圆外,概由公司自行于盈余项下筹付。此项付款至九年底计达五百余万两。比及十年初,所有五年至八年止盈余一千九百四十余万两,除上项自付建筑款外,用于分派股息者三百二十余万两,职员酬劳五十万余两,拨还旧债五百余万两,经营新矿并投资他公司者一百五十万两,货料较四年底多存三百五十万两,尚存有日金二百万元,亦已向银行抵押用银,故现款渐缺乏,不敷周转,幸同时日币亦逐渐涨至六钱以上,拨用借款不致十分吃亏,借款既可拨用,则一时建筑之资固可不虞缺乏,毋须公司再行筹付,即公司需款之时,亦可以此挹注。是以该年公司营业不振,入不敷出,而尚未形竭蹶者,即恃此以资周转耳。惟该项九百万圆,至十一年初,除十四万余圆留以备付冶厂订购之打风机外,其余全数告竣矣。

然查各处工程,未完工者尚多,其已完工者,结算至十年底止,计汉厂用银一百五十六万二百六十四两六钱九分,萍矿三十四万八千五百六十两八钱八分,冶矿一百二十五万八千九百五十五两一钱二分,冶厂则除数年以来所付利息九十八万七千余两不计外,计五百六十九万一千九百零五两三钱,四处共用八百八十五万九千六百八十六两七分,其中以借款九百万圆项下拨付者,计日金八百八十五万五千三百九十一圆四十四钱,合银五百八十六万六百七十一两三钱,其余二百九十九万九千零十四两七钱七分,并冶厂建筑期内所付利息九十八万七千余两,均由公司自行筹付。其未完工程之规画,详加研究,审情度势,择其不急者去之,有更改计画而能省费者改之,有需要上所必须添设者添之,重行估计,修编预算,自十一年份起,汉厂尚需二十六万五千六百十九两,萍矿六十四万九千三百两,冶矿十五万五千五百两,冶厂一百二十万二千九百五十两,四处总计二百二十七万三千三百六十九两。兹将各该厂矿工程用款决算及以后预算列表,并加说明,附于篇后,用备鉴核。

以上所言,大冶新厂建筑、汉厂冶矿萍矿扩充工程不敷之款约二百余万两,欲继续完工,则前项借款业已用罄,款无所出,如半途中辍,则公司最初之目的不能贯澈,前途希望即难坚确。又,公司所付该各厂矿工程之款,约三百万两,现值金融杜塞之际,必须设法挪出,方能酌派股息,偿还急债,并以为资金周转之需,两共需款约五百万两。应行如何善后,拟请诸公详加讨论,指示方针,俾竟全功,而纾积困,是为至望。

盛恩颐致各厂矿函

民国十四年三月六日(1925.3.6)

径启者:

查此次大借款之用途,其一部分系专备各厂矿扩充建筑工程之需。该项工程借款合同内第三条载明,公司应将嗣后施行工程设计书、预算书及图样迅速提出制铁所及银行。至其工程,务于民国十四年三月三十一日以前竣工。又订定本合同以前告竣之推广计画工程,应自本合同订定日起六个月内,订定本合同后告竣之□,自竣工日起二个月内,将设计书、实绩书及图样提出制铁所及银行等语。自应依约履行。兹该借款内,留备尊处扩充工程之款,其数目计:

冶厂新建筑为　规元八十五万五百两

冶矿扩充工程为　规元八万一千五百两

汉厂扩充工程为　规元三万三千五百八十三两

萍矿扩充工程为　规元六十七万二千一百七十五两五钱三分

此数目系根据该厂矿十一年份之工程预算单,经工程顾问核定,删除不急之工程及减去各该项下十一年底止已支之款而定。现单所列,系自十二年起预算应需之数,故与原预算各数不尽相符。且又时阅两年,该项工程中,不无业经完工,或尚在进行者,其已支款若干,即希知照工程处暨会计处先查明各该项下十二、十三两年内,共计支出若干,速即逐项开列详细清单寄下,以便在借款内拨回该款,以应急需。其余未经进行之工程,按察目前情势计画,或有变更,可以无需再做者,或须缩小者,或须加大者,或为原列所无,此时必应添加者,应由执事会同工程人员,悉心筹画,重速编制,并照前开□款合同第三条上半节,将所需之工程设计书、预算书及简×图样,速寄备核,其预算款项总数,以

冶厂　八十五万五百两

冶矿　八万一千五百两

汉厂　三万三千五百八十三两

萍矿　六十七万二千一百七十五两五钱三分

已支之数,尚余若干总数为范围,切勿超越。至各该项支款时期,并希按照工程进行程序,分别酌定某年上半年或下半年各需若干,列明于各该项之后。四月一日起至九月三十日止为上半年,十月一日起至次年三月三十一日止为下半年。以便饬由会计所汇计,每半年向银行拨领一次,另储备支,合亟函达,并附该厂矿西文预算单,即希查照速办,限文到二十天内,寄候核夺勿延。至盼。此致

大冶厂矿季厂矿长、汉厂赵署厂长、萍矿舒代矿长、金正矿师

兼代总经理

五、厂矿生产

（一）汉阳钢铁厂

吴健致夏偕复函

民国五年七月十二日（1916.7.12）

经理台鉴：

　　敬启者，汉厂一、二号化铁炉近数月渐露不佳之情形，似必须大加修理。炉心、炉底之砖业已大都烧坏，且有裂缝，铁汁由裂缝漏出，已非不常见之事矣。至于炉管，所有冷风及热风总管均有漏气之裂孔，以致打风不能得力，而且高白炉之砖悉已烧化成灰，万难再用，必须重换新砖。更有一层，升降机业经用二十五年之久，万一出险，即束手无策，应趁此改装修用之新机。以上修理各件，除炉砖须外购，约需洋五万元外，其余诸料件本厂均能供给。至于修换之工程可仍用开标法招人承包，由标价最低者承造。现拟修理次序，先将一号炉停修，至修理完全告竣可以开炉时，再修二号炉，照此办法，以免出铁额大减之患，目前该两炉出铁成本较三、四号两炉每吨多银二两五钱，是以该两炉之出额殊不上算。现时三号炉尚未开炉，断不能停修一、二号炉，拟俟三号炉可以开炉时，再修一、二号可也。三号炉之修理工程，水管等早已完全告竣，其不能即行开炉者，因运输矿石、白石、焦炭不能敷用，水道转运既属不敷，码头起卸犹全恃人力，故暂时不开三号炉，以扩出额。兹将前昨两年来厂原料数目及将来需用短少之数开列于后，即祈察鉴：

材料	到厂每月吨数		三、四号炉月需吨数	每月短少吨数
	1914 年	1915 年		
二号矿石	17 060	17 965	25 500	7 535
白石	4 990	5 726	12 000	6 724
焦炭	13 878	14 835	18 000	3 147

照表所开,虽一九一五年较一九一四年略为加多,然需用之数短少尚巨,是以三号新炉必须至三码头卸矿机安置完竣方可开炉也。现拟开炼三号炉,将一、二号炉停修办法,恳仰核示为荷。

李维格致公司董事会函

民国六年五月十二日(1917.5.12)

董事会台鉴:

此次公司与日本制铁所续订生铁、矿石交额、价值合同,业已定议。格有不能已于言者,谨为贵会陈之:查年交生铁至二十五万吨、矿石至六十万吨之多,在欧美大厂矿固不足为奇,尽有倍蓰于此者。而在本公司之局面,则为非常之事,此后非有聚散为整之精神、旋乾转坤之毅力,不能达履行之目的。公司之成功在此,公司之失败亦在此,全视乎公司之利用,或坐失此机会矣。一出一入,关系重大,用将鄙见所及条列于左,以备采择。

一、备办工程　交货期限制铁所虽已允展,而二、三年之光阴,用之足可成事,忽之转瞬即逝,无论年产八十五万吨货物之不易,即产矣,欲运之到码头,装之入轮船,亦属不易。凡事预则立,急须通盘筹画,定一进行之规程,众擎共举,循序前进,方能免误事机,获收效果;否则,杞人之忧曷其有极,即如大冶新炉,民国二年冬借款告成后,若即订定,不致受欧战影响,早成有望,而迟延一年,适逢其厄,前车之事,不能不引以为鉴也。

二、疏通意见　反对公司者,其别有用意固不乏人,而因情意隔阂,以致反对者亦所不免。近有京友谈及京中重要人之于公司大都因抱悲观而致反对,其意以为公司终必破产,破产之后,厂矿必为外人所据有,是以利益公司，即利益外人，今公司不将此见破除，必多障碍，欲破除此见，非去其隔阂不可。使知公司若得上下维持，不但不致破产，且有无穷之希望。如隔阂一去，反对者一变而为维持之人，则别有用意者亦易就范，此亦目前一要着也。

至日本之对于公司，当辛亥变乱之际，公司不能交货，不能还款，有出无进，实已破产，倘彼欲据而有之，殆一绝好机会，而彼反以巨款借与公司，以资接济，此次合同所订之生铁、矿石于加价之外，并允种种协助，其无乘危之心亦已明矣。此亦宜使反对者知之者也。

三、减轻成本　公司之成败全在成本之能否轻减，据汉厂生铁成本表，民国五年出生铁十三万五千七百八十一吨，每吨成本银二十五两四钱八分，内利息一项至五两五钱四分六厘之多，除汉、冶两厂六炉齐开，出数加增，摊派利息自轻外，欲大减成本，其计画如左：

要求减轻债款利息；

冶厂多添一预备炉；

汉、冶两厂建设副产品炼焦炉；

汉、冶两厂建设干风机；

以上四项减轻成本之细数另有详表。

如以上四项均得如愿以偿，并竭力裁节各处糜费，则将来生铁成本总在二十两以内。惟上开四项如欲见诸实行，必须正金与制铁所竭力协助，方能望成。彼虽有协助之诺，而意谓必须公司确有自立之道，方不枉费其协助，此在公司自图之矣。

夫公司之不能早睹成效者，人事未尽者半，为厄运所困者亦半。惟人定胜天，及今急起尚不患无桑榆之望。维格尽瘁于公司者，十有余年，憔悴余生，已无再接再厉之能力。惟追昔抚今，拳拳在抱，如承顾问所及，无有不尽忠以告也。专泐。祗颂

公绥

李维格

汉阳铁厂民国六年份生铁出数

（照英吨计算）

月份	马丁	翻砂	总计
一月	7 579.900	5 192.700	12 772.600
二月	7 683.140	2 547.020	10 230.160
三月	12 071.160	2 120.900	14 192.060
四月	12 917.690	283.100	13 200.790
五月	11 208.960	214.600	11 423.560
六月	6 587.500	4 410.970	10 998.470
七月	6 591.480	5 429.530	12 021.010
八月	7 595.410	4 676.600	12 272.010
九月	10 511.470	984.000	11 495.470
十月	13 113.300	307.100	13 420.400
十一月	12 017.540	1 727.100	13 744.640
十二月	10 806.980	3 297.500	14 104.480
共计			149 875.650

汉阳铁厂六年份轧钢钢料成本

（单位：两）

月份	轧钢厂出钢货每吨成本	钢料厂出钢货每吨成本
一月	63.659 6	88.800 2
二月	72.554 5	99.983 9
三月	67.164 7	86.990 7
四月	77.802 7	93.274 7
五月	79.283 2	98.538 4
六月	72.119 3	89.094 6
七月	70.728 8	90.160 0

续表

月份	轧钢厂出钢货每吨成本	钢料厂出钢货每吨成本
八月	72.898 1	93.661 5
九月	73.582 4	96.586 1
十月	66.920 9	85.754 5
十一月	72.961 5	90.809 2
十二月	77.714 5	93.459 3

汉厂民国六年份各炉出铁并合匀扯成本

	一至六月	七至十二月
共出吨数（吨）	72 817.640	77 058.010
共计成本银数（两）	1 218 264.37	1 309 462.77
匀扯每吨成本（两）	16.740 9	16.993 2

王勋致夏偕复、盛恩颐函

民国七年一月十一日（1918.1.11）

总、副经理台鉴：

汉厂生电机及附属品前向德厂西门子定购，嗣因欧战不能运来，难以久待，现已重向美国片芝堡城威斯汀好司电气厂（Westing house Electrical Manufacturing Co.）定购。惟美国因战务需要，所有商家定货均置在后，制造无期，只有关于协约国造船或别项要需，可以给提前执照（Priority Certificate）。查汉厂生电机厂，是为开第四化铁炉，加出生铁，以供日本制所官厂，实可以间接附入协约国造船或别项要需之列，应请台端函呈外交部咨驻美公使，向美外部代请提前执照与该电气厂，俾利制造，而免延误，是为至要。专此，并请

台安

商务所长 王勋

夏偕复、盛恩颐致公司董事会函

民国七年四月二十日（1918.4.20）

敬再启者：

本公司外购山西平盂昔等处土铁回炉制炼，系由吴厂长建议，当与商务所一再研求，实属有利无弊。兹将理由为贵会陈之。

一、汉阳铁厂能炼生铁之化铁炉四座，第一、第二两炉每日出铁约各一百吨，第三、第四两炉每日出铁约各二百吨。第三炉因大冶矿石、萍乡焦炭不敷供给，停止未开。第四炉于今年春间萍焦不继停工四十天，八月十六日又以炉身受损须加修理，代以第三炉。以上四炉现开三炉，出铁即不能踊跃，此以矿石焦炭不敷炉用，遂有购用外料之提议也。

一、从前制铁用开平、日本焦煤，需用二吨方能炼成生铁一吨，继用萍焦，亦需一吨半炼生铁一吨，如购用旧铁或土炉铁，只要搀焦炭一吨便可炼成生铁七、八吨，例如用焦一吨半即可炼成生铁十一、二吨。

二、以冶矿萍焦制炼生铁，每炉日出一百吨或二百吨，如以土炉铁回炼，每炉照原出之数约可增出四十吨，此增加炉量可达十分之四。

一、萍焦运汉每吨作价十二两，是厂用关系，明受亏耗，如向开平购焦，每吨即需银三十余两。前吴厂长以炉需焦炭，深虞缺乏，本有及早筹划之意，今以土炉铁接济炉用，用焦少而出数增。

一、萍焦运汉，所有码头栈房不敷堆积，是以缓不济急，化铁炉有时作时辍之虞，今以外料供给之，可期四炉全开，不致停辍。

一、如所购土炉铁或旧铁，可以直接炼钢，则本厂所出之铁可留以供销路。

一、目前铁价飞涨，自以出数愈多愈妙，仅藉萍焦既不敷应用，而外购焦炭价亦不廉，今为筹划炉用起见，购取外料以资进行无阻。

以上购用土铁回炉制炼，关于营业上需用之理由，附笺陈明，敬祈鉴察为幸。再颂

公绥

总经理　夏偕复

副经理　盛恩颐

公司董事会致夏偕复、盛恩颐函

民国七年六月十八日（1918.6.18）

总、副经理均鉴：

前接七年五月十一日第四十四号公函，以据吴厂长来函，请查昔年官局移交汉厂地界及花园里基地、吕柏各洋员住屋，有无征实凭证，转请查案抄示，以凭复厂等因。卷查光绪二十二年官局移交商办时，曾由铁政局司道开具枪炮厂用料及公用码头、道路堤工等项章程八条，详经湖广总督批准照办，其第三条内云，铁厂界限至钢轨厂尾木栅为止，此外俱归枪炮厂界；又第六条内云，枪炮厂洋匠住房一所，平房两间，仍前留出，以为将来枪炮厂洋匠住处。又光绪三十四年李一琴君总办汉厂时，禀请商换兵工厂操场隙地，文内曾声明钢轨厂木栅，即今之西总门，操场即在西总门之西北，故按照官商交接章程所载地段，该操场一半及大别山脚水塘一带，本系铁厂西总门之地各等语，禀经湖广总督批准划还有案。是铁厂界址虽以西总门为限，而花园里洋员住屋，当时枪炮厂（即今之兵工厂）仅留一所，则其余均在移交铁厂管业之列，自无疑义。除俟查出官局移交清册，如有他项可以证实之处，另再函知外，兹先将章程八条抄奉台览，希即查照函复汉厂为荷。顺颂

均祺

附抄件

董事会启

［附件］ 枪炮厂需用钢铁料及各事八条

计开：

一、枪炮厂制造需料甚殷，铁厂自应随时供用，但算工料原价，不另计利。

一、上下厂码头道路均与枪炮厂公用。

一、铁厂界限至钢轨厂尾木栅为止，此外俱归枪炮厂界。

一、铁厂占地居多,所有堤工岁修经费,铁厂应摊七成,枪炮厂应摊三成。至大修经费,关系地方,应归湖北善后局办理。

一、堤外官地应收民房地租应提归公,以为汉阳县地课及津贴修堤之用。

一、枪炮厂洋匠住房一所,平房两间,仍前留出,以为将来枪炮厂洋匠住处。

一、薛姓营学生被火车压断胫骨,因公受伤,虽经医愈,已成残废,先经订明月给十金,以资养赡,应仍旧给发。

一、湘乡宾馆系善后局款购买,为拟建彭杨二公祠而设,不在铁厂之内,铁厂如愿购用租用此馆,应由铁厂自向善后局议办。

夏偕复、盛恩颐致吴健函
民国八年三月五日(1919.3.5)

径复者:

前接七号函,以兵工厂商借旧马丁炉一案,现该厂实行借用,所有偿还期限,如何与该厂商订,抑由公司与部订定,统祈核示等情,具悉。案查民国六年九月间,接据来函,兵工厂商借旧马丁钢炉,并许一面砌新偿还,当即复以必须定有期限,得陆军部承认方能允借。旋奉陆军部来函,即系据兵工厂呈请前项事由,承认借旧还新,请为备案之件。惟函无部印,又未署名,殊不足以昭信守,致未转行知照。接据前情,复经转会陈部,兹准董事会函:奉孙会长寄到陆军部印函,证明自借到之日起,两年内造还,请即饬厂拨借等因。用将部函另纸抄附,即希查照拨借,并与兵工厂遵照部函期限,订明信约,具报备查为要。此复

汉阳铁厂吴厂长

总、副经理

大岛:汉厂一、二号化铁炉改造方案(节录)
民国八年五月十日(1919.5.10)

汉厂一、二两号化铁炉建设及三十年,业已窳败不堪,今之照常使用,

实系勉强权宜之计。然该炉之岌岌可危，厂中人无不知之，非大事修理，将来必有出险之日，可断言者也。钢铁制造至近数十年而进步大速，该二炉于三十年前，不愧为英人新式炉样，然三十年来种种改良，固有之面目精神俱已大改，该二炉若在欧美，早已弃置不用，今我即与之作为赠物，余信其必不收受也。

该二炉缺点如左：

一、炉顶构造之不合法，既不能使矿石装入均匀，又不能将炉顶瓦斯完全收容。

二、无充分之去尘器与洗瓦斯器。

三、高白炉过低。

四、炉柱与炉心过近。

五、工作地位过低。

六、打风机与吊矿机均只一副，适有不测，即须停炉。

以上种种，均为用焦日多，生铁成本加重之源。

历年既久，炉底与炉心均已磨灭，近来熔铁时常喷出，至去年而识者早料其必有大溃之一日，然至今尚未发现者，天幸耳，或发现而救护成功者，亦侥幸耳。惟此种崩溃时时可以发生，发生后而救护无效，则其危险有不堪设想者，改造二炉之所必不可缓也。

本问题可于各方面研究之。

一、废置二炉，剩出地位，以作扩充钢厂之用，出铁不足之数，可于大冶新厂添设一炉补足之。

二、拆去二炉，即在原址添造与三、四号同样大小之新炉。

三、将二炉稍事修理，作为备用，三、四号停炉时方用之，俾汉厂每年出数不至减少。

四、将二炉拆下，仍用旧料之大部分改建似样新炉。

欲为上四项之取舍，可于汉阳出铁与大冶出铁二者孰为合算决之，余故依下列诸目研究焉。

......

结论

一、现在汉阳第一、第二化铁炉操业太不经济,生铁在汉阳轮船交货每吨约三一. 四四一元,较大冶第一第二炉所制者约高十元。

二、即与汉阳第三第四化铁炉比较,亦每吨约高三元四角。

三、如吴厂长建议改造汉阳第一第二化铁炉后,制造盐基性生铁,每吨之价约高于现在汉阳第三第四化铁炉所制者一元八角,而高于大冶第一第二化铁炉所制者八. 四五六元。

四、建设加大化铁炉于汉阳,以代第一第二化铁炉,此议亦不经济,不过所制生铁之价较现在汉阳第一第二炉为稍廉耳。

是以解决本问题不出以下二办法:

一、即将汉阳第一第二化铁炉改造,亦不能使生铁之制造费较他化铁炉低廉,不如为保护汉阳第三第四化铁炉起见,以最少之费修理之,俾能作第三第四化铁炉修理期内备用之炉。

二、然从营业上观察,则前条办法减少生铁产额,殊非良策,不如建一第三号炉于大冶新厂,费资不过二百万,将来成本即加入二. 六六七元利息及偿本金,尚能比汉阳之第三、第四化铁炉所出之生铁廉去四元也。以上二法,请择一而行之。谨呈

汉冶萍公司董事会

工程顾问大岛谨上

大岛:关于副产炉报告摘要

民国八年五月(1919.5)

余于汉厂一、二号化铁炉报告中,曾将吴厂长改造一、二号炉之建议详加研究,其结果为重造一层甚不合算,故余建议平时专用三、四号出铁,将一、二号炉停工,照旧式修理完好,作为备用,于三、四号之一损坏或修理时使用之。惟照此计画,开炉不多,出铁自少,用焦亦随之以减。如三、四号炉同时开工,则每日用焦不过六百吨,每年以三百六十五日算,当为二十一万九千吨,以整数计,约得二十二万吨,比较前次报告三十五万吨,实少十

三万吨,换言之,即少百分之三十七。故前项报告中各种款目除炼焦及提取副产物之工本,以出货较少,成本稍增外,均可照此比例递减,此为前后两次报告大不同处。职是之故,余前次报中之结论及条陈亦须连带变更如下:

一、结论

以下简单结论,专就汉阳欧战前状态而言,均以一年数目表之。

（一）汉阳二炉用焦确数（指运至炉傍者,参看甲二）

220 000 吨

（二）萍焦车运至安源确实数目（乙五）

231 579 吨

（三）照现时运输法由株州驳运萍焦至汉厂铁炉之确实成本（乙六）

4 472 003.88（元）

（四）前焦路运武昌再驳至汉厂炉边之成本（乙七）

3 751 580.05（元）

（五）以上第（四）法较第（三）法节省经费,即由（四）减（三）

720 423.82（元）

（六）汉阳炼焦由萍输送净煤至汉之实量（丙一）

325 926 吨

（七）照现法水运萍煤至汉炼出焦炭之成本（丙六）（一）

3 488 426.30（元）

（八）前项煤改为路运武昌再由水路驳至汉阳炼出焦之成本（丙六）（二）

3 090 796.58（元）

（九）以上（八）法较（七）法节省经费,即由（七）减（八）

397 629.72（元）

（十）售卖焦屑之利益,从（庚二）减（己一）或从 37 644 减 880

26 784.00（元）

（十一）售卖柏油及人造肥料之利益,（庚）三加（庚）二再减（己）二

247 352.00（元）

（十二）售粗安息香油之利益，从（庚）五减（己）三

96 052.50（元）

（十三）出售焦炉副产物所获总利益（即前三项相加）

380 188.50（元）

（十四）利用剩余瓦斯于现时钢厂所节省经费（参看辛十）

885 148.00（元）

（十五）建设副产炼焦炉并附属设备及提取副产物厂于汉阳所须之总资本金（参看癸一、二、三）

2 900 000.00（元）

（十六）除余瓦斯利益不计外，在汉阳炼焦以代由萍运焦至汉所获之总利益（子二）

402 837.68（元）

（十七）于第（十五）条更加以改造现时钢厂，俾能使用瓦斯所需资本共计（参看癸一、二、三、四、五、六）

3 200 000.00（元）

（十八）于第（十六）条更加以余瓦斯利用于现时钢厂之利益，总计所获赢利（参观子三）

1 239 988.68（元）

二、从以上各条摘论如下：

（一）由萍至汉运送焦煤须绝对改作路运，以比现时由株水运方法至少每吨可节减运费一元，煤质亦不致变坏。

（二）运送净湿萍煤至汉炼焦，比由萍炼焦运汉省费甚多，即因多运湿煤而增加之运费，亦可于运焦损失上取偿，而提出副产物之利益尚可不计也。

（三）建设新式副产焦炉于汉阳，不利用剩余瓦斯及提取副产物，除当地炼焦之种种无形方便外，财政上无利可言，前项计算业已表明，除资本偿还及利息之纳付外，每年损失约有二万八千八百一十一元五角（参观子二）。

（四）从他方面观之，如能利用焦炉余瓦斯及化铁炉顶部瓦斯全部，于现时钢厂之利益，则每年所获为（885 148 减 28 811.50 减 48 000）八十万零八千三百三十六元五角，计红利二分五厘二六。

三、条陈

（一）鄙意以为，宜先与粤汉铁道相商，于安源武昌之间每日得运输各项材料，若该路以货车缺乏为辞，则吾人可自备特别自卸煤车租与路局，尚可求其减少运费，以弥补吾人额外之用。

（二）宜于武昌鲇鱼套站添设屯煤场，建筑装煤码头，以便驳船装煤。更宜设置装煤卸煤机，以节省工价。其制造租与湘鄂路之运车，添设屯煤场，建筑装煤码头及装煤卸煤机各项经费，皆可以售去汉株间废置之拖驳所得金充补之。

（三）宜在汉阳建设一最新式副产焦炉厂，产量以能供现在汉厂第三、第四化铁炉为限，并宜附设副产物厂及硫酸制造厂。

（四）宜改造现时钢厂，俾得利用焦炉瓦斯及化铁炉顶部瓦斯，以代日本煤炭。照前计算，如年产钢制品十万吨，该项瓦斯已适足用。

（五）鄙意对于所需三百二十万元之资金，宜以最低利率磋商短期借款，以焦炉全厂及附品作抵。如是我公司不过处于债务地位，其他一切管理主权均操自我，此后无论如何，不准他公司在汉阳厂内设立是项焦厂，以免纠葛。否则于管理上彼此不便，必为工业进行之障碍。如蒸汽清水工人及各项材料之供给，均难划清界限。如此项借款不能于银行借到，可与殷实商家及实业家磋商，许以柏油及阿摩尼姆硫酸盐及生安息香油之代理专卖权为交换条件，仍以焦炉及附属品为抵押担保，俟负债还清，特权取消，谅彼亦乐于投资也。谨呈

汉冶萍煤铁厂矿有限公司董事会

工程顾问大岛道太郎再上

夏偕复、盛恩颐致公司董事会函

民国八年六月二十一日(1919.6.21)

董事会公鉴:

　　窃维汉厂冶铁专恃萍焦,而萍焦制法,系以土烟及甑炉炼成者两种。土炉除焦之外,他无所得,固无论矣,即甑炉炼焦,本有煤气,然在萍则无利用之处,徒归废弃,亦仅于得焦以外,别无利益可言。且由矿运株后,水程千里,转运维艰,装卸之耗散,风水之漂失,以及船户中途盗卖,岁计亏损,为数不赀。前本有就厂筹设副产炉之计画,提议多年,困于经济,迄未实行。四年间曾与三井洋行商订由彼建炉代炼,亦因条件过苛,事无成议。兹据工程顾问大岛君撰具汉厂添设副产焦炉报告书,综其大要,在汉厂建新式副产炼焦大炉,取用萍矿洗煤,由车运直达武昌,拨厂炼焦,以供四炉燃料,即以该炉煤气供给炼钢烘钢,及发生蒸汽之用,并以所余,售之厂外用户,提出副产品,如阿摩尼姆硫酸盐,可作肥料,柏油可作颜料炸药,安息香油可供汽车汽船等项用途。胪列设备经费之预算,比较萍炼汉炼之优劣,与夫副产所得之利益,缕晰条分,至详且尽,并谓预算建设资本经费,所需月余五百三十万元,为数虽巨,然与殷实商家或实业家磋商,以最低息率,商借短期借款,并许以副产之代理专卖权为交换条件,亦必乐于投资。至因添设此项焦炉每年实获利益约有九十万元等语,逐细审核,洵为裨益厂务,增进营业之计画。正在核转间,又据该顾问二次报告,以研究吴厂长改造一、二号炉之议为不合算,建议专用三、四号炉炼铁,将一、二号炉停工,照旧式修好,作为预备三、四号损坏或修理时之用,预算两炉用焦年只需二十二万吨,比较前项报告三十五万吨实少十三万吨,因兹各种款目,除炼焦及提取副产工本,出货较少成本稍大外,余可照此比例递减,只需资本三百二十万元,特将前次报告中之结论及条陈,连带变更具报前来,理合一并译汉,排印成册,检呈二十本,即祈贵会会长、董事俯赐省览,并应否照办之处,提出会议公决。至深企祷,祗颂

公绥

　　　　　　　　　　　　　　　　　　　　　　　　总、副经理

夏偕复致公司董事会函

民国八年六月二十八日(1919.6.28)

董事会公鉴:

窃查汉厂一、二号化铁两炉,系官办时建筑,历时垂三十年,炉式既旧,又经锻炼年久,日就窳败,不惟用焦过多,成本加重,尤虑发生不测,危险异常,亟应思患预防,妥筹良策。吴厂长前有建议,拟将该两炉改造,俟完工后,制炼盐基性生铁。商之大岛顾问,大岛以该两炉即使改造,因陋就简,缺点尤多,仍不能减轻成本,徒糜造费,殊不合算,因条陈两法:(一)将该两炉以最少之费,照式修固,专为替代三、四号炉修理期内之用;(二)前条办法,减少铁额,不如在冶厂添建第三炉,费资不过二百万,将来出铁成本,即加债息,尚较汉厂三、四号炉产铁为轻等语,并就原炉改造及另添一炉,两项办法,预算成本,比较轻重,一一论列。附以简表报告前来。

经理等逐细研究,该顾问条陈第二法,自系加增产品,本应积极进行,惟公司力有未逮,似不如暂从第一法,徐俟时机再图进取。兹将报告书译汉排印,检呈二十本,即祈贵会会长、董事省览。究应如何办理,请即择一议决施行为荷。祗颂
公安

总经理

盛恩颐致吴健函

民国八年十二月十日(1919.12.10)

专复者:

接一七二号函,以钢厂久停非计,现拟即日开工,所出之钢先造钢轨,函祈示遵等情,具悉。钢厂全部停顿已久,各种原料如果齐备,自应开炼为宜。至钢轨一项,当择最通行之八十五磅式拉造,一面并须照配零件,遇有主顾,即时可以出售,免得有轨无件,重需时日也。此复
汉厂吴厂长

副经理

倪锡纯致夏偕复、盛恩颐函

民国九年一月二十九日(1920.1.29)

总、副经理钧鉴:

　　奉四号函谕,据吴厂长函称:制钢股开工先以拉制钢轨为存货,惟应拉制若干及接续制件以何者利于销售,应饬行商务所开送定单,详示花色如何,化分如何,以便按单酌夺照制等语,嘱即查照办理等因。按吴厂长所称化分如何,系为配合原料裁制,成分有一九一七年样本可据,敝所售出货格亦依此为标准,是以售户无所容其藉口。至谓花色如何,系为制件之尺寸厚薄方圆平直,售户每以尺寸不齐,厚薄不匀,或货有裂缝朽烂之处,失其应用之效力,有所挑剔,此则以规矩准绳稍欠整齐,或因多年搁货日久窳败所致,敝所亦未尝不察情形遽加以不精良之名。查目前利于销路者以槽钢、工钢、角钢三种为最普通之需要,惟我厂钢货成本甚巨,较美国、日本所定成本相去悬殊,近来为开通销路出清存货起见,固不恤贬价推销,此后尚宜顾念成本依市价为转移,倘出货多而市价不宜,汇水复跌,则售之失利,置之搁本,久而久之,担负既重,仍不免于贱售出清之一法。鄙意八十五磅钢轨如制四万吨,早晚可望销售,而他种钢货成本既巨,莫如稍待时机,从缓开铸,较为稳妥。是否有当,仍祈鉴核施行。专肃。敬颂

钧绥

商务所所长　倪锡纯谨启

吴健致夏偕复函

民国九年二月十六日(1920.2.16)

经理钧鉴:

　　接奉二月十日第二十一号函示,祗悉一是。当与化铁股股长严冶之君熟商,勘验此项修理工程,实未便再缓延搁去,并斟酌经济问题,似亦无甚关碍,仍乞准将一号、二号两老炉先修一座,具有以下理由胪陈,函请察核:

　　一、该两老炉年久质窳,若再不立即拆修,实有颓坏之虞,届时需费

更大。

一、三、四号两炉，数年以来，虽曾经停修，惟所修者只及下部砖工，现上部砖工亦以年久毁损，须及时更换，且拟趁此换砖时，仿照外洋新式炉形，将炉之腰部移低，估修全部工程约须一年始克竣工，故目下必须赶即先修好一老炉，以为预备，俾于停修三号、四号新炉时，有以接续冶炼，庶工程及经济均获便利多矣。

一、拆修老炉所有各项费用，大略可分为三：（一）火砖火坭购价，占全部费用大半，查该件早于三年前购就，价已付过。所购此项高白炉砖，均系特别形式，不能改为他用；（二）所需钢铁新件，皆取用本厂成货制造，无须外购付款也；（三）杂料及工价，皆系零星之款随时支出者。综计所费现金月不过三五百洋，当不致与大局经济有所妨碍。

一、配用钢铁新件，由本厂机器股自行揽造，亦须时日，非咄嗟可办，又有如起重匠、锅炉匠等，均就现用者使用，并不因此添用加工价也。

具有以上种种理由，健拟仍祈核准施行，实为公便。肃候
钧安

厂长　吴健谨肃

夏偕复、盛恩颐致吴健函

民国九年三月十九日（1920.3.19）

径启者：

接三十九号函，以一、二号两炉亟应修理，仍请先修一炉，于经济问题并无关碍，拟具理由，请予核准等情。当即据情转商大岛顾问，兹接复函，对于所陈理论，未获赞同，兹照抄附阅。为今之计，旧炉之应修与否，仍以经费之多寡为断，希将先修一炉，除已有砖料不计外，尚需现款若干，希核实估计，开具预算，陈候核夺，再定计画为盼。此致
汉厂吴厂长

总经理
副经理

公司董事会致夏偕复、盛恩颐函

民国九年五月二十五日(1920.5.25)

总、副经理钧鉴:

昨接本年五月十三日第四十四号来函,以汉厂承办汉阳电灯,拟以大别山开洞要求协助,可否请议复等因。兹于本年五月二十二日第十次临时会提出,公议:汉厂电气有余,承办汉阳城厢内外电灯,系生利事业,据算成本,只需六万元,年可获利一万二千元,并可藉以扩充营业之范围,事属当行,应准照办。所拟乘此时机,要求官商协助开通大别山洞一节,系为预谋对付,免致阻碍起见,并准照行云云。相应函达,即希查照饬遵。此颂

均绥

董事会启

夏偕复致严恩棫函

民国九年六月八日(1920.6.8)

径复者:

关于停修一炉事,查五月三十日贵厂函开六条办法,大体尚属可行,惟以公司财政困难,以及时间短促(恐三号炉不久势必停修),本处仅能照允即时办理三四两条,第六条待公司财力宽裕时再议。其余各条,应于冶厂两炉全能出铁,而铁市亦较佳时行之,请即详细估计进行各条应需款若干寄交本处,以便考虑而批准焉。并说明需时几何,至执行三四两条,请切记时间之可供贵厂支配者甚为短促,盖三号炉炉腹以下已锈坏不堪,将有喷铁之虞,不可在一次大加修改加增炉腹之直径,不可使之过大,致现有之炉基支柱均需更改,则时间与经济均有不可能之势。自第四号炉停修以后,本年内以及明年汉厂只开一炉,请即查照。此致

汉厂严副厂长

总经理夏

公司董事会致夏偕复、盛恩颐函

民国十年六月十七日（1921.6.17）

总、副经理均鉴：

昨接第五十一号来函，以汉厂一、二号两炉及附属之天桥两架，年久式旧，时呈险象，估修费巨，不如添新，拟将炉身拆卸，免生危险，可否，请核议等因。兹于民国十年六月十五日第九次常会提出，公议：汉厂、一二号化铁炉两座，年久敝败，修炼既不合算，任其坍废，更属冒险，应准如拟，即将炉身依次拆卸，其附属之锅炉、机件，概系重价购致，移付他处均尚合用，应由吴厂长开单点数，妥为保存，并抄册一份送会备查，以重财产云云。相应函复，即希查照，转饬汉厂遵照办理。此颂

均绥

董事会启

夏偕复致公司董事会函

民国十年七月二十三日（1921.7.23）

董事会公鉴：

汉厂三号炉于本年二月二十五日停炼大修，业经据报转陈在案。兹据吴厂长函称：三号化炼炉修理工竣，业于七月四日早八时开炉冶炼，晚十二时出铁，一切尚见顺适，堪慰廑念等语。理合报请贵会鉴察备案。肃颂

公安

总经理　夏偕复

公司董事会致夏偕复、盛恩颐函

民国十年八月三日（1921.8.3）

总、副经理钧鉴：

昨接第六十一号来函，以汉厂员司组织义勇队，请准购领枪械，以资编练等因。兹于民国十年八月一日第十一次常会提出，公议：汉厂员司拟组

织义勇队,编练自卫,即以卫厂,事属可行,所需枪枝,准即由厂备价购领,以资应用云云。相应函复,即希查照饬遵。此颂

均绥

董事会启

夏偕复、盛恩颐致吴健函

民国十年十一月十四日(1921.11.14)

径启者:

据商务所送阅尊处洋文来函,谓交通部现改轨式,汉厂旧式制轨不合时趋,拟即停造,另制别项钢货,应以何者为需要,函请见复等由,转据请示前来。查交部既改轨式,自应俟颁定成式后,再行拉造,以期合辙。但别项钢货,现市亦极疲滞,目下经济困难,已制者尚苦堆积,无法疏销,若再添制,则搁本搁息,亏累愈深。为今之计,应将钢厂一律暂停。制钢人才如工程师、工长,称上选者,应仍留用,暂行分置于其他机关;其中下者,概予解散,一俟接有钢轨定单,再行延致。此系审度市情财力,为此撙节之处置,其在外洋工厂亦多有行之者。即希查照办理,并望见复是盼。再,交通部现改轨式,是否已有公文公布,尚希详示可□。此致

汉厂吴厂长

总、副经理

夏偕复、盛恩颐致公司董事会函

民国十二年三月三日(1923.3.3)

董事会公鉴:

据汉厂函称:昨奉湖北兼省长萧督军训令,据官产主任王殿元呈,饬缴高公桥地价等因,照录原令,函请核办等语。并附抄令到处。

查汉厂于前清宣统二年间,价购高公桥水塘一事,鄂省司局核定地价十万两,不允减让,经盛前会长与鄂督议定,由厂认还官钱局填土费钱七万串外,另再报效银十万两,以五万两筹垫湖北赈款,归赈捐局列收,另交善后局银五万两,分作五年缴清,仍符地价十万两之数。当将填土费钱七万

串于是年七月解缴官钱局清讫。其报效十万两,遵照议定之案,以五万两拨赈,已在宣统元年盛前会长筹办湖北黄冈等县灾赈,购办粮衣,实垫二十五万余两,内有铁厂垫拨五万两,一并散放,归赈捐局列收作抵。其另交善后局之五万两,正拟分年筹解,适辛亥军兴,遂致停顿。民国四年七月间,奉段巡按使饬提,当经查案具复,声请未交之五万两,俟营业稍裕,分年解缴。旋于五年六月二十八日报解五千两;是年十二月二十二日,报解五千两;六年十一月十五日报解三万两。三次共解四万两,均经贵会具函,奉有湖北省长复函存卷。至七年二月七日报解尾数一万两,系饬由汉厂具函解缴,亦奉有省长复函存厂。是该地价十万两,拨赈解现,早已清结。兹奉前因,殊堪诧异。或者萧督军仅凭官产处之呈,未查省公署之案,理合照抄来令,并声叙是案始末,及已解缴日期,陈请贵会迅予核复,实为公便。再,七年二月七日,由厂解地价一万两鄂省复函照抄一份,附送备案。并祈察阅。肃颂
公安

总、副经理

夏偕复、盛恩颐致吴健函

民国十二年三月七日(1923.3.7)

径复者:

接二十号函,以四号炉败坏,刻正补救,赶修炉盖,须暂停数日出铁等情。查现时需铁,正值吃紧之时,四号炉无论如何总须设法暂延,现与严工师商量补救之法,赶修炉盖,免碍进行,甚善。仍希注意妥为防维,毋令遽致停辍,能延至五月再行停修,方无滞碍。即希查照。此致
汉厂吴厂长

总、副经理

吴健、赵时骧致夏偕复函

民国十二年三月二十四日(1923.3.24)

经理钧鉴:

昨奉箇电开,从今日起,两炉统改炼翻砂等因。当即转行化铁股遵照

去后,接据该股报称,近日四号炉屡次烧穿,修理困难,三号炉亦间数日烧穿一次,如此情形,成绩不良,出数减少,且时或停辍,不无出险之虞,合将工程现状陈报备查等语。健复核所陈属实,相应函详,仰祈鉴察为幸。此颂

崇绥

厂长吴健谨肃

赵时骧代

吴健、赵时骧致夏偕复电

民国十二年四月五日(1923.4.5)

经理钧鉴:三井来函,本月下旬有轮来装马丁六千吨,现存马丁只二千六百吨,内二千吨押于兴业,现翻砂头号仅够装交日本之数,照现状马丁、翻砂均急待装,兹拟一炉改制马丁,乞电示遵行。健。歌。骧代。

夏偕复致公司董事会函

民国十二年六月二十八日(1923.6.28)

董事会公鉴:

顷接汉厂严副厂长六月二十七日西文来电译稿,第三号化铁炉今日又生破裂,致起可惊之爆发,损二水管,伤数工人,炉床所砌之砖甚形恶劣,亟宜修理,故须停炉,所需时间大约三月,严治之等语。查三四号两炉炉身熔炼多年,砖本剥蚀,近来常有破裂之事,只以公司经济困难,所恃以周转者,专赖生铁以应售销,迭令汉厂设法补救,本拟俟至六月底将四号炉停火拆修,俟四号修毕,再修三号。兹三号既出险,自应赶紧修理,至四号情形,据汉厂报称,修补后近来尚称安稳。除电嘱先将三号赶修,设法保卫四号继续熔炼外,理合报明贵会鉴核备案。专此。祗颂

公安

总经理

汉阳铁厂致夏偕复电

民国十二年九月三日（1923.9.3）

敝处七月十九号函内，关于第四号炉事，现该炉上段于昨晚开始塌下，无法补救，危险万状，不得已停炉。至三号炉修理工程，约九月底可以告竣。

潘国英致夏偕复函

民国十二年十月二十日（1923.10.20）

经理钧鉴：

敬肃者，日前所上铣、巧两电，计邀钧鉴。国英自闻株萍通车，即迭与粤汉路局筹商将武株一段开通，以期恢复煤焦车，适路局以经济困难，亦欲早日通车，经其再三与湘鄂当道疏通，本定本月十五日开运，因闻战事有变化，事遂中止。后知醴陵失守，系长沙站得之谣传，并非事实。故又商定十八日派机车赴湘先将前阻株站之焦车二十二辆拖鄂，如途中无阻，即接开安武焦车。乃机车正待出发，路局忽又接长站电，株洲有剧战，请缓开，其事遂又停顿。昨日消息甚恶，今日则闻赵军转胜，但军情瞬息千变，湘局如何，实一时难以逆料。惟闻北军已至白水，距长不远，据多数人窥测，北军既已前进，湘省战事或不至久延，运焦事国英仍当相机力筹进行，愈早愈妙，以仰副钧座郑重炉用至意。除俟通车有期，另再电闻外，所有十八日派车赴湘仍未实行情形，谨肃函陈，伏乞钧察。恭请
钧安

潘国英谨肃

潘国英致夏偕复函

民国十二年十二月七日（1923.12.7）

经理钧鉴：

敬肃者，奉运字第四一号钧函，以水运焦炭是否交汉厂，抑交冶厂，嘱

国英就近斟酌匀拨,毋使冶厂缺用等因。查前自湘省军事略平,即迳与粤汉路磋商开运,经该路再三设法,始于前月十八日通行武安煤车,惟因初次通运,机车空车均尚缺乏,所运焦炭不能逐日有到,复与该路筹商设法,自本月一日起,始逐日有车到鄂,但因空车仍多为军队占用,该路一时难以全数收回,故虽逐日到车,而运数多寡不一,大约多者日运五百余吨,少者则在二、三百吨左右,何日能恢复从前车运状况,现尚难以逆料也。至车运焦炭,每日无论所到若干,均随时全数驳运冶厂,目下似冶厂炉座尚不致于缺用。其水运方面虽经分派轮驳极力赶运,究以冬令水涸,轮驳难资畅行,民船则以军事之后,走散居多,现正设法招致。自开运后,到汉焦炭除少数民船外,轮驳亦只到三批,国英因冶厂焦炭尚不缺乏,故水路运到之焦,暂行全交汉厂收存矣。此后仍当察酌情形,双方兼顾,并遵钧嘱以供足冶厂,不使该厂缺用为前提,以期仰纾钧廑。缘奉前因,理合函复,伏乞察核。恭请钧安

潘国英谨肃

潘国英致夏偕复函
民国十三年四月二十八日(1924.4.28)

经理钧鉴:

敬肃者,奉运字第十二号钧函,以冶炉炼铁,关系外债信用,至为重要,该厂现因来焦过少,须大批接济方免停炉,除电萍矿设法加运外,嘱督饬转运源源接济,以顾炉需等因。查焦炭缺乏,不仅冶厂,汉厂亦同一恐慌,萍矿目下每日至多运出焦六百吨,以之供应两厂,约每日不敷二百余吨,左支右绌,实觉无法两全,日前曾上第二十五号函请停一炉,以便专顾一炉,计邀钧鉴。现虽蒙电萍设法加运,乃查阅株局报单,萍矿每日运出之焦,仍仅六百吨左右,似加车一层恐无法办到,停炉问题应早解决,既奉钧谕,冶炉关系外债信用,自应设法维持,则惟有暂停汉厂之炉。是否,乞决定分电遵行。恭请
钧安

潘国英谨肃

赵时骧、严恩棫致夏偕复函

民国十三年五月十一日(1924.5.11)

经理钧鉴:

　　萍焦来汉,不敷炉用,本月二日特电呈请准令汉冶二炉各暂减少用焦,稍延时日,以待接济,已奉江电核准在案。查汉炉自本月三号起至十号止,平均每日用净焦一百九十三吨半,其中搭用小焦百分之五,照统焦计算,每日用焦约二百零三吨。节省若此,仍乏隔日之粮,如天不作美,忽起暴风疾雨,则运输有阻,起卸不灵,停炉之患势所难免矣。汉厂全体昼间所需电力、夜间所需电灯,其发电之源,悉赖化铁炉所多余之煤气,化铁停止,则日需多用煤二十余吨。现值公司煤荒之际,将愈觉困难也。此间近日用焦情形,知关锦念,特此具陈一切,乞赐鉴察是幸。肃颂

勋绥

　　　　　　　　　　　　　　　　　　　　　赵时骧　严恩棫谨肃

赵时骧、严恩棫致夏偕复函

民国十三年十一月二十日(1924.11.20)

经理钧鉴:

　　汉厂此次焦炭缺乏,遵奉电示,已将三号化铁炉停火出清,所有情形业具第九八号函报在卷。骧等连日筹画裁人减费,暂维现状,除解散苦力散夫外,计裁减工匠、长工、磅司、夫头、听差以及小轮水手,共七百余名,另巡士十五名,月可省洋一万余元。现维持费用仍须现金二万元之谱,尚有未了工程,包工承办约共须洋三千元。骧等思汉厂为我公司开办之嚆矢,且处武汉交通之地,早为中外人士所注目,久于停顿,似于公司全局攸关,急盼速定办法为幸。专肃。恭叩

崇安

　　　　　　　　　　　　　　　　　　　　　赵时骧　严恩棫谨肃

赵时骧致汉阳兵工厂函

民国十四年五月二十二日(1925.5.22)

径复者:

准贵厂十七号公函内开等因。准此,敝厂随将本届租课派员如数送上,惟查月湖倾渣借路行车合同,昔年会订经陆军部并敝总公司核准,双方均有裨益,现在贵厂扩充并无妨碍,敝厂焦炭一到,即须开炉,无处倾渣,不能冶炼,临时再商继约,滋扰殊多。至云汉口商务发展,纷购此项炉渣填垫地盘,此不过冬令水枯偶然填筑码头之用,商场填地搬运费重,不敢用此。又云入湖之渣,复行挖起发售,查入湖之渣,敝处从未发售,惟管有月湖边塘地之天主堂,曾要求贵厂允准转函敝厂填实,建筑医院,以兴市面,此事系属公益,敝厂亦只得勉为其难,因塘接轨,挖取少许倾湖之渣填筑堤北之脚,该堤脚仍属贵厂。总之,月湖倾渣,双方裨益,贵厂得填实基地作用,敝厂炉渣得消纳处,而如废弃前约,敝厂惟有歇业而已。窃思我国实业幼稚,仅此一冶炼钢铁之厂,正赖政府保护,前张文襄公创办时,两厂总名曰铁政局,兵工厂为上厂,铁厂为下厂,不分畛域,互相提挈,互相维持。民国十二年地方阻止该湖倾渣,以谓有碍风景,曾奉兼省长萧指令并承贵厂前总办杨、会办敝向地方解说,仍维前案,免碍敝厂之进行。贵总办提倡实业,素具热忱。准函前因,将合同不能取销各情,缕晰函复。惟希谅鉴,至纫公谊。此致

陆军部汉阳兵工厂

汉阳铁厂厂长 赵时骧

湖北实业厅致汉冶萍公司函

民国十四年九月二十九日(1925.9.29)

径启者:

案奉农商部第七八七号训令开:案准湖北省长咨开:据汉冶萍公司总经理盛恩颐呈称,窃本公司于前清光绪三十三年十一月间,承租湖北武昌县(即今之鄂城县)属银山头、马婆山两处官有铁矿,归汉阳铁厂开采,禀奉

湖广总督批准。复于宣统元年四月间,遵章备具图说、矿界、照费,移由前湖北矿政调查局,详经湖广总督咨准农商部,颁给开矿执照到厂,计承租银山头矿山为六矿界零八亩八分六厘八毫;马婆山矿山为六矿界零十亩八分一厘八毫。共计十三矿界零四亩六分八厘六毫。遵即派员设备开采。光复以还,蒙钧署继续派员驻山监收出井税及矿界年租各在案。嗣因矿量不充,运道又复艰阻,无力经营,早经停采,饬将采存矿砂移运铁厂,已于本年六月间运清;一面将员役撤回,结束竣事。所有出井税早经按吨缴清,其矿界年租亦已按年缴讫,本年缴至六月三十日为止。至前奉发开矿执照,本存汉厂,兹经饬查无着,想系辛亥改革之时致有遗失。除俟查获另呈缴消外,合并陈明,仰恳钧长先予咨部注销等情前来。除指令,呈悉,据称该公司承租鄂城县属之银山头、马婆山两处铁矿采存矿砂移运铁厂,已于本年六月间运清,请咨部注销退租,并令驻山委员回省销差,应准如呈,分别咨饬可也。仰即知照,此令印发外,相应咨请查照注销等因到部。查该公司原领鄂城县属银山头、马婆山两处铁矿现已停办,呈请注销,自应照准。至该公司前领之开矿执照二张,应即由该厅转饬查缴部,以清手续,仰即遵照,此令。等因。奉此,相应函请贵公司,希即将领之开矿执照两张送由敝厅转缴为荷。此致
汉冶萍公司

厅长　杨树芬

汉冶萍公司钢铁产量表[①]

1894 年—1925 年底止

（单位:吨）

年份	全年总产量		其中:汉阳铁厂		大冶钢铁厂	
	钢	铁	钢	铁	钢	铁
1894 年	680	4 636	680	4 636		

---

① 本表系根据公司档案摘录整理。

续表

年份	全年总产量		其中:汉阳铁厂		大冶钢铁厂	
	钢	铁	钢	铁	钢	铁
1895 年	680	4 360	680	4 360		
1896 年	1 236	11 055	1 236	11 055		
1897 年	8 418	24 022	8 418	24 022		
1898 年	22 506	20 490.5	22 506	20 490.5		
1899 年	20 257	25 483	20 257	25 483		
1900 年	22 134	25 892	22 134	25 892		
1901 年	12 451	28 805	12 451	28 805		
1902 年	22 906	15 825	22 906	15 825		
1903 年	—	38 875	—	38 875		
1904 年	—	38 771	—	38 771		
1905 年		32 314	—	32 314		
1906 年	—	50 622	—	50 622		
1907 年	8 538	62 148	8 538	62 148		
1908 年	22 626	66 410	22 626	66 410		
1909 年	39 000	74 406	39 000	74 406		
1910 年	50 113	119 396	50 113	119 396		
1911 年	38 640	93 336	38 640	93 336		
1912 年	3 321	7 989	3 321	7 989		
1913 年	42 637	67 512	42 637	67 512		
1914 年	51 252	130 846	51 252	130 846		
1915 年	48 369	136 531	48 369	136 531		
1916 年	45 045	146 624	45 045	146 624		
1917 年	42 653	149 929	42 653	149 929		
1918 年	26 996	139 152	26 996	139 152		
1919 年	4 851	166 096	4 851	166 096		
1920 年	38 760	124 947	38 760	124 947		
1921 年	46 300	124 360	46 300	124 360		

续表

年份	全年总产量		其中:汉阳铁厂		大冶钢铁厂	
	钢	铁	钢	铁	钢	铁
1922 年	185	149 525	185	148 525	—	1 000
1923 年	—	159 896	—	73 752	—	86 144
1924 年	—	179 128	—	61 268	—	117 860
1925 年		53 482				53 482
合计	620 554	2 472 863.50	620 554	2 214 877.5		258 486

黄金涛致盛恩颐函

民国二十年二月十四日(1931.2.14)

总经理钧鉴:

敬复者,本日奉到钧处汉字二号函开:目前如在汉厂开炼二百五十吨化铁炉,除焦炭一项另计外,按照现时工价并矿石成本、运力并算,每炼铁一吨实需成本若干,希即详确预算,克日具复,其炼铁一吨,约需焦量若干,并望估计,以凭核夺是盼等因。

查出铁一吨,需冶矿铁砂一吨六,白石半吨。铁砂每吨四元,由冶运到汉厂码头一元五角,由码头起到化铁炉矿仓起力五角,共计每吨六元;白石由冶运到汉厂化铁炉,每吨三元。此矿石之成本也。至焦炭暂以萍焦计算,每出铁一吨需萍焦一吨二五,按现时汉市售价,汉厂码头交货,每吨二十二元,由码头起到化铁炉炭仓,每吨一元,共二十三元,此焦炭之成本也。焦炭本毋庸金涛计价,因开炉以焦炭为一大宗,故并及之。此外,工价及材料均按时价推算,用并矿石、焦炭,详细列表附陈。统共出铁一吨,计成本四十四元五角八分五,若炉座机件之折旧换新及利息均不在此内。奉函前因,理合肃函检同表纸陈复,伏祈鉴核。虔请

崇安

代理厂长　黄金涛谨肃

黄金涛致盛恩颐、赵兴昌函

民国二十年八月二十五日(1931.8.25)

总经理、襄理钧鉴：

谨陈者,汉厂十四日全被水淹,业具删电报告,计邀钧鉴。兹谨将被淹各情形详晰陈之。

查汉厂自沿墙马路淹没以来,已历十余日之久,其防范工程,督率员工将各门堵塞,未尝稍疏,诚恐一旦水入,则全厂损失甚巨。讵十四日午后四时,兵工厂自该厂门起至工防营止,所筑之新堤,五圣庙、工防营两处同时溃决,该处宝庆帮泉隆巷居民逃避不及,死亡甚多,损失不可胜计。该厂围墙及炮厂同时冲倒,水由山边湖内直注我厂,横流汛滥。至六时许,我厂完全淹没,总公事房水深将与檐齐,且当时堤溃水急,多数难民拥挤入厂,无法阻止。该难民见厂中水势亦深,又不能出去,于是群趋到炼钢厂楼上,及化铁炉出铁场等处,现已设法婉劝遣出十之七八矣。至厂中将来被水损失,除俟水退时再行详报外,用将汉厂各公事房及各机器炉座与厂外房屋被淹各情形,另列一表并摄照片九张,呈请鉴核。虔请

崇安

代理厂长　黄金涛谨肃

韩鸿藻[①]致盛恩颐函

民国二十二年四月四日(1933.4.4)

总经理钧鉴：

谨陈复者,奉钧座汉字第六号函开:本公司股东大会现奉董事会公议于四月内召集开会,所有自十三年起至二十一年止历年营业状况,应具报告,连同帐略,当场公布,用特函达查照,希就主管事项将历年经过事实拟具简明报告,俾凭汇编刊布,务于函到十日内拟就见复,时期迫促,幸勿稍

---

① 韩鸿藻(1877—?):字病秋,上海人。时任汉阳铁厂事务股长兼摄厂长。

延。再,此次报告仍照前届并叙办法办理,合并知照等因。遵将自十三年起至二十一年止历年主管经过事实照前届并叙办法,缮具简明报告,陈请鉴核。虔请

崇安

事务股长兼摄厂长　韩鸿藻谨肃

附报告一份

［附件］

谨将汉厂自民国十三年起至二十一年止历年经过状况缮具简明报告,陈请鉴核。

查汉厂自民国十三年一月三号化铁炉开炼,至十一月因焦炭来源道阻,遂致停炼,资遣工人。计是年共出生铁六万一千二百六十八吨零。自兹以后,停工至今,是汉厂除十三年三号化铁炉开炼外,完全在停工期间,几无营业可言。至于帐略,历年由会计处转陈会计所,有案不赘。惟自十五年军兴以来,驻军络绎不绝,所有厂内外房屋,若山边宿舍、工人饭厅、俱乐部、洋房、机器股、制钢股、公事房、煤务处、渣砖厂、工人寄宿舍、伯牙台、洋房等,均遭毁坏,以及家具并各机件损失,业经十七年四月具第十七号函陈报,损失约值洋二万九千九百二十六元六角。重以二十年八月水灾,全厂淹没,损失甚大。业将厂内外最重要之房屋、机件估价陈奉发下修理费洋三万三千八百七十元,重行修理。然家具损失,零碎难纪。现在各股处修理工竣,惟湖北债捐处历年向厂内提去焦炭、渣铁、槽钢头等,湖北省政府提去钢轨、配件,均经取有印收陈报在案。将来轨件,省府非扫数提尽不止。以上所经过事实,其中关系最重要者,一在十五年以后驻军,一在二十年水灾损失,此外则债捐处、省政府提去焦炭、渣铁、槽钢头、轨件等,为损失之最大者。至汉厂房地租金收入项下,计厂外各里房屋月收洋约一千元,汉阳杂租及汉口地租月收洋约七百元。此历年经过之事实也。

韩鸿藻致盛恩颐、赵兴昌函

民国二十二年六月七日(1933.6.7)

总经理、襄理钧鉴:

敬肃者,近来阴雨连绵,寒气殊甚,江河水势日渐增高,若再涨七尺即上马路。观此景象,殊抱隐忧,故已具虞电陈请筑堤在案。查前年水灾后,各处或筑新堤,或培旧堤,若兵工厂亦筑新培旧以防再患。所以今后水之容流只有江河两道,不能旁溢他处。本厂低下,前年大水超过老堤二三尺不等,有此经验,知老堤高度,无济于事。兹为防患于未然起见,昨集议金拟培旧筑新,从大昌门起接连兵工厂新堤,将老堤加高四五尺至土木处止;自该处往东至东总门老堤,均与地平,且上有房屋,不能培加,只有从该处起,于襄河边沿原有洋灰墩外另筑新堤,至兴仁里角上止;再从兴仁里角起,依厂外围墙,该处地位狭窄,只得用钢骨水泥做九尺高斜坡,约二十丈长之外,仍用土筑新堤至东总门外山脚为止。似此分三种筑法,堤高七尺,脚一丈二尺,面六尺,计长八九百丈,约估计工料洋七千余元。水未上岸,留出阙口七处,以利交通。是水上马路即将口子堵塞,如此办法,虽有大水可保不淹,前费修理巨金亦不致虚糜。至厂内积水,前年由兵工厂出煤,借本厂打水机抽打,今该厂筑堤隔绝水道,与彼无碍,而本厂今须自打,现正向该厂磋商,借通电力抽打,谅可允许。以上所拟各情形,是否有当,理合陈请鉴核,如蒙许可,请速汇款以便兴筑,恐水再涨,取土不易。合并陈明,虔请

崇安

事务股长兼摄厂长　韩鸿藻谨肃

韩鸿藻致盛恩颐、赵兴昌函

民国二十四年七月五日(1935.7.5)

总经理、襄理钧鉴:

谨陈者,近数日夏水暴涨,今日稍平,但尚阴雨不晴,甚为可虑,此际虽未浸上马路,然窃恐水势再增至二尺则进厂矣。二十年之大水损失甚巨,此种水患固为亘古未有之奇灾,窃愿以后不再发生,然默视近日阴雨,水涨万一进厂,则损失无异。究应如何先事预防或临时救济之处,鸿藻彷徨焦虑计无所出,用特肃函陈请鉴核,伏候训示祗遵。虔请
崇安

事务股长兼摄厂长　韩鸿藻谨肃

韩鸿藻致盛恩颐、赵兴昌函

民国二十四年七月十四日(1935.7.14)

总经理、襄理钧鉴:

连日抢险情形已具元电陈报计邀鉴察。此次江河水涨,自十日晚起至十一日水位已至四十九英尺三寸;十二日五十英尺零六寸;十三日五十一英尺四寸。昨晚水势稍缓,然尚涨未平,而抢险工作日夜积极进行,除东总门及兴仁门至材料股栈房一带外,又有邻德门、邻德里、锅炉厂土木处以及收支科等处,因下面炉渣作底,随时罅漏堵塞,应接不暇。北总门水已冒进,于是堆包以堵御之。查二十年之水患,系由兵工厂堤溃冲入,该时水位仅至四十九英尺,现在已抢至五十一英尺有零。幸今日自晨至午,仅涨寸许,犹可免强维持,以慰厪系。鸿藻惟有督率员工巡警努力,日夜防堵,以期本厂不致再罹浩劫。所有抢险情形,理合肃函陈请鉴核。虔请
崇安

事务股长兼摄厂长　韩鸿藻谨肃

韩鸿藻致盛恩颐、赵兴昌函

民国二十四年七月二十六日(1935.7.26)

总经理、襄理钧鉴:

谨陈者,此次大水,厂幸无虞。现在水势已退三英尺许,转瞬立秋,纵令再涨,本厂可保无虞。惟所属兴仁、邻德、修德、大昌各里尚未退出。查本年水灾与二十年大水比较不同,以海关水位论,二十年最高纪录达五十四英尺五寸,本年仅达五十一英尺八寸,相差二英尺七寸。今察本厂水位,比较二十年最高旧水痕,相差只一英尺三寸,足证本年襄河水位已涨至五十三英尺二寸。海关以江水为标准,二十年系大江水涨,故江水位高;本年系襄河水涨,故河水位高。江水源长,其退迟;襄水源短,且已到口,故退速。自襄阳以下,沿河堤垸全体溃决,汉阳全县被淹,所存者,只兵工厂与本厂而已,兵工厂有堤自固,本厂全以人力抵御化险为夷,此皆钧座之福荫也。现在抢险暂告结束,截至今日止,共用洋二千五百六十六元一角五分。此外,尚有市政府借来麻袋一百五十只,兵工厂借来麻袋一百只,未见来函作价给付,详细帐项即由会计处开陈会计所转陈钧鉴。所有抢险各情,理合陈请鉴核。虔请

崇安

事务股长兼摄厂长　韩鸿藻谨肃

盛恩颐致公司董事会函

民国二十五年十二月一日(1936.12.1)

董事会公鉴:

敬陈者,本年春夏之交,江水盛涨,当经饬令汉厂韩兼摄厂长按照二十年水位加高一尺去后,旋据该兼摄厂长拟具预算,并连同标单函报前来,后经派遣工程襄办小田团次郎等赴汉查勘,均尚妥善,工料费用共计二千三百六十一元零五分,并由小田襄办等会同估计善后工程,工料费共计八百五十元零一角,两共三千二百一十一元一角五分。先后汇寄整数三千三百

元,声明所余之数,作为汉厂经常费。兹由该兼摄厂长函陈,决算表请予核销前来,其善后工程内麻袋一项,因官禁卖,未经购备,故仅用去七百六十元零八角,两项工程实用三千一百二十一元八角五分。前寄三千三百元数内,尚余一百七十八元一角五分,留备购置麻袋之用,应俟麻袋购齐,所余之数再行拨作经常费,交由会计所核对无误。所有本年防水堤工暨善后工程,两项并计实用三千一百二十一元零八角五分,应连同预算估单、决算钞本各一份,陈请贵会核销,实为公便。敬颂

台祺

总经理

(二) 大冶钢铁厂

夏偕复、盛恩颐致公司董事会函
民国十年六月二十四日(1921.6.24)

董事会公鉴:

案查五月三十一日据冶厂黄副厂长函称:本厂第一号化铁炉除零星附属品尚未完工外,所有炉身等工程业经工程股报告完工,陈请派员验收,已饬化铁股查照办理,并将可收及未能照收各件详细具报,以凭催促工程股赶紧完工。再,查建筑时代一切工程均由工程股办理,现二号炉尚未完工,该股人员仍须照常办事,同时本厂又须筹备开炉事宜,而开炉之后又有营业时代之工程,倘添立工程股,则与原有工程股相混。值此建筑未竣、营业将始,不得不分清界限,设定办事机关,以专责任而利双方进行。适吴正厂长在冶,当即召集各机关首领讨论办法,经全体赞同暂设开炉筹备处,即于六月一日起开始办事,所有一切开炉筹备事宜概由该处管理,俟建筑时代之工程股取销时,同时取销该筹备处,另立营业时代工程股,以便专办营业工程。事至迫切,已承吴正厂长嘱即照办,一面报请备案。理合肃函陈请察核备案,并恳饬行会计所、总稽核处查照转饬,实为公便等语。当复以该

厂炉工现仅完其一,即须先行开炼,则建筑与营业同时并进,现有之工程股专属工程方面,自不能兼理其事,致涉混淆,所请暂设开炉筹备处,系为划分权限各专责成,应准照办,惟该处虽系暂设,应有简章,饬即抄寄查核等语去后,兹据该厂长拟具该处简章六条函送前来。查核所拟办法尚属妥协,理合照录转陈,即祈贵会核议示复,以便饬遵。肃颂

公安

　　附简章

总经理　夏偕复

副经理　盛恩颐

〔附件〕　开炉筹备处简章

一、本处限建筑工程完全告成建筑时代工程股取销时,同时取销。

一、本处应办各项工程事宜概由厂长指挥。

一、开炉之前,本处应办各项工程事宜,除化铁炉由化铁股办理外,所有建筑工程股已交未竣各工程及筹备开炉事宜,概归本处办理。

一、开炉之后,除化铁炉外,所有非建筑工程股应办各项工程事宜,概由本处办理。

一、机械、电机两科直隶本处。

一、所有非建筑工程股应办各项工程上应需材料,由本处开领,应需银钱亦由本处开支。

民国十年五月二十八日拟稿。

夏偕复、盛恩颐致黄锡赓函

民国十年七月二十八日(1921.7.28)

径复者:

本公司渴望新炉早开,并以万一延误,损失必多为虑,接读本月二十四日来电报告水塔塌倒情形,不胜浩叹。此情当亦为尊处所能鉴及,固无庸鄙人等言之也。

读同日来函云,塔中之水向下倒泻,竟将墙砖冲至五十尺以外,当日情形言之綦详,惟其所以致此之由,与夫出事以后开炉工作,究将若何延缓,均未见示及,故于本日上午发上一电,其文如下:本月二十四来电阅悉。能否将水管与水塔衔接之处,即行堵塞,将用吸水机之水直接放入炉管,以便即行开炉,盼速复。贵副厂长及泡而门君,又吴、黄二君,几遭殃及,幸已事前他往,得免于难,不胜庆幸,但死者亦有数人,闻之殊为悲悼。然事前苟先行派人督察试验,而将水塔之适用与否详加注意,则死者当可保全,诚以软钢建筑之物与硬钢不同,不能毫无表示,而即发生危险也。

来函云,水塔出险事亦曾虑及,然此事实出于鄙人等意料之外。查水塔之计画,水塔之建筑,当然由机械科负责。然其中若有欠妥之处,一经副厂长查出,似当即为补救,生命既可保全,而物产亦免损失矣。所云水中所含之硷类物质足以补救漏水之处各节,鄙人等读之,恐字句间或有错误,盖以塔中漏水之处,决不能仅持水中所含之硷类以补救之也。

抽水机现在情形若何,未有只字提及,想当完善,去电所拟办法,深望可以照办。

现拟开炉以后,派工程师常川驻守抽水机,俾供给水量可以按照熔炉之所需,以定多寡,而亦可随时供给,不至有中断之虞。该项工程师或其他负责任之员,在抽水机轮流值班者,可酌予酬劳,以资奖励。至此次出事详情,尚希续行报告。

公司董事会致夏偕复、盛恩颐函

民国十年八月三日(1921.8.3)

总、副经理均鉴:

昨接第六十八号、七十一号两函报告:冶厂水塔于试验时倾塌毙人情形,一切具悉。兹于民国十年八月一日第十一次常会提出,公议:据报冶厂水塔先因漏水,继即坍塌,冲毁房屋外,并惨毙工匠多名,修复须四个月之久,致冶厂开炉停滞,受亏甚巨。新厂一切工程系总工程师大岛专责,黄厂长先因塔身工料薄弱,屡与中川工程师言之,该工程师不加检点,致骤出此意外之巨险。此项水塔系何人打样,是否原样欠固,抑包工人偷减工料所致,应由黄厂长详细查明,索赔损失云云。相应函复,即希查照责成黄厂长切实查复。此颂

均绥

董事会启

吴健致公司董事会函

民国十年八月十三日(1921.8.13)

董会钧鉴:

谨陈者,窃冶厂工程洎今未竣,定期冶炼尚难开炉,健谬兼厂务,抱愧殊深。然抚今日之情形,溯已往之经过,良用慨叹,不能已于言。

民国三年秋,健同大岛、彭脱顾问奉派出洋考察。当时健以建造新厂工程重大必先规画精详,然后纲举目张,进行有自。遂与专门名家麦奇接洽,拟请代为规画招标,并约同来大冶住居六个月,察勘各切,以为周详之规画,其机件预定六个月交清,工程以一年完竣。麦奇治事缜密,即来冶六个月之计划已可概见,欣然承揽,索酬仅三万元(查龙烟规画顾问索酬十万元)。比经电陈公司,适盛公病重,某董以索酬过巨,不予照准。此其经过情形一也。规画之策既不见用,于是采招标法在外洋招标,带归请董会选决,其中以摩根厂所投之标单并图样为最精详,孙会长极赞许,已表决,而某董反对,取销议决案,畀之三井介绍之厂家。此又一经过情形也。三井介绍之厂家标单既欠精详,规画复从简略,工作上随意裁减,不按照我之规定,两方争持,工作迟滞,机件竟因欧战阻隔,延至九年迄未交清,价复昂于摩根。此第三经过情形也。

健于五年奉公司任兼厂长职,而大岛总工程师实先此发表,故于健明订不须负工程责任,往者以谓此职无异赘疣,曾经一再提出辞职书,未邀允准。假令此厂早经成立,或如当日麦奇所规画,一年工竣,即可出货,纵延长至二年三年,犹在欧战未停以前,钢铁畅销达于极点,则以两炉日出铁各四百吨计,年可二十五万吨,每吨时价百七十两,除成本约二十五两,一年

间可获利三千六百万两左右,合汉厂所盈一千二百万两,以银圆折算,约七千万元,并公司原有成本底值,我公司赀本得号称一万万元,以如此雄杰之局面直与地球各大企业家抗衡,区区之外债,以六百万两清偿足矣。今者费款六百万元,历时至六年久,工程尚未完竣,将来开炼有无发生意外危险,固不得知,惟以此律彼,赢输相隔天渊耳。健非故为事后之评议,亦明知往者之不可谏,然抚今追昔,殊不能默默而安。谨述颠末,缕陈鉴核,以俾来者知健兼任冶厂之梗概云尔。虔请

崇安

兼冶厂厂长　吴健谨陈

吴健致夏偕复函

民国十一年三月五日(1922.3.5)

经理钧鉴:

钧座在冶颁下所定开炉特别奖金简章,除遵经通告,并将原稿备案外,合抄录原稿一纸奉上,伏祈察收。专肃。虔请

崇安

正厂长　吴健

[附件] 开炉特别奖金简章

一、直接勤劳各机关,如厂长办公处、工程股全部及冶炼股、化铁科之员司、工匠、夫役,如能于本年三月内出铁,除正薪外,均与以二个月之特别奖薪;如于本年四月内出铁,除正薪外,均与以一个月之特别奖薪,但在四月后出铁,本项奖金即行取销。

二、第一条以外之各机关均属间接勤劳,应照第一条内各办法半数给与之。

三、第二条内各机关之人员,如经第一条内各机关调用,实系勤劳者,得照第一条办法给与之,但调用时须报告厂长及稽核处处长,以资考核,而免冒滥。

四、截至本日为止,凡厂内在事员司、工匠、夫役均适用本简章之规定。在本日后进厂者,如系由本公司他处调来之员司或工头,亦适用本简章之规定,如系新进公司之员司、工匠及他处调来之工匠,均不适用本简章之规定。

夏偕复、盛恩颐致公司董事会函

民国十一年三月八日(1922.3.8)

董事会公鉴:

现在公司经济困难,非多出铁货、广应市销不足以资救济,本年预算生铁产额,汉冶二厂定为二十五万吨,是冶厂开炉实为当务之急,迭饬吴兼厂长督率各员赶紧开炼。讵接复来函电,多以工程尚未全竣为言。近又催,据电称,水管渗漏,急须修理,约二月后方能开炉等语。当以该厂工程究系如何情形,非函电所能询悉,遂于本月一日首途亲往该厂察看,晤据吴兼厂长面称,以前工程计划多有未合,炉座虽成,而附带各工多不完备,且须善后,致未能及时开炼。至询所设水管者,乃系供厂饮料之自来水管,少有渗漏,与炉座本身毫无关系,不过水管经过之地在炉身前面,开炉后修理,与炉工不无妨碍,然此节甚属细微,断不能因此而阻延全局。因召集机械、电汽、化铁三科科长会议,询据该科长等面称,对于炼炉未完各工,均系零星小件,多则旬日,少则星期,即可蒇事,目前开炉似无危险,惟或因建造有不甚得法之处,将来致出危险,现时不能预知,则不能负责任等语。然默察该员等任事情形,多系按部就班,实鲜振作之气势,非设法鼓励,无以策期迈往而趋赴事功,当即告以公司经济之难,需要之切,开炉万难再缓,兹特定一奖励之法,能在三月内开炉,凡于炉事直接各员司工匠,均照本薪工加给二个月,间接者,加薪工一个月;延至四月开炉,直接间接各员均减半;如延至五月,不能加给。该科长等经此告诫,均为感奋,佥允以克日筹备,约于本月抄前一准开炉。恩颐随即附轮赴沪,切嘱吴兼厂长遵照议定办法,督饬各员如期举行,毋再延误,并嘱自恩颐离厂后将筹备进行事逐日电告,至开炉日为止。合将前赴冶厂察看催趱情形具函陈报,即祈鉴核备案。肃颂

公安

总、副经理

公司董事会致吴健电

民国十一年三月十六日(1922.3.16)

大冶。吴厂长:删电悉,甚慰。三月二十七日为公司第一届股东会开会之日,即择该日举火,由执事代表董会、经理行礼,并希邀请当地官绅、中外各宾莅止观礼。此项费用敝会拟以二千元为限,当否? 一切偏劳,感极。董事会。铣。

吴健、黄锡赍致夏偕复函

民国十一年三月二十八日(1922.3.28)

经理钧鉴:

谨启者,奉董会铣电,示期本月二十七日第一号化铁炉开炉,并委健代表举火,当具篠电奉复,旋奉钧处暨董会宥电传示颂词。健、赍等遵即准备是日九时举火,讵二十六日晚吊车忽然出轨,是夜赶紧修理,至二十七日日间未能完好,已违误开炉定期,自揣无状,只得谨具感电奉闻,计已达览。二十七日晚竣工开车,至今午前十时忽又出轨,似此非大加修理不可,开炉期刻难预定。凡工程机件必先经多数之试验,再四审慎,庶用时可稍减意外之虞。吊车关系重要,既露破绽,与其勉强开炉,受日后之危险甚大,孰若暂缓开炉,任愆期之过犹小。一俟修理完竣,再行奉闻。专肃布达,毋任悚惶。虔请

崇安

吴健 黄锡赍谨肃

吴健、黄锡赍致夏偕复函

民国十一年四月二日(1922.4.2)

经理钧鉴:

查本厂一切工程原系前总工程师大岛君所经手,自健就兼职后,大部

均已竣工,但仍随时注意,凡有须补苴之处,无不竭力图谋。惟查各工程之不妥者固属不少,只以健虽负继续进行之责,而重大工务仍随时于洋文函报告请示,向蒙钧座主持指示进行,兼以大岛君数载经营,前功颇著,自未便连篇累牍,上渎钧听。兹既奉示指陈各工程不妥之处,谨再摘要汇集,另以洋文具陈,并将冶炼、工程两股报告附奉,仰祈察核为祷。敬叩
钧安

大冶钢铁厂正厂长兼总工程师　吴健谨肃

附:洋文(十九号)函一件,冶炼、工程两股报告各一件。又前函印底一件。

［附件一］　大冶钢厂化铁炉工场缺点报告书

经理钧鉴:

谨启者,本厂因吊矿车钢架力弱,不胜负吊矿车之动重,遂致第一号化铁炉不能开炉。前奉电饬详查全厂有无缺点为前此注意所未及者等因。谨将本工场重要部分要略缮呈钧览,该要部现虽可用,而将来开炉之时容或发生缺点,阻碍再见亦意中事,于兹须声明者。厂长至今所以保持沉默,不将开工以来所发见种种令人扫兴之零星缺憾报告钧处者,实以碍于故大岛博士之情面故也。然自客岁三月以降,工员对于工场实验之时已多,增改需用工料已多,于此可以想见此项工程之浩大矣。全厂设计原由故大岛博士负责,厂长仅居名义,有时建议,彼即郑重声明无须我之负责,故关于工程事项未容置喙也。吊矿机构造之脆弱既已显露矣,用是宜更胪陈崖略,以期了然于本厂之情形。

(一)吊矿机

该机之裂开端系料构造之单弱,本厂对于此项设计并无经验,故失败之来无从预防,现拟由地面建钢料支柱坚筑柱基,下部悬端乃得必要之强度,惟其上部能否于铁炉存在期间绝对安全,未可预卜。

(二)吊矿桶钢钩设计及吊矿速度

试用之时得知吊桶上下一周最短须时五分钟,第此特速转运乃因种种

要件异常整备,否则须时七分乃至十分。假定平均五分,而每日作业时间二十四小时,则上下之最多次数为二八八,是仅足供每日制铁四百吨之需要,但故大岛博士曾告我谓,两机中单独一机可有百分五四加量,以备二者之中其一发生障碍时之补充云云。查吊桶升降动时所需时间綦微,其迟延原因端在地面挂卸铁钩与夫炉顶落桶卸桶卸料之难。炉系美国制造,说者谓,运用必能便捷,厂中同人亦有为是论者。然事实上发生种种困难,出人意外,实缘造此机之工厂于造炉未有阅历,而吾厂之定造,适为此类试手之件,供彼无经验之牺牲而已。但事已如此,惟有殚精竭力以解决此难题耳。

（三）转矿天桥

两炉间有一天桥以备转矿之用,但无运车之预备,桥虽成,而大岛博士即有抛弃之意,不悉其理由何在。前章已详论吊矿机之量,即一机仅足一炉之用,若是则一有破损,不能恃其一之余量辅助佗炉也明矣。再该机之预备品完全未有使用之时,但望气运之助我不出事端而已。

（四）加料设备

加料设备试用之时即感困难,第一桶底夹住炉口,不便运用,考其理由,半系钟形部设计及制作不良之结果,而半在乎桶底太大。此病发见后,即凿去桶底之缘,俾得大小适合,充分降至炉顶。但兹须声明者,该桶之圆锥底于降三吋至六吋时,即有数块矿石跌出,若非再费若干资本改造新钟形顶,则缺点不能完全除却。此虽或不十分重要,而于操作之中仍能随时种因酿害,不可等闲视之也。

（五）泄气管

泄气管之上部为形须易收受炉尘,挽近铁炉,咸对此点特加注意,但本厂之炉此点似未经慎重考虑,厂员金虞该管将来一部或为尘封,若果见诸事实,则管之截面将因以锐减,必至妨碍炉之自由出烟。本厂工程师为欲除此缺陷,提议用收尘箱具有适当之门者,以便在泄气管之曲部泄尘。用意固善,但若非开炉展缓数周,不能期此改革。因此项工程颇巨,倘一旦炉开,再欲改之,则难能矣。此实吾辈棘手问题之一也。

（六）热水放泄

故大岛博士确信铁炉所出热水必能与凝汽机内热水同由一管泄出。自理论上言之，水性就下，自无疑义，然在本厂之炉，尚有打水机之压力为之阻碍，因是炉中热水下流之速度大减，或经迂缓不前，欲除此病须用分泄水管，藉免打水机作用之影响，但此需费并须时日也。炉周之圆槽试用之时，发见该槽太小，所有炉身上无数小管之水不能备泄，结果致该槽中水溢炉周，曾架用临时木槽以泄槽水，而并此亦不适用，现拟于该槽中割造一大出口，以纠正之。

以上种种缺点改正须时，其中有可全改者，有无法改动者，但其恼人则一也。

（七）瓦斯扫除器

扫除器暂观极其完备，但现无瓦斯通过，无从试验，将来是否运用无碍，不能预卜。若乃捉尘器与旋尘器须待用时，检验正与扫除器无异。

（八）高白炉

前已报告，此等热炉之量恐不敷维持热风所需温度，且恐万一圆顶开裂，热器之三道装置变成直通一道之格子砖室，则处理诚非易易。

（九）打风机

余欲再陈说，打风机之力量远在需要限量以下，以汉厂打风机之经验，其量一千立方密达，于彼小炉并未觉其过大。

（十）起煤机

该机至今尚未试用，关于运车之隧道，见其附属之三合土沟漏时，水由无数裂缝渗入隧道，瞬刻积盈二呎，若该机在开用中，则此水将湿及运转皮带上之煤矣。煤仓之底系石灰三合土及大石块造成，处处已发见裂纹，尚幸运炭之需要尚远，盖江岸泥层于未挖去以前，一年中容有一、二季妨碍驳船、沙船靠近该机也。再者，苟焦炉能尽其量，则起卸洗炭甚多，现有之机尚不敷用，须另添一副。

（十一）铸铁工场

起重机轨架之横支钢梁似于保持直线欠强，机械股业经提议，固其深梁,以防横挠矣。以上缺点之外,基之西端渐见沉降,若不加以改正,恐起重机不能畅走全轨,构台梁之东端亦见沉降,惟较微耳,但仅割短其轴套,此病即可免治。

(十二)江边抽水机

三合土机座外观现尚完备,但于其下发见三条暗水,久之或变成隙罅,座机恐非裂即沉矣。起放该机之汽力绞车,未蒙允许设置,但该机时须更动,以应水平之变化,若不预设绞车,则恐该机有逸入江中之危险。前已申明座基前有河泥,必须挖去,秋前如不办妥,则于汲水时定必发生困难,可预卜也。目下两出水管之装置介在两机之中点,接口并置,惟欲该机上下灵便,宜将一机与它机差池,前后不宜并列。其它病点似在乎打水机与马达相互位置之排列,盖出水管既在正中,自应置打水机于内侧,即在水管最近之处,而现在装置法适其反,虽不能谓之不可使用,但如能改良则尤妥善耳。

以上所陈概略,仅包括全厂之主要部分,其它缺点业由机械股检出,附抄该股报告一份,藉呈钧览。电气方面之缺点容续呈报,因电气工程师不在厂也。化铁股关于铁炉工场亦曾送到详报,亦附抄一份呈上。于最后结论声明者,以上所陈大部分业经报告在前,凡一工场不能甫离设计者之手,即成金瓯无缺,其应行改革之点,非实地使用者不能知之也。但似本厂之设计,其应改之点尤多。英国某新厂落成后,厂长于其开幕演说之中诩其厂特点谓,其厂内各部分虽极新颖,而无一项未经佗人已经试验可用而后沿用者云云。

前奉台命,不得不就总工程师兼职,欲辞不得,惟曾声明至炉出铁为止。自兼总工程师后,对于工程时承指教,极深感荷。待决问题綦多,专候迅谕祗遵,在职一日,自应督促部属办理应革事宜,一号铁炉开炉尤应设法赶就,请纾廑注为幸。

大冶钢厂厂长　吴健谨肃

四月二日

[附件二] 大冶化铁炉工场纪要

一、六呎五吋径之钟形顶与十六呎三吋径之炉颈比较,觉其太小。在美国著成效之大铁炉,无论其采斜桶加料法或吊桶加料法,咸备有钟形部,较颈部径小四呎,此在实地方面为铁炉最重要之一点,得诸久年之经验者也。欧洲操炉者亦多认此规则存在,兹取用吊桶加料法之相类实例而比较之。(略)

一、四泄气管之水平部分应避而不设,此操炉者殆尽人知之也。若不用美之高式,则低式不设相当弧度之曲部,殊无理由矣。

一、向来脱康列定造"斯体拉·便拉托"式加料装置不能谓为贤明之举。质言之,若向美国厂家定造不应定造"斯体拉·便拉托"式,何则该国厂家对于该式之制造须新设计,绝无实地经验可资辅助故也。但吊桶加料装置滥觞于美,原名"尼兰"装置,且有许多工场尚在运用。杨斯透钣管公司、别底列姆钢公司之马利兰厂、弗盎斯汽车公司等之装炉装置,皆其变体。对于此类设计著成效之美人,其经验大可信赖也。

一、矿仓设计未妥,其保壁损坏可以证明矣。隧道亦太狭窄,秤车运用因以不大稳便,修理坏车,绝无设备,确是错误,隧道一端,宜设枝轨与地洞。

一、秤车大小未按标准。天秤指针盘之外应设一卷尺纪录装置,以便纪录每车上矿石及石灰石之重。旋转盘之设计应使升降,可用动力为之。车之总马达,似力弱不足以发开动扭力,挂焦煤桶于挂钩须有特别装置。加料桶之制造亦未得宜。

一、每炉配装两瓦斯急转机可谓非必需之讲究,一已足用矣。

一、每炉配装两瓦斯扫除器亦非必要之讲究,而且保存费巨,所装之"苦皮尔斯基"式扫除器构造复杂,结构单弱,置办费大,其胜普通格子式之优点,实地亦未十分可靠。

一、三道暖炉已失时宜。原来赞成三道式之美人历久经验之后,渐知二道侧傍燃烧式有许多优点,胜于三道式矣。

此外，尚有许多细件设计构造均不得宜。菌式之热风凡而更不宜用，美国操化铁炉者昔且承认用德式之门凡而为优，此门凡而现在美国通行之名为"马塞秀斯"凡而，压风进口凡而，用构造简单者，是全不谙操业实情之故。用铁练悬挂瓦斯凡而与热风凡而之衡重于高处，而毫无安全设备，乃极冒险之举，铁练曾屡破断，凡因衡重落下杀害人命。每铁炉之三热炉，其设计构造既如是劣，能否可靠，尚属疑问。"披·哀斯哀斯"式之热炉，虽两炉号称足供一铁炉用，而其烟囱瓦斯保持高温，以及热风时期终始之间风温低落，实为不利，若布置稍取别径，则二化铁炉宁用七火炉之为安全得计也。

一、打风机量过小，前曾详加讨论矣。美国炉大，与吾厂相当者，一般配置打风机，其量每一可供每铁炉每分四五〇〇〇立方呎之自由空气，气压平常每平方时十五至十八磅，而最大二十五磅也。欧洲之例，亦有用高风压之倾向，吾厂宁用打风机，其量每分能供四五〇〇〇立方呎之自由空气，气压平常每平方时十二磅，而最大为每平方时二十磅。打风机及动力室之现在按法，与锅炉房之相互关系，足滋物议。盖该两工场之设计目的当在永久，不宜在临时也。

以上记大冶化铁炉显著特殊之点，不及其详。

严恩械报告

［附件三］ 唐瑞华致吴健函

厂长台鉴：

谨启者，本股关于所检缺点，除经修改者外，尚有下列数项胪呈台览。

一、叚山（地名音译）东北角总水道下发见水漏。

二、净水池之水准太高。

三、江水夏涨，地水浸入煤炭处理厂之皮带运车隧道。

四、煤炭处理厂尚未完成。

五、自潴水池到铁炉之进水管，径仅十时大，此于铁炉冷水引起擦力太多。

六、铁炉冷水出口不甚敏捷,因凝水反压力大之故。

七、矿车马达之开动扭力太小,若不用起动铁梃推之,每不能开动。

八、吊矿车导轮之柱铁已挠屈。

九、吊矿车之弧形横梁下部受重即见张开。

十、箍束矿车及焦煤车颇费时间。

十一、铁炉顶漏斗与桶底钟形部之间空间太小。

十二、焦煤车高皆不一致。

十三、石灰石仓裂开。

十四、铁路曲线部之半径概系百六十呎或在此数以内,此于现用十五呎轮距之机关车太小。

十五、蒸汽厂与动力室间,仅有一总汽管而无停汽凡而。

十六、铸铁工场之起重机梁须巩固之。

十七、江边打水机斜道脚之淤泥,冬时妨碍该机房之下放。

十八、热金属倾注工场尚缺马达作预备用,现马达之齿轮甚弱。

十九、现用五十五磅铁轨觉于重载太轻。

二十、机器房用具对于将来一切修理尚觉不足。

二十一、铁炉瓦斯凡而之椅大概太大。

二十二、锅炉之量尚属疑问,俟用瓦斯实际开烧时验之。

二十三、地下水管漏水,打桩是不可能。

二十四、通用瓦斯时,瓦斯扫除器更须打桩。

二十五、铁炉基座及水管式锅炉基座西角沉降。

二十六、滤水工场尚未试验。

唐瑞华谨呈

夏偕复致盛恩颐电

民国十一年五月三日(1922.5.3)

密。盛经理:冬电悉。冶炉告成,极慰。除径电询情形外,查现在时局纷乱,运道难恃,冶厂存焦约敷七十日,如因焦运不继,开而复停,损害极巨,此时似宜暂观时局如何,再定开炉日期,仍祈酌行。偕。江。

盛恩颐致孙宝琦函

民国十一年五月二十九日(1922.5.29)

慕公会长钧鉴:

　　冶厂一号新炉前择于三月二十七日举火,讵于事前试验吊车出轨,致不克如期办理,业经电达在案。续据该厂长电报,吊车轮轴修理竣工。又据电陈,开炉手续完备,请示举火日期。商准总经理电复,时局纷乱,焦炭运道难恃,似宜暂观时局,再定开炉日期。当将复电抄送董会备查,并行厂遵照亦在案。兹近接总经理电,大冶可择期开炉,汉阳一炉可炼翻砂等因。现择于六月二十四日,冶炉先行举火,至延宾参观,则俟开炉后另再择日举行。其汉厂应以一炉专炼翻砂铁,以应市销。除函汉、冶两厂遵照外,理合陈请鉴核备案。肃颂

崇安

副经理

盛恩颐致夏偕复电

民国十一年六月二十四日(1922.6.24)

　　东京。夏总经理:冶厂于二十四日开炉,特闻。颐。敬。

吴健、黄锡赓致盛恩颐函

民国十一年六月二十七日(1922.6.27)

经理钧鉴:

　　敬肃者,第一号化铁炉遵于二十四号晚九时举火,当时一切尚见顺遂,至次日炉盖练断,不能盖密,煤气因之外散,赶修十六时,延至今晨五时始出铁。健等焦灼莫名,所幸出铁甚好,堪以告慰注怀。其延迟出铁原因,固由于炉盖练断,现虽勉强修妥,煤气仍嫌不能盖塞,目下又苦不能停炉,派匠于炉内察看修整,即能否不发生其他危险,殊不敢决,惟有督同冶炼、机

械各工程师随时竭力设法补救耳。除电达外,合再函详,仰祈训示祗遵。除函呈董事会外,恭叩

崇安

吴健　黄锡赓谨肃

吴健、黄锡赓致盛恩颐函

民国十一年七月八日(1922.7.8)

经理钧鉴:

　　敬陈者,一号新炉开炼业陈,奉三十二号钧复,并承嘱将近日情形随时具报等因,敬悉。查前次炉盖练断,经已督同各工员修补完妥,至本月五日午后九时忽然发见炉盖开关机件损坏,关盖不能自如,炉火上延,几有焚如之虑。当即停止打风,督饬赶修,奈炉顶内热度太高,煤气逼人,工匠等难以入内用力工作,乃又设法督催,始于七日午后九时修好,仍复打风鼓铸。惟修理时间既经两昼夜,下部热气渐冷,致令上部炉料悬挂不下,遂呈雍塞之象,现正向汉厂电借修理家具,以便施用炸药。除俟修妥后再行陈报外,理合先行复请鉴核。敬叩

钧安

吴健　黄锡赓谨肃

黄锡赓致盛恩颐函

民国十一年十二月五日(1922.12.5)

经理钧鉴:

　　沪江拜别,沿途托庇粗适,于二日安抵厂次,临别时承面嘱,二号炉修改工程应积极进行,催促竣工,俾早开炉一节,回厂后即与各工程师讨论一切,兹将目前炉座工程情形缕陈如左:

　　(一)新炉盖全部已由汉厂造就运冶,但各件连带及接头之处,仍须就地装配,试验无讹后方敢开始装置。

　　(二)试验炉盖装置各件,约需六星期完工。

（三）装置完妥后全部仍须试车，约需一星期。

（四）各工作倘能顺遂进行，如期竣工，则开炉之期约在明年二月中旬也。

右陈各节为修改炉座工程之情形，但服部顾问上次来冶对于一号炉风门之设备，建议于修炉时应于上层风门（Bosh Tuyeres）及下层风门（Main Tuyeres）之间另加风门六个，俾紧要时可以打风。现冶炼股已将风门及风管图样绘就，交由工程股制造安装。刻据工程股报告，如二号炉亦须照样加装，则开炉必延迟六星期或两个月。应否照办，理合陈请鉴核示遵为祷。敬叩

钧安

黄锡赓谨肃

吴健、黄锡赓致盛恩颐函

民国十一年十二月十八日（1922.12.18）

经理钧鉴：

顷奉第四十八号钧函，敬悉。奉总经理密函，债权方面希望二号炉早日出铁，承嘱督饬赶办，仍将情形具复等因。奉此，查二号新炉如果工程顺遂，亦不另加风门、风管，最早于明年二月中旬当可开炉。倘二号炉风管于上下层之间须加装风管六个，则开炉时期必延迟六星期至两月之久。曾具第六十一号函陈报，并请核示在案。

旋奉钧处转下总经理及服部顾问电，以二号炉原有之小风管地位太高，如欲收完美之效果，应将该风管移下，改设于大风管之上一法尺半高，并将其他未妥之处概行修妥等因。夫加装风管尚约需时两月，兹更移改，工务尤繁，现已饬冶炼、工程两股切实筹计，预算期间。一俟据报，再行转陈。至炉顶盖虽已由汉制来，刻正试装，有复须打眼者，有上下交接之处原眼大小不符，尚须改钻者，种种需时，殊难于六星期内蒇事（另附照片）。若夫抽水一项至关炉需，际兹冬令水涸，无机挖泥，此时纵可开炉，深虑水之不济。除已具洋文函陈述外，谨将照片附陈。总上各节，关系于开炉之迟

速甚巨,用特据实缕陈,仰祈核夺为祷。肃复。敬叩
钧安

吴健　黄锡赓谨肃

盛恩颐致夏偕复函

民国十一年十二月二十八日(1922.12.28)

总经理钧鉴:

前以希望冶厂二号炉早日出铁,当饬赶速完工。嗣因风门有所改动,恐未能刻日蒇事,陈奉电复,仍照原定计画进行等因。转饬该厂遵办去后,兹据复称,加装风管尚约需时两月,兹更移改,工务尤繁等语。并附照片二纸前来。查工程务求完美,原未可草率从事,但于开炉迟早问题关系至巨,究应如何办理之处,应请卓裁,并希转交服部顾问再加考虑示复为荷。照片二纸附奉察阅。专此。致倾
钧绥

盛恩颐

吴健、黄锡赓致盛恩颐函

民国十二年四月五日(1923.4.5)

经理钧鉴:

敬陈者,奉敬电内开,新炉举火,会长择定四月四日,希遵照等因。奉此,遵于四日清晨举火,于五日六句钟出铁,一切均甚顺遂。除电陈外,理合具函,并将电抄附奉,乞纾廑系为祷。敬叩
钧安

吴健　黄锡赓谨肃

夏偕复致公司董事会函

民国十二年四月十日(1923.4.10)

董事会大鉴:

据冶厂七日来电,五日出铁一百五十二吨,六日出铁一百七十二吨,炉

身甚佳；又九日来电,七日出铁二百二十三吨,八日出铁一百五十九吨,停炼十小时,因锅炉进水管有损坏之处各等语。理合转陈,以后如何情形,俟接续电再行奉闻。肃颂

公绥

总经理　夏偕复

郭承恩致夏偕复函

民国十二年四月十七日(1923.4.17)

经理钧鉴：

敬启者,本月十三日接到吴厂长洋文公函,令代总工程师职务,遇有工程事项,似有须先请示服部先生之意;又附开工程表内有寻常维持、随时改良及日后扩充三项办法,不甚分清。如须事事先期得服部先生许可,恐服部先生不胜其烦,设有临时紧要工程,亦有缓不济急之虞,若循此办理,未免与钧座设置总工程师于冶厂之主旨,似有违背。鄙见嗣后除去寻常维持及临时救急诸项外,应当陈请核示祗遵。吴厂长洋文公函印底二纸附呈,即希察阅为荷。

再,冶厂目下工程有应行修做者数项,谨陈于下：

（一）二号化铁炉顶盖系仿照本溪湖等处做法,去年计画时已将开炉盖机关漏去,比即到冶试验,明知开关不灵,奈公司催促急于开炉,故不克添补,无已只得暂将人力援助,幸而天时尚不太热,犹可在顶口支持,然已时有灼伤及触中煤汽者,一交夏令,热气更大,人力难能,应早修理。恩现正另绘图样,拟添置小汽缸一对,积极进行,所需材料均可由本厂自给,此项虽不列入吴厂长工程表内,亦是改做工程内之最紧要者,如果计画万一适用,则日后炉顶烧烂之虞可迎刃而解也。

（二）渣桶、焦桶两项均不敷用,除渣桶已向汉厂定做外,焦桶一项,亦应添置。服部先生意见,以焦桶起吊欠灵,拟另添特别吊车一座,此层业经恩等研究,确是病在焦桶车之不适用。兹已改造二乘,试用数日,颇见灵活,另设特别吊车之议,可不成问题;二则此项价值至少须两三万金,其次

化铁炉出铁前昨两日比去年加倍,用焦亦复增多,焦桶一时不敷,只得将炉开慢二次,不知炉之冶铁不宜或慢或快,一经仓卒更变,打风上料次序即有凝滞等患。此节昨日陈请季代厂长向汉厂定做焦桶六个。又放焦桶平车,每架上垫枕木三十二根,多经朽烂,若照旧样修理,每架须木料价六、七十元,既不适用,又难耐久,当仍照新改用废铁料修做,以省经费。惟此间废料不多,恐须求之汉厂。

(三)铁道一项,原有枕木朽烂者,十居七八,铁水桶等车,分量又重,一经出轨,难以补救,理应设法维持,此亦工程上最要问题之一。

以上三项为工程上最紧要之事,其余如重造水塔及矿仓下抽水等项,亦不能延搁。至于另添汽炉等项,可俟公司停当两炉开冶后,再行无妨。专此。肃颂

公绥

郭承恩谨启

郭承恩致夏偕复函

民国十二年四月二十五日(1923.4.25)

经理钧鉴:

接奉四月二十一日新字第十七号公函,以此次二号新炉开炼实应生铁需要,不能再缓,所有应行设备尚未完全之处自所难免,惟既经开炼,亟应续筹完备,免误要工,即希执事设法妥筹,商同季代厂长赶为备办,仍将筹办情形随时报告等因。查应备之件非但紧要之大者,如铁水、铁渣等车,水塔、存矿仓之类,须从速筹备,即寻常设备品,如钢轨、木枕以及机器另件缺乏尚多。自本月四号开炉后,冷热风管、炉顶机关、吊矿机、打风机、打水机、热风炉、大汽炉等处之修整等事,每日几昼夜不绝,一处不灵,全体堪虑。兹用员司工匠人数过少,只能择其最要者弥补,以期目前无停炉之患。至于工程上紧要而重大者,当随时恩与季代厂长商筹后,即行报告。专此奉复。敬颂

公绥

郭承恩谨启

夏偕复致公司董事会函

民国十二年九月四日（1923.9.4）

董事会大鉴：

接冶厂一日洋文来电，译为炉穿铁漏，遇冷炸裂，并烧坏冷铁板两块，现正将凝铁凿开，两天后或望复原。又接汉厂三日洋文来电，译为四号炉上段昨晚塌下，万不得已停炼。至三号炉约九月底可以修理完竣。又接运输所三日来电，谓据粤汉路息，湘赵昨夜出走，武长路不通各等语。不平之事一时并出。如何善后，现正筹画。理合先将三电抄陈鉴核。敬颂

公绥

总经理

郭承恩致夏偕复函

民国十二年九月二十四日（1923.9.24）

经理钧鉴：

接奉新字七七号公函，敬悉。改炼翻砂生铁事，现布置已将完备，前日翻砂亦炼有二百吨之谱，特吊车修竣，铁模吊尽，即可完全炼翻砂。自四月开炉至今，积有未打断之翻砂铁一万余吨，查其原因有二：照原定计划，出铁场只雇长工十余名，专司做砂沟等务，至于打断毛铁之事，全恃电吊车及打铁机，该打铁机本当有每小时打一百吨之能力，不料试用之时，机件时时损坏，吊车亦因出铁场地脚不妥，不能驶行，并多损车轮电鼓，此未断铁愈积愈多之第一原因也。初开炉时，以去年之铁模不合用，必须逐日重翻，只能暂炼翻砂铁，照出铁场之砂模砂沟等，一时平势未妥，所出之铁大都不能成条而成片，每片约有二吨余重，打铁机既无打断之能力，人力打碎更费时日，此第二原因也。倘出铁场妥当，电车不坏，打铁机有原订三四成之能力，则未断之翻砂铁，即可不积矣。前奉篠电到后，即饬冶炼股详细将出铁场之平势做妥，故此数日内所出之翻砂铁皆已如数用人力打断，此后未断铁之堆积或可免也。相应详复。敬颂

公绥

郭承恩谨启

副岛[①]致夏偕复函

大正十二年十月二十六日(1923.10.26)

汉冶萍公司总经理钧鉴:

由大冶交来生铁中,若松丸及其他一艘所载者,敝所分析已竣,其结果如另表所示。查该成分与今年八月念九日钧函所揭者,有多少相异之点,由于矿石等之关系所致,亦或有之,然此后所交生铁之品质,务必与敝所希望者相近似。劳神关照,至盼至感。大冶生铁,今年制炼伊始,故特陈明,用资参考。敬候

钧安

副岛千八谨启

[附件] 大冶生铁分析表

回数	船名	炭素(C)	矽(Si)	锰(Mn)	磷(P)	硫磺(S)	铜(Cu)
1	若松丸	3.66	2.45	0.86	0.279	0.038	0.710
3	若松丸	3.55	2.2	0.79	0.339	0.078	0.694
5	万荣丸	3.64	2.60	1.07	0.289	0.047	0.726

夏偕复、盛恩颐致季厚堃电

民国十三年十一月七日(1924.11.7)

大冶厂矿季厂矿长:歌电悉。焦供如不继,请斟酌情形,暂行压火,惟既压火,须为两个月之计,已电汉厂停炉,并嘱严君冶之即日赴冶,会同胡君专办压火,事毕仍回汉厂。复、颐。阳。

---

① 副岛千八(生卒年不详):时任日本制铁所经理部长。

季厚堃致夏偕复、盛恩颐函

民国十三年十一月二十三日(1924.11.23)

总、副经理钧鉴:

　　前以焦炭不继,拟将炼炉压火一星期,陈奉钧处盐电准照办理等因。其时以萍焦日有运到,东焦亦已在途,未即遽行压火,惟萍焦虽有运到,平均每日不过二百六十吨上下,而炼炉每日至少需四百余吨,相差甚巨。现查厂中萍焦、东焦共存一千七百吨,再加日内可到万里丸东焦一千五百吨,总共三千二百吨,仅敷七八日之用,七八日后虽有萍焦,仍不足数,即不能供炼炉最少用额。兹不得已自本日起,遵照盐电压火一星期,以待萍焦暂有积存,再行开炉。预计此一星期中,照平日运数,如船到无误,可得萍焦一千八百吨,再加原有萍焦、东焦三千二百吨,共五千吨,可供十二日之用。惟此后到焦必须供能应求,方不致再有停顿。伏祈迅予电饬萍矿暨运输所务须设法每日运足五百吨,以济要需。或另有办法,统求裁夺遵行,是所切祷。恭叩

钧安

季厚堃谨启

夏偕复、盛恩颐致倪锡纯函

民国十三年十一月二十六日(1924.11.26)

专启者:

　　接大冶厂矿函称,遵电即日改炼翻砂,并嘱化铁科注意,用慢冷法,使结晶颗粒变大。兹据复称,出铁场离炉太远,致结晶颗粒大者甚少,慢冷至一点半钟,亦无济于事,如以结晶分类,则新出之铁,一号为四百八十三吨,二号为二千六百九十八吨,三号为二百四十二吨;如以化验成分分类,则一号有二千零三十一吨之多,二号一千一百五十吨,三号二百四十二吨云云。除另电东所接洽外,用特转陈等语。相应函达,即希查照。此致

商务所倪所长

总、副经理

季厚堃致夏偕复、盛恩颐函

民国十三年十一月二十九日(1924.11.29)

总、副经理钧鉴:

　　为来焦缺乏,炼炉恐防停顿,迭奉径函勘电,谅蒙垂察。日焦五万吨内尚有尾找二千四百吨,原拟年内尽数运冶,嗣因水浅,万里丸装一千五百吨,预定本月二十四日可到,现江水枯涸,恐亦难到,业已电询东京,尚未接复,此后焦炭全靠萍乡接济。近半月以来,运到萍焦每日平均不过二百五十吨,且有不到之日,冶炉日需五百吨,所缺甚巨,况随到随罄,一无存积。目下仅能支持一星期,早与潘所长往返函商,恳为设法,兹准来函亦难为力,仅将原函抄呈钧览。据闻株萍火车每天运量只一千一百吨,以半数供应本公司,因庆丰生煤并须兼顾,故每日来焦只有二百数十吨。是焦炭缺乏不在萍矿,而在运道,来日方长,停顿又在目前,殊为焦灼。应如何办理,伏祈裁夺迅予示遵。专肃。恭叩

钧安

季厚堃谨启

盛恩颐致季厚堃函

民国十三年十二月十日(1924.12.10)

径启者:

　　本公司财政困难,已达极点,现为救济目前,勉维现状起见,已商得顾问同意,在借款交款以前,暂将冶炉多焖火一月,暂停炼焦,腾出萍煤,运汉销售,以应急需,并暂派盛君铭,驻汉帮同潘所长办理。所有炉座焖火事宜,关系重要,务希督饬化铁科员,妥慎将事,毋稍疏虞,是所企盼。除先电达,并分别知照外,此致

冶厂矿季厂矿长

兼代总经理

季厚堃致盛恩颐函

民国十四年二月二十三日(1925.2.23)

总经理钧鉴：

查冶厂一号炉装配修改等工程即可告竣，自应筹备开炼，惟用焦一项甚关重要，必供求相应，方免贻误，因函询运输所每日确能运到若干。兹接潘所长复称，查株萍铁路为萍焦出口咽喉，必须该路畅运，而后水陆两路运数方有把握，惟该路近年叠遭兵燹，车辆损坏者居多，现计可用之车辆供萍矿煤焦运输者，只有一列车，每日约可运煤焦三百吨左右。英日前曾赴醴陵与该路再三相商，该路仍以车辆不敷周转，难以加运为言。查该路每日仅能运出三百吨左右，其三百吨尚搭有生煤，并非纯属二号焦，则供给贵厂炉用，不敷尚巨等语。窃按一号炉每日用焦约四百五十吨至五百吨，现存焦五千吨，仅敷十日之用，照潘所长来函，焦炭、生煤两项，每日只有三百吨，实不敷甚巨，似难遽行开炼。应如何通盘筹画源源接济之处，伏祈钧裁示遵是幸。恭叩

崇安

季厚堃谨启

吉川致儿玉函

大正十四年三月二日(1925.3.2)

汉阳铁厂炼铁炉于去年十一月上旬，大冶铁厂也在去年年底由于焦炭供应不足而不得不停炉。其后萍乡贮藏焦炭约一万八千吨，也由于株萍、粤汉两条铁路同时输送军队，铁路及列车仍被输送军队所占据，致焦炭运输力不得充分发挥；加以当局懒于对两条铁路进行维修和补充，结果实际运输能力大为降低，此种情况持续约一、两周。前两天，经与军队和铁路当局共同进行协商，结果近两日稍有改善，得到每日运输九百吨之保证。但如按实际情况判断其确实之运输能力，并以汉阳仍无焦炭之贮藏，而大冶贮量也不过五千吨情况下，本月内仍无开炉之希望。今后本年度制铁所之

生铁能交运者,也只不过现正同近海邮船交涉中之大冶贮藏额约六千吨而已。至于矿石,则如预为报告那样,在大冶继续交付,相信能够完成全部契约额。谨此报告。

季厚堃致盛恩颐电

民国十四年四月一日(1925.4.1)

总经理钧鉴:六日开炉,先炼翻砂,各料已经齐备,惟煤缺乏,昨接运输所函云,无煤可拨,开炉势必改期,务祈迅饬运输所于六日前赶运五六百吨,以便应用,或商务所就沪购运,是所至祷。堃。东。

盛恩颐致季厚堃电

民国十四年四月二日(1925.4.2)

大冶。季厂矿长:萍乡罢工,煤焦不能运出,化铁炉希暂停烘。颐。冬。

盛恩颐致季厚堃电

民国十四年四月二十九日(1925.4.29)

大冶。季厂矿长:据株局十四日止报单,本年份已收到二焦二万五千余吨,预计足供两月之用,现在公司毫无进款,除开炉之外,不足以救急,希饬严股长即日烘炉为要。两顾问不日可到,并望面告上情。颐。艳。

季厚堃致盛恩颐电

民国十四年五月十五日(1925.5.15)

总经理钧鉴:寒电奉悉。昨晚开炉,已具删电陈明,前因汉三井电复,订煤九日到冶,即定八日开炉,人工等项均已预备,不料该煤船昨日下午方到,延期五日,损失甚巨,已请商务所长向该行交涉。谨闻。堃。删二。

季厚堃致盛恩颐电

民国十四年五月二十日(1925.5.20)

　　总经理钧鉴:效电奉悉。十五日至十九日已出铁一千二百吨,化铁炉状态颇佳,惟铸铁场离炉较远,以致铁水渐冷,出铁大都为二号,现正设法改良,以冀多出一号翻砂,炉座及机器如无意外,第一月可出一万吨,第二月以后可加一千吨,逐日出数当遵照函报。堃。哿。

盛恩颐致公司董事会函

民国十四年五月二十三日(1925.5.23)

董事会公鉴:
　　前以冶厂停炉过久,无货应销,金融益形困塞,不得不筹备开炼,以资挹注,经数月之困难方始成功。兹据季厂矿长删电开:一号炉因候三井煤到,于昨晚八时始开炼,一切平顺,遵照钧电先炼翻砂一万吨。谨闻。等语。理合报请鉴核备案。肃颂
公安

兼代总经理　盛恩颐

季厚堃致盛恩颐电

民国十四年七月十七日(1925.7.17)

　　总经理钧鉴:奉谕炼翻砂二万吨已满额,存焦约支二十天,应炼何种,乞电示。堃。篠。

　　盛恩颐阅批:应改炼马丁。

大冶铁厂历年生铁产量表①

年份	炉号	开炉日期	停炉日期	产量(吨)
民国十一年(1922)	1号	6月24日	7月5日	1000
民国十二年(1923)	2号	4月4日	8月30日	86 144
	2号	9月5日	—	
民国十三年(1924)	2号	—	12月31日	117 860
民国十四年(1925)	1号	5月15日	10月18日	53 482
合计				258 486

盛恩颐、潘灏芬致公司董事会函
民国十五年七月二十日(1926.7.20)

董事会公鉴:

据大冶厂矿盛代厂矿长渤颐本月九日快邮代电称:霪雨连绵,江水陡涨,黄石港石灰窑之间堤闸甚形危险。前年溃决之处,今晨四时复被冲破,现正会同实业团及地方官绅竭力抢救,能否不再出险,殊无把握。盖今年水势较前年为大,且泛涨犹未已也。谨先电陈,伏维垂察。渤。佳。等语。除复饬妥为防护外,理合转报,祗请鉴核。肃颂
公绥

总、副经理

盛恩颐致公司董事会函
民国二十六年二月三日(1937.2.3)

董事会公鉴:

敬陈者,公司自民国十三四年来,因焦运不通,铁市骤落,汉冶两炉相继停炼,匆匆已十一年矣。其间公司经济困难,屡濒于危,幸赖董会诸公之

---

① 本表系根据公司档案整理。

督促,诸同人之匡助,方得延至今日,稍有转机。今年因东西各国竞争军备,国内铁价之涨将近一倍,公司亟应乘此开炼冶炉,以期规复。上期董会已由经理面陈梗概,当蒙诸公赞许。

半月以来,从事筹备,其最要者,厥惟焦炭一项。查冶厂炼炉一座日出铁四百余吨,每炼铁一吨用焦一吨又十分吨之二有奇,岁计在十八万吨以上。事前须有大宗储备,以后尤赖源源接济,倘求不应供,必妨工作。至若质地之良否,价格之低昂,成本所关,均须详考审虑。必焦炭来源不竭,庶开炼方有把握。前此汉冶两厂所用焦炭取给萍矿,煤质既佳,炼焦设备如洗煤机等皆为国内各大矿所无,自营运输更为便利,故当时未感缺乏焦炭之苦;今兹萍矿收回无期,坐待何时,势须别谋焦炭来源,以应急需。查国内各大矿以开滦产煤最多,兼营焦炭,第煤质含硫过重,其炼焦又不参用他矿之煤,且无洗机。硫质未去,灰分尤多,以炼冶矿含硫铁砂,不甚合用。中兴焦炭无多,其浦口炼焦厂未成以前难供巨额。至于京汉铁路附近各矿,运道恒虞阻滞,上年冶厂购用六河沟煤三千吨,为数虽细,交货尚难如期,大量焦炭殆难胜任。若设厂购煤自炼,又苦成本过重,且非旦夕所能集事。再四考询筹计,惟有取给国外,以供急求。查日本制铁株式会社所用炼铁焦炭胥由自炼,其炼焦也参合数矿之煤调剂以成,颇合制炼冶砂之用。现值需焦孔急之时,国内难求,自炼未能,公司与该会社交易有年,将来生铁内销余额,该会社亦可承销,若向该会社洽商代为炼焦备用,以砂易焦,实一时权宜之唯一途径,当可得其允许。惟以一岁计算,用焦至十八万余吨之多,所值约三四百万,于其质地、价格、运输、付款各事端绪棼如,在我均应就地考询,面为详议,方能妥洽;在彼亦必详加查访,早事筹备,方能承允,不致贻误。若以函电往复询商,既稽时日,又虞挂漏。现拟遴派专员前赴日本与该会社当事诸君熟商代炼之事,仍随时报告情形,再行核办。

所有派员赴日与日本制铁会社接洽焦炭缘由,理合具函陈请贵会公鉴示遵。专此,祗颂

公祺

总经理　盛恩颐

公司董事会致盛恩颐函

民国二十六年二月五日(1937.2.5)

总经理台鉴:

接第三号来函,拟将大冶铁厂先开一炉,并拟派员赴东洽商订购焦炭,陈请示遵等因。兹于民国二十六年二月三日第二次董事常会提出,公议:近年东西各国增修军备,铁价倍涨,本公司冶厂化铁炉亟应趁此时机筹备开铸。惟事关重大,不厌求详,所有应需修炉费用及各项材料共需若干,即请总经理通盘筹计,拟具预算送会,再行核定云云。相应函达,请烦查照办理办荷。顺颂

台祺

董事会启

赵兴昌致盛恩颐函

民国二十六年三月十日(1937.3.10)

总经理钧鉴:

谨启者,昌奉派赴日,接洽焦炭事宜,即于上月二十七日偕同大野襄办、陈技师、金课员乘轮东渡,翌晚至下关,承日铁派员自东京来迎。本月一、二两日参观八幡制铁所千吨、四百吨等化铁炉及新式炼焦炉、制钢厂等,陈技师对化铁、炼焦均详加考察。三日至东京,承日铁长崎部长、正金白石课长及服部前顾问等茬站相迎,下榻铁道饭店。翌晨十时,拜访日铁中井社长,面陈一切,并呈钧函。社长阅后,嘱代致意,复承各常董出见,长崎部长、服部前顾问均在座,略谈大概,并承电召八幡高山炼焦部长来京与会。次日续谈一次,八日高山部长到京出席协议,景山常董、长崎部长主会,服部前顾问参加意见,结果焦炭可自四月起每日代炼五百吨,月炼一万五千吨,委由近海逐班运冶,直至跌水期止,约计贮量可供半年之用。庶公司届时可以开炉,其供给年限暂以两年为期,所出生铁除尽国内售销外,其余约每年十万吨上下,均可承购,亦先以两年为期,嗣后则难全数消纳,因

彼时各处增建之化铁炉相继告成，焦炭既须自用，生铁亦足自给，故两年后焦入铁出之道，仍望公司善自讲求焉。至焦铁两项价格，目前暂难计算，因焦之原料为煤，而日铁本年度所订者，各方均已竣事，如再添购，非另觅途径不可，加之炼焦之煤来源不多，须极力设法采购，俟购有成数，然后焦之成本方有确实把握。至于铁价，亦一时未克预定，总以不令公司亏损而获相当利益为依归，盖既受亏损则何异多此一举，若获利过多，亦恐招债权者之觊觎耳。

窃查从速开炉为彼此共同之期望，据陈技师称，冶炉换砖需三万枚，换砖工作需两月余，换后烘干约需半月，若此时订砖，闻七月半间可在大冶交货，再加换砖烘干等时日，即可于十月底筹备竣事，十一月初开始化铁也。

关于炉砖一节，前于参观八幡厂时，经与鹈濑技师长谈及，承其介绍至该地黑崎窑业会社当面接洽，闻该社适有订货一批，如能成议，则直至本年底始能毕事，我方如订，势将延至明年三月方可交货。昌以为期过迟，拟另觅他处商订。比至东京，在日铁首次会谈席间亦与提及此事，闻该会社社长高良君适在东京，即邀其次日来谈，届时复承景山常董、长崎部长面托该社长将我砖尽先烧制，以济急用，该社长当即应允，翌日并答复可于六月底出货，质料、价格均与供给八幡者同。兹以此事迫不及待，未能请示办理，昌拟在此面与商订草约，回沪决定，以免延误开炉之机。至于购焦合同，亦拟暂先草订，携回呈请钧裁，再予正式签订。铁价一层，纵不能定，亦拟与日方先定一标准，以便日后本此标准协定可也。

所有与日铁三次会谈经过情形，理合肃函呈报，以后情形容再续陈。伏祈鉴察是幸。谨此呈报。敬请
钧安

赵兴昌谨启

盛恩颐致公司董事会函
民国二十六年三月十五日（1937.3.15）

董事会公鉴：

敬陈者，接奉贵会第二号函开：大冶铁厂先开一炉一案，兹于民国二十

六年二月三日第二次董事常会提出,公议:近年东西各国增修军备,铁价倍涨,本公司冶厂化铁炉亟应趁此时机筹备开铸。惟事关重大,不厌求详,所有应需修炉费用及各项材料共需若干,即请总经理通盘筹计,拟具预算送会,再行核定等因。奉此,遵即督饬各该管职员详慎预计,逐项开列具报前来,经理详加复核,制成预算表,每制铁一吨成本,除税外约计国币五十六元左右。兹检同预算表一分随函附奉,谨请查核示遵。至铁价日进靡已,现在市价较之前此函陈时约又涨三分之一,似宜及时,庶不后期。理合专函布达,并请查照。祗颂

公祺

总经理　盛恩颐

公司董事会致盛恩颐函

民国二十六年三月十六日(1937.3.16)

总经理台鉴:

　　昨接第五号来函,以冶厂开炉一事,遵示拟具预算,送请核示等因,并附华洋文预算表各一件到会。兹于民国二十六年三月十五日第四次董事常会提出,经众公议:查核经理所送工程师所拟预算,每出生铁一吨成本约合国币五十六元左右,以刻下市价计之,利几一倍而强,自以开炉为得计,即请总经理积极筹备,俾得及时开铸,以赴事机云云。相应函达,即祈查照迅速办理为荷。顺颂

台祺

董事会启

中松①致盛恩颐函

昭和十二年三月二十七日(1937.3.27)

汉冶萍公司总经理盛恩颐先生台鉴:

　　敬启者,关于贵公司大冶铁厂开炉敝社供给焦炭并承购生铁各节,月

---

①　中松真卿(生卒年不详):时任日本制铁株式会社常务董事。

来几经磋商,兹对该化铁用之焦炭大体可依下列各款运送之。

一、焦炭数量

昭和十二年涨水期中,月运约一万五千吨,共约十万吨。

昭和十三年涨水期中,月运约一万五千吨,共约十二万吨。

二、焦炭规格

灰份　平均 18%;

硫磺份　约 0.7%;

溃裂强度　87% 以上。

一、昭和十二年内所运焦炭之价格,大冶交每吨约日金二十五圆至三十圆之谱。附陈以供参考。

其承贵公司拟交之生铁(品质照旧)则希于昭和十三年三月底前约四万英吨,昭和十四年三月底前约十万英吨,在袁家湖船面交货,并恳将此项生铁之承受价格从速开示见复为荷。专此函达。顺颂

公绥

常务取缔役　中松真卿

附启者,关于敝社可运之该项焦炭,日后贵公司如因情势能以自给时,仍可适宜就商也。合并声明,即希鉴照。又及。

盛恩颐致汪志翔函

民国二十六年八月三日(1937.8.3)

径启者:

现在时局严重,煤焦及炸药均运输不便,开炉制铁,难如预期,所有厂矿筹备开炉各事宜,除化铁炉本身需修理完备外,其余各项工程,已经进行者,应酌量徐步缓图;未经进行者,暂行停止,俟时局平静,再事积极进行。即希查照分饬各股遵办。总期已用之款,不至虚糜,将来开工易于接续,是为至要。此致

大冶厂矿汪署厂矿长

总经理

汪志翔致盛恩颐函

民国二十七年三月十九日(1938.3.19)

总经理钧鉴：

　　案奉上年冶字第六十七号函示，以时局严重，除化铁炉本身须修理完备外，其余各项工程，已经进行者，应酌量徐步缓图；未经进行者，暂行停止等因。遵经通知各股遵照办理。关于化铁炉砌砖完工，业于上年具第二六一号函陈报各在案。顷准工程股函报施工情形前来，谨为条列于左：

　　一、已经修理完竣者，计有化铁炉之水管、风管、炉盖、炉门机、清灰炉、热风炉、大汽炉、打风机、吊矿机、吊炉渣沙车等重大工程，尚有少数零件或陆续带修，或俟用时装设。

　　二、已经清理完善者，计为与炉座有关之发电机。

　　三、移装出铁场，于二十六年六月二日开始建筑三合土地脚，六月二十五日开始拆卸移装铁柱梁、白铁瓦屋面水枧，电吊车轨道及电吊车两部之机件，原包定一百三十晴天，因时局影响延至二十七年一月二十七日完工。至与出铁场有关之水沟挡墙、电线、电灯、电吊车之电鼓、电线及水管等工程，或暂行停止，或就现有之工料逐步相机进行。

　　四、安装大水柜，于二十六年六月二十一日开工，原包定一百二十晴天，亦因时局影响，延至本年一月二十八日完竣。至电打水机旧有之出水管，暂不装置。

　　综上各端，复查属实，亦与钧示意旨相符。理合具陈，仰祈鉴核备查。肃此。敬请

崇安

职　汪志翔谨肃

（三）大冶铁矿

杨华燕致公司董事会函

民国五年十一月六日（1916.11.6）

副会长、董事先生钧鉴：

接奉盛副经理十月二十一日第四号函开：日本制铁所来函，请履行二年十二月二日大借款合同，分作四十年交收生铁八百万吨、铁矿石一千五百万吨，分年开单前来，经商务长通盘筹画，按新旧借款合同并计，应交吨数，连冶炉成后汉冶两厂岁需自用，至最多年额，每年共需矿石一百五十余万吨，业将情形函致李厂长、大岛工程司，就近查勘，设法筹画，用特函达，即希查照会商大岛君、李厂长通盘筹算，将如何扩充，以期便利，并工费约需若干，以及扩充后每年确能增额若干，务即切实筹议，开具预算并说明书，详细速复，以凭核办等因。奉此，不揣冒昧，谨将臆度现在及将来扩充后出矿情形，除复盛副经理及呈会长、经理鉴察外，理合觊缕具陈，仰祈钧鉴。

窃以民国七年后，交矿倍加，如照现行采矿法不筹改良，而欲足于应付者，其难有五：以矿中泥土，专恃人力挑挖，月费工银五千余两，工程缓慢，一难也。此间工人稀少，一遇农时，相率归耕，稍值阴雨，遂停工作，王前矿长曾招雇外省工人，如萍乡办法，惟钧会未经照准，不便擅行，工人不敷，二难也。现有推矿车夫约三百名，山上轨道有长至一英里四分之一，如狮山二层，每一矿车，由山厂推至码头，必轮替数手，又常有载满方车，不能为挂路放下，因其速度不及，放矿窒碍，三难也。厂位狭窄，尖山、鸡坪等处，采及官界，经洋文年报及迭次函请钧会、经理速购余地，谅一时未可办到。无米之炊，巧妇束手，四难也。得道湾山上挂路，每大雨冲土，妨害路轨，修理一次，约一星期乃成，修价亦贵，耗款误时，五难也。有此五难，而欲出矿至一百五十余万吨，虽有智者，亦不易为。

夙夜筹思,惟有改行新法,乃可达斯目的。其法维何,约有四焉:

一、设去土电机。每副可代工人一百名,每天作用十句钟,能运去泥土五百立方码,每码费一分半,现以人工挑土,每方则费洋二角五分,两数相权,轻重自见,且阴雨时亦无停工之患。

二、改良方车。从两旁或两端卸矿,其运行之法,附连于电机之钢绳或与钢绳分离,使其运输无间。此种钢绳只合用于平原与略斜之地点,若在尖山、鸡坪、铁门坎等厂,当另用空中拖车。因空中钢绳,可合用于崎岖峻峭之地,虽作始则用款太多,然为长久与灵捷计,比现用之挂路,尤觉相宜,去年全年洋文报告书,已详论及。惟未蒙核准示办。

三、扩张厂位,尤为要图。得道湾有夫头三名,前经立定合同,每日每夫头应交矿石二百吨至三百吨,现每日只交五六十吨,其出额已减少三分之二。采近官界之厂,每吨成本较高。因挂路修理及挑土距倒土之地颇远,挑价多而去土少,欲停止开采,恐出额更减,故仍在界内勉强照开。狮山二层开采后,产额虽增,然尖山、鸡坪两处迫近官界,所出已少,挹盈注虚,仍觉无特别起色。以铁山各厂位而论,其狭窄少出情形与得道湾无异。因而增开底厂一层,此增彼减,恰如相抵。纱帽翅挂路,本月已完竣,其工竣之延迟,因近龙洞一边,常有泥土下卸,近铁山一边,白石太多,须逐渐炸开。兹此处开采,每日可望出一百五十吨。

四、设压汽机及各种电机。本矿打石眼久已用汽钻,然以人力去土,甚觉迟慢,出额故难骤增,如照常法,增力开采,全年至多出至九十余万吨而已。

以上条陈,设去土机、改良方车、扩张厂位、设压汽及各种电机四款,如允准速办,民国八年当可出足一百五十余万吨。惟预算购机件及布置等经费,现于仓猝间,未能明细条列,试以臆度,总在十万两以外,方足敷用。所谓必俟民国八年,乃能出至一百五十余万吨,其故何也?盖安置总电机,必由袁家湖为基础,测量绘图数月乃可完备;向外国购办各种机器,往返议价,约半年方可成议;兼之欧战未有停止消息,船运亦难克期到埠,各机件到齐,须数月安妥,及动工后,管机人非数月不能熟手。所需时日如此,必俟诸民国八年而始可者,职是之故。然有一法,不必将泥土移动,是为开石窿,惟用此法,照现时地面开采之价值,应加各种木料油料,按之成本必然加倍,亦非计之相宜。兹就民国七年内各机器未完备作用之前,筹增出额,莫如多雇外处工人,象山官地,或未能购得,则添购尖山、鸡坪近官界之厂地。其历年积土从前只求近便,不务远图,以致矿石多被所压,此法之不合,前经洋文年报论及之。兹设法将土移开,而矿可望速增,至于修改铁路及下矿码头,在民国七年前,定必告成,下矿运矿当无虑窒碍。查交矿条约,民国七年,东洋制铁所四十四万吨,大冶新厂四十八万吨,汉厂四十万吨,以目前新厂进行情形,或未至消受四十八万,即汉厂可暂开化铁炉三座,该两厂交矿或可通融。惟制铁所四十四万吨,则须费踌躇,如可多雇外处工人,购得尖山、鸡坪余地,设移土善法,添筑挂路,或可如愿以偿。

燕任出矿之专责,以矿多费省夙所主张,兹奉副经理开示问题,敢陈管见,然尚待李厂长、大岛君抵冶,当亲就与议,并实地测勘,决定办法如何,再行详请鉴核。专此。敬叩

崇安

杨华燕谨上

公司董事会致杨华燕函

民国五年十一月二十日(1916.11.20)

华燕仁兄矿长鉴:

接十一月六日来函,条陈扩充出矿办法,具悉一一。所拟设去土机、改良方车、扩张厂位、设压汽及各种电机,尚属可行。惟添雇外处工人一层,固为赶工起见,然土客聚处,言语不畅,动致龃龉,且虞滋事,此层关系重大,未可贸然。李厂长现因有事赴东,一时未能来冶,兹总、副经理周察厂矿,不日可来实地考查,自有区画,执事亦可面与商承一切也。此复。即颂

台祺

董事会启

季厚堃、杨华燕致夏偕复、盛恩颐函

民国六年九月七日(1917.9.7)

总、副经理钧鉴:

八月二十五日寄呈一函,计蒙垂察。前奉六十五号谕函,颁定材料善后办法第四条内开:药库药洞归并铁山材料分栈管理,铁山分栈归材料处管辖,材料处归事工两部管辖,详章望拟定等因。除遵照备函先行具复外,兹谨拟冶矿材料处试行章程十二条,缮呈钧座,伏乞察核示复遵行是祷。专肃。恭叩

崇安

季厚堃　杨华燕谨启

[附件]　冶矿材料处试行章程

一、冶矿材料处遵照总公司颁定,归坐办、矿长公同管辖。

一、材料处之下陆、得道湾、铁山各分栈,由材料处主任管辖。

一、设立收发、帐册、采办三科,除采办外,均就原有之办事人,由该主任量材支配,商经坐办、矿长会同核准,呈报总公司。

一、材料处应购各料填写购料单,送经坐办、矿长核准后,由材料处交采办员开标单,寄坐办、矿长审查,方行购买,或由坐办、矿长核准,直寄汉厂代购。

一、采办员须通洋文及熟识材料事宜,由总公司简派驻汉采购;俟总公司移汉或并入商务所,凡粗木、石灰等料向就地购买者,仍由该主任填写购料单,送经坐办、矿长核准照购,以省运费。

一、各机关应领物料,填写领料单交该处,即由该处将附单送经坐办、矿长核准,再行给领。

一、各机关关于工程特别紧急用料,如铁木、油料之类,准由该机关直具领单具领,即由材料处将原领单送坐办、矿长补核盖章,以取通融,而免耽延。

一、各机关通常用料由材料处知照，各预算半年用度，开单送坐办、矿长核准后照购，分别备存各栈，俾各随时领用，以资便捷。

一、各栈每月册报，限下月十号送交总栈，材料处每月册报，限两个半月（如一月册报即限三月十五日）送交统计股，以期造报迅速，勿致积压。

一、每届年底，坐办、矿长派员会同稽核处盘查栈存材料一次，逐件查明，总结存价，造具详册，交统计股列入材料成本存该帐。

一、材料处内办章程，由该主任详细拟具，再行核定呈报。

一、本章程内如有窒碍之处，由坐办、矿长随时公同商改，以期尽善。

夏偕复、盛恩颐致季厚垫、杨华燕函

民国六年九月十一日（1917.9.11）

冠山、华燕仁兄先生同鉴：

接三十九号会函，并拟具冶矿材料处试行章程十二条，具悉。查核拟章于采买收发手续尚有未尽周密之处，兹就来章修改，仍为十二条，并附说一段，另纸抄寄，即希查照，试行三个月报告，如无窒碍，再提请董会核议，作为定章可也。此致。顺颂

均祉

附章程。

总、副经理

兹将冶矿材料处试行章程修改如左：

第一条：照原文（略）。

第二条：照原文（略）。

第三条：

一、各栈设管栈兼收发一人，司帐一人；总栈内设总帐一科，专司各栈收发总帐，并汇造表册。以上各员司均就原有之办事人，由材料主任量材支配，商经坐办、矿长核准，呈报总公司。

第四条（原文第五条并入此条）：

一、各机关应用物料，预先知会材料处，由材料主任查明，如系栈中所

无者,填写购料单送请坐办、矿长核准,由坐办或矿长交与采办员开标购买,开标时并须知会稽核处派人监视;如应购之料为当地所无者,由坐办或矿长函请汉厂或上海商务所代购,均由坐办、矿长随时斟酌办理。

第五条:

一、各机关领用物料须填写领料单,先送由稽核处稽核后,再送由坐办、矿长核准,材料处方可查照发给。

第六条:

一、各机关关于工程上特别紧急用料,准由该机关开具借领单,向材料处先行领用;一面仍须填写领料单,送由稽核处稽核,坐办、矿长核准后,交与材料处,并收回前具之借领单,以取通融而免耽延。

第七条:

一、各机关通常所用之物料,由材料主任预算半年用度,开具清单,送陈坐办、矿长,由坐办、矿长分别核准后,交采办员开标照购;或函请汉、沪代购,备存各栈,以免临时竭蹶。

第八条:

一、各栈所发各机关物料,必须填写四联发料单,注明价值。一联存根,一联送交领料机关存查,一联由领料机关盖章后收回,粘附报册,一联送交统计处查照登帐。

第九条:

一、各栈每月册报限下月五号送交材料总帐科,汇造总报册。其总报册限十五号送交统计处查核。

第十条:

一、每届年底,坐办、矿长派员会同稽核处盘查存栈物料,查见所存物料核与帐册相符,会办、矿长及稽核处长即于材料处报册上盖章,送交统计处核对存查。

第十一条:

一、材料处内办事章程由该处主任拟具,送经坐办、矿长核准。

第十二条：

一、本章程如有窒碍及未尽之处，由坐办、矿长公同商改，以期尽善。

再，查材料处往往有物料已到而价值尚未寄到者（如外洋购来之料），因此将帐积压。现嘱商务所，凡代各厂矿向外洋订购物料，其价值一经订定，即应知会各该厂矿登记。至于金价之涨落，运费之低昂，关税之高下，暂由商务所每年酌定一数，通知各厂矿材料处查照结算。其实支之数必与酌定之数不符，应由统计处另立盈亏帐，俟年终再行转入正帐。

季厚堃致夏偕复、盛恩颐函

民国七年一月八日（1918.1.8）

总、副经理钧鉴：

冶矿自本月一日起将事、工两部及各机关遵照新章分别归并改组，业经具函呈报在案。兹将近日办理情形略陈大概，谨列如左：

一、矿砂：从前每届阴历年终结算码头存货，日矿多数七、八万吨，少或四、五万吨，汉矿亦四万吨上下。乃上年一月至十月止，比较五年份一月至十月，少出矿砂七万五千余吨，所以上年十月底结算，汉、日两矿共存只数千吨，江边码头空空如洗，现虽竭力趱赶，未知能否稍有积存，以顾来春交额。

一、车辆：得、铁两山向来存积矿砂，得道湾约一万余吨，铁山只数千吨，厂位窄小，全靠车运，为尾间新购大铁矿车，俟袁湖路线接通，码头筑好，方能合用，原有矿车一百数十部，失修已久，破坏不堪，现正冬晴农隙，出矿踊跃，乃因车辆不能接济，虽日夜赶修而开矿已觉耽误，殊为焦急，皆由前人因循敷衍，亦难讳言。

一、工程：冶矿产额自民国后乃逐年加增，转瞬两载即百万吨，而全矿应办扩充工程，除路线修改十分之二及得道湾建筑电机压汽房，屡次更改尚未竣工，又装设石堡机磅三项以外，悉属旧观，一切建筑工程均从前每岁出矿一、二十万吨之计画，现交额已两倍，后年骤加四倍，几有迫不及待之势，当嘱王工程师择要先筹，以期补救。

以上各节,为目前最要之事,略陈梗概,伏乞垂察,容再详细呈报。专肃。恭叩

钧安

季厚堃谨启

季厚堃致夏偕复、盛恩颐函

民国七年一月二十日(1918.1.20)

总、副经理钧鉴:

冶矿过磅溢出吨数,每年结为余矿,余提员司酬劳外,向作外销。自民国三年厚堃任统计时,将该款列入正帐,作正报支。查五年溢数一万八千吨,合洋三千四百元;六年溢数四万五千吨,合洋八千六百元。惟上届酬劳酌提二千八百余元,实属不敷分派,昨奉面谕,退职各员仍应照给,各员司终岁辛勤,现又出矿踊跃,拟求酌加五百元,以期鼓励,而免向隅。向例年内酬给,伏乞迅赐批示祗遵。专肃。恭叩

钧安

季厚堃谨启

夏偕复批:照准。

季厚堃致夏偕复、盛恩颐函

民国八年三月二十二日(1919.3.22)

总、副经理钧鉴:

查光绪二十五年与制铁所订立售矿合同,每船每日挑足一千吨,如不足数,罚银五百两等语。近因矿数倍增,开运后两船并载,每日须挑两千吨,人力究非机力,制铁所屡屡责言,欲照合同议罚,虽经阻止,现开运在即,闻尚欲提议交涉,我处不能不早自筹备,而码头挑夫又以民国三年所订五年后再行加价合同期满,具禀要求。当饬运务股核议,据复现在长江上游苦力工价照五年前无不加增,惟日矿加给,势必牵涉汉矿,殊于大局有关。查日矿每年交额比汉矿为多,堆积较远,起卸实难,而东邻责言实逼处

此,若不早为维持,谁任其咎? 拟于体恤之中,仍寓限制之法。凡海轮装载,每大矿车一辆,照汉矿例加转矿钱三百六十文;日轮抵埠,每日每船挑足一千吨为度,不能缺少;其余驳船挑运,概不增加,并拟具详细规则等情前来。查所拟办法,仍专为海轮,依照合同,每日交足一千吨之数,而挑驳概不增加,似每年运费所增有限,不致糜费公款。事关交额,倘吝惜小费,致误三菱船期,再有责言,即厚堃亦难负责也。伏乞迅赐核准遵行。专肃。

恭叩

钧安

季厚堃谨启

[附件] 改组日矿码头运矿规则

一、石灰窑日矿码头以十个车位为一码,每车位为一夥,用夫头一名,正股矿夫二十名,每码头指定一夥,照料日矿挑卸等事,共该夫头十名,正股挑夫二百名。

二、承包人所用每夥夫头须招有二十正股得力挑夫,另有妥实保人,互相出具连环保结,得本课认可,方合夫头资格。

三、夫头所用每正股矿夫,须雇有妥实长工一人,另具妥实铺保,并互相出具连环保结,得承包人与本课双方认可,始合格为一正股。

四、每日挑运矿数,单船以一千吨为最少数,双船以二千吨为最少数;单船与驳船并挑,例同双船,如有不敷,照车数加倍议罚。

五、挑矿人数开运起至阴历五月半止,单船一百六十人,双船三百二十人为定数,单船与驳船并挑,例同双船。由五月半起至停运日止,单船二百人,双船四百人为定数,单船与驳船并挑,例同双船。设有缺额等弊,每日应由本课监工员司向该夫头当面登记缺工帐,准其三日内照补,过期扣缺工钱一千文充公。单船归单船补出;如双船缺工取巧,于单船补出,作为无效;若缺工太多,不能待其自补者,除承包人处罚外,另由本课代雇散夫充数,该承包人不得以雇价太贵,人力不强违抗不受。

六、挑矿重量每担以八十斤为率,每正股矿夫须备桶两担,以备添工雇人之用,所用桶箩,悉照本课所定格式,否则不准下河。设有违章强行者,除将桶箩令该夫头毁废外,该正股矿夫尚拟处罚。

七、夫头十人,分为甲乙两班,每班由承包人遴选一人为领班夫头,该领班夫头对于承包人应负该五夥完全责任。

八、挑矿担数自开运起至阴历五月半止,每挑夫一天挑足一百八十担为满额;五月半至停运止,每挑夫每天挑足一百三十六担为满额。挑矿时由当班照料,夫头按担发筹计数,以十小筹换一大筹,随时登簿送由本课监工员查核。如有挑不满数者,归次日补足,否则照缺工论。又,当日挑矿人数更须先期报告,每日上下午由本课员司点查人数,以及所挑担数,至夫头报告样单另附。

九、码头卸车平时每辆以四人为最少数,如有转矿之必要者,每辆以六人为最少数,如开运至五月半止,须赶矿每趟应有十五车,卸车必须转挑,每日应有转卸矿夫九十人,间日换班一百八十人,挑双船并转卸矿夫应共五百人。由五月半起至停运止,挑双船并卸车矿夫应共五百二十人,或五百四十人,除正股及长工矿夫四百人外,另一百余人应归承包人责任各夥夫头正股随时添雇短工。倘夫头正股无力雇出,承包人应设法雇足,否则按照第五条办理。

十、每日黎明开工,上灯收工,如遇大风雨雪及旧历三节,准其停工,惟遇三节在埠日船欠载不多,因特别原因由矿长允准,仍须赶载,挑资照旧例现发双资。

十一、码头卸车以两夫头分班照料,所有招呼火车、汇车、送车到位、接送磅票、卸车、不尽卸车、人数不足,以及开车匠役人等口舌等事,均归该当班夫头料理负责。

十二、轮驳停埠单船装矿,以夫头四人,双船以夫头八人,换班照料船之首尾各一人,按夥按担发筹。接班时间值班夫头不得先行擅离。驳船同。

十三、日船开运时期,所有各夥夫头须在码头吃饭,不得自由。如有特别事故请人替代,得公事房之许可后方为有效,擅离议罚。

十四、矿夫等出有口舌闹事及其他特别事故,该夥夫头均负责任,须会同领班夫头随时报告公事房处办,如开除另补,该夫头须即补足,以免缺额。

十五、海运矿力,向章连转力等项每车一千一百九十八文,现经议定自八年份起,上船每车给一千一百九十八文,外加转力钱每车三百四十文,共计一千五百三十八文,驳船仍照旧章上船转矿共钱一千一百九十八文,不另外加钱,以示区别。

十六、海运赏号,仍照七年份定章,照每船扯挑一千吨或一千二百吨、一千四百吨,给赏或五十六千、六十六千、七十六千文,如挑不足千吨,应照规则处罚。

十七、卸车矿力仍照旧例,依来车次数,每车自一百八十文起五百文发给。

十八、夫头津贴较前人数增加,海运每车改给钱六十文,驳运每车照旧四十文,以作酬资。

十九、矿力钱半月一发,由本课每半月先照每夥应得钱数填两联支单,交承包人签字,转交各夥夫头及正股矿夫,持条向本课收支员按照甲、乙班分二日支领,如无承包人签字,作为无效。

二十、承包人对于上列诸条应负完全责任,每日早晚须到码头公事房与本课办事员接洽,以免耽误时期。

民国七年十二月

季厚垄致夏偕复、盛恩颐函

民国九年一月二十五日(1920.1.25)

总、副经理钧鉴:

接奉钧处三号函开:该矿向有余矿,自本年一月起裁革,能超过八十万吨,另行给奖等因。查每月比较上年产额溢出之数,按吨给奖,乃民国三年徐介甫、黄绍三两君会代坐办禀奉核准在案。彼时每年产额不过四十余万吨,逐年比较,立法诚善,且除股长、主任外,仅采矿为直接,运务、磅秤为间接,三部员司可以分给,其余各机关员司,均属向隅。当时用意以谓能达五六十万吨,已臻极点。不料矿区日辟,上前两年矿砂、白石两项,共采至七十万吨以外,本年又预算采八十万吨,是逐年按月比较有增无减,溢奖之金如操左券。厚堃正拟更改章程,适奉钧谕,念及于此。然近年之出数踊跃,群策群力,诚属辛苦,未始非因前人奖励之法,今日始有此功效。窃思本年预算产额又更加巨,倘骤然裁革,恐众心不免松懈,于开采殊有关系,拟请取消逐年比较办法,按采矿之淡月旺月,照历年最高之数,再行酌加,严定产额,如本月能超过定额,方给溢奖。九年度采数以八十万为标准,以后则逐年酌增,不表示裁革之文,实限制奖励之法。是否有当,谨拟办法及每月定额表、前三年比较表寄呈,伏乞迅赐裁夺示复为幸。专肃。恭叩
钧安

季厚堃谨启

[附件] 重定冶矿每月产额溢出酬奖办法

谨拟重定冶矿每月产额溢出酬奖办法:

一、从前产额仅比较一年,现改照近三年该月最高之数,再行酌加,以为比较,定额为八十万吨。

二、每月产额以列表数目为标准,仍照旧章得、铁两处各自比较,运务等机关则以得、铁共采数为比较。

三、每月产额如能超过定额,即为溢采之矿,按超数酬奖,按月照给,不得上下月通扯。

四、分给酬奖,仍照前定章程,每吨得、铁采矿处各银三分,运务股银一分(此运务股指车务、机厂、养路三课),起卸课银五厘,磅秤房银二厘。

五、此项酬奖办法以九年度为限,下年矿额再重定增加。

六、采矿每方车照例九折作为九百启罗,现定产额仍折合吨位,不以方车计算。

七、九年度全年山厂余矿,应另提出,不能混作每月产额。

公司会计所签注

民国九年二月四日(1920.2.4)

遵核季矿长呈请矿砂产额溢出酬奖办法,原文谓矿余全裁,恐众心不免松懈,于开采殊有关系,所言亦自有理。惟细查各条办法,间有未妥之处,兹特复陈如左:

原文第三条:"每月产额如能超过定额,即为溢采之矿,按超数酬奖,按月照给,不得上下月通扯。"查向来余矿办法,即系每月比较上年产额,溢出之数,按吨给奖,遇有短缩并不加罚,今虽将比较定额提高,而不得上下月通扯一层,仍系因袭旧制,有奖无罚,似拟改为每季通扯一次,一年四季,赢则加奖,缩则于下季内尽先扣补。例如来表所开九月份预定之数,得道湾产额一月份为五万二千二百零五吨,二月份为二万零四百七十三吨,又三月份为三万六千八百五十吨,第一季扯计为十万九千五百二十八吨;如果此季内产额超过此数,准其给奖,如不及此数,应将短数记录,俟下季扯算时将短数扣除,再计赢亏。如冬季扯算再有短缩,应将短数于来年春季扯算时扣除。似此办法于酬奖之中,仍寓限制之意,似较原拟办法为优。是否有当,仍候裁夺为叩。

会计所签注

[附件] 民国九年预定采矿得奖比较表

项别 分季	六至八(年)三年内各季分最高之数		九年份预定数	
	得	铁	得	铁
春季	107 000	51 000	109 528	55 349
春季	138 000	71 000	141 260	77 054
秋季	115 000	53 000	117 716	57 520
冬季	148 000	83 000	151 496	90 077
共计	508 000	258 000	520 000	280 000
	766 000		800 000	

夏偕复、盛恩颐致季厚堃函

民国十年一月十九日(1921.1.19)

径复者:

接第一号函,以该矿上年产数超过定额,请照本年本处四十六号函,酌给采运两部及管磅员司奖金等情。并附全年产数磅收运交表及该三部分奖金单到处,具悉。查去年改定该矿采额溢奖办法,原为实事求是,鼓励出矿起见,兹阅表列全年产数,除额定八十万吨外,尚超过二万四千四百九十吨七百六十八启罗。具见执事督率之勤,并各该部员司在事之力,欣慰之余,殊深嘉尚,所请将额定奖洋九千四百元及溢奖每吨洋九分四厘,合洋二千三百零二元一角三分二厘,两共计洋一万一千七百零二元一角三分二厘,分奖三部员司,应予照准。相应复请查照办理。此致
冶矿季矿长

总、副经理

夏偕复、盛恩颐致季厚堃函

民国十年十二月二十日(1921.12.20)

专启者:

查目前存矿已多,若再积极开采,势必供过于求,殊不经济。现定铁山采矿工程及哆石处工自明年一月起全行暂停,至何日重行开工,另再专函知照,在此停工期内所有一切设备希转饬所属妥加保管为要。此致
冶矿季矿长

总、副经理

季厚堃致夏偕复、盛恩颐函

民国十一年四月十日(1922.4.10)

总、副经理钧鉴:

前顾问大岛君为冶矿扩充计画,以向来出砂均用露天开采法,每逢阴

雨即须停工,外洋皆用窿工采入地腹,因得道湾山顶面积已采二十余年,照每年四十万吨采额,三五年后山顶尽成平地,所以改建码头装设电机,扩充一切费用甚巨,皆为开窿而设,用意可谓深远。现各项工程将次告竣,俟冶厂开炉,电力即可接通,照大岛君原定计画,窿工似不可缓,当嘱周股长绘具图样,并拟说明书。惟窿内总巷已开凿九百余尺,横巷七百余尺,风巷八百余尺,已用三万余元,去年以经费困难嘱暂停止,现如继续进行,照说明书尚有六千余尺工程,为费约七万余元。愚见此项工程完竣总在两年,该款或分年支配,稍纾财力,现仍山顶开采,俟窿工告成再改办法,冶厂所接电力专供夹矿机之用,以省人力。是否有当,谨将图样及说明书寄呈,伏祈裁夺批示祗遵。专肃。恭叩

钧安

　　附呈图样二纸说明书一件。

季厚堃谨启

　　　［附件］　大冶铁矿窿内采矿说明书

计　　画

　　一、窿道　就狮子山矿床之形势用平窿开采,定开总平巷一道,计长二千二百余尺;又横巷十五道,每道平均二百五十尺,计三千七百余尺。

　　二、矿量　仅就第一层矿层,高八十尺,长一千四百余尺,平均宽二百五十尺计算,约可采出矿三百万吨。

　　三、产额　定每年出矿二十万吨,全年以三百天、每日以二十四小时计算,日可出矿七百吨。

　　四、通风　定开前后风巷两道,计长一千二百余尺,另在矿层将各横巷之风道开通,计长一千四百余尺,使得自然通风。

　　五、排水　窿旁开凿沟渠排泄窿内之水。

设　　备

　　一、机器　公司已置有压气机两架,每架每分钟可供二千二百五十立方尺之气,积每架所压之气足供气钻机六十部之需,其他如修钻机器及总

气管等项均已安设齐备。

二、输运　在总平巷内安设复式轻便铁道,又在各横巷内安设单式轻便铁道,与总平巷一气衔接,所用矿车仍照旧式,用人力推送,以资出矿。

三、器械　公司已置有车床一架,钻床一架,煅冶器械全套,专为修理压气机及气钻机之用。至采矿器械,旧有地面开采者均可移用,无须另置。

概　算

一、已支款目　查窿工已经开辟:总平巷计长九百十二尺,每尺洋十一元,共计一万零零三十二元。水沟长九百十二尺,每尺洋二元,共计一千八百二十四元。风巷六百四十五尺,每尺十一元,共计七千零九十五元。风道长二百尺,每尺七元,共计一千四百元。横巷七百八十八尺,每尺九元,共计七千零九十二元。又窿内撑木、钢轨枕木以及修理维持等项,约已支洋四千元。以上统共支洋三万一千四百余元。此外一切设备机械等项均不在内。

二、应筹款目　继续工作,拟开总平巷长一千三百尺,每尺十一元,共计一万四千三百元。水沟长一千三百尺,每尺二元,共计二千六百元。风巷六百尺,每尺十一元,共计六千六百元。横巷三千尺,每尺九元,共计二万七千元。风道一千二百尺,每尺七元,共计八千四百元。又窿内撑木、钢轨枕木以及修理维持等项,约计洋一万二千元。以上统共需洋七万零九百元。

以上仅就开辟窿道第一层而论,若须在百尺以上或地平线以下另开窿道,则须另列预算。再,以上各款均应列入公司资产项下,随后逐年摊入采矿成本。

开　采

一、开采法　其法由第一与第二横巷每隔二十五尺相对开一高五尺宽四尺长一丈之斜洞,及第一与第二两横巷在距窿道高一丈以上之矿层内相通连,即可从事向顶篷采砂,所采之砂,用人力破碎,由斜洞溜出装车。用此法开采其利有二:一减省撑木;二免挑渣滓,西法名 overhand stopping and backfilling method。此外第三第四等各横巷开采法,以此类推。

二、采矿成本　窿内开采铁矿每吨成本,我国尚无成例可考,兹就外洋窿内采矿情形参以我国工价,以每工工作八小时计算,估计每吨成本如左:

气钻矿夫一工,洋六角。

压气机每架每工压气费,洋一元五角。

炸药十五磅,每磅六角,洋九元。

铜帽十二粒,洋三角六分。

引线一盘,洋三角。

灯烛,洋一角。

炮条,洋七角五分。

以上每工工作八小时及所需工料,共洋十二元六角一分,约采矿十吨之谱。每吨除他项间接费不计外,合成本洋一元二角六分有奇。

季厚堃致夏偕复、盛恩颐函

民国十二年四月九日(1923.4.9)

总、副经理钧鉴:

接奉十八号钧处函开:接函以本年四十五万吨,得道湾出不足数,请复开铁山等情,应予照准,仍将改定预算及用人名单见示为要等因。

查得道湾去年迭奉减采,山厂停顿居多,现冶厂开炉,需矿殊急,恐得道湾供应不及,不得已陈请复开铁山,以资补助,采费一切仍照本年四十五万吨之预算,并不增加。至铁山复开,用人之处,除主任法麟经、助经张克泰仍令回任外,监工、司帐仅用五人,均由各机关调用,以期节省,兹将名单开呈,自四月起稍加几人,薪水亦未超过采矿股原定预算。伏祈俯准批示遵行。再,铁山复开业已遵照函谕,饬令该员司等即日兴工,以免耽误厂需。理合陈报,伏乞垂察是幸。专肃。恭叩

钧安

季厚堃谨启

盛渤颐赴沪

季厚垫、盛渤颐致夏偕复、盛恩颐函

民国十二年五月八日(1923.5.8)

总、副经理钧鉴:

　　先后奉钧处勘电及五月一日谕函,均敬收悉。本年冶矿产额前奉核准以四十五万吨为标准,除以二十五万吨交制铁所外,余二十万吨,冶厂出铁极旺,每月实需二万吨,以十个月计,共需二十万吨,两处分配适符产额,汉厂需矿不在额内,去岁预算业已申明,故前函汉厂,请专向象矿取用。顷奉钧谕,暂以每日出数分供汉冶两厂,免误要需等因,自当遵办。惟本年产数已分派无余,如暂以一万吨供应汉厂,则制铁所及冶厂势必少交一万吨。制铁所海轮业已开运,冶厂需数刻不能缓,交额、炉需均关紧要,求统筹兼顾之法,惟有另行加采,以资应付。兹拟由铁山加采五万吨,为本年八个月补助汉厂之用,照四十五万吨原预算约加经费三万元。事关要需,除一面饬铁山即行筹备加采外,理合函陈,是否可行,伏祈批示遵照。再,近来象矿日出一千余吨,谅能供应汉厂,再由冶矿筹备五万吨接济,汉厂用砂,当无延误。合并陈明。专肃。恭叩

钧安

季厚垫、盛渤颐谨启

赵兴昌致潘灏芬函

民国十五年十一月二十三日(1926.11.23)

副经理台鉴:

　　奉读十二日转来大冶盛厂矿长函,所陈趁冬令农隙着手扩充得铁两山采砂厂位,预算该项经费三万五千元,请迅即如数汇拨等因,敬悉。兹经与两顾问商酌,已邀同意,惟服部顾问对于该厂矿长所请拨用该款变通办法,不必先期编造预算一层,难表赞同。盖此项办法业经订定于前,款既现成,每月预算寄到,一经查核即可照拨,何至贻误,似无通融之必要。现服部顾问为慎重起见,已函嘱小田准备前往大冶,与冶矿采矿股长接洽该工程之

计画，以及拟定分月需款之数，一俟报告电到，即照拨汇不误。且趁此并可验看冶厂所造打风机地脚工程已否完工等情。应请台察，并祈函饬小田前往大冶查照办理为幸。所有小田往冶应需旅费，特附上扩充款项下支票一纸，计银四百四十两，乞交会计所签字收款，合洋交付小田，俾便成行为祷。专此。顺颂

公绥

赵兴昌谨启

盛恩颐致盛渤颐电

民国十五年十二月十四日（1926.12.14）

佳电悉。现已筹四万元，作补发工饷及开工之用，另筹洋一万元，备发各员司一个月全薪。共有五数，与尊拟七数相差有限，且开工出货后，日方可付现款，源源接济。如能复工，即速电复。

盛渤颐致盛恩颐、潘灏芬函

民国十五年十二月十六日（1926.12.16）

总、副经理钧鉴：

奉寒电，遵即积极筹备开采，约两旬内当可复工。惟前拟之七万元，系就工食、矿价及一部分欠薪而言，余费概未计入。前停采原因，虽曰军事时局影响，半属经济所使，彼时逼索矿价、工饷甚急。当即宣言俟将矿价、工饷付清后，再行复工，兹既拟复工，应践前言。承允五万元，只可应付矿土、工饷两项，薪水尚不能给，但一经复工，逐月经费必须按月接济，方不致因噎废食，盖值此工潮澎湃之际，决非空言所能对付也。至每月需费若干，应视采额多少为标准，容后陈请核夺。

伏查本厂矿负债甚巨，可缓者缓之，但以前每因工人索饷急迫而有临时向港商借贷应急者，屡索无以应付，一闻复工，迫索必更加紧急，自不能不稍为点缀，祈酌量筹济，以资并顾。再复工时，所必须者：（一）烧煤；（二）轴缸油与汽缸油，曾具蒸代电请为拨济购运在案。务乞迅赐施行，不

胜企盼。除复铣电外,谨特陈复。敬请

钧安

盛渤颐谨启

盛渤颐致盛恩颐电

民国十六年二月二十一日(1927.2.21)

经理鉴:效电奉悉。因推翻包工制,增加矿价、矿力,失业人复工诸重要问题尚未解决,不得开工,官矿亦停,候解决始复工。渤。

盛恩颐、潘灏芬致盛渤颐函

民国十六年二月二十八日(1927.2.28)

径复者:

接十号函,陈报鄂政府派员经理象矿,勒纳砂捐,请迅派员交涉,俾可一意开工。又得、铁两山矿工迭求废除包工制,并增加矿价,陈请核示等情。当提经整理委员会议决,砂捐之事,已派孙所长河环、盛股长铭代表公司赴汉与鄂政府磋商,目前可照常开工,静候解决。至冶矿包工制,可酌改。惟仍按吨数给价,不便点工,因点工不易查察每人每日之工作。矿价原系钱码,可作洋码,每吨至多给值洋二角五分,详细办法应饬由该主管机关详行酌议,呈候核定等因。合行函达,即希查照办理。此致
冶厂矿盛厂矿长

总、副经理

盛恩颐、潘灏芬致盛渤颐电

民国十六年四月一日(1927.4.1)

大冶。盛厂矿长:电悉。冶矿今日采运并开,甚慰。所需经费可在冶开汇票三万元,由总公司照兑。仍望将详细用途报告。关于采运各事,并希切实督促员工积极进行。至盼。颐、芬。东。

周开基致盛恩颐、潘灏芬函

民国十六年四月十日(1927.4.10)

总、副经理大人钧座:

敬禀者,采运复工业于四月一日宣布,当经厂矿长陈报在案。惟采运一切困难情形有不得不上陈聪听者。

伏查采矿方面,得、铁两山股长以下向各设主任一人,助理二人,及监工人等,负责办理。目下除铁山主任早经辞退外,得道湾主任年老多病,本同尸位,其助理等员或辞或假,仅余一人,而徐矿师且于上月中旬返沪。际兹复工之初,诸待整理,身兼数职,不免顾此失彼。此其困难者一。运务方面名有专员,任实难胜,以致停工以来铁道失修,而大小车头、矿车均多损坏,复工旬日,载运无从,即小事修理,运量不足千吨。此其困难者二。下陆机厂机件多半已卸移冶厂,工匠亦均遣散,而冶厂方面关于修理车头、机件之工匠尤不敷用,而大车头更不能进厂修理。此其困难者三。采运应用材料久未添置,即以措资购办,仍虞耽误。此其困难者四。总上四端,均碍采额。

窃思厂矿事务向由厂矿长主持,各股无权关顾,一人之精神有限,各方之照顾难周,遂成此僵局。言念及此,能不疚心! 开基仰承嘱咐,艰困不辞,为今之计,惟有恳请厘定办法,俾利采运而维定额,毋任盼祷。事实具在,设再延误,开基效劳有心,整理乏术。用先陈报,诸望鉴原。临颖不胜迫切待命之至。专肃。敬请

钧安

伏维霁鉴。

周开基谨上

龚炳慈等致盛恩颐、潘灏芬函

民国十六年六月二十三日(1927.6.23)

总、副经理钧鉴:

顷据采矿股周股长函称:查属股得、铁两山虽于四月一日宣布复工,而

于两星期后方得实行采运,结至本月二十日止,共采矿砂五万三千余方车,而运出矿数仅只三万七千余方车,采运相抵,两山存厂尚积存矿砂一万五千余方车不能运出。车辆既不敷载运,存厂亦无地堆存,每日采矿工作时间亦即为所限制。历年以来,运务不能应手未有过于今日者,倘四月间开工之始即能大小车头日行拖载二千吨,采运迄今为数当在十万,何至仅运三万余吨。查本年产额应交东矿为数四十万吨,按照目前情形推算,只能强勉交足二十万吨,虽经开基屡次与各股处长讨论加增运量办法,乃因事权不一,迄无效果。惟有据情函达,尚乞转呈总公司核夺示遵等语。理合转陈,敬祈裁示遵行为祷。敬请

钧安

各处股长龚炳慈等谨启

龚炳慈致盛恩颐、潘灏芬函

民国十六年六月二十四日(1927.6.24)

总、副经理钧鉴:

查冶矿自四月间复工以来,采多运少,业已另函陈报。今为增加运量计,莫如改用大车头,而改用大车头之先有四个问题须先解决。一、铁路枕木应大加拆换,而附近无货,须向汉口采办此材料,不应手也。一、厂矿虽并,工匠尚有畛域之见,修车一事,下陆、袁湖各有争执。在下陆,藉此可要求恢复失业工人百余名,厂方失业工人虽多,如派往下陆工作,殊难办到;在袁湖方面,则以为修车归于厂方,工人可得永久之工作。此两方工匠各有成见也。一、厂矿归并时下陆机厂本隶属工程股,旋奉令改为修理房。去岁矿方停工,运务股请将修理房划归该股管辖,经盛厂矿长照准,现如将修理房仍归工程股以一事权,工程股须得公司之命令方肯接收。此修车权限未分清也。一、运务股长久未到差,无负全责之人,修理房虽暂嘱车务科兼管,而该科因以前修理房非其管辖亦难负责督饬进行。此管理方面缺少人员也。

因以上种种困难,运量无由增加,尤以运务股长无人为最大原因。应

请速饬该股长赶即来冶共商进行之法,以免耽误交额。是所至祷。其他情形容再续陈。敬请

钧安

龚炳慈谨启

徐象数①致盛恩颐函

民国十六年七月二十二日(1927.7.22)

总经理钧鉴:

谨肃者,窃象数于前五月间在沪时,函陈冶矿办事棘手,呈请辞职,未蒙允准,奉令克日返冶供职。自维樗栎之资得邀殊遇之惠,敢不勉竭驽骀,以图报称。但自革命潮流澎湃于两湖之后,工人运动异常激昂,于是冶矿困难情境和阽危之状态千百倍于昔日,但是为保全公司财产及维持现状计,各方面又不得不曲与委蛇。周股长自今春返冶及复工以至今日,降心静气,含忍之极,其对于冶矿不无具一番维持之苦心。象数到此之日,虽浅然目及各方,细心察查,亦颇知症结之所在,兹为钧座陈之。

查得、铁两山采额未能增加,实因运务股无正式负责之人,每日车运只行四次,所运矿数最多不过千吨左右,但过境军队往来络绎,而运矿又时生停滞,此采额未能增加困难之点一。自工农运动提高以来,工会对于复工条件异常苛刻,工人工作每日定为八小时,而实际考查八小时之规则,且如同虚设,工会目的就是无产阶级执政,因之主管人视工人任何放肆不能稍加约束,主权旁落,尾大不掉,此采矿掣肘困难之点二。查此间监工缺少技术知识,且积习太深,周股长每与谈及,辄不胜感慨。更加革命潮流高涨,幼稚之举动颇多,甚或有受其蛊惑,言行竟出职守范围以外,此采矿未能应心顺手困难之点三。查两山复工以来,因经济支绌,山厂所用材料每多缺乏,采矿因之大受影响,此采额有关困难之点四。

综上四点,皆为最近急待解决最可注意之处。周股长现已至沪,谅已

---

① 徐象数(1896—?):江苏吴县(今苏州)人。时任大冶铁矿技术股股长。

进谒面呈此间状况及如何以谋善后之方,至若积欠员工薪水工食亦应急谋发清,俯体下情。再,本月上旬天雨为灾,两山矿厂俱被疾雨将岩石泥土冲压,损失甚巨,并以奉闻。肃此谨呈。敬请

崇安

徐象数谨呈

龚炳慈等致盛恩颐电

民国十六年十月十四日(1927.10.14)

经理鉴:万急。顷据制铁所驻冶日员面称:现在共党失势,工人停顿,厂矿失业工人限期已满,何以尚不解散,常此虚縻巨款,海运将停,收砂有限,以后用款恐难接济等语。查职等对于失业工人问题,迭次函电请速饬厂矿长来冶解决,未蒙一复。兹以事关全局,未便久悬,已商准驻军及县知事著手办理。务请速汇遣散费至少二万元,但得从速进行。良机难再,乞即电复。炳等叩。寒。

赵时骧致盛恩颐、潘灏芬函

民国十六年十二月一日(1927.12.1)

总、副经理钧鉴:

查前次临时进厂工作之失业工人业于今日一律遣散,当已电陈在案。惟值时骧抵冶之际,上游时局严重,驻冶之省防军早已撤防,地方极形空虚,而失业工人约四百名,自应郑重将事。遂即晋县面恳县长维持,业承许可。旋复函县请其派员率领警备队莅厂弹压,亦荷复函准行,乃县长因事晋省,延至前晚始由县派警备队鲁队长率同兵士八名前来。即晚通告各处股实行遣散,声明除发清欠资外另给工资一个月,以示体恤。昨午时骧正与各首领集议之际,所有失业工人蜂涌而来,扬言须照扬子厂例给裁工三个半月,并须另给假期工及年节费等项,人言庞杂,气焰嚣张,虽经善言开导,毕竟不可理喻。复与该工人等所派之代表反复磋议,总以所望太奢难以接近,该工人等麕集不散,叫嚣谩骂,迄至晚间仍无结果。当照鲁队长之

意允给裁工一个半月,复又增为两个月,终不解围。时至夜深,恐生意外,最后经鲁队长之仲裁,除发清欠资外另给裁工七十天,各工人始就范围,即于今早由各股领款发给。计共遣散失业工人约四百名,共发遣散费洋约一万八千元,顷已蒇事。所有遣散失业工人情形,理合具报,仰祈鉴核为祷。

敬请

钧安

赵时骧谨启

大冶铁山 1929 年事业概要

民国十八年十二月(1929.12)

一、矿床状况

大冶铁山位于扬子江右岸石灰窑西约十七哩之处。采矿床则如附图所示,得大别之为二,曰得道湾地域,曰铁山地域。依其地方俗称,得道湾又分为尖山、野鸡坪、大石门、狮子山及象鼻山;铁山分为龙峒、纱帽翅、铁门坎及黄家山。而尖山之一小部分及象鼻山属于湖北省官矿局之矿区,其他则属于汉冶萍公司之矿区。

矿床自东南走向西北,或断或续,横亘约四千米三,大体可分为三区:

第一矿体 为公司所属中最大矿体,东端起于尖山之顶,包括野鸡坪、大石门、狮子山,而与象鼻山官矿局矿区相接,延长约千三百米,厚三十米至百米,平均七十米。

第二矿体 距狮子山西约一千米六,起于龙峒溪间,讫于纱帽翅西侧,延长约四百米,厚十米至五十米,平均约三十米,于三矿体中为最小。

第三矿体 距第二矿体西约五百五十米,东端起于陈家湾,经铁门坎,迄于黄家山西麓,延长四百七十米,厚十米至九十米,平均约五十米。

以上各矿体,咸胚胎于石灰岩与花岗岩之接触部,为脉状之接触。矿床大体以石灰岩为下磐,花岗岩为上磐而倾斜,其倾斜之度,虽变化多而无定,但在狮子山区域,则平均七十五度,大石门及铁门坎区域,则六十五度,龙峒区域则为垂直。

各矿体走向,概呈扁桃状而赋存,即向地下亦似呈扁桃状,其矿质大都发达,于扁桃部之中央,火成岩之贯入绝少,且与下磐石灰岩为密切之接触,对上磐火成岩划明显之界限。矿石品质固甚优良,惟每近扁桃部之西端,辄增火成岩之贯入,故其品位亦因而稍降,甚至矿体全离石灰岩,或入于火成岩中而尖灭,或自行分歧而尖灭,否则即于火成岩中成为矿块矿瘤染矿,或矿楼而终灭焉。

矿石中混有磁铁矿及赤铁矿,其质坚致,含铁平均百分之六十。

二、探矿

民国五、六年自狮子谷凿探矿窿道,长达五百米,并开有进出口三处,惜窿道崩坏,不能复见当年凿痕。

铁山曾于民国七、八年凿有数处以施深约百米之试锥,惟无若何纪录留存耳。因矿床露出部,矿量颇富,探矿之举遂被忽视。兹认最近将来露天开采与地下采矿,同时并行之适当,已立开始探矿之计划矣。

三、采矿

矿体大都露出于山地,其水准以上乃依露天开采而行,利用倾斜面,并随地势之状况,分为三十尺至百尺之若干阶段,自下磐石灰岩向上磐进掘。

除铁门坎一部使用凿岩机外,余依手掘、爆裂等法采之,所采矿石,碎成小块,就地以手拣选其中所混杂石、粘土、粉矿等物。

上磐花岗岩风蚀甚着之处颇多,当采矿时每易崩坍壅埋矿场,其影响出矿之事逐年增加,且排土之量亦增,本年排土量已达出矿量之七倍矣。

因露天开采之故,常受气候影响,加之本年全年间共匪及他障碍相继发生,以是采矿预定量为四十五万吨者,今则不过实出三十四万五千吨左右耳。爰将出矿月额列表于左。

采矿夫(运土夫在外)泰半系地方农民,故每农忙时出矿量顿减。

民国十八年出矿月额表[①]:

月别	得道湾	铁山	共计
总计	235 363 吨	109 375 吨	344 937 吨

---

① 分月出矿额略,只录全年总计数。

四、运搬

运搬分为山场运搬及铁路运搬二种：

山场运搬：依手推轻便轨道而运者，多为×箱绞卸，故利用倾斜面而设自转斜路。惟铁山则用蒸汽绞升机，自土门坎底厂及龙峒下厂绞升矿车，又于狮子山倾斜更急处使用"斛计"。

轨道"斛计"二呎，轨条十六磅至十八磅，绞升及自转斜路则十八磅以上，轨道坡斜，普通为百分之一至八十分之一，但采用六十分之一者亦有之。矿车为钢板制箱型，运土车用三角型及旋卸型。

铁路运搬：自山至江边，约十七哩间轨道四呎八吋半，轨条八十五磅。自得道湾及铁山，会于铜鼓地，经下陆而达江边之铁路之主要地段间距离，记列于左：

得道湾及铜鼓地间　1.02哩；

铁山及铜鼓地间　2.51哩；

铜鼓地及下陆间　4.91哩；

下陆及石灰窑堆场间　9.15哩；

石灰窑及新厂（化铁炉所在地）间　1.51哩；

山装矿场与江边堆矿场之距离约十七哩。

采矿场及山堆矿场，均直接以手装矿于矿车，即以此车套入装货栈桥上之横转"体普勒"内，再移之于适当之位置，而后转入货车中。

石灰窑堆矿场矿石装船方法，先于船岸间浮入小趸船上设×架，连以踏板，再由人工肩而运之。

涨水期中运矿，海轮可三只并装。

五、设备状况

采掘全系露天开采，且大部为水准以上之作业。故除铁门坎之用小绞升机与抽水机，龙峒之用小绞升机以及铁门坎之用小规模凿岩机外，概为运搬设备颇形简单。

曩年虽曾立有利用化铁炉废弃瓦斯而发电，以行大部分用凿岩机采矿之计划，而设备压气机、碎矿机等，但迄今未一用，且有一部分尚未完成。

设备中之主要者,列记于左:(略)

石灰窑江边堆矿场,面积约四十八万平方呎,堆矿量约十二万吨。

六、从事人工(民国十八年十二月截止):

(一)采矿股

采矿夫　740

运土夫　937

杂工及杂役　454

共计　2 131。

(二)运务股

开车人车司及站役　196

铁路工人　111

修理工厂工人及杂役　69

起卸小工及杂役　59

装矿夫　减水期　120;涨水期　240

共计　555 至 675。

(三)工程股(修理工厂)

机械科工人　73

电气科工人　19

土木科工人　15

机力科工人　10

杂役　2

共计　119。

(四)化铁股

熔矿工人　6

(五)厂矿长处杂役　12

(六)会计处杂役　5

(七)稽核处杂役　2

(八)事务股杂役　51

（九）材料股杂役 17

（十）医院看护手等 14

（十一）巡查处巡士等 218

总计 3 131 至 3 251。

外临时小工 40。

上记各项中，除采矿夫、运土夫及装矿夫，系临时雇用外，余为长工及巡士，计有一千零五十九人，本十二月中工银为一万六千元。

职员总共一百三十一人，薪俸月需七千四百六十四元。

盛恩颐致渡边函

民国二十年三月十一日（1931.3.11）

渡边总务部长阁下：

素慕贵国矿业发达，名震东亚，敝公司深愿效法，特派工务所技师森口喜之助、铁山主任赵昌选、工务员盛隆䄂联袂东渡考察矿务，趋谒台端，即祈介绍各矿，并恳详为指导，俾得有所师承，毋任感盼。专此。敬颂

政祺

汉冶萍公司总经理

赵时骧致盛恩颐函

民国二十年七月三十一日（1931.7.31）

总经理钧鉴：

窃以本年水灾之重，为近数十年所仅见，上下游堤闸之被冲塌者，不知凡几。连日大雨不止，至本月二十九日，外江水势尤为增高，而此间所恃为屏障者，厥为胜洋港之堤闸，乃黄石港之外堤（即港乡堤）已破，致令胜洋港之子堤受其波及，岌岌可危。兼以闸久失修，木板朽蚀，不保朝暮，当地人民连日抢救，本厂与水泥厂亦协同维持。刻下象矿已因水淹停工，尚望该堤闸能获保全，免有停辍之虑，所幸昨今放晴，水有减色，或可以人胜天也。惟是军事未了，水灾又来，终日遑遑应付不暇，亦只得竭其力之所能及而

已。谨此具陈仰祈鉴察为祷。再据采矿股报告,两山被大雨冲毁之处不少,现正在修复中。合并陈明。专此。敬叩

钧安

赵时骧谨启

赵时骧致盛恩颐函

民国二十年八月十三日(1931.8.13)

总经理钧鉴:

窃查抢救胜洋港堤闸,由本厂矿与水泥厂协同维持,业具第八十九号函陈报在案。乃暴雨频来,情势益险,日夜抢救约千余人,地方援例要求以矿石下注,只以今昔异状,往年我公司有多数较小轮驳装运汉矿,可以随便拖往。今只有近海大驳,不能靠近堤岸,且矿价亦较昔年不同,弃之可惜,再三向地方解说,遂改用打桩筑土之法,暂由水泥厂供给木料不下千余株,连日仍在昼夜抢救之中,用款尚难预计,俟后结束摊派。治本之事,于水涸后再与水泥厂会同地方切实培修,以期有备无患。虽需款非细,然关系我矿甚大,未便吝而不为。再,石灰窑市面全淹,刻正佣工抽水。又当地法团发起急赈,将来所用款项均须摊派。理合具陈,仰祈鉴核备案为祷。敬请

钧安

赵时骧谨启

赵时骧致盛恩颐函

民国二十年八月十七日(1931.8.17)

总经理钧鉴:

近以江水继长增高,协同当地抢救胜洋港堤闸,固已日夜加紧工作,乃昨日水势益大,人难胜天,该堤竟于昨晚十一时因江水透漫而致溃决,当具篠电陈报在案。现自下陆附近之魏家桥为止,尽成泽国,水势较老庚午为大,实为近六十年未见之奇灾。铁路已有淹没,无法输运。弟为维持现状之计,已与山县所长协商,暂就码头存矿尽量交运(帐存约六万六千吨,除

垫路约一万五六千吨外，现在可装者约一万五千吨。但秋深水当渐退，自可随退随交）。一面照常出矿，暂存山厂，期于通车后加紧装交，以维岁额。现在石堡房屋全淹，运务股移厂办公，各住户亦均迁厂，预计冲毁铁路、倾塌房屋，直接间接之损失，水退修复，为数不赀。善后之事，不一而足。正在筹顾之中，但水势仍涨，将来之灾变如何，殊难逆料。理合驰陈，仰祈鉴核为祷。再，新厂马路及住屋，亦已浸水，深者盈尺，浅者数寸，合并陈明。敬请

钧安

赵时骧谨启

赵时骧致盛恩颐函

民国二十年八月二十四日(1931.8.24)

总经理钧鉴：

窃查胜洋港堤溃决，业经陈报在案。现查石灰窑全部尽在水中，屋均灭顶，倾塌时闻，即幸而未倾，亦已有动摇之势。厂方马路虽淹，幸居处尚可容膝，在窑之人麇集于厂，益以二十六师之军事研究处技术队、无线电台及驻防之保安团等，兵民群杂，几无隙地可容。至驻冶之制造所亦已淹水，危险万状，只得驻船办公。厂方虽无可插足，然以彼此关系，自应格外设法，乃山县所长之意，以厂方即令勉腾住宅，亦属暂局，盖因文件甚多，不能全部容纳，仍须赴窑办公，不如暂时驻船为便。故山县所长已订二十五日赴申，专为现在及将来住所之事与钧座及村田、吉川两顾问等有所商榷，闻其意亟欲解决一劳永逸之法。用特函陈，敬祈钧洽，届时并祈对于石灰窑等房屋之改建问题通盘筹计，详示方针。一面转催村田顾问及波多野君速旋，以便随时协议进行为感。再，因水大此间电局水淹，电杆冲坏，以致沪汉电报不通，邮亦迟钝，合并陈明。专此。敬请

钧安

赵时骧谨启

大冶铁山 1931 年事业概要

民国二十年十二月(1931.12)

一、矿床状况

矿床大体无甚变化,惟狮子山窿内三层地并采矿窿道,前端矿体之厚度顿减,一时颇虑此厚度或有渐向下方递减之虞,比因采矿之进展,始知此系露头狮子谷所见狭小部,自其垂直位置斜向西方而变位所致耳。

二、探矿(参阅图面)(图略,下同)

狮子山窿内探矿,着着进步,第四直下窿道之凿筑亦经告成。虽此窿道仅距第三直下窿道西四十迈当,而矿体陡增,其厚至百一十迈当,厚与露头部相埒。以是推之,可知旧三直下窿道适当露头,狮子谷狭小部于深处变位之部分,并可证狮子山膨大部亦在同等变位,而于推定矿量未尝发生多大变化也。

三、采矿

狮子山窿内,主要窿道之扩凿,业于本年八月完成,大石门运输窿道达于矿体,会于旧窿,迨进掘接触破碎带时,虽工程屡遇难困,卒于本年九月克达既定之位置矣。此部分应施长约一百十迈当,三合土拱道之工程,已于年底着手矣。

至论全般状况,虽排土量逐岁增加,露天开采渐感困难,幸本年洪雨不多,预定出矿量又少,故露天开采尚绰绰有余。

采矿预定量原为三十万吨,而实出矿量则三十二万七千六百五十吨也。

出矿月别如左[1]:

月别	得道湾	铁山	合计
……			
总计	223 500 吨	104 150 吨	327 650 吨

---

[1] 分月出矿额略,只录全年总计数。

四、运输

今夏长江泛滥,自八月十七日至十月十三日,约亘两月之久,致石灰窑下陆间十五基罗迈当之铁路,全浸于水,运矿之途遂绝。

但尔时江边尚存矿约七万吨,故对于来船装运,未生若何障碍,是亦不幸中之幸也。

山中存矿曾达四万五千吨,比及水退,即火速竭力修复铁路,以增运量。迨至年底始将山中存矿减至一万吨矣。

运输系统对于出矿既有余力,则一般成绩自有蒸蒸日上之势。

五、设备状况(略)

六、员工

(一)采矿股

采矿夫　679 人

运土夫　990

杂工及杂役　422

计　2 091 人。

(二)运务股

司机、车掌及驿夫　203 人

铁路工人　106

修理厂工人及杂工　65

起卸小工及杂工　63

装矿夫　减水期　120;涨水期　240

计　557 至 677 人。

(三)工程股

机械科工人　83 人

电气科工人　19

土木科工人　28

机力科工人　10

杂役　3

计 143 人。

（四）厂矿长处杂役 11 人

（五）会计处杂役 6

（六）稽核处杂役 3

（七）事务股杂役 54

（八）材料股杂役 14

（九）卫生股看护手等 17

（十）巡查处巡士等 218

总计 3 114 至 3 234 人。

外临时小工 40 人。

上开各工中，采矿、运土及装矿者为包工，余为常工及临时雇工。

常工计一千零九十四人，十二月份工资为一万七千四百八十二元。

职员总数一百三十四名，月共支薪一万零九百九十四元。

上海各团体反对矿石运日[①]
民国二十一年十二月二十二日(1932.12.22)

自汉冶萍公司有将专以制造军火之大量铁砂售于日人之消息传出后，社会各界颇为震骇。本埠各团体以事关重大，特于昨日下午召集联席会议，讨论制止并善后办法。计到染业工会、印铁工会、印花工会、热水瓶工会、全苏工会、市民会各区分会、各商联会、外交协会等四十余团体代表七十余人。经众讨论之下，金以是项铁砂为制造各种军火之重要原料，汉冶萍此举，不啻援人以刃杀我同胞之利器。况自"九一八"以来，日本各兵工厂莫不日夜开工，制造杀人利器，其所用原料，多为汉冶萍所供给，此种自杀行为，实属痛心之至。现在东北各地义勇军在冰天雪地中艰苦奋斗，死命挣扎，各界同胞正筹募接济之不遑，而汉冶萍总经理盛泽承竟甘冒不韪，听命日人，供给敌人军火原料，影响于东北抗日战事者至重且大，自应一致

---

① 本文选自 1932 年 12 月 23 日上海《新闻报》。

反对,共起制止。当议决:

(一)致电国民政府实业部、军政部,请速作紧急而有效之处置,即行援照整理招商局办法,同样收归国营,切实加以整顿;(二)通电全国各团体,一致注意,共起主张;(三)通函本埠各工商学及各救国团体一致反对,并防止将来有同样事件发生;(四)电请国民政府从严查办汉冶萍总经理盛泽承;(五)盛泽承丧心病狂,罪大恶极,应予以严重警告;(六)调查汉冶萍公司之内幕及盛泽承与日人勾结之情形;(七)扩大宣传,唤起国人注意。

议毕散会。

大冶铁矿1932年事业概要(节录)

民国二十一年十二月(1932.12)

……

民国二十一年出矿月别表

(单位:吨)

月别	得道湾	铁山	合计	减少直接原因
1月	18 533	7 497	26 030	
2月	4 739	2 228	6 967	春节
3月	16 750	7 975	24 725	
4月	17 692	9 300	26 992	
5月	14 698	6 182	20 880	降雨
6月	20 369	7 968	28 337	
7月	29 283	10 420	39 703	
8月	23 393	10 006	33 399	
9月	31 838	11 827	43 665	
10月	32 385	15 180	47 565	
11月	30 565	11 402	41 967	
12月	24 723	7 735	32 458	
总计	264 968	107 720	372 688	

......

六、就业者

(一)采矿股

采矿夫　646 人

运土夫　979

杂工及杂役　415

小计　2 040 人。

(二)运务股

运转工车掌及驿夫　209 人

铁道工夫　100

修理工场及杂工　63

起卸小头及杂工　64

矿石装运夫及杂工　减水期　120;涨水期　240

小计　556 人乃至 676 人。

(三)工程股

机厂科工人　86 人

电气科工人　38

土木科工人　20

机力科工人　10

杂役　3

小计　157 人。

(四)厂矿长处杂役　10

(五)会计处杂役　6

(六)稽核处杂役　3

(七)事务股杂役　54

(八)材料股杂役　14

(九)卫生股杂役　17

(十)巡查处巡士等　260

总计　3 117人乃至3 237人。

外加临时小工　60人。

赵时骧致盛恩颐函
民国二十二年四月四日(1933.4.4)

总经理钧鉴：

三月二十六日奉第六号钧示,于四月内召开股东大会,嘱就主管事项,将十三年至二十一年经过事实,照前届并叙办法拟具简明报告,俾便汇编刊布,并于函到十日内拟就具复等因,敬悉。兹谨拟就简明报告一份,具函陈奉,仰祈察夺为祷。敬请

崇安

赵时骧谨启

附报告一份

[附件]　民国十三年至二十一年大冶厂矿情形

溯自民国十三年大冶厂矿奉命合并,而于采炼两项,仍属分头进行。十四年十月间,因萍焦不能接济,遂议停炉,自是以往,采而不炼。兹将十三年至二十一年产铁采砂数目条列于左：

十三年　产生铁一一七八五九吨

十四年　又五三四八四

十三年　采铁砂四四八九二一吨

十四年　又三一五四一○

十五年　又八五七三二

十六年　采铁砂二四三六三二

十七年　又四一九九五○

十八年　又三五○六二三

十九年　又三七九七一二

二十年　又三一四三五九

廿一年　又三八二〇〇二

综此九年之中,惟十三年、十七年及廿一年工作较为顺遂,故采额至少尚能达三十八万吨以上。十五年政局变化,过境军队往来如织,共党复乘机骚动,两山发生驱逐北籍矿工及欧辱采矿员司之××,公司经济亦以此时为最艰窘,遂于十月间将采矿工作全停,故采额大受打击。十六年工会勃兴,多方牵制,尤足以影响工作之进行。至于十八年冶城两次被匪攻陷,人心惶惶。十九年六月,红军入冶占据得道湾矿山及港窑湖一带,秩序大乱。二十年洪水,胜洋港支堤冲溃,运道不通者两月,三年之间险象环生,非特寝馈难安,抑且几穷应付,然仍极力支持,对于大石门、狮子山隧道之扩充不遗余力,故较之十四年度采额并无不及,且有过之,亦云幸矣。关于扩充问题,曾于十九年订购发电机四部,期用风钻打洞,增多矿量,乃以金融影响,无法尽量售销,致不能积极进行也。

实业部呈行政院函
民国二十二年四月十九日(1933.4.19)

查汉冶萍公司最近又输出巨量铁砂。本部迭据各方密告后,曾令饬该公司将产销情形详细具报,以凭核办。嗣据该公司呈复略称:铁砂输出,系因履行借款合同之不得已情形。前因经费困难,与日本制铁所等签订合同,所有本利悉以生铁矿砂分年抵还,名义上虽系一种借款,事实上仍系商业上预支货价之性质。当此国难日深,铁砂输出之利害得失,初非不知,但因受合同之拘束,殊苦无法以善其后。究应如何补救之处,迅乞训示祇遵等语。查该公司所陈,虽属实情,惟以军火原料资敌利用,自应设法制止。本部以供给日人铁砂者,除该公司外,尚有安徽裕繁公司等,事关国家大计,须从长计议。现正会同财政、军政两部筹商整个制止办法。除俟办法决定,再行呈报外,理合将本部办理输出铁砂一案情形呈复鉴核。

大冶铁山 1933 年事业概要
民国二十二年十二月(1933.12)

一、矿床之状况(参照附图)(图略,下同)

矿体之在火成岩侧者,其界限虽属明确,而在石灰岩侧者,接触部分悉被破碎,石灰岩与矿块混交其中,而常以粘土填缀之,其幅员虽不一定,然狭者自一米,宽者达三四十米,而狮子山方面尤有显著者在焉。

此种现象,初即疑为莫非皆起因于断层,后乃悉明狮子山矿体中,果有与石灰岩接触面平行之断层。

此项断层之落差变位,均不明显,惟其断层面之在二层后厂者,形成石灰岩与矿体之境界,殆为垂直,其在二层前厂者,则稍偏位于矿体中,倾斜平缓,约六十度,尝见倾于矿体之侧,且随沿走向而东,沿倾斜而降,其断层面之倾斜愈见平缓。至于在此部分直下之狮子山窿内,此断层面不甚明确。

矿质以断层面为界,分而为二,即该面之下位,矿石富于"多鲁子",殆成粉碎状态,采矿时多受粉矿之损失;其上位矿质坚致,绝少"多鲁子"。

由是数点推之,铁门坎之矿体中央沿倾斜而纵断之大罅裂,恐为暗示断层者。惟此处罅裂面上位之矿质,虽酷似坚致,然下位多罅裂而免于粉碎者,或系起因于断层发生当时落差及变位之大小与时间之缓慢也。

二、探矿之状况(参照附图)

狮子山窿内第六直井,年初即告完成,继续从事于以西之探矿,年终着手开凿第八直井,此井一经完成,则狮子山三层区域之第一次探矿即可竣事,以后则专从事于主要窿道及准备窿道之开凿焉。

三、采矿之状况

狮子山一层采矿已毕,其三层后厂之隔断处未至扩大,大石门隧道之完成亦需时日,除纱帽翅扩大少许外,龙峒各隔断处,逐渐狭小,出矿因以减少,且上半期雨雪过多,矿产一时甚觉悲观,幸下半期天气转佳,加以十一月间铁门坎下厂又发生五万吨左右矿体之崩溃,出矿顿增,得补上半期之缺矣。

自全般状况观之,排土渐增,殆难避免,隔断处之状态,虽甚良好,未免渐形狭小。在此现状维持下,如望年产额多至三十五万吨以上,殊属困难。于是计画,一俟得道湾动力室完工,即与铁山之动力电化并行,而使用凿岩机于得道湾露天开采之一部同时利用,并促进窿内主要窿道及准备窿道之开凿,以增加露天开采之产量焉。

如斯则本年预定采出三十五万吨之矿量,可实出三十五万三千六百九十九吨矣。

出矿月别如左:(略)

总计　得道湾252 779吨,铁山100 920吨;合计353 699吨。[①]

四、运输之状况

大石门运输隧道之三合土拱道继续上年动工,至本年九月告竣,计直长百零八米,全长百四十六米。开工以来,历时三载有半,其间几经艰险,始底于成。此不特于大石门底厂露天开采得开一段高四十尺之隔断处,使用凿岩机,以资铁矿产量之增加,并且将来可为该方面之主要运输干线,而负其重要之任务也。

全运输系统优有余力,成绩颇佳。至于海轮装矿,一以象鼻山官矿出口停止,一以附近零星煤矿运输机械化,致挑夫过剩,招募殊易,故虽派来船只不无遗憾,而所装者已能近于预定之数量矣。

五、设备之状况(略)

六、员工

(一)采矿股

采矿夫　720

运土夫　651

杂工及杂役　445

共计　1 816人。

(二)运输股

司机、车掌及驿夫　212

铁路小工　99

修理厂及杂役　63

起卸小工及杂役　64

---

① 此系全年总计。

装矿夫及杂役　减水期 120;涨水期 280

共计　558 至 718 人。

（三）工程股

机厂科工人　85

电气科工人　41

土木科工人　19

机力科工人　13

杂役　3

共计　161 人。

（四）厂矿长处杂役　11

（五）会计处杂役　5

（六）稽核处杂役　3

（七）事务股杂役　55

（八）材料股杂役　14

（九）卫生股杂役　17

（十）巡查处巡士等　260

总计　2 900 至 3 060 人。

外加临时小工 70 人。

其中,采矿、运土及装矿者,皆系包工,余为常工及临时雇工。

常工计有 1 128 名,十二月份工资为 18 386 元。

职员总数 135 名,月共支薪 9 802 元。

大冶铁山 1934 年事业概要

民国二十三年十二月（1934.12）

一、矿床状况（参照附图）（图略,下同）

向来构成大冶铁山矿床下磐之石灰岩,其接触部既有稍厚破碎部分,而其内部复起矿体交代作用者,原仅纱帽翅一部,有此痕迹而已。今则于得道湾窿内主要窿道掘进之际,竟发见石灰岩中显然现有矿体交代之迹焉。其在第二、第三直井部分之略较露头狭小之矿体,则挟石灰岩填补其同厚之一部于此,故此部分上磐所有之石灰岩未可断其必依断层而始存在也。

二、窿内开凿状况(参照附图)

年初第八直井既成,探矿即行中止,专致力于主要窿道及准备窿道之开凿焉。

初主要窿道均设于石灰岩坚磐中,原拟不加支柱,嗣以石灰岩破碎部之厚出人意外,遂决缝贯矿体之交代部所需支柱部分几达全长二百三十米之半,至是全部贯通工程,乃得赖此临时支柱而底于成矣。年底着手三合土拱道,并于第六、七、八三直井间开凿有阶段之窿道二条,以作明年度采矿之准备,惟截至年终尚未完成。

三、采矿状况

狮子山三层后厂内邻接官矿矿区作业,未能进行如意,其矿段虽未扩大,而大石门底厂之矿段,则进展颇利,其他矿段亦大致顺手;且以每年多雨之上半期,今年雨少,农作遇旱之故,反使矿工效率增高,以致铁山出矿之旺顿异往昔,可云幸矣。查出矿预算原为四十万吨,今则中途增至四十五万吨,年终实出矿量共达四十五万五千五百零九吨矣。

出矿月别列表于左。(略)

总计:得道湾 321 299 吨,铁山 134 210 吨,合计 455 509 吨。

四、运输状况

全运输系统绰有余力,故成绩大致优良,海轮运矿既具昨年度同一良好条件,复以天气加惠,旱魃乘时,挑夫集散至易,效率上增,派来船只又缓急应手之故,所装矿石遂得超过预定以上之数量矣。

五、设备状况

年初试用得道湾动力房重油机关之成绩甚佳,其附属透冷水柜及水塔,均于上半期末装竣矣。铁山之送电线年内虽可完工,其他设备尚未完成。得道湾压风机虽已装妥,配管尚未齐全,因此动力电化及露天开采增产计划之完成,均将延至来年也。

设备变化示之于左:(略)

六、员工

(一)采矿股

采矿夫　767人

运土夫　739

杂工及杂役　165

共计　1 671人。

(二)运务股

司机管车及站役　218人

路工　94

修理厂工及杂役　63

起卸小工及杂役　64

装矿夫及杂役　减水期120;涨水期300

共计　559人至739人。

(三)工程股

机厂科工人　92人

电气科工人　41

土木科工人　19

机力科工人　13

杂役　3

共计　168人。

(四)厂矿长处杂役　11人

(五)会计处杂役　6

(六)稽核处杂役　3

(七)事务股杂役　52

(八)材料股杂役　14

(九)卫生股杂役　20

(十)巡查处巡士等　260

总计　2 864人至3 044人。

外加临时小工 70 人。

其中采矿、运土及装矿者,均系包工,余常工及临时雇工。

常工计有 1 138 名,十二月份工资为 18 755.90 元;

职员总数 142 人,月共支薪 11 795 元。

大冶铁山 1935 年事业概要(摘录)

民国二十四年十二月(1935.12)

……

民国二十四年出矿月别表:

(单位:吨)

月别	得道湾	铁山	合计	减少原因
……				
总计	378 664	140 688	519 352	

六、就业者

(一)采矿股

采矿夫　859 名

运土夫　1 240 名

杂工及杂役　154 名

小计　2 253 名。

(二)运务股

运转工车掌及驿夫　218 名

铁道工夫　95 名

修理工场及杂工　63 名

起卸小头及杂工　63 名

矿石装运夫及杂工　减水期 120 名;涨水期 360 名

小计　559 名乃至 799 名。

(三)工程股

机厂科工人　91 名

电气科工人　60 名

土木科工人　19 名

机力科工人　25 名

杂役　3 名

小计　198 名。

（四）厂矿长处杂役　11 名

（五）会计处杂役　6 名

（六）稽核处杂役　3 名

（七）事务股杂役　52 名

（八）卫生股杂役　20 名

（九）材料股杂役　15 名

（十）巡查处巡士等　264 名

总计　3 381 名乃至 3 621 名。

外临时小工 70 名。

汉冶萍公司致实业部矿业司函

民国二十五年八月二十日（1936.8.20）

敬启者：

接奉台函，属将敝公司自民国二十年一月起至本年六月底止运往外洋之铁砂吨数，以及每年平均售价，分别编列一表，函寄贵司，以便参考等因。兹经依照函属各节编制成表，随函附奉，谨祈察入为荷。此致

实业部矿业司长程

汉冶萍煤铁厂矿有限公司启

[附件]　汉冶萍公司每年输出铁砂吨数及每年售价表

年份	铁砂吨数	每吨售价	折合国币
民国二十年份	二七三八九五吨	日金三圆五〇钱	国币七元一〇七

续表

年份	铁砂吨数	每吨售价	折合国币
民国廿一年份	三三〇三七〇吨	日金四圆〇〇钱	国币四元一六七
民国廿二年份	三五一一三〇吨	日金五圆〇〇钱	国币四元四五六
民国廿三年份	四六五七四〇吨	日金五圆五〇钱	国币四元四七〇
民国廿四年份	五三六六九〇吨	日金六圆〇〇钱	国币五元八一二
民国廿五年	二六七七六〇吨	日金五圆五〇钱	国币五元三四〇

七月底止

李赐求致盛恩颐函

民国二十五年十二月十六日(1936.12.16)

总经理钧鉴:

奉第五十二号钧示,尖山划界一案,已函属本公司顾问李祖桢向建厅疏通,即请遴派一事理明白熟悉原委之员即日赴汉向李顾问面陈一切,如执事能亲往一谈,尤为详尽等因。适德銮因事请假,当以采矿股系本案主管机关,周开基股长又历经参与交涉,遂即函委周股长赴汉接洽去后,旋据报称:开基于月之三日驰赴汉口与李顾问会晤,当将本矿与象矿毗连尖山矿区历年交涉情形报告,并将交涉经过文卷、图案均交李顾问查阅。又告以象矿于民国七年测绘矿区图时,未经查明本矿界址,既测之后又未经官厅根据矿法查勘,根本即有错误,以至引起历年纠纷。至民国二十年方经双方派员会测,而会测之图因与象矿所请尖山矿区部图亩数不符,而建厅坚不承认,复派熊科长说岩单独莅山复测,仍依据部图亩数,致与本矿矿区重复部分依然划入象矿界内,并强令本矿与该矿区连界之处在本矿区范围内之厂位停止工作,亦未经本矿承认,此案因之搁置。迨本年元月建厅复派白技士到山测勘,乃以熊科长坚持原议,以此仍无结果。此案症结所在,乃因熊科长之单独主张所强持,继任各厅长亦未便推悉前案。各详情陈完结(另具有说明书已呈由钧处寄交李顾问)。

李顾问允于次日赴厅,先与熊科长熟识之某君接洽,从事疏通,去后,归谓某君于明日当有回音。月之五日,开基复往晤李顾问,据云熊科长对于此案能否变更原议,须经该科各技士人等开一小组会议,详细讨论,允于月之九日答复云云。再,该厅秘书张福保君(字佑如)与本矿所聘测绘矿区员吴树烈君系旧交,开基已托吴君赴厅向张君解释,请其从中援助,将来对于此案进行不无裨益。又李顾问面嘱开基先行返矿,请钧处将关于此案进行给予委托书一件,以便向厅正式交涉,用特报请鉴察等情。除已备具委托书并专函建厅接洽外,适于八日接李顾问电嘱周股长立即赴汉时,周股长小有不适,须于十日方能前往,不得已先派管维屏股长于八日夜赴汉面洽,周股长亦于十日启行(因李顾问飞沪甚急,时值天雨,长途汽车不能开行,江轮又恐迟误,由汉来长途电话嘱以本厂小轮专送)。兹接周股长函称:开基抵汉后,即偕管股长与李顾问会商经过,据李顾问云,厅方自经熊科长开小组会议讨论之后,已允对于要求赔偿损失,暂缓签呈省府。惟对于象矿、尖山矿区界址及亩数仍须根据部图办理,因建厅对于尖山矿区将从前测绘南北方向部位之错误,已在实业部早予更正,手续完备,依照矿法已占优先,在我方矿区尚未呈部成立,不得谓彼越界测绘,因之我方过去以界碑为证,所采之矿彼即认为侵占,便提出要求赔偿损失问题云云。似此情形,问题重大,除在汉已电陈经理(电文已交由管股长呈阅),由李顾问飞沪将刘厅长及熊科长面洽各情详细面陈,请迅赐核夺外,理合呈报,即乞钧处鉴转经理,将此案迅赐解决,免成僵局,俾本矿补请矿照测绘可能着手进行云云。理合具陈,并附上尖山矿界说明书一份,仰祈迅赐解决,俾利进行为祷。肃此。敬请

崇安

翁德銮谨启　在假
李赐求谨代

[附件]　尖山矿界说明书

查本公司尖山矿界与建设厅象矿之尖山矿区三方毗连,惟本公司之矿区界址在逊清光绪二十二年已以矿务局名义竖立界碑,而象矿绘图立案则

在民国七年所绘之图,面积六十八亩,既未会同指定界址,又无固定基点,且南北线方向亦与地形不符,仅由前督办官矿公署直接呈部领照,以致与本矿尖山矿区一部分面积重复,因此发生矿界纠纷。遂于民国二十年由建设厅象矿办公处派范柏年、吴树烈两课长会同本矿盛隆龁、陈学源两工程员再度测绘,经双方签字(原图已面交),本可据此定案,乃建厅以会测亩数较部图短少十余亩,故不承认。复令熊说严技士莅山单独测绘,仍以六十八亩为根据,其重复之处依旧划入象矿界内,强令本矿停止进采,谓为侵占等语。经本矿根据二十年会测图样事实办理,未加承认,迁延数载,未得解决。本年元月,复由建厅委技士白景澂到山复行测勘,当经本矿仍派盛、陈两工程员会同丈测,倘以民七部图方位距离推测,则影响本矿矿区甚巨,如以民国二十年会测之图为根据,则建厅又不同意。本矿为尊重厅意及谋从速解决起见,当与白技士商定折衷办法,以尖山下溪沟上下之象矿界碑为基点推测距离及关系角度,并承认六十亩之面积,绘具草图(原图已面交),照此办法,与本矿原有界址及民国二十年会测之图比较,已蒙重大损失。其所以忍痛出此,原为藉此划定界址,以便本公司得以绘图呈部补领矿照。不料建厅不予谅解,由白技士转示厅意,谓即使依照尖山下溪沟上下之象矿界碑为基础,在向鸡坪(即尖山一部之反背)方面连界之处推算,则其所崩裂之处,要求赔偿损失。经本矿八月三十一日致函白君否认(原函已照抄面交),其否认理由,因本矿历年开采均在本矿界址以内进行,并未丝毫侵占,所有崩裂之处间有象矿界内之山顶浮土崩入本矿界内,本矿雇工挑运,所费不赀,其损失乃在我方,兹即将本矿界内未采之矿划入象矿六十八亩范围之内,是本矿已表示让步,断无再行赔偿之理。此历年与建厅交涉未能解决之大概情形也。

实业部批

民国二十六年一月十五日(1937.1.15)

原具呈人汉冶萍煤铁厂矿公司,二十五年十二月二十九日呈一件,为遵照指示列表具报轮船、驳船运表各三份,请鉴核备案由。

呈件均悉。查该公司铁砂出口数量,自民国二十三年一月起至二十五年六月底止,共计为一百二十万六千零八十英吨,自二十五年七月起至同年十二月底止,为三十三万八千零五十英吨,合计为一百五十四万四千一百三十英吨,是最近三年平均出口砂数为五十一万四千七百一十英吨。现本部即根据此项数字为核定该公司本年输出铁砂数量之标准,该公司自本年一月起至十二月底止,输出铁砂不得超过此数。至铁砂出口,每吨应向本部缴纳砂捐国币二角,皖省各铁矿公司历经遵照办理,该公司自应一体遵照,仰自本年一月起将应解本部之砂捐,按照每月由大冶出口铁砂数目核计该月份砂捐总数,于次月初旬如数径解本部核收,至年底全数清结,其依照向例应缴湖北省政府之砂捐,仍应由该公司如数照旧清缴。又,该公司售砂价格,应据实呈报本部查核,并于文到后即日呈复,以便令饬各发给许可证机关知照,并仰遵照为要!此批。

部长　吴鼎昌

实业部通知

民国二十六年二月六日(1937.2.6)

通知汉冶萍铁矿公司。

案奉行政院密令内开:着该部严行禁止各矿假名运售他矿铁砂等因。奉此,除呈复外,仰即遵照,以后不得将该公司铁砂交其他铁矿公司转售,并不得代其他铁矿公司运售铁砂。特此通知。

部长　吴鼎昌

盛恩颐致湖北省建设厅电

民国二十六年八月三日(1937.8.3)

武昌。建设厅伍厅长钧鉴:窃前以象矿与敝公司大冶铁矿尖山界址一案,晋谒崇阶,面承指示,蒙派员会测,方冀多年纠纷得以公平解决。嗣因会测图内假定界限,在未曾划定距离之前未便令会测人员签字,日前李课长莅沪面谈,亦认为是。本拟躬诣铃辕,面为解决,以时局未克成行。近迭据冶矿电称,奉函饬签,而象矿当事勒限拆去铁轨及设备甚急,且有殴詈敝矿领工情事,下情惶惑,谨电奉陈,时局稍定即便诣厅详商,并恳转饬象矿当事在此非常时期勿过迫促,不胜屏营待命之至。汉冶萍公司总经理盛恩颐叩。江。

汪志翔致盛恩颐函

民国二十六年八月七日(1937.8.7)

总经理钧鉴:

二日奉七月二十八日冶字第六二号钧函,以据日本火药会社来函,屡以华北事件发生后,输运困难为言,因虑近海运砂轮只能否如期畅运,殊无把握,万一停滞,必致码头存砂过多,嗣后每日采出之砂,可酌量运至新厂存储备用。又,同日奉冬电开:近海停运炸药无船可装,两山采砂暂行减半,以待时机各等因。事关全厂矿工程,应有缜密之计画,因于三日下午召集各处股长会议,兹将议决事项择要分陈如后:

一、得、铁两山每日平均采砂约二千吨,今奉令减半,每日以一千吨为准,即每月三万吨。

一、石灰窑码头可加存铁砂七万吨,得道湾、铁山各可加存一万吨,新厂老出铁场可存六万吨,共十五万吨,即五个月出砂,以此四处分存,五个月之后,出砂尚有叶家塘车站前面及新厂存矿仓后面均可储存,届时再定,总以省费就用为主。至新厂存矿仓尚须修理,暂不能存矿。

一、山场运土随同减半。

一、库存炸药原可供两个半月之用,今采砂减半,可供五个月之用。

一、狮山窿内工程减半进行所采之砂暂不运出。

一、尖山旧路被官矿逼迫拆除另建新路,从缓办理。

一、得道湾轧矿机暂缓修复。

一、每日运矿车辆减为一趟大机车,拖矿车十五个,两趟小机车,共拖矿车十个。

一、起卸股再裁挑矿夫四十四名,十日后再裁六十名,只存八十名,卸两山运出之砂。

一、工程股经办之新出铁场水塔水沟仍继续完成,约须四个多月,共计九千六百元。

一、化铁炉砖工继续进行,约须四个月,工价及一部分材料约八千元。

一、所订枕木黄砂等已办者照收,未办者停收。

以上十二项,除按照进行外,理合陈报,伏乞垂察是幸。肃此。敬叩

崇安

职　汪志翔谨禀

汪志翔致盛恩颐函

民国二十六年八月九日(1937.8.9)

总经理钧鉴:

查强邻肆虐,国步艰难,时局严重,日甚一日。接展县府公文,大冶划为非常区域,此间自侨民离境后驻军昼夜布防。本厂矿采矿虽经减半,而固定工人为数尚多,益以厂方化铁炉工程以及连带之出铁场、水塔、水沟正值着手建筑,势难半途中辍,现在厂矿员工约共一千六百人。昨据兴业石灰窑分理处王主任来谈,目下窑上存米不足十日之需,将来运输中断,来源缺乏,各厂矿粮食问题必生恐慌,华记水泥厂已嘱代办蕲州米一千石,每石价七元等语。职以此事确关重要,本厂矿员工较多,每人连眷属以四人计,每人日需一升,则每日需米六十四石,六月即需一千九百八十四石。是以邀同会计处李处长等一再筹商,决定由兴业代购米两千石,由公司垫款一万四千元,将来米到后员工仍各自在外购买。此米存储兴业仓库,以备必要时提用,存仓费每石每月一分五厘,月共三十元,如有损失或意外,统由该行负责赔偿。似此办理,则公司仅费垫款利息,而员工可安心服务,倘将来款项困难,则此项存米可按七成押款,亦足以补救一时。所有筹备垫款购米各情形,理合具函陈报,仰祈鉴核备案。

肃此。敬请

崇安

职　汪志翔谨禀

(四)萍乡煤矿

王勋致公司董事会函
洪宪元年二月十五日(1916.2.15)

董事会大鉴:

　　萍乡黄矿长寄来四年份全矿成绩洋文报告,兹特译呈鉴核。至添筑平巷及改良办法与萍矿大有关系,务祈照准,是为至祷。此颂
公绥

兼代经理　王勋

　　　　　　[附件]　黄锡赉:萍矿民国四年成绩报告

经理先生台鉴:

　　敬启者,前奉九月一日第一四六号台函,嘱将萍矿一九一五年全年成绩造具报告,兹谨分类报告如左:

　　一、煤焦出产

　　民国四年份共出毛煤九十二万七千四百六十三吨半,比较三年份六十九万一千二百二十六吨半,多出二十三万六千二百三十七吨。其三年份所以少出之故,因醴陵铁桥被水冲断,运道阻碍,不得不减少出数。若醴桥不坏,则四年份所出之数在三年份即可做到。现计四年份一月至八月成本较三年份略为减轻,其所以致此之故,由于所雇洋员多数辞退,即添雇华员人数亦不为多也。兹将每月比较表二件附后。

　　一、机器

　　民国四年份全年全矿顺利,仅电力一部份微嫌不足而已,预计新电机到后当可弥此缺憾也。

　　一、新工程

　　民国四年份造成砖水池一座,可储水五百吨之多,又大水沟一道计长

三百法尺,以上两项均系扩充电机之必要附属品,新电机房工程亦已造至七成五之谱,约计明年二月底可以完工。紫家冲通风机工程亦几完全告竣矣。

一、运道关键

本年内最关紧要之事,即醴陵大桥及小桥数处均行修复是也。

一、职员

现有洋员七人,系工程四人,医生一人,机器师一人,电机师一人。内一人为英籍,六人为德籍。至于华员虽较三年份略多,而窿内所增无几,余均分派在各股耳。

一、明年及将来之预备

阳历十一月二十六日,王经理、吴任之君、卢鸿沧君及大岛君等在汉阳会议,萍矿于一九一六年必须出足毛煤一百万吨方可供足汉厂及外销之数,然照目前力量如无意外之事,定可如数,无虑缺乏。

至一九一七年则须增加至一百十二万吨,似亦可望办到。惟一九一七年之后殊无把握,因目前易挖之煤业已可取尽取,故必须赶紧添造新工程,为将来之后盾,万一现采之地段或出额不丰,则此项新工程早已预备,大可有恃无恐,不至有缺额之虑也。

至于扩充之办法,须添筑平巷一条直通黄家源,约长二千法尺,又直井数处通至总巷之下,此项工程约需银二十万至二十五万两之谱,计开工至告竣约需二年半,完工之后,日出毛煤约八百至一千吨,能开至十五年之久。此项经费非一时需用,尽可陆续随时开支,拟从一九一六年起即照目前出数每吨加成本银一钱,预计两年半即可筹足。如此办法,则公司无筹款为难之苦,成本虽云加重,实与从前出数比较,尚属减轻不少也。此平巷适与现在总巷透风有益,并可与紫家冲相通,如此则总巷有两道出口,将来如有一处遇有意外时,尚有一处可通出入也。上项扩充办法为萍矿最要之图,务祈照准为盼。

一、改良办法

本年虽尚平顺,然亦有数事亟须加以改良者,即如窿内抽水全用人工,仅就直井一处每月抽水工开支三千元之巨,不但耗费,且人力究不可恃,拟改用压气抽水机。此抽水之机就本矿可以自造,只须添购压气机,总较人力可省费四分之三,月省二千元,积之三年,共计七万二千元,足可购买最大压气机两架,并自造抽水机八架,以及机房并附属各件一切在内矣。拟俟新电机到矿后,即函洋厂估价,大约萍矿所需每分钟有二千立方尺之力便可。更有宜提前急需办妥者,平巷内添置透风机两架,每架须有五千立方法尺之力,则窿内炭气得以外泄,不致有炸爆之虞,矿工亦无危险之虑。此透风机自以电力发动为最宜,本矿原有电力足可供应。尚有矿内水源亦须改良,因扩充工程全工告成后,每点钟须用水五百吨之多,目前力量已嫌竭蹶,拟添置十五寸径三启罗密达长之水管一具,安装在附近之河,直通至矿或可供足无缺,但目前铁价太高,似可置为后图。

黄锡赓

李寿铨致夏偕复、盛恩颐函

民国六年八月二十三日(1917.8.23)

地山总经理、泽臣副经理钧鉴:

据金矿师报告,本月十八号晚约六句钟时,直井五段四号窖发火。该段内通总平巷,平时风势本系由东而西,设有风门,可断风路,不料该晚管总平巷风门之工人闻警惊慌,未将风门紧闭,以致风势忽然向东,烟气随风直窜。该工人触烟先毙,而总平巷之九段,适与四窖相近,顷刻烟满,该段内副监工翁君俊臣以及工人十七名,趋避不及,触烟身死,连管风门之工人在内,计十八名,并副监工一人,共尸身十九具,已于十九号一早搬出。又总平巷之四段,工人亦有中烟毙命者四名,于二十一号始将尸身捡出,均已分别饬殓。惟直井五段在发火地点烟毙工人四名,其尸身尚在堵闭地段之内。只因事出仓卒,计共烟毙二十七命之多,情殊可惨。发火之处日夜设法堵闭,刻已妥贴。此时出煤仅得平日之半数,除五段四号窖暂时不能照常出煤外,其余各段约明日仍可照常出煤矣。

查此次发火,系在四窖,该窖煤槽本系初次开挖,适在六句钟工人换班之候,大约所持矿灯与新挖煤气相触,或系磺火触犯,虽难决定,要不出此两端,致生不测之祸。拟俟火熄,启开堵闭之处,详细考察,穷究实在原因,藉图日后防杜之法。兹将大致情形先行述陈,即希转达总公司,以免远系,一俟窖内各处布置清楚后,再具详函奉报等语。

　　查此次直井五段四号窖发火,固因总平巷司风门工人惊慌失措,以致烟焰直冲总平巷,该巷触烟毙命者独多,否则烟焰回窜,直井各段亦复受害不浅,惟因火患致毙一副监工,又工人二十六名之多,头焦身烂,伏尸累累,目击心伤,惨不忍睹。除四号窖已毙四工尚堵闭在内,余均搬出,分别棺殓,照章分别抚恤。当发火之始,金矿师闻警即督同华洋正副监工进窿,日夜分头设法施救,筑墙堵闭,刻已堵闭完固。又查直井五段四号窖,系新开槽路,预备以后出煤地段,目下仅做路,每日带出数十吨煤能于堵闭火熄,尚无大碍,惟前数日专力施救,固不能照常出煤,即日内整理窿路,亦须两日后方能复旧。至起火原因,尚在考究,以防后患。知关廑系,除电报外,用特详函具报,即请察照转报董会为祷。敬颂

公绥

李寿铨

李寿铨致夏偕复、盛恩颐函

民国六年九月二十四日(1917.9.24)

地山总经理、泽臣副经理钧鉴:

　　九月十二日奉第二十八号公函,并剪寄《时事新报》、《时报》、《申报》各一纸,均照收,敬悉。本拟即复,适金正矿师来商,已将发火后一切情形具洋文函,绘图呈报在案。拟于本月十六号将封闭之四号窖慎重启封,请俟启封后,看如何情形,一并详复等语。至十六号金正矿师即督同洋总监工白米、华总监工程方保等前往启封,掘开堵墙已不见火,而热度甚高,所封段内倒塌壅塞之处甚多,步步稳慎,整修进去,至二十号晚,已修进三十余法尺,见有余火,登时又封堵完固,须俟一月后再行启看。水火之患,窿内所不能免,全在平时慎防。此种火患,在从前本矿曾发见数次,此次发火之

处,适值风路太畅,总平巷大受烟累,触烟毙命者独多,致外间谣传过甚其说,报章于工程管理极加非议,在事者均当引为鉴诫。现正讲求防杜之法,以冀销患无形。查《时事新报》所载被火情形,一则系抄湖南八月二十三日《大公报》所载,彼时本矿窿工程处,曾将失火真相函寄《大公报》馆,该报馆即于八月二十九日更正,兹将《大公报》前后两纪剪呈台鉴。此后自当督同矿师严饬各监工随时留心,认真防维,以副尊嘱。至承询各节,另纸分条详复,即祈鉴核。敬颂

公绥

李寿铨

李寿铨致夏偕复、盛恩颐函

民国六年十月十二日(1917.10.12)

地山总经理、泽臣副经理钧鉴:

奉九月二十七日第三十四号公函,敬悉。当即遵示转致金正矿师,并嘱其查明八月十八日晚六时直井五段四号窨系何人监工。旋据复称,查系副监工冯运福值班,惟该副监工所管不止一窨,其时冯副监工正在二号窨监管工作,二号窨在上,四号窨在下,高低相距三百余法尺,一闻火警立即赶至四号窨,见火势甚猛,当邀集第四段副监工谢宏福、第六段副监工严际皋协商,一面由谢、严两副监工用邦布灌救,伊即一面出窿报告,复行随同华洋总监工进窿,极力堵救,奋勇异常,得于数小时间将火路堵闭完固。窿内火警为地无多,毒烟满布,当之立即晕倒。此次华洋监工带同工人均系匍匐前进,抢堵数分钟时即须换班,稍吸空气再进,各监工等均晕而复舒者数次,危险情形一如战场,该冯副监工临机应变,踊跃从公,非漫无觉察者比,应请格外原情等语。铨详细复查无异,应请鉴亮,免于置议。现已订定防火规则,悬挂各窿口,并抄发餐宿处,派管工司友讲解与窿工人听,令其遵守。又由金正矿师设法改制矿灯,以防危险,并分饬各监工格外当心。除查明因火损失数目业经呈报外,用特复慰廑系。敬颂

公绥

李寿铨

公司董事会致夏偕复、盛恩颐函

民国七年六月六日(1918.6.6)

总、副经理均鉴:

接奉孙会长京字第七十六号来函,以萍矿向美商订购钢丝绳一事,准外交部函,准顾公使函,查阅语气似难再予放行,如萍矿暂可敷用,似不必再向商恳,祈查明见复等因到会。兹于七年六月一日董事常会提出,公议:此项未放之钢丝绳五万余尺,萍矿需用孔亟,应请孙会长再与外交部及驻美公使磋议,无论如何为难,仍商请美政府酌量放行,一面将孙会长来函抄送总、副经理云云。除函复孙会长外,相应录函奉览,即希查照为荷。此颂日祉

董事会启

孙宝琦致李经方函

民国七年七月十六日(1918.7.16)

伯行大哥姻世大人阁下:

久疏音敬,驰溯为劳,接展惠书,诵悉一是。就维因时纳祐,即事多欣,允符臆祝。大冶新炉美政府允许出口,诚堪欣幸。惟矿山尚未解决,煤焦亦未确定,不无可虑。灵乡事正金调停进行甚慢,又以芳泽参事回国搁议,濒行时云,砂价事,当向政府切实疏通,而王督军又有取消填股之函,可见内容复杂,不可究诘。农商部诘问王督军,闻有复函认错,但谓填股必须审慎等语。是否果能打消虽不能断,但鄂绅方面似属气馁,倘芳泽回京后,再行提议,当易就范。在公司志在得砂,自不愿决裂,致伤感情。尊见当以为然。

城门山矿事,前经季冠三调查报告云,矿量即大,矿质又佳,运道亦便,自应及早请照。但江右绅士方面亦须联络,以防阻碍,只要对于余干矿事酌予协助,便可指挥如意。业已函嘱地山迅速调查确实,从早着手,毋为灵乡之续,则幸甚矣。务望董会力为主持催办,是所至要。

李复几所陈,安源至袁州运道,木斋谓添此运道实为公司无穷之利。

据云,安源存煤数十万吨,现在萍株路每日所运不过数百吨,日后即能照常通车,计每日所出之煤恐难尽行装运,能将袁州一路接通,既可运销存煤变价,可值数百万;且万一再遇兵事,即可两路分运,有备无患。倘公司无力造路,伊拟没法借款造此路,但须公司发起。为疏销存煤起见,招商筹画运道,订定合同包运,路工盈亏公司可以不问。似此公司有益无损,当可赞成。木斋业已请人调查路线,颇为热心。究竟尊见以为何如?尚祈与董会诸君及地山细商见示为盼。鄙见以为能添此运道,自必与公司有益。安源存煤究有若干,日后株萍火车每日装运至多若干,均须一一详细计算。武长通车运煤章程,亦须速行商定,未便再延耳。地山赴东京定期否?都下近日酷暑,弟臂痛至今未能脱体,兼生火疖,起居步履未能照常,幸精神尚可支持。知承爱注,并以附陈。敬颂

暑祺

董会诸位均此致意

宝琦启

夏偕复、盛恩颐致李寿铨函

民国七年八月二十七日(1918.8.27)

镜澄矿长鉴:

接四十九号函悉。广仁堂在安矿附近购置矿产,已承派原经手亲往查勘,应即一律栽立界石,该产既为广仁堂购置,所有界石自应用广仁善堂名义,并将上洙岭原有萍矿界石一律更换"广仁堂"字样,以符名实。既希照办。寄来总图,测绘精确,已转送董会呈部矣。此复。顺颂

台安

总经理　夏偕复

副经理　盛恩颐

夏偕复、盛恩颐致公司董事会函

民国九年五月四日（1920.5.4）

董事会公鉴：

萍矿矿界一案，自黎景淑翻议，提由省议会咨请省长派员重勘后，即经江西实业厅派委复勘矿界技术员邹邦珏与前派调查员廖尔焱于本年二月间一同到矿，业由李矿长具报在案。

兹据函称：当厅委邹邦珏尚未出勘以前，黎景淑多方笼络，指驳前图，冀遂其翻案破界之计。铨仍抱定原案，将前后事实与邹委透谈，邹旋交阅黎景淑呈厅函稿，当即驳复，继又就前图讨论多次，邹乃恍然。至上月春雨间晴，邹委订期与本矿所派测绘员陈鹤清及黎景淑所请之技术员胡嗣鸿会同前往勘界，复勘一周。据周委回称，前图大致不错，似可不必再行测绘，黎景淑又函厅力争请款重测未准。黎景淑与李有架，上年在萍城私立矿业维持会，本拟乘厅委复行测绘之机重敛各私井之费，又可藉此翻案，不料邹委未中其计，反控邹委受贿，以至邹委电厅即行回省面禀。日前濒行时，据称，回省当将前图不错，毋庸再测实情面陈厅长。廖委亦云，回省后必将黎景淑等私立矿业维持会敛费劣迹请厅饬禁，已另函省议会取消其代表名义，黎景淑代表一日不取消，矿界一日不能解决云云。语颇扼要。廖委日内亦即回省。刻闻黎景淑又赴赣要求省厅指派萍乡人赖尚德，号君干（赖素不齿于乡里）重来测绘，黎景淑于江西实业厅一再派员，均经诬控，其素不安分形迹显然，赣省厅当不至再受其朦蔽，设或再允复勘，无论所派何人，应请转商董会万不可承认。并黎之代表此后亦不必承认。此案俟厅委回赣禀复后，视省厅如何办法，再图解决之方。用特详陈，以慰廑系，并将黎呈厅函稿及驳复函稿抄呈等语，并附件到处。

查萍矿界案纠缠数年，迄未解决，实系一二蓄谋破坏之人肆其捣乱之计，此次厅委复勘，邹君及调查私井廖君查案履勘，经李矿长抱定原案，奉以周旋，均已识其狡谋，不为附和，办理尚属得宜。除复函嘉勉外，谨据情转陈，并将附件照抄送请查核备案。祗颂

公安

总经理　夏偕复
副经理　盛恩颐

夏偕复致公司董事会函

民国九年六月十四日(1920.6.14)

董事会公鉴:

前奉六十号函开:昨接来函,以萍矿官钱号清理完竣,该号占有本公司股票一百二十股,应否照市价出售,请示复等因。兹于本年六月一日第十一次常会提出,公议:卷查萍矿官钱号开办时系由矿拨给资本银一万两,现既清理结束,所有原拨资本及该号历年所获盈余已否收回拨入正帐,此项股票是否即系余利之一宗,来函未曾叙明,应再查复。至收回股票,应即与钢铁学堂股票一并交产业股保存,毋庸贬价出售等因。当经转行会计所查明具复,兹据复称:查萍矿官钱号资本以及历年盈余均已于八年份收入正帐,其所占本公司股份洋六千元,原系作为现金,与一种往来帐无异。今照市价拨归公司,连历届息股共计一百五十七股,又息股尾数四元七角七分,每股作二十二元五角,合计洋三千五百三十五元,又历届现息洋二千四百六十五元,共合洋六千元,适符原数,在萍矿官钱号帐上将此项股份收销,公司帐上则付暂记洋三千五百三十五元。原拟俟股份售出,以资冲抵,今董会公议须将此项股票交产业股与钢铁学堂股票一并保存,毋庸出售,自应遵照,并将前项股款归入正帐,作为本公司投资等语。理合转陈,即祈鉴核。祇颂

公安

总经理　夏偕复

汉冶萍公司致农商部函

民国九年十一月二十二日(1920.11.22)

敬启者:

前据萍矿李矿长函报:翕和公司不遵原领矿区,侵入萍矿界内灵溪冲

地方开挖井口一案,当于本年五月间陈奉大部函字第二八二号函开:汉口翕和销煤处经理张德薰领采萍乡县煤矿,系在亲爱乡虾蟆石地方,前据实业厅查无重复纠葛,自与居仁乡五坡下之灵溪冲无涉,已检同来图,令发江西实业厅转行萍乡县知事查明依法办理,函复查照等因。一面由敝经理函请江西实业厅饬县查封。兹据敝经理函送江西实业厅复函内开:据萍乡县知事查复,张德薰所领亲爱乡虾蟆石等处矿区,与矿图确相符合,惟该矿区地点是亲爱、居仁、贞睦三乡毗连,所开窿口尚在所领矿区以内。又勘虾蟆石与灵溪冲山岭连接,并未间隔,相距只有二里许,现因安矿在划界案未清以前,尚不能确实指定矿区,必俟划界确定之后,方可着手切实查明指定界线等情,未便令县封停,函复查照等语前来。

查此次县委方士杰到矿会同敝矿派员陈登云、陈鹤清当场勘明,该公司现开灵溪冲井口确在敝矿界内,县委并无异词,前奉大部复函,与灵溪冲无涉一语,实系洞见谲隐,无任钦佩,盖该公司所领在亲爱乡虾蟆石地方,经实业厅查明报部,该县知事谓该矿区系在亲爱、居仁、贞睦三乡毗连之地,又以虾蟆石与灵溪冲山岭接连,并无间隔等语,含混其词,显为该公司回护,竟置部令于不顾。至谓安矿划界未清,不能确实指定矿区等语,尤属藉词搪塞。无论安矿界案已否确定,该公司究不能出所领亲爱乡虾蟆石范围以外,妄开井口,况敝矿矿界早定于前清光绪年间,省县均有案可稽,民国以来继续有效,且于六年间由赣省官绅会矿测绘界图呈部备案,何得以之藉口。似此有意祖饰,以遂其侵越之谋,则效尤者将接踵而起,而敝矿日蹙月削,后患何勘设想。

为此,照录厅函,陈请大部,俯赐查照,迅令江西实业厅,仍饬萍乡县知事将翕和越界新井封禁,以维矿界,而杜效尤。至纫公谊,并希赐复。谨致
农商部

汉冶萍公司董事会孙等谨启

公司董事会致夏偕复、盛恩颐函

民国九年十二月七日(1920.12.7)

总、副经理均鉴:

前接第八十六号来函,以赣议会不允会测萍矿界图,显欲推翻前案,请分函部省,重为声明,矿图非由矿会测不能承认等因。当经函致江西督军、省长,并陈明农商部,如江西省议会将单方测绘界图送部,务恳照案驳斥去后,兹奉孙会长来函,准农商部五一三号函开:查此案前次邹邦珏等重勘矿界,曾于上年七月间准贵公司电请咨赣,令厅转饬,仍前会同测绘,当经本部转咨江西省长查照办理在案,嗣后勘查结果迄尚未准绘送前来,准函前因,应俟赣省咨送到部,再行据案办理等语,函达查照等因到会。相应函知。即希查照。此颂

均绥

董事会启

公司董事会致夏偕复、盛恩颐函

民国九年十二月七日(1920.12.7)

总、副经理均鉴:

接奉孙会长函开:准农商部第四九三号公函,以翕和公司在萍乡县灵溪冲开挖井口,请照章咨行查禁一案,据赣省实业厅令县查明,翕和公司所开窿口尚在所领矿区以内,未便勒令停止等语,函请查照等因。查此案前准贵经理八十八号来函陈请驳复,业经本会据情函请农商部令厅仍即饬县封禁在案。兹准前因,除俟前函复到,再行核办外,合抄原函布达,即希查照。此颂

均绥

董事会启

夏偕复致公司董事会函

民国十年五月二十三日(1921.5.23)

董事会公鉴:

前接吴厂长函陈:转据黄副厂长面告,前查勘永和煤矿时,与金正矿师会晤,询以萍矿采炼煤焦情形,方悉去年大岛顾问所定萍矿扩充计画尚未实行,以后冶厂开炉,煤焦之需要恐难有充分之供给等语。查煤焦为化铁必需之料,萍矿如不能充分供给,汉冶两厂势须向外购买,无论价格太高,公司吃亏过巨,即有如此巨款,亦无足量之货供其所求,此事关系公司前途甚大,拟请钧处竭力筹画等语。

经理等以煤焦之重要不亚于铁砂,有砂无焦,炉即虚设,影响公司至巨,亟应筹备以供要需,第以汉沪遥暌,似此重要繁赜事件,函牍往商,终嫌隔膜,因乘赴鄂订购象鼻山矿砂之便,召集汉冶萍三处重要执事以及工程顾问,在汉会议,集思广益,彻底研究。计前后会议两次,第一次在汉口分销处举行,与议者有工程顾问、会计顾问、吴厂长、黄副厂长、金正矿师;第二次在萍矿举行,与议者有工程顾问、会计顾问、吴厂长、黄副厂长、李矿长、金正矿师、李工程师福几、徐工程师恩第以及范君永增、王君道昌、盛君渤颐。其第一项议决事件如下:

一、今年七月后,如汉厂开三、四号两炉,冶厂开一炉,则现存之煤焦足以敷用。

二、如明年生铁需要为二十五万五千吨,则汉厂三号炉须开全年,四号炉须开半年(一月至六月;下半年须加修理),冶厂一炉须开全年,出数共为二十五万八千吨。

三、照第二条,明年前半年开炉最多,用焦最巨,为本问题最吃紧时代。计前半年需焦十八万吨,后半年需焦十三万吨。

四、明年前半年之十八万吨,萍矿能否供给,应以下列三项为断:

甲、炼焦炉是否能炼十八万吨;

乙、采煤是否足供炼焦之用;

丙、洗煤机是否能尽洗采煤。

五、讨论结果如下：

甲、炼焦炉能炼十八万而有余；

乙、采煤足供炼焦之用，如将现采之硬煤年约三十万吨，用碎煤机轧碎，一并炼焦；汉厂、冶厂、冶矿、萍矿、运输所用之块煤月约一万五千吨尽作炼焦之用。

六、工程上立须置备碎煤机，添置洗煤台，装置大电机，移置汉阳锅炉二只至萍应用，并自常潭取水，以供洗煤机及汽机凝汽之用。

第二次议决各件如下：

一、常潭取水须即时动工，水管用汉阳钢板制造，于河旁设一抽水站，自本年五月一号起至明年五月止，限一年完工。

二、甲、自民国十二年起四炉齐开，需焦愈多，原有之洗煤台万不敷用，应添备特别洗煤台一座，以洗劣煤。

乙、煤渣之处理须研究之。

丙、现有之备用洗煤台专洗硬煤。

丁、现用之洗煤台专洗软煤。

戊、直窿、横窿所出之煤，须预备各自堆栈存贮之。

己、未存贮以前，先用初步处理之法处理之。

三、为研究以上各问题设置特别委员会，其草案报告须于八月前作成之，新添洗煤台须于民国十一年前告成之。各委员已由经理指派列名于下：

委员长　大岛工程顾问

副委员长　金正矿师

委员　黄副厂长

委员　李制造处长福几

委员　范工程师永增

委员　刘技术课员朗

李矿长与盛事务股长须设法将私矿问题、划界问题早日解决。邻近如有佳矿,应即测绘具报请领。

以上会议筹备事宜,如移置汉厂锅炉,添修原有洗煤台,年内如可蒇事,明年上半年供给可以无虞;下半年常潭水管工竣,大电机可以行使,水源、电力亦足肆应而有余,至十二年汉冶两厂四炉齐开,则全恃特别洗煤台之如期添备。盖工程固有次第,要皆相辅而成,自应督饬委员会积极进行,期无愆误。惟委员会委员等虽已由经理指派,应请贵会特别各加委任,以示优异,俾趋事赴功,益加勤奋。所有冶厂将次告竣,对于焦炭供给,工程上应行筹备情形,理合专函具报,即祈贵会鉴核。肃颂

公绥

总经理　夏偕复

公司董事会委任书

民国十年五月二十七日(1921.5.27)

径启者:

大冶新厂将次工竣,以后汉冶四炉齐开,需焦加多,自应积极筹备,以供要需。兹据夏总经理函报,在汉在萍两次召集重要各职员会议,扩充萍矿工程计划,关系至为重要,亟当如议,设置特别研究洗煤台委员会,详加研究,赶紧办理。兹特委任执事为委员长(副委员长、委员),即希查照原议各节,悉心研究,合力通筹,刻定期限,分投赶办,以赴程功,而免延误,是所切盼。此致

特别委员会委员长大岛工程顾问

特别委员会副委员长萍矿金正矿师

特别委员会委员冶厂黄副厂长

特别委员会委员萍矿制造处长李君福几

特别委员会委员萍矿工程师范君永增

特别委员会委员技术课课员刘君朗

董事会启

李景昌致夏偕复函

民国十一年一月二十三日(1922.1.23)

经理钧鉴：

敬肃者,景昌奉派前往萍矿会同矿长矿师研究核减预算,并调查度支实况。遵于本月四日动身,八日抵长沙省垣,适李矿长因公在省,当将钧函递交,并协商核减大纲,旋由李矿长加函致金矿师,并嘱到矿先与金君接洽。九日驰抵矿次,即晤金矿师,筹议撙节开支办法,当据金矿师答称,日前李矿长回萍,业将钧谕传知,连日正与各部分主任磋议款目,限以二百五十万之数分别支配,至各部分职员大半在公司服务有年,值此经济困难之秋,无不仰体钧意,力求撙节,惟将来能否不致超过限数,均不敢负此重任云云。景昌询以支配款目以何者为标准,并有无详细计算书。金君答云,此次支配款目,系择取历年来成本最轻之月份,即以此月份支用之款再加以折扣而支配之,惟并无详细计算书。景昌以为无论事务、工务欲限制用度,必须先将各种开支详细计算,何者可减,何者可蠲,斟酌既定,再行编制精密预算,如是方能使办事者得有准绳,而为领袖者亦易于考核。有此精密预算,则额定数目方能确有把握。翌日由金矿师邀约各部分主任会餐叙谈,景昌先将钧谕各节一一宣达,并述同舟共济之义,嗣请各主任按照金矿师支配款目,先行分别编制精密计算书。旋据各主任答称,先行编制精密计算,诚属正当应办之手续,惟是各种开支既繁且杂,加以骤经锐减,自须先行详细考察,并稍试验,方有把握编制,以利实行。景昌当以各主任所称确系实在情形,但公司既将各厂矿出货与经费分别额定,则须将额定之数先行分别计算,方使进行得有标准,若不预为计算,究以何法节减？嗣复一再讨论,最后与金矿师议定,本年按照二百五十万经费支配,采毛煤九十四万吨,炼焦炭二十万吨,其编制精密计算书尽二月内造就,呈送金矿师,并云若无意外,自当力求实践,总期不致超过限数,以副钧嘱云云。此景昌到矿会商之大概情形也。至该矿应行改组归并各节,除工程计画另由黄工程

师呈报外，合将管见所得另纸录呈鉴核。专肃。祗颂

钧绥

李景昌谨肃

　　再肃者，此次景昌到矿，据李矿长、金矿师面云，萍矿制造处向来专司修理，矿中各项机件，自有对外营业以来，职工日多，经费日大，而本矿修理事件反因延搁。该处李处长学识优裕，道德亦高，只以人情肆应稍有特异，以致对于各部分同人每多疏隔，易生误会，但修理事件时与各部分发生关系，故去年以来，凡本矿各项修理悉责成王副工程师担任办理。至李处长职务系专理对外营业，但对外营业用款无定，兹公司既限制矿中一切经费，则制造处李处长经管各项开支，应直接向总事务所支领，该机关亦可划开，直隶总事务所，俾清用途，而免牵制云云。景昌当即往询李处长，十一年度对外营业应需材料、工食以及管理各费共须用款若干，旋据查明面告，大约共需十四万元，惟若划开，恐有种种不便云云。此事究应如何办理，伏候饬知该矿遵办。载请

钧祺

景昌再肃

　　谨查萍矿各机关似可归并或改组者，酌拟办法，呈候钧裁。

　　一、矿长处与矿师处合并办公，定名总务处，不设处长，所有矿长、矿师处各项职员均为总务处职员。按该矿矿长、矿师分处办事，既易隔阂，又生派别，若归并一处，矿长专司对外对上职务，矿师专司对内对下职务，则事事接洽便利实多，而员司书记下及公役均可通力合作，原有员役即可酌裁。

　　一、矿警局完全裁撤。所有警务归并总务处办理，并先裁减矿警一队，计一百零五名。

　　按该矿矿警原系卫矿团勇，嗣因官厅干涉，始改矿警，计分四区二队，因此局面扩大，经费陡增，近年更复铺张，但已成之局，势难骤改。兹查所管四区界址，无非皆系矿中员司工役居住之所，其间虽稍有店铺，住户亦均因矿而设，故名虽兼办地方市警，其实所谓市镇仍属本矿范围之内，且市警经费不收居户分文，完全由矿独任，故不如将市警名目取消，专办矿警。如

是则该局各项职员以及种种开支即可裁撤,但在地方官警未设以前,所有警兵势难过少,用拟先裁一队,下年再裁一队,则警费当可节减半数也。

一、管仓处裁撤,归并物料股办理。

按萍矿管仓处所司职务,无非收发及保管米粮,自系物料股分内之事,本无另立机关之必要,似应裁撤,以节糜费。

一、高坑分矿改为包办。

按该分矿频年糜费浩繁,但因有矿区至要关系,既难裁撤,又不便停办。一再筹思,惟有改为包办,订定采值,按吨给价,通盘核计,有盈无绌,当可不再动用公款。

一、窿工程处锯木事划归物料股经管。

按该矿窿内所用木料,向由物料股将原来木植发交窿工程处自锯自用,既难稽考,流弊在所不免,且东平巷与直井锯木厂不相统属,锯伐均用人工,其中糜费尤多,不如将锯木事宜统归物料股办理。且矿中本有锯木机器,所有应用木料,均责成物料股用机器锯成后再行领发。如是经费既省,又易稽考,并可免除种种影射之弊。

以上各节,均与矿长、矿师具体讨论,尚无绝对异议。而私意在矿同人但能破除成见,实心改革,于公司既可年节巨款,兼于业务进行亦可收指臂相连之效。管见所及,是否有当,伏乞钧裁。

李景昌谨上

李寿铨致杨学沂、盛恩颐函

民国十一年四月十八日(1922.4.18)

敬启者:

三月二十一日邮呈十一号函并附件亮邀钧鉴,自上年六月间奉三十一号函谕,以设立公庄收买各土井煤焦,先拟章程送核等因。查公庄之设,明为收买煤焦,隐为消弭界案,铨对于此事极为慎重。缘萍人平正者多半畏葸,不能担任,捣乱者虽似激烈莫得指归,公庄首领难得其人,筹计多时蕴而未发。适财政厅委张汉民来矿调查矿区,清算税帐等事,本有所挟而来,幸其人曾充转运局员,旧曾相识,现于政界尚有声气,颇勇于任事,揣其对于本地捣乱分子,尚能消纳,特设法笼络,引入正轨。伊颇顾然,愿担任公庄首士一席,当拟章程,已得同意。兹特照抄一份,寄呈钧核,转陈董事会核议示复为盼。再,拟章第三条限以五年,即系五年后将各井收回,不另给费,此层留为公庄成立后与各井订约地步,特此时不使说破,免得事未成而先遭反对。又查各土井每月出焦约在三千吨左右,合并陈明。至江西官矿与矿区税问题,省官厅惑于巨款,有用强权之意。时局如斯,实业之厄,务乞格外注重,速派能员赴赣接洽疏通,万不可缓,至要至祷。此上
总公司代总经理杨、副经理盛

李寿铨

[附件]

遵拟设立公庄收买各土井煤焦章程抄呈钧鉴。

一、在安源设立公庄收买各土井煤焦。

一、各土井自查明造册后不得添开。

一、与各土井订约,所出煤焦归公庄收买,以五年为限。

一、各土井所出煤焦既归公庄收买,不得私售他人,如有以上情事查出,立即请县封停。

一、各土井煤焦应分别等次公平定价。

一、矿局从前原案承认之井,另定收买煤焦条约。

一、公庄经费在煤焦项下按吨提充。

一、以上办法,除由汉冶萍公司萍乡煤矿咨县立案外,并由公庄取具各井订约呈县立案。

夏偕复、盛恩颐致公司董事会函

民国十二年三月九日(1923.3.9)

董事会公鉴:

窃维公司近年财政困难,由于铁市疲滞,居个而求公司之生存,非减轻

成本,无以为功。即债权方面,亦屡以节省开支,减轻生产费为言。是整理之方,裁节仅属一事,而出货良窳,为成本之轻重所系,亦即营业之利钝所关,非细故也。

查厂矿所月支经费,以萍矿为最多。而现时出煤,额不加增,质尤不净,灰分几占十分之五,以月耗巨资,采此如此灰重之煤,炼焦熔铁,无惑乎成本愈重,竞争愈难,迭饬该矿注意选采,迄未照办。此次李矿长来沪,复经面诘,据称,金正矿师谓系煤槽不佳,灰分无从减轻为辞。然访闻金正矿师在矿,并不常川下窿查看,其所谓煤槽不佳,是否属实,抑系监工人等管理不善,任听窿工乱掘所致,均属无从悬度。燃料为冶铁要需,关系至重,应亟派员调查,藉明真相,以资整理,而调查之员,又非有学验俱优者,不克胜任,筹思再四,唯有嘱退休矿师赖伦前往切实履勘。赖矿师对于萍矿,资望既深,情事尤悉。一经考查,是否煤质之不良,抑为管理之未当,自可详悉无遗。已将应行调查事项,条列交办,并与订明,除备送往返川资外,在矿日支供给十五元,事毕到沪,另送酬劳金一千两。盖以退休之员,畀以重任,不得不酌予厚酬,以期尽力。再公司前收永和煤矿,嗣据梁矿师报告,旧窿存煤甚少,遂未兴工,上年曾嘱赖矿师前往调查,据报称该矿颇有希望,以该矿产煤和萍煤炼焦,较以萍煤独炼之焦为尤佳等语,惟该报告未言切实办法,此次并嘱便道再行切实考查,以便决定该矿是否确有探采价值。除俟该矿师查毕,报告到处,另再转陈外,合将派员调查萍窿并顺道再查永和煤矿暨酌定酬给缘由,具函陈明并将交查条件抄附,即祈贵会鉴核是荷。

肃颂

公安

总、副经理

[附件] 夏偕复、盛恩颐致赖伦函

径启者:

今晨面商请执事赴萍矿调查工程上一切事宜,惟以下各项务请注意为盼。

（一）煤槽之情形及设法减少灰之成分不过百分之二十五。

（二）甲、本年可否出煤九十万吨;乙、明年出煤之约数。

（三）洗煤机本年能否洗出九十万吨。

（四）原动力场之设备、储水池及冷喷池之状况是否合宜。

（五）萍矿各种工程事宜。

（六）高坑土窿之情形,如将该矿推广,可否增加出货;运输方法用小铁道或挂线路,孰为合宜,并该两计画之预算。

（七）永和煤矿大概办法,务请指定确实施工地点。

为酬劳以上各事,本公司当致送旅费每日十五元,舟车票资在外,保险一项悉照上年调查永和煤矿成例办理。兹为特别酬劳起见,本公司当于执事将调查详细情形报告书送下后,致送规银一千两,并盼即日起程,将上项第一条于一月内报告为盼。此颂

日祺

夏偕复致李寿铨、舒修泰电

民国十二年四月二日(1923.4.2)

安源煤矿李、舒矿长:廿九电讹字极多,大意以每月十四万元不敷支配,不如暂停改组,或派员接办等情。公司艰困已极,照尊拟预算之数万难办到,前已面详。如因不敷支配而停办改组,仍须巨款,更无从筹措。况停后改组,是否确有把握,亦一问题。窃恐徒滋纷扰,益陷困难,是停办一层亦决办不到之事。总之,公司值兹危殆之秋,务祈顾念大局,与正矿师、各首领从长筹画,力任其难,公私同感。偕复。冬。

李寿铨致夏偕复、盛恩颐函

民国十二年四月十五日(1923.4.15)

敬复者:

奉萍字第十号钧谕,敬悉。铨与金矿师等深知公司艰危,昕宵筹计,极愿勉遵钧限。前此拟停,并非消极,实见得非另组不能切实整顿。叠承钧

谕,未敢出此,且来款愈艰,更不敢出此。又复悉心筹画,无如力求节缩,处处窒碍,愧愤交深,故发阳、文两电详陈,日内仍在搜讨。顷奉盐电,遵俟黄君绍三到矿再与研究,兹将会计处交来欠款垫款细单共五纸,转呈钧核。目前最急者木料,尚不敷一月之用,新旧欠无款应付,木客裹足,株河已无木簰,探闻木客除上年因欠受累停业外,即有木之客,宁愿售于汉口木行,不愿再售于本矿,来源已断,必至停工。停工之后,保窿无木,危险万分。救急之法,惟有赶还旧欠二万元,新收付现三万元,必得五万元方能设法招徕,迟则无及。又米款积欠八万余元,多系旧欠,仓仅存一月之粮,非立还五万元亦无法再购。又今日发窿工工赀后库空如洗,下半月如何支应,非立汇三万两不能勉强敷衍。以上急需洋十万元,银三万两,务乞设法速汇援济,否则无款无米木,虽不愿停,立即逼到停工地步,万非空拳所能支拄也。除发咸电告急外,用特飞函详陈,并祈鉴亮示复,至为盼祷。此上
总公司总经理夏、副经理盛

矿长　李寿铨

李寿铨、金岳祐致夏偕复、盛恩颐函

民国十二年八月二十八日(1923.8.28)

敬启者:

前奉元电开:工潮既平静,增加焦产,减轻用费,收买土焦三事亟待举行,不容稍缓,即希会定办法赶速进行,并电示计画大概,切盼等因。奉电时绍三已回。铨、祐筹商累日,工潮经七月间与工人俱乐部多方议约之后,得暂平静,做工稍有秩序,出货略多,而较之上年未罢工以前相差甚远。由于工人举动出轨之后,复纳之正轨之中,非一蹴所能,几商之至再,加焦最急,亦以加焦稍为合算,除已复宥电外,用特分复如左:

一、增加焦产　查现在每日出煤约二千吨,出焦约五百九十吨,东巷现不能加,拟将西巷每日加出煤四百五十吨,每日可加炼焦九十五吨,又二号煤六十吨,每月须加经费一万七千元。又查现在生煤每吨成本扯合三元九角六分,焦炭每吨成本扯合十元零七角七分,加出之后,生煤每吨成本扯合

三元四角五分,焦炭每吨成本扯合十元零五角七分,应候电准加费加炼,当即照加。

一、减轻用费　查现在煤焦成本之重,突过往年,非减轻用费,势将不支,不独铨、祐日事筹计,即合矿首领,亦深以为虑,无如现在费重大端全在工资,余亦因之牵累。将本年上半年用费与上年上半年用费比较,显而易见,目前能暂平静,已属难得,如何节减而管理各部,亦非切实整顿不可。此事必须从根本上解决,否则徒事纷扰而无济于事。铨病医治渐轻,拟俟全愈,即行来沪面陈一切,并求指授机宜,商定办法,再行入手。

一、收买土焦　查本年六月二十三日曾具二十五号函陈一切,久邀钧鉴。此事不独铨十分慎重,即助我之萍绅亦慎守秘密。下月刘存一君必回,张汉民君已卸龙南县事,萍绅已催其下月赶回,俟刘、张回后,即会议进行。以上三端,谨肃函详复,以慰廑系。至加焦一节,即乞速赐钧夺,电复遵行,至为盼祷。此上

总公司总经理夏、副经理盛

矿长　李寿铨

正矿师　金岳祐

黄锡赓、舒修泰致夏偕复、盛恩颐函

民国十三年三月二十七日(1924.3.27)

经理钧鉴:

敬启者,查木料一项为本矿窿用材料之大宗。昔年本矿采煤九十余万吨,用木料约三十五万元左右,近年木价昂贵,各处皆同,而本矿采木以表面观之水价固未照市伸涨,实际上已受鱼目混珠之害,如近二年内出煤不及八十万吨,年用木价已达四、五十万元,且常有缺乏之虞,至不得已时只可以重价购买汉庄木,以应急需。长此以往,本矿受制于木商,其害莫大,而煤之成本亦因之增高。本年两月内所用之木,即去年年底所收之汉庄木,又称为特别木,木料虽属整齐,而其价格未免过高,每贯十元九角及十四元者两种(此木及木价系李前矿长经手所定者),此外仍无大批木料到

株,似此来源不接,难免不无停工待料之虞。赓等与金矿师及窿工仇总管再四讨论,只有招集株洲各木行东来矿磋商办法,以期循规进行,不得再以次木混淆,或巧立名目,抬高价格等弊。日前木行东到矿公议,佥称近年木价昂贵确系实情,又兼矿局经济艰困,不能按批兑价,木商暗中损失不起,如矿局欲来源不脱,必须按市情酌加价格,否则商等不敢承包等语。该木商等始而要求将茶陵、安仁、攸县等处木料每贯作平均价十一元,东河木每贯十四元。赓等一再磋商,始将两种价格议定:一种每贯九元五角者,一种每贯十元者,其余并分别正木次木,以免再有影射之弊。当又与议承包三年,木料须源源接济,勿使本矿脱待,而该木商等以时局不定,为期太远,不敢承包。复经商定,自本年四月起至十四年年底止,始双方协定合约。兹将与各木商磋议并协定木料合约情形陈报钧座,并将合约一份寄呈鉴核,即请俯准电示祗遵。敬颂

钧绥

矿长　黄锡赓

副矿长　舒修泰

附木料合约一份

[附件]　合约

汉冶萍公司萍矿总局发包矿用木料株洲木行(名列后)承包,双方协议条件订立合约于左:

第一条　承包时限暂由民国十三年四月一日起至民国十四年底为止,限满如须继续进行或停止,须于限期三个月以前双方预先通知。

第二条　木料价格,东木订每两价洋十元,茶木、攸木、安木均订每两价洋九元五角,次木一律照价六折;惟东木一项如遇他项木料不及接济势必多办此木时,在十万根外,得临时按价照市情酌量加价。

第三条　木料尺码大小仍照历年规例支配,总以多办分码为宜,东木收法亦照茶攸各木通例。

第四条　承包木数全年为四十八万根,随到随收,不得留难,但每月至

少须交三万五千根，至多七万根。

第五条　木款成批兑价，议定兑价日期，上月二十六日至本月初十日归中比兑价，十一至二十五日归底比兑价，以现光洋为本位，以阴历为标准。逾期按照钱业行情补息，但不能久延，妨碍承包人之周转，因而有误接济。

第六条　承包人须连环具保，但连环之法得三家一连，或五家一连。

第七条　现在军事时代，如遇有兵事发生，交通断绝，无法接济木料时，承包人不能负责（如因天灾人祸、路矿发生不测事情，以致矿局不能照定数收木，承包人亦不得异言）。

第八条　此项合约共立四纸，由发包承包两方署名盖章，以昭慎重，约纸之尾钤以"合同"字样，以一纸呈汉冶萍总公司，以一纸存萍矿总局，一纸存采木处，一纸归承包人收执。

以上八条自本年四月一日订约起发生效力，承包期满须继续或停止，另行协议。

正矿长　黄锡赓

副矿长　舒修泰

承包行号	行主	
湘南一木行	周春曙（盖章）	
天申福木行	陈春堤（盖章）	钟文集（押）
永安福木行	李枚臣（盖章）	李懋初（盖章）
协生厚木号	吴时若（押）	
蔡法前木号	蔡源祖	
同德祥木号	廖明德（押）	
何鲤文木号	何奇遇（押）	
鼎新裕木行	文海波	
合兴祥木号	范国珍（盖章）	
万益公木号	朱少连（盖章）	
大盛木号	习慎斋（押）	

公利木号　　王仲帆　赖益廉(押)

黄复兴木号　黄泽润(押)

黄锡赓、舒修泰致夏偕复函

民国十三年七月四日(1924.7.4)

经理钧鉴:

　　查自上月二十六日起至三十日止,湘赣之交连日霪雨,湘东桥危险,车不敢过,以及本矿西平巷(即八方井)大水各节,均经先后电陈在案。兹查此次水势之大,闻与清光绪三十一年情形相同,火车自二十九日起仅能开至醴陵,株洲一带尽成泽国,由长至株车运亦停,煤焦既未克输出,木料亦不能运来。据株洲归客云,水势仍在继涨增高,则前途殊难以逆料也。至于西平巷突被大水,为从来所未见,想系各土井积水不消之故,当竭全力日夜营救。乃窿内大电线忽然被焚,现正更换,至少须三日蒇事,幸尚有汽机可以打水,但刻下仍在危险之中。知关厪系,理合具陈,仰祈鉴察为祷。再,查堆存壁末附近之民房因壁末冲塌者甚多,合并陈明。肃此。敬叩

钧安

黄锡赓在申
舒修泰谨肃

　　谨再陈者,顷据株洲太和正木庄函,以河水暴涨,至夏历六月一日大风,各围木料及河下各牌因风赶水冲散甚多,商等承办之木四万余根,随水漂荡,仅存些微;茶攸沿河一带冲散若干,容后再报,乞为维持等情。谨将原函抄奉察阅,以明水灾之浩大也。

舒修泰致夏偕复函

民国十三年七月七日(1924.7.7)

经理钧鉴:

　　查株萍一带霪雨成灾,交通断绝,以及本矿西平巷大水各节,业具函电陈报在案。所幸窿内之水日夜营救,已有转机,惟换电线开电鼓等因窿内

热度太高,地势窄狭,工人无从措手,而易电机师奋勇冒险,亲自为之,尤属人所难能,此次能以脱险挽救数十万财产,易君之力也。至现在最关紧要而最难解决者,厥为木料问题,盖窿工不可一日无木,缺木必至停工。向来矿需之木专恃株洲接济。兹据采木处报告水灾情形,令人不忍卒读,所谓风浪交作,木簰飘荡,尤极与本矿有关。据云,所幸已收未运之木八千余根,当派工梭巡保险云云,仅存此数,只敷一时之用,而各木商报告损失者,计有湘南一等四家被冲去各木料六万零八百余根,太和正等七家被冲去四万七千余根,总计在十万根以上。似此情形,来源必至稀少,更难保无停工待料之虞。除已派专员驰赴株洲接洽外,理合具报,仰祈鉴核为祷。敬叩钧安

舒修泰谨肃

黄锡赓说帖

民国十三年八月二十五日(1924.8.25)

窃查近年萍矿出额少而成本巨,岁亏达百万余金,腐败之声,闻于遐迩,遂引起各方之注意。公司亟欲得其实情,故本年春夏间,赓曾将调查情形及救济方法先后陈报在案。此次到矿,拟即着手整顿,所幸工党问题,已与官厅商定妥慎办法,自可按照方针,相助进行。惟关于管理及工程上应行兴革之事,颇难着手,且非个人之力所能奏效,兹将续查之实在情形缕陈于左:

(一)矿界纠葛

萍矿根本之障碍在于矿界问题。惟因悬案不决,故对于窿工必要之扩充亦不能开始进行,地方劣绅际此夜长梦多,乃百方施其阴谋诡计,与矿为难,而为之俑者,系张汉民氏。张初运动省会,派遣代表来矿争执矿界,李前矿长窥见来意,乃不谋正大之对付,竟以金钱疏通,是知其计而中其计。彼等得此美味,亟欲再尝,遂有第二次运动地方无赖,专在本矿安源境内广开土井之事,三年之间,开井达二百余口。李前矿长遂召张汉民商立公庄,收买土井之煤炼焦,即以张氏专任其事,以为将计就计之办法,并欲假公庄

以融化矿界问题。赓初不知其中曲折,以为张之所谓矿界,系将高坑一带之官矿及土井包括之,兹悉张氏并无如此权力,其所谓矿界者,不过安源境内新开之土井耳。遂将公庄之议不提,张氏虑之,乃托当地要人说项,请在公庄未成之先,由矿予以月薪二百元之位置,彼即设法疏通各处,不令与矿为难,否则彼将实行捣乱云云。赓即答以公司经济奇窘,萍矿岁亏百余万金,无此财力敷衍,抑且无敷衍之必要,张氏欲如何便如何耳,如果危害本矿,当以法律对付,乞为转复等语。未久,萍矿九里坪一带即有乡人鸣锣,阻止本矿工人在山割茅(按茅草为窿内垫塞壁末之要品),后经保卫团之力,始获无事。不旋踵而有数百辆煤车强欲通过马路,及有人在小坑窿口纵火之举,所幸矿警驻军协力弹压,并经拿获多人,解请官厅惩办,得庆平安,业经详报在案。顷据株萍路局云,张汉民近向该局声言,将由地方绅衿禀请路局速修萍乡湘东等桥,以保旅客之安全,如因财力不及,可向萍矿增加运费云云。路局当答以修桥及加运费各节,均为路局自动之事,无待萍绅干涉,张即赧然,而足可见张之对于萍矿用计极险,蓄意极深。管见若以疏通该绅等之精神财力移于联络官厅、军队及省议会,则得力较多,且高坑矿界不决,关于目前窿工之扩充及后来之支节者甚巨,尤应设法与赣省当局及议会,速谋解决之方。此应请迅示方针,以利进行者一也。

(二)窿内工程

查窿内之情形如何,关系成本之轻重,即为萍矿之根本问题。除已将不能增加采额及减少灰分之原迭次申报外,兹查窿内采煤之地段好者已罄,仅余残质,即现之半煤半壁,亦难久供开采,故成色更无从补救。所以然者,因历年应办之扩充工程未经矿师照通常之规例,权衡缓急筹画而布置之故。今日之窘状,其所由来者渐也,今若从事补救,至少至有数十万之资金及三五年勤奋之工作,方能有济。最近据胡嗣鸿矿师报告,窿内已辟之槽口,所余煤量只供四年之开采,过此则不足供汉厂一炉之需,故扩充工程实属刻不容缓,其次则为现时修窿补路之费,亦属绝大漏卮。盖窿内所辟之窿巷,原为采煤之用,巷内须铺轻便铁道,架撑木柱,以及泄水、通风等事,所有枕木撑柱,日久均须修换,而泄水通风亦难片刻停顿,在在需资,故凡辟一窿巷,应以敏捷之方法,迅将该处之煤采完,即便将采完之处早为填塞封闭,以省维持之巨费。萍矿正矿师对于工程上应负之一切责任均未顾及,其他无学识之各监工固无论矣,即有学识之各技术员,亦不便有所主张。故萍矿有七八年前所辟之窿巷,因尚有少许煤量,至今仍保存之,其糜费为何如。此应请迅赐方针,以利进行者二也。

（三）职员制度

萍矿自开办以来,隐分事工两部,属于工程上之用人、行政支款、用料,以及计画工作、设备机件等事,均由矿师独自负责办理,其属于事务交际及其他等事,历由总办矿长主持,彼此各不相干涉。此固为各专职责之善法,但矿师因其职权所在,不容他人干与,倘有不克尽职之处,谁从而监制之,则误事之害,殆有不堪设想者。至于目前虽有矿师三人,然金正矿师及康矿师体气既弱,复忙于公事房之事务,无暇切实办事工程,胡矿师因到矿未久,尚未派定相当职务,只供金正矿师临时之差遣。为今之计,须有精明干炼之矿师三人,一管东巷,一管直井,以一人总其成,并负管理各连带工程之责,所有总矿师、公事房事务均归并于矿长处理,以免手续重复之繁,而使矿师得专理工程之要务也。萍矿范围广大,事务殷繁,远超汉冶两厂之上,在汉冶均设事务股专司其事,萍矿独付阙如,以致事无巨细,均须矿长躬自接洽,虽有副矿长之设,然来者必须与矿长直接,殊有应接不暇之苦,且致耽设要公。此在曩时,无特殊之情形,固无不可,现值积极整顿之时,若仍以矿长直接办理事务,实为一大障碍。至于其他各机关长员,有用非其长者,有不能得力者,有年力衰迈者,均应切实更调或裁汰,或另简得力者以继之。庶乎人得其用,事期其理,若仍因循,再误前途,安有希望? 此关于职员问题,应请迅示方针,以利进行者三也。

综此三项,实为切要之图,盖欲增加出额,减轻成本,非仅限于工党一端也。详言之,矿界之障碍,窿工之疏忽,以及职员制度之不良,均为前途之剧患,若不立予决定办法,即使工党问题解决,亦只能谋形式之更新,断难求精神之振作,且恐迁延愈久,挽救愈难。赓负整理之责,殊不敢敷衍从事,以致一误再误。窃尝计之,窿工及职员应如何处理,公司自有主权,惟矿界关于地方,万一不能由我解决,应先向政府申明,定期将矿停顿,所有数万工人并请政府设法防范。盖此项工人有业即为工,失业必为匪,自应预防,免为地方之害,倘政府及地方不忍视此繁盛之区一旦变为弃地,则必予以相当之援助。此固为不得已之计,而亦为最善之方法。愚见悬搁之矿界,迟早亦必须如此解决也。

抑再有陈者,赓此次勉遵董事会之宠,命担任监理,仍兼矿长,学识谫陋,本不敢负此重寄。第恐董事会疑赓有避重就轻之私心,只得暂行回矿,先相机处理工党问题,所幸进行顺遂,再候指示方法,当可以竟全功。务恳俯念下情,即予免去矿长兼职,是所切祷。至于矿长应如何帮同办理之处,并祈以明令限定职权,庶可依统系进行,而有裨于大局也。是否有当,伏乞钧裁示复,以便遵行。

黄锡赓谨肃

盛恩颐致公司董事会函

民国十三年十一月二十五日(1924.11.25)

董事会公鉴:

前据萍矿舒代矿长电称:小洗煤台于前岁停工时,因工人俱乐部要求,准酌留员司工匠二十余人,现该处并未洗煤,可否一律裁汰,请示等语。当以小洗煤台既未洗煤,应亟裁撤,电饬遵照去后,兹据复称:遵即照办,计裁去监工三员,工长二名,工匠小工十五名,代班工人十六名,所有窿工外段向派在小洗煤台验桶之员司工长共计三人,业已一并裁撤。再,查高坑分矿,近因无焦可收,炼焦处所用之收焦工长四人亦已饬即裁去。此次被裁之各员司工长工人薪食,均截至十一月十五日为止,每月约可节省洋五百十六元有零。理合具报,并附开清单送请备案等语。除分别知照外,理合报明,即祈鉴核备案。肃颂
公安

副经理　盛恩颐

舒修泰致盛恩颐函

民国十四年三月二十二日(1925.3.22)

总经理钧鉴:

窃本矿窿用木料已无来源,而存木又罄,迭经电陈在卷。其直接原因则自前年以来木价屡欠,现更积欠至十万元以上,木商周转不灵。而间接之原因,约有五端,兹谨分陈于左:

(一)武汉所需木料向以常德为来源,近因常德一带先后为蔡巨猷及熊克武所盘踞,木商不敢贩运,以致汉商均来株州采木。

(二)株木来源在于茶陵、攸县一带。该处土匪充斥,采货者多被绑去,致均裹足不前。

(三)上年大水冲散木料极多,且有全部损失,无力再振。

(四)长沙拆修街道以及株长一带大水后,重造屋宇均需大宗木料,求过于供,价遂飞涨。

(五)湖南连年兵灾,厘税近增一、二倍,木商因资本所关,当然涨价。

综此原因,故本矿前定九元五角之价,木商无力照办,合约内木行十二家,多数倒闭走散,不得已加价二元,共为十一元五角,作为特别木,勉济窿需。现因积欠过巨,木商无款付与木客,木客无款不能办货,以致株河竟无木到,虽照十一元五角之价亦无木可购,遂成窘迫之局;而窿用各号木料日需一千八百根之多,刻下只暂设法搜集,勉强支持亦仅敷数日之用。是则救济目前固以还欠为要着,而时局如此,木价难平,有非可以人力争者。所有采木困难情形,理合具报,仰祈鉴核为祷。敬叩

钧安

舒修泰谨肃

公司董事会致盛恩颐函

民国十四年四月三日(1925.4.3)

兼代总经理台鉴:

昨据萍矿舒代矿长、金矿师有电称:刻运务滞钝,木罄,无法续办。拟

趁此将窿段、洗煤台及炼焦炉,一律停工,并设法遣散工人。所留正窿及风巷暂用本地木支持,俾出煤以维持锅炉,倘无巨款按月接济,似以此为惟一办法,亦可稍纾困难。除已电陈经理外,理合陈明,如蒙核准,乞即电复,并迅赐汇款,以便发清欠饷,遣散工人为祷等情。兹于民国十四年四月一日第七次董事常会提出,公议:萍矿为公司根本所系,非切实整顿不能维持现状、发展将来,该矿长等电陈办法,本会未便准行,应责成盛代总经理与两顾问通盘计画,速筹整款救济,先顾目前之急,徐为久远之图,是为至要云云。相应备函布达,即希查照办理。此颂

台祺

董事会启

马载飓致盛恩颐函

民国十四年七月四日(1925.7.4)

总经理钧鉴:

窃本矿困厄情形,虽经迭次函电陈报,但均略而不详,且因欠债欠饷,逼索不休,遂只得就事论事,其他要点无暇顾及。然盱衡全局,则困厄所在,约有四端,谨特缕陈于左:

一、以财政论,本矿所欠工商各款及汇票已达一百余万,而急待偿清者,计七十八万余元,业经开单具报。此款如果偿清,固足纾一时之厄,倘无常款接济,转瞬又届发饷之期,势必仍须售焦,以至牵动冶厂矿及运输所等处,关系大局匪浅,且售之亦感销路维艰。此财政问题之亟须解决者一也。

一、以人材论,则各主任中,如电机处长易鼎新、材料股长罗国桢,素称得力,现均去志颇坚,炼焦处长金岳初决意辞职,业已另函具报。至于各处员司,尤为复杂,可用者固不乏人,而不可用者则又格于情势,无法去之。办事全在得人,似此从何着手?此人材问题之亟须解决者二也。

一、以工作论,工人每天仅作四五小时,不服管束,出货有减无增,设或欠饷,动辄围索,成为习惯。顺之则愈见腐败,不堪收拾,逆之则为潮流所

及,无法整顿。此工作问题之亟须解决者三也。

一、以运务论,则株萍铁路之桥梁枕木既多朽坏,车头车辆又均不敷,兼以路局往往贪运商煤,遂致本矿煤焦迄难畅运。此运务问题之亟须解决者四也。

其他如扩充工程、取缔土井,固属切要之图,尚可从容计议,然最切近者,厥为矿长问题。舒君对于各方,感情甚恶,近矿与否,不生关系,但其矿长名义尚存,如公司以为可用,应令刻日返矿,如以为不可用,亦请从速撤换,以定危局。惟是平日之坐享厚禄者,一但遇紧急之时,非取巧规避即畏葸苟安,萍矿之不振作者以此,我公司之日见衰象者亦以此。飏才疏性戆,不合时宜,决难久代,且近来劳郁致疾,亟欲乞假静养,务请速派贤能接替,以利进行。此为最后之恳求,倘仍未邀俯允,惟有佛袖竟去,另图枝栖,为功为罪,悉听公判而已。掬诚陈词,请赐察纳。除陈董事会外,谨特陈报。
祗颂
钧祺

萍矿稽核、代行矿长职务　马载飏

盛恩颐致金岳祐、马载飏电

民国十四年七月十六日(1925.7.16)

安源。金、马兼代矿长:豪电悉。三焦不独粤汉路局需用,即驻萍军队亦时须供给,即希酌量开炼,备应该两处之需,以免供及二焦,更受损失。恩。铣。

马载飏、金岳祐致盛恩颐函

民国十四年十月十二日(1925.10.12)

总经理钧鉴:

此次钧座莅矿,得以解散工人俱乐部,完全停工改组,大非易事。第钧驾匆匆离萍,一切善后事宜,未得完备。兹事体大,不得不从长计议,以期妥善。兹将本矿现状及以后计画,缕陈如左:

（甲）矿之现状

一、遣散回籍之工人，闻私行返矿者，实繁有徒工党报复计，图破坏之谣，日觉其多。

一、本月七日东平巷旧第八段（现改第十四段）有工人放火，幸未久救灭，放火犯未获，目前监工多有疑惧，不敢进窿。

一、考验工役所定章，工头一项，必须取具殷实铺保，乃安源商会日昨开会，令各商号不许为工头作保，此其有意反对可知。

一、箕篾匠不肯售箕篾于工头，而油价陡涨，每斤计价一千二百八十文，尚恐有增无已。

一、盛公祠之机关枪连及卫兵均已撤去，其余各处所驻队伍，拟商请张司令陆续抽拔，将来保护全矿以一营为限，惟目前矿警不力，藉重军队，其伙食一项，不能不暂由本矿担负。

一、现开之三、四两段，其工人虽已逐渐取具保结，惟多有今日取结，而明日退保，不愿工作，半属懒惰性成，半由工作义务加重，不免受人煽惑。

一、三、四两段开工之第一、二日，工作尚为踊跃，每八人可出煤八桶，按之原议每八人出煤十桶，相差无几。惟近则日见减少，恐不能照原议办理。如此则于日出二千吨毛煤，月定十五万元之预算，万难办到。

一、自钧驾行后，计由长沙解到洋八万元，兹由会计处开列支付各款清单，送请察阅。除此次裁员裁工暨发给九月份半饷（因款不敷只发十日）外，约计发清欠饷尚需洋十二万数千元。

（乙）对于以后之计画

一、目前三、四两段已取包工制试开有日，每人每天平均四角七分五厘，恐难做到，其中是否实系不敷，尚难窥测。拟另开一段，仍以四角七分五厘，令工人直接认做，由工人中以三十人或二十人，互举一负责之人，庶杜工头有折扣之弊，而期工人有实利可得；如再难办到，则原议十五万元之额支确实不敷支配，容再试办一二月，另行陈报。

一、依目前状况，本矿防御不周，谣诼纷纭，万不能即时开工。现与各工程首领会议，俟留工欠饷发清后，再行添开数段，每天出煤五百吨。一面赶筑围墙,并将各风洞设置铁门,以及取缔工人,种种完备,再行大开工作,庶易防察,而图安全。仍拟将留工复加淘汰,除酌留工人足敷五百吨煤额外,概行遣散,将来添工尚易招集。盖因失业工人麇集一处,于地方治安固有极大之影响也。

一、米木两项,于开工关系至巨。现查存木约有三万余根,依每日出毛煤二千吨之计画,仅敷一个半月之需,木商因矿欠过巨,无力续办,一旦开工,而木料不能接济,势必停工,损失极巨,故木款必须尽先偿付,以期木商采购接济。至米仓仅存米五六百担,此次钧座启行,又承拨款购运米一千担,以每天食米四十担计算,只敷四十日之粮。湘米虽有月购二千四百担之定案,第目前米价渐涨,至冬季已不堪设想,遑论来春。宜趁此时多为购储,以免开工后有绝食之患。

一、餐宿处员司工长,除此次已裁者外,尚有应减之员,因有经手工帐之责,须俟工饷发清,再行酌量裁撤。至裁员清苦居多,前曾面陈在本矿服务未满十年者,给薪一个月,在十年以上者,给薪两个月,以示体恤,业奉面谕照准,谨当遵办。

一、发清欠饷分别裁留,固属要举。惟本矿欠款尚巨,内有临时借款及欠镇署、税局各款,务祈尽先拨偿;其余商款,亦请迅派专员清理,俾工务、事务两方得以依次进行,至为企祷。谨特分别具陈,仰乞鉴核。祗颂
钧祺

代理矿长　马载飏
总工程师　金岳祐

公司董事会致盛恩颐函

民国十四年十一月十六日(1925.11.16)

经理台鉴:

据萍矿马代矿长快邮代电称:本矿所欠商款,业经将会计处造具细帐陈由总经理转陈,计邀察阅。惟各债户日肆逼索,苦口解说,迄不见信,匪特穷于应付,抑且妨碍办公,务乞迅赐派员清理,免受逼迫,至为盼荷等语。

兹经本会于民国十四年十一月十三日第十七次临时会提出,公议:萍矿所欠商款应由经理设法妥筹,从速派人前往清理云云。除电复萍矿外,相应备函布达,即希查照办理。此颂

台绥

董事会启

盛恩颐致萍乡县长快邮代电

民国十四年十二月三十日(1925.12.30)

萍乡。沈县长鉴:谏代电悉。敝矿积欠萍城商户款项,因近年军事、工潮,内外交困,延宕至今,良非得已。今秋改组后,满拟增加出货,调剂金融,藉偿商欠。讵株萍铁路车辆缺乏,运输搁滞,萍矿仍陷于停顿状态,路局实负有相当责任。刻正积极设法,以期大举开工,多出煤斤,庶资金得以流通,积逋不难清理。尚祈转行该商会鉴谅为难实情,勿遽逼迫,以待转机,至深纫荷。汉冶萍公司总经理盛恩颐。卅。

马载飏致盛恩颐函

民国十四年(1925)①

总经理钧鉴:

前奉四十七号钧函,以准农商部地质所函,现拟编第二次中国矿业纪要,附来表格一纸,嘱即查照填寄,以凭汇转等因。当函嘱事务股会同矿师处按照表式逐一填注去后,兹据该股填送前来,谨特备函陈送,察核汇转为祷。祗颂

钧祺

马载飏谨肃

---

① 原件无时间,此系根据内容判定。

[附件] 农商部地质调查所问答

矿厂名称：

汉冶萍煤铁厂矿有限公司萍乡煤矿

矿产各类：

烟煤、焦炭及火砖

地点：

矿山在江西萍乡县安源镇，离县城十五里

（一）经理及工程师姓名

总经理盛恩颐、副经理潘灏芬：代理矿长马载飏，总矿师金岳祐。

（二）地质概况

该矿煤槽分紫家冲、安源两组。前组走向东北，延长约十五里，倾斜西北十二度至二十二度；后组走向西北，延长约二里，倾斜向西南平均二十五度。

矿区面积：

约五百零四方里

岩石种类：

砂岩、页岩、砾岩、板岩、石灰岩、黄粘土等。

矿床含量：

紫家冲煤槽现在开采者有四，其中大槽蓬槽含煤最富，惟厚薄不匀，自半法尺至十法尺；安源煤槽现在开采者亦有四。两处产煤，性质相同。至全矿未采煤藏，估计约有二千五百余万吨公吨。

矿质：

该矿煤炭分析如左：

水　　百分之一分九

灰分　百分之三十二分六

挥发分百分之二十二分

碳素　百分之四十三分五

硫　百分之零点六

磷　百分之零点七

二号焦(即化铁炉焦)分析:

灰分　百分之十九分

硫　百分之零点五五

磷　百分之零点九

(三)工程概况

开采方法:

该矿采炭统用长壁法,窿煤出路有总平巷及一、二号直井。

矿井深度:

一号直井深一百六十法尺,二号直井深一百法尺;

总平巷(双轨电运道)长约三千法尺;

该矿采炭最深地点距地面约有五百法尺之深。

机器:

该矿发电厂现有蒸汽轮交流发电机两座,每座每小时发电一千五百启罗华脱;又直流发电机两座,每小时共发电五百启罗华脱;总平巷之电车、一号直井之离心汲水机、洗煤处、修理处各种机器等,皆用电力运转,夜晚全矿灯火亦仰给于发电厂。此外尚有风扇两座,打风机四座,直井升降机及土窑吊车以及窿内旧式汲水机等,皆用汽力转动。

工人数目及工资:

全矿工人约共九千五百名,其平均工资约四角五分。

交通状况:

本矿煤焦陆运,由矿区至汉口、武昌,系藉株萍、粤汉两路转运,惟株萍路机力不足,难以畅运,故本矿在安源矿区至株洲间,既无水道可通,陆运又难通畅,致运输极感困难。至株洲至汉口粤汉路,在春夏秋间,可得畅运,复有水道辅助,惟冬间则水浅阻碍,粤汉路又因地货较多,不能兼顾,往往难期畅运。

（四）冶炼情形

该矿炼焦处，分洋炉、土炉两机关。洋炉炼焦处有西式机炉 Retort oven 二百六十格，每格能于四十八小时内炼焦三吨；土炉炼焦处有炉二百余号，每炉能于五六天内炼焦十八吨至二十吨。

（五）产额

往年工作最盛时，每日曾出窿煤三千吨，近年因受工人俱乐部种种挟制，每日仅出二千公吨，每月约出五万三千公吨。自开办至今，产额总量约计一千万公吨。

冶炼品之产额：

每日炼焦约共四百五十公吨。

（六）销路

地点：汉口、长沙。

运价：安源至株洲，煤每吨洋七角八分；焦每吨洋一元零一分四厘。

株洲至长沙，煤每吨洋五角二分；焦每吨洋六角八分。

株洲至武昌，煤每吨洋二元六角；焦每吨洋三元四角。

水路比陆路略贱。

价值：

矿上价值：

洗块每吨洋十二元正；原煤每吨洋六元正；二号焦每吨洋二十七元正；池焦每吨洋八元正。矿上绝少销路。

长沙市价值：

洗块每吨洋十五元正；原煤每吨洋八元正；二号焦每吨洋三十元正；池焦每吨洋十元正。

汉口市价值：

洗块每吨洋十八元正；原煤每吨洋十元正；二号焦每吨洋三十五元正；池焦每吨洋十五元正。

各处价值市价不同，以上所列系随时平稳之价值也。

（七）成本

洗块每吨洋七元五角；

原煤每吨洋四元一角；

二号焦每吨洋十二元四角；

池焦每吨洋五元七角。

以上系直接出产成本，所有管理费及公司借款利息等均不在内也。

（八）意外事变

火灾：该矿曾经两次大火灾。民国六年八月窿内失慎，死亡二十七人；民国九年一月窿内煤气与煤尘爆发，继以燃烧，死亡三十九人。按该矿大槽蓬槽含藏煤气极多，加之蓬岩不坚，压力甚大，采炭时偶一不慎，往往发生火患。

近年工人死亡之数如左：

民国十一年二十六人；十二年二十一人；十三年三十一人。

公司董事会致盛恩颐、潘灏芬函

民国十五年一月十二日(1926.1.12)

总、副经理均鉴：

前接上年十二月第六十六号贵总经理来函，报告亲赴厂矿整顿情形，并以萍矿必须设法维持，以固根本，请核议等因。正核办间，据萍矿雷矿长、金总工程师先后来电，以矿米仅敷十日之用，迟恐有钱亦难购办，请速汇款接济前来。兹于民国十五年一月八日第一次董事临时会提出，公议：矿米关系紧要，必须设法购储，即函请经理迅速妥筹办理，一面先由会电复萍矿知照云云。除电复外，合抄来往电稿布达，即希查照办理，随时径与萍矿接洽可也。此颂

均绥

董事会启

凌善永致盛恩颐、潘灏芬代电

民国十五年一月十五日(1926.1.15)

总经理、副经理、会计所长钧鉴:阴历年关近在眉睫,此间款仍无着,且无稳确办法,非但饥工索食无计存活,即员司各自为计,亦辄有断炊之虞。况索债者纷至沓来,动辄拍案叫号,更觉置身无地,非恳速筹救济,实在行止均难。刻因年关所需,迭经矿长召集会议,并极力核减,即最少数亦须有三十一万六千元,方可勉强度过。此数计工食一个半月四万八千元,因该项自上年十月至今,只发一个月四分之一;又薪水一个月一万五千元,因该项已数月未发;又警饷发至十二月底止一万元;驻军伙食一万元;各杂项及学校一万三千元;株萍路局二万元;最急米价、木价、油价及各商欠款二十万元以上。均无可再缓,亦无可再减。务祈迅赐筹定,并迅即电示,以安人心。汇款日期尤盼加早,准二十四日前交到,因此数既不充分,若再如去腊迟至二十六日奉电,二十八日交款,必更棘手,更吃亏,且恐无人肯做或生意外。无任祷切。永。删。

雷炳焜致盛恩颐函

民国十五年一月十六日(1926.1.16)

经理钧鉴:

窃炳焜以楚北末才,荷委重寄,自当力竭绵薄,藉报涓埃。元月就职以后,对于内容外界细加考查,必寻其所以失败之由,方得夫所以挽回之路,除极力疏通车运外,于原因复杂之中,择其先而且要者数条,开列于左,以备采择。

一、裁汰冗员

甲、查如株洲所派警士,原为押运木料而设,现无木料可运,暂令撤回,以省开支。

乙、高坑土矿本系独立,每月由本矿接济经费三四百元,似应缩小范围,以轻负担。

丙、准总工程师言,所属员工可裁者尚多,须得一宗款项,发给积欠薪饷,方能施行。

二、购买各种材料须考查行市,以免欺朦。

三、各处领用材料,须要核实。

甲、防滥用。

乙、防浮报。据驻萍辎重营营长面称,如换灯泡或添补砖瓦,以少报多,或至数倍之类。

丙、用物总求适当。如本矿所用材料,以木油为大宗,但就木言之,往往有应需次等之木,因其缺乏改用上等者,损失甚巨。然须多为购储,方免此弊。

四、整顿矿票。查本矿信用已失,发出之票,其价较光洋低至三分之一,且仅能购物,不能兑现。拟仿北京银行提高票价,设一兑换所,每日以兑换百元或二百元为限,如此则流通自易,而周转自灵。

五、清还重息借款。查本矿积欠应付利息债款,共计四十万元,其中最大利息如按月二分半,半须连利息转期者,约计十万元以上,若不及早清还,遗累何堪。

六、辅助各机关经费,如学堂、军队之类,似宜商酌减少,以轻担负。然须俟有按月交付能力,方好措词。

七、开大工范围须视运销如何,至应备何种焦煤及某种应出若干吨,尤须以销途为标准,免致积压成本。

八、销售煤焦两种,须有谨慎耐劳之人经理,固不待言;所定价值尤须以行市为转移。如去年十一月间,武昌造币厂所购焦炭,每吨价洋二十二元五角,本矿焦炭虽较为优,然价值过昂,亦难销售。亟宜考察行市,从廉定价,以图抵制,俟销路畅旺之后,再行提高价值。

九、严防偷窃。查本矿区域太大,煤铁各项材料被偷窃者,时有所闻,虽由本矿派专员稽查,及由警局派警士监守,然因警察腐败,难保无自盗之弊。前定高砌围墙之议,亟宜实行。至运输之际,偷窃尤巨,据闻每于车辆停止之时,驻防军队强为取用固难禁止,而于车辆慢行之时,且有当地流氓上车下掀,装起远扬,亦不及追赶。兹拟于每车上面作一绳网,再派人随车监守,或可少受损失。

十、各处转运局向直隶于总公司,宜如何整顿及缩小范围之处,自应由总公司裁夺。惟本矿前以辅助铸铁为主体,今则以售煤自卫为主体,所有运销机关本矿须有监督之权,方收指臂之效。

十一、矿警局腐败至极,有害无利,盖以各前任均予优容,酿成尾大不掉之故。若欲撤换局长必须先向方督办疏通,请其调开,再由总公司委派妥员接充,方能彻底整顿。

十二、查本矿职员统系既经改编,所有职务权限亟应细加厘订,以专责成。已通知各处股科员司,先将本人应尽职务,应守权限分条开来,以便定期会同讨论,俾臻完善,庶矿务有整顿之阶梯,而遇事无观望之冀幸矣。

以上数端,是否有当,伏乞核夺示遵,实为公便。肃叩

钧绥

矿长　雷炳焜谨呈

盛恩颐阅批:极有条理,容次第实行。

盛渤颐致夏偕复函

民国十五年一月二十五日(1926.1.25)

经理钧鉴:

窃渤颐自奉钧谕,以萍矿工潮此次有赖赣省军民长官维护,得就平贴,饬即代表钧座前往道谢,兼以加征木税及从前所免各税现须一律照征,关系萍矿岁出,嘱与当轴接洽疏通等因。遵于上年十二月二十四日由沪启程,二十九日行抵南昌,随持尊函,并赍礼品诣谒军民两长,极为款洽。方督并谓汉冶萍为吾国最大实业,兼与钧座相知有素,公谊私情具应赞助,意至诚恳。关于统税事项,渤颐当将公司种种艰困力难负担实情详细声述,方督以赣省军政各费岁亏甚巨,整顿税收事关全局,未便以萍乡一隅独从宽免,致启效尤。复经渤颐反复陈恳,始邀特准率由旧章,并电令萍乡税局遵照办理。李省长亦经饬厅行查沿革。渤颐一面并与督省两署及财厅主

管人员竭诚联络,并致馈赠,亦均妥洽。所有经过情形当具函电报告请示并奉钧电饬遵在案。文厅长赴京未归,刻亦由厅行文萍局查照督令遵办矣。

矿区私井问题于萍矿矿权路运两有妨碍,渤颐亦切恳方督主持,亦蒙首肯。并嘱绘具矿区细图,区内私井另加标志,由公司正式具文军民两署呈请禁止,当令营县分别查封。渤颐并已径函金总工程师将此项手续上紧办,就邮寄钧右,尚祈电催,以期迅速。

至株萍铁路运务甚滞,本矿大工不能遽开,渤颐亦将此中障碍缕晰陈述。方督主张办法有二,一为由萍矿包办,一为由湘赣两省派员调查,并与路矿会同预算每年收入及其支出,除经常管理费营业费外,有余,悉数拨充购料修路之需,如是则运务自不难日有起色。若私井既封,商煤锐减,则以上两项办法即不成为问题。但株萍无所凭藉,亦不难就我范围也。再矿区事,两长以旧案久悬,纠纷时起,不如及早持平解决,赣省萍矿交受其利,两长并表示机不可失,力所能及,无不帮忙等语。

渤颐公毕即于是月二十日返沪,除面禀各切外,谨将奉派赴赣商洽各事情形撮要肃陈,祗乞睿酌。敬颂

钧绥

附抄方督致萍乡税局公电一件。

盛渤颐谨启

[附件] 方本仁致萍乡统税局电

萍乡。统税局文局长鉴:顷据盛我龚来省面称,萍矿近情甚窘,对于木料税请仍照旧章,以资维持等语。特此电达,即希查照办理。方本仁。文印。

金岳祐等致盛恩颐函

民国十五年二月七日(1926.2.7)

经理钧鉴:

窃本矿改组,已四阅月,而公司来款有限,旧欠未偿,新欠又加,员工几

于断炊,商款迫于坐索,兼之米木各料在在需资,拖累愈重,应付愈难,迭电请款,未承表示。窃维本矿为公司之根本,祐等忍耐维持,原冀有中兴之日,兹者有无汇款尚不可知,汇款多少更无把握,纵即汇寄三十万元,亦仅敷衍年关而已,开年将若之何?祐等召集各股长、科长再三讨论,佥谓目前困苦已极,如为个人计,均欲弃职而去,但念本矿工程浩大,缔造艰难,自我而亡,何以答报?如公司终无巨款接济,而于无法中求设法,只得暂向保矿方面着想,祐等深表赞同,当经拟就左列各办法:

一、年内须多存烧煤,以顾锅炉,并炼三号焦,以应各界之需。

二、粤汉路烧煤每天一百吨,已与该路接洽,给至阴历腊月二十为止;株萍路拟给至年假为止,嗣后不再供给。

三、除采锅炉烧煤外,自年假后,暂不出煤,其余工作,以维持本矿锅炉及窿内外必不可少之修理为限,月约需工食洋一万五千元。

四、员薪现约每月一万五千元,应请公司另汇四万元,以作裁员之用。在保管时期,留员薪水每月约八千元。

五、每月护矿军队津贴五千元,矿警经费月约四千元,一律照常。

六、各项材料月约一万元。

七、事务及杂用月约三千元。

八、所有应留员工未清薪饷,请公司以最短期限陆续发清,此项应不列入保矿经费之内。

九、本矿所欠商款,仍照当日宣言,由公司选派委员来矿组织清理委员会,着手清理偿还。

以上除八、九两条外,所拟保矿办法约月需洋四万五千元,应请钧处按月照给。万一米款迟缓亦可临时售焦补助,然此系无把握之事,如路局或外商向本矿购煤,亦可加工采售,但须付现款,并在安源交货,倘煤价尚高,收款颇巨,则保矿费自可减轻,但无论多少,公司总宜设法接济。否则,祐等无法保管,只得任各股长、科长卸责而去,是非得失公诸舆论已耳。

总之,萍矿关系公司至巨,不忍言停。公司筹款之难,祐等固所深悉,而祐等无款维持之苦,当亦早在洞鉴之中。与其任令拖延,不可收拾,曷若暂行保管,再议将来。如钧座另有完善办法,即祈迅赐示知,以便遵行,总期于矿有益,于公不误,则区区下忱庶告无愧。不胜迫切待命之至。肃此。

祇请

钧安

凌善永　金岳祐　陈凌

盛恩颐致萍矿同人电

民国十五年二月九日(1926.2.9)

安源煤矿同人公鉴:支电悉。矿事停顿,实受环境之累,初非意料所及。弟接任一年,萍矿一处已筹付二百余万,实已智尽能索,切盼东款有成,即可量予接济,患难相共,尚望谅之。颐。齐。

金岳祐致盛恩颐快邮代电

民国十五年二月二十三日(1926.2.23)

经理钧鉴:哿电计达,所请七万元,以一万元购木料,余作裁人用,实目前万不可少之数。去秋大驾莅矿,整理一切,裁人固多,嗣因来款有限,运务停滞,原定计画,莫由施行。应裁工人亦无法裁退,员司工长更不待言,即如餐宿处早已撤销,而管理员工延至日前始得裁尽,其他类此者尚多,糜费不少。欲救萍矿固应开源,亦宜节流,此次停止采煤,虽因木料缺乏,亦以开支过巨,运务不灵,无论开工与否,均不合算。去秋计画,须株萍铁路日运千二百吨以上,始能实行,现株萍只能日运四五百吨,图得高价,尽运商煤,纵我能出更高之价,亦不过日运四五百吨而已。以萍矿现有之开支,再加日采四五百吨之经费,照市面煤价计,所得不偿所失,姑无论公司将来计画如何,而萍矿本身最要问题莫过于裁减维持经费,否则内部既无办法,外界益存奢望,即公司有巨款接济,亦不容易办理。祐等审查情形,萍矿必经一大挫折,将来始有希望,多难兴邦,矿亦如是。现既停工待裁,工人尚有千名,饷既未发,米亦无存,万望钧座立将七万元汇寄,以便早日裁退,并实行减政计画为祷。凌善永病假。金岳祐叩。漾。

雷炳焜致公司董事会快邮代电

民国十五年六月二十九日(1926.6.29)

董事会、经理钧鉴:祃电奉悉,仰见倚重之殷,曷胜渐感。惟焜迭请辞职者,实有不得已之隐衷焉。一、公司既无经费按月付矿,而株萍铁路或因军事障碍或因他种困难,一旦停运,矿煤生计立断,员司工警枵腹星散,固属可忧;而矿窿锅炉无材料供给,无工役照料,崩颓坏败,尤为可忧。二、积欠商家及军队之债过多,清偿至难,而现来军队筹款又复急迫,一旦被人勾结,矿局前途何堪设想! 三、近来本矿员司纷纷求去,足见不能维持生活,无法羁留。况矿长局面较大,断难抱闭门主义。闻以前各处失败多由于无交际手腕,值此奇穷之时,曷能先顾交际,焜之不敢常川驻矿者亦是之故。兹复蒙推诚慰留,并催促赴矿,自应遵命,勉再试竭驽骀,以副厚望。现闻湘鄂路为大水冲坏一段,俟修复后即启程前往。焜为维持现状计,拟一面设法增加运销,一面力求煤质出好。至于根本解决,仍望钧会早抒荩筹也。谨复。雷炳焜叩。艳。

盛恩颐、潘灏芬致公司董事会函

民国十五年七月八日(1926.7.8)

董事会公鉴:

据萍矿雷矿长函称:月来湘赣军务吃紧,赣西唐镇军因奉邓总司令就地筹借军饷之命,当召萍商会令即筹款洋六万元,商会因款无所措,当陈以本矿所欠商款甚巨,欲就此取偿,以应军需。虽承镇军答以萍矿艰窘异常,恐难办到,而商会坚持以本矿尚有煤焦可以作抵为请,当由镇军之代表佟旅长、沈知事、叶统税局长来矿会议,商即照办。比经金总工程师告以商欠已久,不能偿付,甚为抱歉,然须候敝公司经济稍充,当应清理,现既承镇军之命,固应遵办。惟敝矿焦尚有存,生煤现在日出仅足敷应付之数。且有最难之三问题,株萍路难于运输者,一也;如须加采,工食费苦于无着,二也;兼之敝矿近与义源定约售煤,如以生煤售与他人,恐有抵触,三也。请将此为难情形转陈镇军各代表。当以焦炭难以销售，仍要求本矿每日采煤一百二十吨，交商会作价偿欠，每一吨煤由商会先付工食费二元，在安源交货，关税运力由其自理，并云此煤系交汉阳枪炮厂，株萍车运，由镇军帮同维持，嘱酌定价值云云。不得已由金总工程师以每吨在安交货，定价洋五元二角二分(查此系照义源在株交货每吨六元，除七角八分运力之价)。旋经萍商会恳由镇军嘱矿照每吨四元五角作价定议。苦无商量之余地，只得勉允。现议定每日由矿交付商会生煤一百二十吨，每吨由商会先付工食洋二元，其余二元五角即作为偿还欠款，以六万元为限，已于本月十七日实行。理合将经议以煤抵还萍商会欠款各情形，陈报察核备案为祷。

再，金总工程师以近来株萍运输为难，于日前晤唐镇军时，要求每日于运商会煤一百二十吨外，务代本矿维持日运三百吨左右，虽当承允诺，将来能否做到，尚无把握。合并附陈等语。

查以煤抵还萍商会欠款，核其议价，殊与成本不敷，只以商欠过巨，无力筹还，又处于军阀势力之下，自不能不迁就照办。理合据情转陈，即祈贵会鉴核备案。肃颂

公安

总经理　盛恩颐

副经理　潘灏芬

雷炳焜呈公司董事会文

民国十五年七月二十四日(1926.7.24)

敬呈者：

窃以萍矿艰窘万分，固需巨款救济，而将来进行办法，尤宜先规画周详，理合择要条陈，恭请核夺示遵。

一、萍矿进行宗旨，是否仍为供汉冶两厂烧煤之用，抑或售煤自卫，藉以清还历欠商家之债务。

一、株萍路局提议取回慎昌机车，自可尽力为萍矿运煤。但须视萍矿能大开工与否，并由公司垫付价款三万元，按月由运价扣还，订立合同，以

昭信守,是否可以应允。再如公司无现款垫付,可否商以焦炭作抵。

一、萍矿如仍以供汉冶两厂烧煤为主体,则每月经常费如何接济,所欠商家之债如何清还。

一、萍矿如以售煤自卫为主体,则经理售煤之人极关重要,是否由萍矿自派,抑由公司另派;或即由各转运局代办。但进款均须归萍矿请示支配,方有把握。再,定煤价高低应视行市为转移,以图抵制而便畅销。

一、萍矿物料纳税一节,公司固已派盛稽核处长向赣省政府疏通,俱照向章办理。惟据文征收局长言,附税暨市政捐尚须一律承认,因向萍矿商请从长规定。再,该局长现住萍矿官钱号之屋,屡欲以折中之价承买,其意以为减轻各税条件,究应如何办理。

一、总经理在萍矿解散工人俱乐部之时,曾允犒赏军队二万元,是否及早筹付。再,驻安源军队一营,亦系由萍矿月给经费五千元,据张旅长云,方督办以赣省军费支绌,该营兵饷深恃由萍矿担任。又据陈事务股长云,张旅长屡以该营兵饷月需五千数百元为请,究应如何解决。

一、整顿萍矿内部,缩小各机关范围,以及进退各股科员司,可否予以矿长特权。

雷炳焜谨上

盛恩颐、潘灏芬致唐福山[1]电

民国十五年七月二十六日(1926.7.26)

萍乡。唐镇守使勋鉴:寒电奉悉。萍矿困苦,刻在念中。前已筹汇小款,暂维现状,现正续筹接济,庶东款未到之前不致中断。萍地水灾之后又值军事之秋,矿次幸隶仁帡,仰蒙维护,感戴至深。汉冶萍公司盛恩颐、潘灏芬。敬。

---

[1] 唐福山(1884—1927):直隶玉田(今河北玉田)人。时任赣西镇守使。

潘灏芬致公司董事会函

民国十五年八月二十五日(1926.8.25)

董事会公鉴:

奉二十五号函开:据萍矿雷矿长寒代电称,以湘局关系,一时不能到矿,并近闻矿上以维持现状计,金矿师已将文重伯所租城内房屋变卖价银二千八百两正,员司并未能沾润分文,又拟将茶山田地出押或径出卖,自是不得已之举,想均先请示钧处核准矣等语。查来电所称金矿师变卖萍乡城内房屋及拟将茶山田地押售各节,本会未据金矿师报告,究竟所陈是否属实,该矿师曾否于事先函电陈由贵经理核准,此房地是否为日债抵押之品,相应函请查明核办见复等因。旋据雷矿长以前情代电到处:查八月二日接金总工程师岳祐函称,矿次现状危急,不得已以二号焦炭一千四百三十吨向萍绅抵押光洋七千元,矿票三千元,购米应急,比因萍绅押款所交之米将次发尽,无以为继,又值大军驻境,人心更为恐慌,一旦粮绝,立见糜烂,不得已仍由祐会同凌处长、王代股长、沈局长往谒唐镇军转向绅商设法维持,未得具体办法,旋就商萍绅文君重伯,请其尽力协助,磋商多次,始允筹借二万元,计每日交米三十石,共米价洋一万二千元,计米十五万斤,现款及铜元共二千元,搭用矿票三成,计六千元,共二万元。此项借款以安源二号正焦二千四百吨及八仙冲种菜地亩计一百九十五石租作为抵押品,以两个月为期,倘到期不能本利归还,所有抵押品归债权人变卖管业,两不找补。又上项借款尚有附带条件,即以城内官钱号房地产作价矿券四千元,卖给文君管业。祐以救矿情急,舍此别无借主,亦即别无购主,本当请示办理,无如电报迟缓,必至误事,不得已迁就前途要求。现正办理手续,日内即当交割。

再者,萍乡一带本非产米丰富之区,又值大军云集,饷糈浩繁,文君每日认交食三十石,亦至感困难。现正派人四出搜采,好在此君与当局素有联络,本地资望亦隆,由渠号召事亦易办。且矿区驻军甚多,不无交涉棘手之事,托其从中疏通,益我匪浅。况萍城官钱号房屋为文氏居住多年,前经李、黄、舒各矿长招人承购,无人过问,我方已不能脱出,一任文氏永远盘踞,不如半售半送,连络地方感情,来日方长,受者知感,当有效力之处。祐断不敢以公家产业市惠于人,惟情势所逼,不能不行,尚恳赐予鉴谅等语。

查日本借款合同,公司所有财产均为借款本利之担保品,今金总工师以萍矿八仙冲种菜地亩抵押借款,更以城内房屋杜卖,虽属救矿情急,究属违背合同,敝处并未核准。兹奉查询,理合陈请贵会核办。肃颂
公安

副经理 潘灏芬

公司董事会致盛恩颐、潘灏芬函

民国十五年八月三十日(1926.8.30)

总、副经理均鉴:

接第三十五号来函,以萍矿金总工程师售押房地借款并未核准等因。查金总工程师以萍矿八仙冲菜地抵押借款,并以城内房屋附带杜卖,虽为救急起见,然此项房地既经贵经理查明均属日债抵押之品,断不能另行押售,致启纠葛。应请转饬金总工程师务即设法取销,另筹抵补,以免发生交涉而符日债合同。为此,备函布复,即希查照饬遵。此颂
均绥

董事会启

金岳祐等致盛恩颐快邮代电

民国十五年九月十二日(1926.9.12)

经理钧鉴:万急。窃祐等维持萍矿早已筋疲力尽,今因时局关系,危急程度愈蹈愈深。综计员工警士共三千人,每日人发食米一升,需米三十石,而七八千之眷属何以为生?查目前所余食米只敷一星期,后此即一升亦不可得,群众愤激,公司设身处地何以应付?今谨以二事向钧座恳切请示:第一,截至本月底止,按照目前现状三千人之日食何以维持?第二,本月底以后,公司对于萍矿或开工或停办之切实宗旨。以上二事非常重要,务恳速

赐答复,俾可转告各界。倘仍游移不速决定,工会与市党部时相督促,责令刻期开工,如发生意外,应由公司负责。生死存亡,间不容发,祈速训示。再,安源火车可直达长沙,万乞速汇小款,由中行函汇长沙,便可取用,暂顾目前。迫切陈词,危悚待命。祐、永及全体职员叩。文二。

仇瑞龙①等致盛恩颐电

民国十五年九月二十七日(1926.9.27)

总经理钧鉴:顷由市党部转知,奉蒋总司令电令督促萍矿即日开工等因,并提议株萍路每日运数当促令达到八百吨。总座为维持人民生活计,粤汉路、汉兵工二厂均可指令承销,并立付现款,如汉冶萍公司实在无力开工,应责令萍矿将债务结清,归公司自理,暂由国民政府设法开采,俟公司有款接办再交还等语。窃念蒋总座督促开工并为筹及运数销路,且可得现周转,其于公司及工人双方均多裨益,如累及国民政府设法筹办,一收一交,均多劳费。刻拟暂时小做,每日出煤以八百吨为率,计可养活劳工三千人。惟窿路倒塌太多,需木料五万元,又油、米、箕、篾、铁器、工饷等以一月计,约三万元。应恳迅赐筹汇洋八万元,俾可开工,以维现状。如何分期汇下,并请从速,蒋总座盼复正切,务祈迅赐示复。此电系请军部代发,并闻。瑞龙、逢禧、善永同叩。沁。

仇瑞龙等致盛恩颐代电

民国十五年十月六日(1926.10.6)

经理钧鉴:沁电计达。现在长沙省党部责成此间市党部及工会着手调查我矿已过及现在情形,以为接收开工之准备,颇有积极进行之概,惟仍盼本公司自有办法,免多劳费。窃念运销两事此时既一无把握,即亦无开工之可能,惟为顺应潮流计,实亦有开工之必要,万一势成束手,对方所提议竟成为事实,则前途更多棘手。好在所拟八万之数本可分为四次汇下,每

---

① 仇瑞龙(1866—?):字达甫,浙江鄞县(今鄞州)人。时任萍乡煤矿窿工段总营。

星期计洋二万元,务请迅赐照准,并即示复。如此小做亦暂时和缓之一法,至以后如何继续,或即以煤价周转,或再由公司略筹补助,容随时察看情形,详细陈报。

再,刻有唐春和向矿订购粤汉路烧煤,议定每日以一百五十吨为率,每吨价四元六角五分,安源交货,昨已开始输运。合并陈明。瑞龙、逢禧、善永同叩。鱼。

雷炳焜致盛恩颐、潘灏芬函

民国十五年十月七日(1926.10.7)

总、副经理钧鉴:

顷据矿警局沈局长来言,萍乡现为革命军占领,工人俱乐部又复成立,矿务大受影响,同仁多被蹂躏,闻之曷胜太息。惟工人要求开工,蒋总司令亦商令日出煤八百吨,由粤汉路局及汉阳兵工厂分销给现,维持生活所需。开工经费须由总公司筹汇一节,焜意亟宜允许,免失主权。至于根本解决办法,仍须俟时局大定后方可进行。兹由矿局群众公举沈、吴两员赴沪,请示办法。钧宪成竹在胸,务恳详示机宜,俾有遵循,是为至幸。焜前以才力绵薄,屡次辞职,迄未邀准,今又以被困鄂垣,对于矿难毫无补救,午夜思之,负疚益深。用特渎陈,伏惟鉴察。恭请

钧安

雷炳焜　谨禀

潘灏芬致公司董事会函

民国十五年十月十六日(1926.10.16)

董事会公鉴:

据安源矿警局沈局长九月四日函报,唐镇军先以检查军械为由,嗣又以维持警饷为名,借拨警士一百名,步枪一百枝,并配子弹,即派员带兵来局点收,势难违抗,当被借去步枪一百枝,子弹两万粒,又库存旧步枪七十九枝等情。正函矿查复间,迭据该局长九月七日函称,九月五日萍乡安源

天空发现国民军飞机散发传单,下午六时职奉唐镇军电召赴萍城,嘱将矿警余枪全数借用,意盖防备后患。职以护矿关系不干外事婉为陈说,坚未承认,遂被留署中;镇军复电召金矿师赴署,重申前说,矿师亦未允。几经回复,乃许留枪三十枝,余数命令悉交安源江西一师一团第三营点收,始将职等放还,出署之时已十二余钟矣。一时半抵安,职等查悉,唐镇军所部有退守袁州之说,驻安源江西一师一团三营于六日上午四时开拔离安,矿警余存之枪枝未经取去,得以保存。旋据探报,萍城及湘东一带所驻江西一师军队完全退尽,而驻安警备队曾管带所部已于六日上午十时开走,防地无军驻守,萍城安市均大起恐慌,有野心者流遂乘机思逞,职竭力防卫,顾此失彼,幸仰托远荫,官兵长警均皆不辞劳瘁,地方未至糜烂,仅矿警受伤五人,失踪二十余人。当六日之晨,职等闻前江西方督办任国民军十一军军长,驻节老关,地方绅商派员往迎,职曾托其代恳方公眷念萍矿,予以维持。方公旋于六日下午四时到萍,矿中曾派代表往谒,同时有国民第二军第四师张师长辉瓒及国民第三军朱军长培德所部先后开到,复有飞机盘旋天空,开放炸弹机枪。七日晨有第二军四师军队经安源开往上埠、芦溪等处,探闻国民军系第二军及第三、第十一等军队伍,分道包抄前进,究竟情形如何,尚未探证明确。职为护矿计,正与金矿师、王代股长分途接洽,恐传闻失实,致劳垂注,谨先函报。

十二日函称,九月七日因安源无军屯驻,群众有暴烈举动,迭据报称,销售司领董君、土木厂甄君被人用刀刺伤,正督警巡查防护,忽报事务股王代股长鸿卿家中被群众数百人包围,将什物衣服捣劫一空,即塘中所蓄之鱼亦经毒毙,并捕去仆役多人,不知生死。甫拟派队弹压,而职局门首拥聚千余人,声言捣局,堵截不住,潮涌而入。除将办事员杨绍雄、巡查邓荣华、警士陈少云、邓国俊殴伤外,并将警士段瑞生、王镇海、罗时林殴毙。经国民党市党部派员来局演说劝谕,始行退散。于是全矿人员人人自危。职于八日晨赴市党部磋商维持秩序办法,忽于午刻据报,有兵士多人,佩有党军标识,将二队及局卫之兵士枪枝迫令同去,绕入一队队部劫枪。职由党部回局,途遇二军六师之官长一员,请其设法维持,乃同职冒险入一队队部,适逢两下相持,尚未解决。职竭力演说,六师之官长亦设法制止,彼有标识之士兵始行退去,然职局之枪枝已失去数十枝矣。当纷乱之际,一、二队及局中员司兵士之行李损失甚多,文件什物亦遭损失。即二队购买之小菜食米以及锅碗等件,均不知被何人取去。此项风潮甫经平息,薄暮之时,又有三军二十团派谍查员魏得胜带兵一名来局,谓有北军遗留之枪,责令交其提去。几经交涉,难以理喻。后经市党部派员来局,将其劝去,临行犹有悻悻之词。职见此波澜迭生,群情惶惧,乃商同市党部组织联合纠查队,彻夜梭巡,市面稍安。九日,第三军朱总指挥委胡沉着为矿警队队长,来局镇摄,人心始安,秩序亦恢复,点查余存之枪枝,仅七十一枝矣。此固职保守无力,督率无方之所致,但经此大变,处此地位,人力难施,又不得不要求鉴原。九月十日工党首领朱少濂由澧陵来安恢复工人俱乐部,聚众欢迎者不下万余人。此安源近日之情形也。溯至交通梗阻,萍矿经济困难达于极点,职局警饷积欠八个月未发,今复呈兹现状,公司若不设法救济,职才力有限,实难胜艰巨之任。尚乞示复,俾有遵循各等语。

除复以此次肇事之徒系何项人众,安源地方赣军退后有无文官驻守,该地有无司法衙门,其殴毙之人曾否报官检验,被伤者有无性命之虞,捕去之人曾否释回,国民党市党部何人主任,是否本市人民组织,其佩有党军标识之兵士隶属何部,现在能否查明所失枪枝实数若干,统希一一详复,并近日情形何似,仍望详晰续报备核等语外,理合报请鉴核。肃颂
公安

副经理　潘灏芬

公司董事会致蒋介石电

民国十五年十月二十三日(1926.10.23)

萍乡。探送国民军蒋总司令大鉴:敝公司采煤炼铁,以汉阳铁厂、大冶厂矿、萍乡煤矿为策源之地,现均隶属贵军之下。务请俯念实业关系至重,转饬驻在汉冶萍各地军队对于厂矿机炉料件及员工生命妥为保护,至深感祷。汉冶萍公司董事会叩。漾。

潘灏芬致公司董事会函

民国十五年十一月一日(1926.11.1)

董事会公鉴:

据萍矿仇瑞龙、谢逢禧、凌善永号代电称:青电奉悉。遵即转告市党部及工会,请其婉达总部,俟得复再行报告。闻各党员谈及总部并非注意办矿,特以此间原有工人既已多数失业,而现有之少数工人复听其饥寒交迫,不能保全,实与民生主义不合,故叠令督促开工,今既有此办法,当陈商总部尽力援助等语。窃念钧电虽准小做,而所请八万之数未蒙示及,刻尚无从着手,且运道艰阻,前所订定每日一百五十吨,迄今十五六日,仅能输出一千六百吨左右,刻方由逢禧极力交涉,务祈达到目的。惟煤既未能输出,价即无从收入,而挖煤工人既已上班,又难停顿,且逐日须先付现款,此皆极难解决之问题。今国民政府严令督促,若小做亦属万难,势且酿成意外,况各员工均实在饥寒交迫,其盼望前途接收或运动前途接收者当不乏人,应请先筹八万元,准即分期汇下,其真电所请四万元系维持现有员工伙食杂用,尚不在此项预算之内,须请另筹汇给。至以后应如何酌减之处,容随时察看情形再行陈报。

再,此间各职员有同人协会(以工长占多数),各工人有路矿工人俱乐部,遇事能速解决,损失较小,合并陈明,统祈迅赐示复。

又马代电称:号电亮察。前上真电请求续汇四万元,维持各员工伙食杂用,并请准于阳历月底及月初分作两期汇下,免致青黄不接,发生意外各节,计邀垂察,准即筹汇。现在各员工饥寒交迫,大有急何能择之势,其情形实可矜怜。日来连次开会,迫切要求,甚为激烈,历经切实讨论,实在难于解决,万不得已允为转求:自十一月起,各职员薪水在三十元以下者全数发给,其在三十元以上者各发洋三十元。查全矿职员连工长及矿警局,除刻方在假不计外,约共二百八十人,计需洋八千四百元;各工人及矿警应请发给全饷,约共需洋三万三千元。又现在未开大工,各工人之在此候饷者多,其饥寒尤为可悯,应请先发欠饷三万元;各职员之月薪较少者亦多穷极,刻为解除痛苦起见,自未便令其向隅,应请每人先发欠薪二十元,约共需洋五千六百元。以上各本月薪饷及先发各欠薪饷约共七万七千元,加本月各项公费杂用及正杂料等约一万余元,应请迅赐筹洋八万七千元,其真电所请四万元如已汇出,即请除去。瑞龙等窃念国民政府方以解除人民痛苦相号召,而此间各员工实在饥寒交迫,其痛苦尤为特甚,不得不请求勉为筹画,以期维系人心。况欠饷欠薪又不论迟至何时,均属必须付给之款。且总座暨董会诸公平时对于各省水旱计无不巨款立捐,当此存亡绝续之交,尤足以表示仁心仁闻。事机迫切,惶悚待命,务恳迅即示复。

又养代电称:号、马两代电所陈各节,计邀察及。现在每日出煤一百五十吨尚难如数运出,前途亦颇谅解,未即强以所难。闻湘东木桥估价二万以上三万以下,刻方由路局极力筹款,如桥可修复,则运输较便,当可逐渐加出,以符原议。惟此间各员工饱经痛苦,亟盼解除,未免逾越常轨,然有款亦尚能就范。所请八万七千之数,实出于万不得已,万一竟难筹汇,或虽汇而未能从速,现在潮流鼓荡,骇人听闻,沈局长等当已详细陈述,瑞等身家虽所不计,而矿产尚巨,以后收拾余烬必且更难措手。事危势迫,再以告哀,伏祈垂察,并速示复。再,此数虽巨,拟请准付一次,藉维现状,以后或能多收煤价,或又议缓议减,容随时察看情形请示遵办各等语。除电总经理设法筹济外,理合转陈贵会鉴核。肃颂
公安

副经理　潘灏芬

蒋介石致公司董事会电

民国十五年十一月四日(1926.11.4)

汉冶萍公司董事会鉴:漾电诵悉。尊重农工,为敝军之本旨。复承电示,更当严饬所属对于贵公司鄂赣各地之厂工生命,一体分别保护。知关廑注,特复。蒋中正。全。

潘灏芬致公司董事会函

民国十五年十一月六日(1926.11.6)

董事会公鉴:

据萍矿仇瑞龙、谢逢禧、凌善永勘代电称:萍矿工人众多,每为招募夫役者之所注意,若出以强硬,不免妨害工作。从前方督镇萍曾以军事征发为双方兼顾起见,令委王士钧充输送队队长,所需饷项商由矿局暂垫,随后拨还,其时虽亦不免吃亏,尚不至完全无着,即各工人亦相安无事。嗣后李使、唐使相继镇萍,复援前案,均委王士钧充任输送,其如何招募如何发饷,当时本未与闻。迨本年七月军事紧张,需夫较多,闻有商由窿工程处各监工将未有工作在此候饷之工人派去当充夫役之事。至九月初间,唐军退而革命军来,工会亦随即恢复,此项输送夫役遂日日包围办公室,逼索发饷,且声言连月输送,挨打挨饿,受苦太多,甚且一去无踪,存亡莫卜,各妇孺亦相率偕来,均要求抚恤等语。其时王士钧既因工潮激烈早经避去,虽经金总工程师谕以此项系王经手,应仍向王索饷,本矿不能过问;而各工人均以由矿派出,应即向矿索饷为词,坚执不移,狂嚷狂闹。比经请由市党部及工会主任多番解释,复多方恫吓,仍矢死不摇,即市党部及工会主任亦均无可设法。旋由市党部提议以每日三角扣算,照发存饷证,各工人坚不承认。复经磋商数日,始如数照允,仍要求依照现有工作工人一律待遇,如每人每日发米一升或每人每数日发洋一元,均须随同发给。

查此项夫役计由窿工程处派出,约一千四百人,历时二月之久,刻已报到者计九百八十五人,已发出存饷证计洋一万六千三百零一元八角八分,其未经报到者尚不下四百人,将来如何办法,刻仍作为悬案。此事系九月六日发生,至二十日左右始行解决,狂吵至十余日之久,吃亏至数万元之多。金总工程师之神经错乱,虽尚有其他原因,亦深受激刺之一。总之,改革之际变起非常,各工人乘此潮流恣情要挟,该市党部及工会主任均无法制止,万一加以暴动,则损害必且更多。凡此迫于万不得已各情形,请询之沈局长开运,必能得其真相。时危势迫,无可如何,统祈垂鉴等语。除转函

总经理外，理合转陈，即祈鉴核。肃颂

公安

副经理　潘灏芬

潘灏芬致公司董事会函

民国十五年十一月十二日(1926.11.12)

董事会公鉴：

　　据大冶盛厂矿长函称：窃查萍矿自上年停工改组后，范围虽已缩小，艰窘无可讳言，且因当事者藉口无款，不能缩至最小之限度，致艰难日甚一日，迄于六七月之间，始则大水，继则军事，益形不支，泊乎九月政局突变，环境顿呈混乱。渤对于萍矿时系于怀，凡有自萍矿来者，每必详加询问，近来情形该矿虽不时具报，或恐略而不详，谨将所闻分陈于左：

　　一、大水后因矿次无款，由金总工程师等向萍绅文重伯借款，结果以二焦一千吨押款一万元，内搭矿票三千元（市价仅作三折，而仍以一元计算），利息二分五，一月不赎，两不找补；另以其弟文之智接任高坑分矿主任，为附带条件。旋以二焦一千四百余吨及八仙冲园地续向文君押借二万元，内搭矿票六千元，利息照前，两月不赎，两不找补；另以矿票四千元永卖官银号房屋为附带条件。

　　二、前赣军唐福山先后向萍矿勒借步枪一百八九十枝，虽为势所迫，闻系先借后报。

　　三、九月上旬政变，凡以前裁去工人，络绎返矿时，安源无主，凡工人对于有夙嫌之员警，随意报复。查有售销司领董复藩，头部受伤；查工科长王士钧全家被毁，并殴毙法警一名，击伤两名，一时谣诼繁兴，采煤各监工，均匿不到工者数日。适金总工程师因受群工逼迫，意图自尽，独饮大醉不能问事，由一部分员司开会公推凌子贞、仇达甫、谢子静诸君临时维持，矿警仍由沈文祥君负责。当以矿工停顿，终非了局，遂与安源市党部接洽，允担保工人不报私仇，各员始照常办公。

　　四、雷矿长于五月间返矿一次，即派查工科长王士钧兼代事务股长，不一二月,该科长复兼充唐福山部下之运输司令,一部分工人对于该科长素怀恶感,兼以其为敌军长官,必欲置之死地。该科长因风声吃紧,即向袁州逃走,中途被获,送由新喻县枪毙。闻蒋总司令致安源各团体专电有王某勾结军阀摧残工人罪无可逃等语。

五、工会于九月十日正式成立,已裁工人纷纷要求到公,凡解散工会后新补之工役均已排出,遗缺由工会选补,且不时围索欠饷,气焰益炽。

六、考验工役所挂牌已由工人毁碎,并携去照片底簿,该所员司不能到公。

七、同人俱乐部于十月一日成立。虽曰同人协会,与工会取一致行动,并要求将开除之员司复职。

八、蒋总司令亲到安源一次,在操场演说谓,各工友须努力打倒资本家。

九、湖南指挥部及省党部先后派员来萍调查,并催速开大工,声言公司如无款到,可由国民政府垫款等语。

十、矿警局由党军派来队长两员,现已将原有之两队编为一大队。该两员一为大队长,一为大队副。凡出示均与局长会衔,但已受矿局委任,月给津贴一为二百元,一为一百六十元。

十一、萍矿现与株州唐春和订约日售生煤一百五十吨,每吨价五元,以此维持员工伙食。

十二、株萍路局向萍矿借二焦一千五百吨,修湘东桥,约期两月工竣,乃月余尚未兴工。

综上各端,纷乱不堪言状,将来办法虽以时局为转移,而紧要问题仍在矿次有主。素稔钧座以萍矿乃公司之根本,极为重视,既有所闻,不敢不告。敬祈鉴核等语。

查所陈各节,均据萍矿具报,并节经转陈在案。兹以所陈较为简明,用再录报备查。肃颂
公安

副经理 潘灏芬

萍乡煤矿局致盛恩颐函

民国十五年十二月十一日(1926.12.11)

经理钧鉴:

敬肃者,昨于会议席上据工会及同人协会提议:此间停工日久,非但以前欠饷未闻以次发给,即现在工作亦只略发伙食,以致所欠薪饷日益增加,曾以合作之精神为开工之商榷,而迄今尚未闻有何办法。天寒岁暮,冻馁交加,殊于民生主义有所妨害。应请由矿局派负责专员前赴公司面陈疾苦,商定办法等语。窃念工会等自恢复以来,实皆本合作之精神为刷新之商榷,其对于工人索饷及发生他项事故无不竭诚排解,即对于各工作亦无不力求整顿。至催促开工之议更有关于矿业前途,现在虽出煤外销,而在湘东桥未修复以前断难畅运,所得区区煤价尚不敷员工伙食,饥寒交迫,情实可悯。务恳钧座矜全逾格,振此穷黎。因恐萍沪道远真相难明,今特派龙收支科长即日前来,务祈准予晋见,俾克面陈一切,是所至叩。再,此行时间匆促,所有未尽事宜均由龙科长详细面陈。特肃。敬颂

钧安

汉冶萍公司萍乡煤矿局谨肃

凌善永致公司董事会电

民国十六年一月十九日(1927.1.19)

董事会、经理鉴:迭电未复,工警饷万急,萍乡煤矿仍要否,三日内倘无电复,不得不通电请国民政府接收。祈示。永。皓。

盛恩颐阅批:先汇五千元,余俟吉川顾问到后再商。

凌善永致盛恩颐函

民国十六年二月十七日(1927.2.17)

经理钧鉴:

敬肃者,阴历腊月底因无款发给薪饷,所受窘辱难以言喻,承汇下五千

元,始于二十八日夜由长沙取到。永特要求萍乡县长召集各公法团开联席会议,讨论维持萍矿年关办法,并提议将十三年封存之临时票九千余元,加章再用,款到尽先收回。承各界一力赞助,爰于二十八夜发放,计每人三元。是日复奉孙所长艳电,嘱开票五万元沪兑,虽未能于年内提用,但有此后盾,惊魂藉以略定。此款因中行须扣汇水二千元,尚未解决,故仅先提四万元,于十二日到矿。因薪饷、料价、杂项均属急需,统筹兼顾,支配不易,旋议决:员工薪饷十元以内者发五元,五元以内者发清,十一元至三十元者发一半,三十元以上者均发十五元。所有最急料价酌付一、二成不等,并将存中行一万元作为收回临时票之准备。同时收到粤汉路局、玉和公司及总司令部煤价八千余元,一并用出外,不敷之数甚巨。以上支出数目当开单陈报会计所转呈钧核。

现在煤款毫无收入,非总公司陆续接济,此间实无办法,曾电请会计所转恳钧座续汇五万元,尚未赐复。日前吴君毓章返矿报告总公司有资劳合作诚意,由总公司酌筹流动资本若干万元,萍矿将所出之煤交与公司,永以为此项办法至为尽善。现在武汉煤市每吨十六元上下,各公团现在提倡专销萍煤,前途颇有希望。月之五日,此间与粤汉路局订立运输草约,由该路备车到湘东站,每日拖运萍煤二百吨,直至鲇鱼套,所有运费由矿局每日供给烧煤一百吨作抵,两不收费。该路来电承认草约。今因株萍、粤汉两路合并,运煤尚未实行,已派人赴长沙催立正式合约。此项办法于矿大有裨益,永以为除每日车运二百吨外,再由株洲水运二百吨赴汉,共计四百吨,每月收入煤价约十五万元,倘公司垫付流动资本为萍矿周转,以按日交煤为条件,双方获益匪浅。钧座以为可行,应请速遣派专员来此面议,若不便来矿尽可在长沙彼此讨论,否则良机坐失,不免可惜。务恳迅予核夺,示复为祷。

再,仇代股长因病请假,谢君逢禧赴长沙匝月,至今未返,现由李堂代窿内股长,李复基代窿外股长。惟矿长室事务股无人主持,日昨公团及职员仍强永暂行照料事务股事。永驽下无能,本职尚虞陨越,何能再兼数职?务恳钧座迅予遣派矿长、事务股长来此负责维持,不胜惶悚待命之至。专

肃。敬颂

钧安

凌善永谨肃

萍乡煤矿煤焦产额表①

（1898—1928 年）

（单位：吨）

年份	煤炭产量	焦炭产量
光绪二十四年（1898 年）	10 000	29 000
光绪二十五年（1899 年）	18 000	32 000
光绪二十六年（1900 年）	25 000	43 000
光绪二十七年（1901 年）	31 000	63 000
光绪二十八年（1902 年）	56 000	82 000
光绪二十九年（1903 年）	122 000	93 000
光绪三十年（1904 年）	154 000	107 000
光绪三十一年（1905 年）	194 000	114 000
光绪三十二年（1906 年）	347 000	82 000
光绪三十三年（1907 年）	402 000	119 000
光绪三十四年（1908 年）	702 447	105 281
宣统元年（1909 年）	1 017 843	118 134
宣统二年（1910 年）	332 914	215 765
宣统三年（1911 年）	1 115 614	166 062
民国元年（1912 年）	243 923	29 834
民国二年（1913 年）	693 411	176 824
民国三年（1914 年）	687 956	194 413
民国四年（1915 年）	927 463	249 164
民国五年（1916 年）	992 494	266 418

① 本表系根据档案整理。

续表

年份	煤炭产量	焦炭产量
民国六年(1917 年)	946 080	239 797
民国七年(1918 年)	694 433	216 012
民国八年(1919 年)	794 999	249 015
民国九年(1920 年)	806 331	244 919
民国十年(1921 年)	772 971	206 087
民国十一年(1922 年)	827 870	254 973
民国十二年(1923 年)	666 739	208 918
民国十三年(1924 年)	648 527	190 100
民国十四年(1925 年)	512 300	
民国十五年(1926 年)	75 715	
民国十六年(1927 年)	183 349	
民国十七年(1928 年)	168 821	

凌善永致盛恩颐函

民国十八年十一月二日(1929.11.2)

总经理钧鉴:

敬肃者,上年十二月江西省政府委何熙曾为暂管萍矿专员,除在矿设专员办公处外,萍矿原有统系,均仍照旧,故管理上之应行手续以及帐略上之记载格式迄无更改,前经肃函陈报在案。上月江西省政府改组,何熙曾辞职,改派萧家模为专员。于上月廿四已到矿。二十五日接事,二十七日在盛公祠宣誓就职,同时向职工宣布省政府断无接收萍矿之意,完全以维持为宗旨,不过萍矿统系多不适用,必须改组,以一事权各等语。永曾数次请其维持原有统系,未蒙谅解,旋允在萍矿管理处暂行组织条例之第一条,原文"本处隶属江西省政府,受江西建设厅之指挥监督,处理萍矿一切事宜",改为"本处隶属江西省政府,受江西建设厅指挥监督,在汉冶萍公司未全部恢复以前处理萍矿一切事宜"字样,此项条例尚须修改,呈由江西省务

会议通过,一俟修改完竣,当抄呈钧览。今将改组及各人履历分陈于后:

一、萍矿管理处,专员萧家模,号少垣,江西吉安人,汉口既济水电公司常务委员,汉冶萍公司股东之一。管理处之下分三科,科长由江西建设厅委任,科以下分股。

一、总务科,科长邹古愚,江西吉安人,前萍矿矿务学校学生,第一师书记官。

(一)事务股,总务科长兼股长。

(二)运输股,股长,萍矿旧人。

(三)产业股,同上。

(四)材料股,同上。

(五)文牍股,同上。

二、工务科,科长周作恭,江西抚州人,日本工科毕业,江西建设厅技正,中兴煤矿工程师。

(一)工程师办公处,工程师李堂(旧人),陈友德(旧人),史开基(旧人),周道隆(日本工科毕业)。

(二)采煤股,股长,萍矿旧人。

(三)探测股,同上。

(四)修造股,同上。

(五)洗炼股,同上。

(六)电机股,股长周道隆,专理事务,电机仍史电机师负责。

(七)考工股,股长吴果,前工人指导员。

三、会计科,科长善永。

(一)收支股,股长,萍矿旧人。

(二)簿记股,同上。

(三)稽核股,同上。

四、医院院长,同上。

五、矿警局主任,曾俊,江西人。

六、萍矿小学校校长,萍矿旧人。

此次改组，萍矿旧人全数保留，不过名义上略有变更耳。但维持萍矿首在提高员工生活，解除痛苦，而专员仍以销售矿煤为筹款唯一办法。何熙曾管理时期袭善永之法，员司至少九元，至多三十元；工人至少六元，至多十二元。萧家模宣誓就职曾表示员工给养仍照旧章，是明明又袭何熙曾之旧法也。

以上所陈均系大略，容再详细续呈，至此次江西省政府改组萍矿应如何筹对之处，敬候钧裁。谨肃。敬颂

钧绥

凌善永谨肃

凌善永致盛恩颐、赵兴昌快邮代电

民国二十年三月八日(1931.3.8)

总经理、襄理钧鉴：密。萍矿于上年迭次受匪共蹂躏，幸机件保全，矿窿无恙，曾经善永函电呈报在案。专员萧家模以办理不易，托病辞职，省府改委董纶继任，而董又因经费无着，不敢到矿，闻已回实业部。此项专员名曰维持矿产，实以做官为营业，矿兴则来矿，衰则去。善永受钧座委任，各同人均服务多年，于矿关系至深且密。萍矿近年为时势所迫，致总公司暂难远顾，而善永等莫不兢兢业业，以维持矿产为职志，数年以来备受窘辱，甚至牺牲一切，仅以身免。凡此种种，所为何来？无非欲保全整个矿业奉还总公司，故不避百毒千灾，舍死以赴。迩来军运频繁，车辆不敷，商人乘我之危，低价垄断，且左近煤商鬼蜮为奸，把持转运。当此春雨绵绵，窿水暴涨，电机缺料，抽水维艰，支木不敷，窿巷多塌，环境若此，岌岌可危。善永此次由沪返湘迳道首都，曾晋谒实业部及建委会各当局，报告矿情及江西省府专员管理经过，请其援助。据称，除经费无力筹助外，其余均可照办。善永以为萍矿范围既大，全部整理物力实有不足，若维持现状，五万元流动资金已足敷用，总公司倘能暗予援助或改换目名，善永当呈请实业部转咨江西省府对矿放弃管理权，总公司所投资金当以煤斤抵偿。好在矿工已彻底觉悟，湘东桥已修复，湘汉煤价高涨，总公司投资既可维持本身产

业,且有厚利可图。一俟时局大定,再行全部整理,以图中兴。

更有进者,善永过汉曾闻钧座谕令汉厂造具开炉预算,此项计划若能实现,则萍矿每日尽可供给焦炭三百余吨。洗煤台于十八年秋间已修复,曾一度洗煤炼焦,旋因销路不多停顿,查洗煤台修理费去万余元,搁而不用,至为可惜。以上所陈,务恳钧座当机立断,早定办法,否则良机坐失,矿产危亡。善永目睹矿情,不敢缄默,谨略陈大概,统请钧裁示遵。职凌善永叩。庚。

凌善永致盛恩颐、赵兴昌函
民国二十年五月十三日(1931.5.13)

总经理、襄理钧鉴:

敬肃者,今谨将萍矿情形分别报告于下:

一、本矿自上年迭遭赤匪蹂躏,元气尽伤,所幸机器及窿道尚属完好,照常出煤,员工尚可半饱。不料于上月五日黄家源土井自行放火,延烧本矿第十三段煤窿,救护两昼夜,始将火路堵塞,该段之一部分目前尚不能出煤。当发火时即飞请本地驻军驰往黄家源,将各土井封禁,并电请省府转饬萍乡县政府严予加封,乃该土井等目无法纪,封而复开,故与本矿为难。近来春雨连绵,上月二十一日山洪暴发,由土井灌入矿窿,东平巷顿成泽国,水势由天门洞出口直冲洗煤台,奔流车站,实有矿以来之怪状。经员工抢救四昼夜,一面派工人数百名驰赴黄家源堵塞,同时改筑河道,始行出险。旋请县政府派武装士兵一队赴该处,将土井悉数封闭,烧毁棚厂,并将各该井所存煤焦封存,以抵本矿损失。

二、员工伙食每人每日洋二角,需洋一千元,木料日需三百元在外,此项伙食必须以当日运出之煤易款方可发给。乃窿道自遭水火两患之后多有崩塌,出产锐减,目前除自用烧煤外,每日仅可运销二百吨,伙食、木料及各材料均须仰给于此,不敷甚巨,遂致工作时停,员工枵腹。

三、萍矿根本救济必须从速修理窿巷,方可加增出产,若任其拖延,东塌西崩,矿将不保。

四、省政府有心维持整理，但无款拨用，负责人已觉筋疲力竭，无计可施。

五、铁路运输无阻，惟运费继长增高，难以担负。

以上简明报告，统祈钧察。专肃。敬颂

钧绥

凌善永谨启

凌善永致盛恩颐、赵兴昌函

民国二十年七月十三日(1931.7.13)

总经理、襄理钧鉴：

敬肃者，直井被水淹没，经永四次以快邮代电陈报在案。今将董专员呈送江西建厅报告书照录一份附呈钧核，伏祈垂察。谨肃。敬颂

钧绥

凌善永

计附抄报告书一份。

［附件］ 萍矿直井出水报告书

（一）出水之原因

本矿直井第三层距地面深一百六十公尺，其中煤槽可分为二大部，一为安源煤槽，一为紫家冲煤槽。安源各煤槽之藏煤已于十年前采尽，其后另辟运道一条，计长一千八百公尺，已达紫家冲各煤层，嗣因受时局影响，财政困难，对于新运道之设备除保全通风外，未能逐步进行。至上年夏间，红匪陷矿停工半载余，新运道多半倒坍，风路断绝，久已成为废道。惟第三层内设有电力邦浦二座，为直井主要排水机关，此外尚有汽力邦浦二座，然均排水力甚小，且年久失修，已无多大排水能力。又在新旧两运道砌有水坝两处，往年防水之法，每于秋季必须将坝内积水出尽，拆去旧坝，清理蓄水地点，及时另砌新坝，并将电邦浦拆出修理，以防来春之水。去秋因受红匪影响，此种预防工作未及做到，今年四月间又因黄家源各私井挖陷，溪水

直灌本矿,彼时已岌岌可危,幸竭力堵塞,得免于难。但区内私井林立,浸水难防,一遇暴雨,新旧两窿之积水即无退步。是以今年之水量较大,而各种重要机械自汉冶萍放弃以来无力培补,因之效力一年不如一年,致有此次变故。

又查本矿各锅炉多已超过保险年限,年来矿事日就凋敝,无力修理,锈损日甚,以致锅炉汽压降下,机械转运不灵,客春电机师德人史凯基坚辞离矿,即因此故。职到矿后睹此情况,即一面赶修机件,一面函沪添购材料,以期培补元气。奈此时值大水期间,八方井抽水工作不能片刻停息,且机匠材料亦不齐全,发电机电邦浦均无修复机会。而入夏以来连日淫雨,电邦浦能力有限,无法清除积水。故遇汽压减少电力不足之时,每将市灯切断,藉以维持电邦浦之运转。不幸于十八夜窿内水势骤增,电邦浦已觉不足以应付。迨十九日早六时半,电厂锅炉之汽压降下尤甚,发电机旋转速率减至二千八百次,电厂为保持发电机起见,不得不暂停片刻。迨七时汽压复元,电机开动,则水已升入马达,邦浦不能复行运转矣。

(二)施救之经过

三层电邦浦于十九晨七时水入马达即失排水效力,在未淹之先本以一号汽邦浦帮同排水,于是复增加机炉一座,增开汽邦浦二座,竭力抢救,奈以汽力不敷,排水量甚小,水势上涌,汽邦浦又复淹没,然仍在水中排水,历一小时之久始停。三层既被淹没,遂作退保第二层之策。急于距二层下三十五公尺处另搭井架,增设四寸出水邦浦二座,提水先至二层,再由二层以全力提出井面,但所增之邦浦机件过旧,其排水能率过小,且井内水势增涨极速,延至二十五日水已漫过井架,迫不得已遂弃架赶将邦浦拆出,同时一面利用煤车起水,一面赶造容量一吨半铁箱两只,按置吊箱内提水,一日夜约可提出水千吨,然仍无济于事。在初原拟将一号井与二号井相通,各口用砖和西门土堵塞,另设通风管。由职召集开紧急会议讨论,咸以第二层藏煤均尽,范围太广,石隙盈千累万,难保更出大危险,害及生命,遂决意在二层增设汽邦浦二座,俟水达二层蓄水池再以全力抵御,以希万一之救。无奈机械锅炉过旧,始终不敌来水。延至七月二日迫不得已遂将二层汽邦浦拆出,留备将来应用,二层亦于同日被淹。

（三）施救时所感之困难及向外界求救之情形

此次出事后所最感困难者厥为:1. 缺乏邦浦及配件;2. 缺乏熟练机匠;3. 无大宗款项接济。盖因:1. 本矿主要邦浦均设在三层井底,二层各汽邦浦多以年久失修,早已等于废物。至于窿外者非属能力过小即系废旧不堪,故于出事后即在油煤池、清水池拆出旧邦浦二座,复经修理两日之久始能勉强应用。至于邦浦各配件,则以久未购置均极缺乏,嗣经或在各处机械上拆出,或向路局借用,始能勉强齐备,其间经营之困难有非笔墨所可尽述者。2. 年来本矿日渐凋敝,材[财]政困难已达极点,以致熟练机匠大多离矿,其现充机匠者均由艺徒升补,毫无实力,故于出事后经向湘东协成煤矿罗致陈炎成等,始能开始工作。3. 本矿材[财]政困难源来已久,近虽能勉强维持员工伙食,然如遇大宗开支即觉束手无策,故此次事变后,倘有大宗款项接济,增购大号邦浦,未始无挽回之策。奈以本矿经济困难,无法筹借巨款,只得就矿场原有机件材料尽力施救。此乃事变后本矿所采取施救方法之实情也。

至于此次事变以来向外界接洽之情形,亦略有可资纪述者:1. 电致大冶厂矿商借大号邦浦应用,旋据复电,该厂并无此种邦浦,复由凌总务科长以赴汉之便亲往汉阳铁厂接洽,询悉该厂只有小邦浦,不合本矿之用。2. 以矿存钢梁向湘鄂路局押借款项购办电力邦浦,原汉冶萍公司寄存本矿钢梁五座,约重三百吨,前准湘鄂路局来文商拨此项钢梁,为改造湘东桥之用,所有桥价以运费作抵,特派凌总务科长偕同工程师李堂,于六月二十六日赴汉口与路局丁局长接洽,先借五万元为购办电力邦浦之需,此项借款即以钢梁作担保品。据丁局长称:本路对于钢梁需用虽急,但目前经费奇绌,实在无力借款,必须呈请铁道部特别拨用等语。已由本矿补复路局公函,俾其据以转呈铁道部。又该科长等曾向汉口禅臣洋行探询出水八寸口径电力邦浦,需价几何及交货日期,据称此项大号邦浦汉沪均无现货,若由德国订购需时三个月方可交货。至于价目当即函询沪行,得复再告,现尚无复音。3. 向长沙民生工厂商借邦浦。曾派材料股长徐家让赴长沙向民生工厂接洽借用邦浦,嗣据徐股长报告:该民生工厂自去岁红匪陷城后,机件损失不全,至今尚未开工,故无法借用。4.据电机股曾启新股长报告:此次由南昌返矿时曾往汉阳铁厂及其他工厂调查,各处虽有一、二邦浦,均系低压,不合本矿之用,后在长沙建设厅亦曾询与湖南各矿有关或知其内情者,虽有高压邦浦,亦须自用,无备用机出借。

(四)放弃后之善后

查直井三层久不出煤,二层亦仅六段、七段每日出煤一百二三十吨,只供直井锅炉之用,自二层放弃后,即将六、七两段停工,并将直井机器管理厂缩小范围,计先后共遣散工人六百三十二名,每人除发清积欠伙食外,另给遣散费洋一元八角,并声明如遇东平巷需要增加工人时当尽先补用。并向路局交涉拨给车辆,免费送被裁工人返里。至其不愿返里者,则听其仍留安源另觅生计,盖年来安源附近土井林立,时感工人缺乏之苦。故此项裁遣工人于地方治安及工人生计上均尚无问题也。

盛恩颐致公司董事会函

民国二十年十二月九日(1931.12.9)

董事会公鉴:

敬陈者,据萍矿凌处长善永函称:本年五月间,萍矿八方井被淹没,固因机件失修、材料缺乏所致,而省府所派专员及工程人员实难辞疏忽之咎,事后又不谋根本补救之方,居心实不可问。该工程被浸日久,今将调查所得陈报如下:

(一)本月二十日测量八方井水量,距东平巷第十一段水平线尚有七法尺。

(二)距东平巷第九段(即中和窿该段为最要工程,煤槽最厚,煤质最优)水平线二十五法尺。

(三)距东平巷正窿水平线七十三法尺。

照以上水势之距离,若不即施以排水工作,明年春水一发,不必漫及正窿,只灌注第九段即可致萍矿之死命。该管理专员只顾目前不虑后患,我公司以业主关系,若不设法补救,将见矿产沦亡。瞻念前途,不寒而栗。惟现在萍矿既在省府管理之下,我公司即欲施救亦多窒碍难行之处,可否以公司名义呈请实业部转咨江西省政府,令饬建设厅速予设法施以排水工作,而救矿窿。统祈鉴核施行等情。

查萍矿八方井被水淹没,据凌处长所称急宜速施排水,以救矿窿各等语,实属关系萍矿根本。理合陈请贵会察照呈请实业部,转咨赣省政府令行建设厅速予施救,俾萍矿数百万工程得以保全焉。肃此。敬颂

公祺

总经理　盛恩颐

公司董事会呈实业部文

民国二十年十二月十六日(1931.12.16)

呈为萍矿八方井久被水淹,危险已极,恳予转咨施救,以保矿产事。

窃据敝公司萍乡煤矿报告,本年五月间,萍矿八方井被水淹没,固因机件失修、材料缺乏所致,而省府所派专员及工程人员实难辞疏忽之咎,事后又不谋根本补救之方,实所不解。该工程被浸日久(云云,照录至)亦多窒碍难行之处,应请呈恳实业部转咨江西省政府令饬建设厅速予设法施以排水工作,而救矿窿等情。查萍矿八方井被水淹没,据该矿所报,情形危险万分,若不趁兹冬令急施排水工作,以救矿窿,转瞬春水一发,势必全矿受浸,为害何堪设想!此不独为萍矿根本所关,且亦为数千工人生计所系。合亟呈请大部鉴核,准即转咨赣省政府令行建设厅转饬驻矿专员董纶速予施救,俾数百万工程得以保全,不胜感祷之至。谨呈

实业部

汉冶萍公司董事会谨具

实业部批

民国二十年十二月二十五日(1931.12.25)

原具呈人汉冶萍公司董事会呈一件。

呈为萍矿八方井久被水淹,危险已极,呈请鉴核,转咨赣省政府令厅转饬速予施救由。呈悉,所称各节,是否属实,仰候咨请江西省政府查核办理可也。此批。

部长　孔祥熙

凌善永:萍矿调查报告书

民国二十一年十月二十四日(1932.10.24)

萍矿自民国十九年江西省政府派萧家模专员接管计一年有余,共亏省款约二十五万元,无法弥补。省府循建设厅长龚学遂之请改派工程专家董纶接充专员,在任不过八阅月,对于矿内外之整理非但毫未实现,且亏累商款十八万元,八方井亦被水淹没,至今不能恢复,董纶亦因此去职。是时矿务无人主持,由员工组织临时委员会,人类既复杂,且无流动资金藉以挹注,但员工为其每日给养计,对于采煤多不合法,致窿内不应挖之煤俗名保险墩者亦多被挖空。该所谓委员长者,本属萍籍投机份子,新派土著盘踞各股,多至八十余人,为收买员工及挟制将来专员起见,对于伙食一项大事加增,其出入数目相抵与否不问也。本年三月间,江西省政府派何熙曾为专员,并由省府拨借现款三万元到矿。何接事之初,实行紧缩,裁汰员工约二千人,将各股改组,整理工程,疏通运输,无如汉市煤斤滞销,经济极感困难,计在汉以煤陆续抵押所得四万元,亦无济于事。何为环境所迫,不得不向省府辞职,省府以人选不易,当时有人建议招商承办,经矿务会议议决缓行,同时派雷委员赴矿调查实在情形。据称萍矿如果尚有办法,省府投资不再虚掷,当可继续接济等语。何君辞职已指令慰留。谨将调查所得分列于后:

一、组织

1.管理处;2.考工股;3.事务股;4.会计股;5.购料委员会;6.工程司室;7.采煤股;8.洗炼股;9.电机股;10.修造股。

以上各股共有职员一百七十五人,工人共有二千七百八十二人。

二、收入项下

1. 每日收路局烧煤价洋九百元,计逐日在安源交路局洗煤一百二十吨,每吨价洋七元五角。

2. 每月交长沙电灯公司洗煤五百吨,每吨价洋十元零五角。

3. 南昌定购洗煤六千吨,此项煤价应偿还省府拨借洋三万元,闻已由省府扣清,交煤若干不详。

以上收入无实数。

三、支出项下

1. 每日职员伙食,洋一百五十四元四角六分。

2. 每日工人伙食,洋八百十五元一角八分。

3. 每日杂项,洋二百十八元九角八分。

4. 每日约需木料,洋四百五十元。

5. 每日杂料机器油等,洋一百八十元。

以上付出实数,共洋一千八百十八元六角二分。

四、每日出产数量

1. 窿出统煤六百二十吨。

2. 机炉煤焦六十吨。

以上出煤地段计开:

四段 30 吨,九段 72 吨,十段 70 吨,十一段 25 吨,十三段 216 吨,十四段 108 吨,十五段 105 吨。

五、窿内各段修理及新做状况

1. 二段 修理各处支柱。

2. 四段 三夹槽向南正窿及风巷约一百七十法尺,又向北正窿及风巷约五十五法尺。

3. 九段 三夹槽向南正窿六十法尺。

4. 十段 一夹槽窖上向南中横窿约一百二十法尺,又一夹槽窖上向北正窿三十法尺。

5. 十一段 南北边正窿及风巷约一百五十法尺。

6. 十三段　十六号正窿向前做约五十五法尺,新窖共做三十法尺,小窿及风巷六十法尺。

7. 十四段　下正窿向前做四十法尺,上正窿修理一百八十法尺。

8. 十五段　老窖上正窿向南边修理四十五法尺,向北边修理三十法尺,一号跑巷四十二法尺。

9. 东甲段　押电窿共做八十法尺,正窿电车路砌瓮墙子二十余法尺,正窿电车路及湾窿修理换铁路枋数百根。

六、土井

黄家源一带土井林立,春夏两季水势发涨,土井积水每向矿窿排泄,为害至巨且大。本年官厅严厉封禁,又因湘汉市场煤斤滞销,故各土井多自动歇业,惟四乡需用炊煤,不得不择无碍矿窿之土井酌开数口,以便利居户。

七、直井

直井经上年六月间淹没后,经数次设法排水,终归失败。现因经费缺乏,对于排水工作将长期停顿。

八、矿警局

该局本属有枪阶级之战利品,在本公司经营时期即不能免此恶弊,不但糜费巨款,无益于矿,即对于地方遗害亦至烈。查该局除有徒手警士三百余人分为四区外,尚有建设厅拨来似废非废老式枪四十杆,组织矿警一队。此辈遂得藉此对于矿局示威,并向地方勒索,种种不法行为,至堪痛恨。何熙曾到矿,即以取得省令将该局裁撤,酌留巡士百余人,改为巡查队,由考工股直辖,所有枪警则编入萍乡县保安队。实因此项枪警对外既不能抗匪,对内又无力卫矿,反因其有枪转为匪所觊觎,今毅然裁撤,办理至当。

九、治安

安源界于湘赣之交,人类复杂,良莠不齐。湘军本常川驻扎矿区,以资保卫。近月以来,剿匪工作紧张,湘军及萍乡县保安队均他调,安源防务空虚,由危宿钟委员长调莲花县保安队驻防安源,每晚八时戒严,地方颇称安靖。不料月之十五日,湘东市街为大股共匪洗劫,并掳去男女及学生数十人,临去复纵火焚烧铁路桥梁,幸为乡人扑灭,仅毁枕木七八根。准此情形,安源四周匪风尚炽,人有戒心。

十、矿外机关

1. 株洲　该处本有转运处及采木所两机关,本年四月间转运处裁撤,将采木所员工迁入转运处办公。八月间,因应交长沙电灯公司之煤须在株洲下河转运,又将转运处恢复一小部分,专司起卸事宜。至于房屋以及各项物件、历年文卷帐簿等竟无专人负责保管,颇感不便。本公司似应酌留该局老职员及工役至少各一人,专司保管之责,每月由公司给予最低限度生活费。关于此事经于本年八月一日曾专函陈请在案,仍请酌夺。

2. 长沙　本设有办事处,今已无形取销。

3. 鲇鱼套　存煤约二千吨,因汉市滞销,尚在待价而沽。

4. 汉口　办事处附设于何熙曾之协成公司内,无可记录。

凌善永致盛恩颐、赵兴昌函

民国二十二年一月四日(1933.1.4)

总经理、襄理钧鉴:

敬肃者,兹谨将萍矿最近发生事项,择要缮具报告寄呈钧阅,伏请垂察为荷。敬颂

钧安

职　凌善永谨陈

[附件]　萍矿最近情形

一、经济状况及出产数量

湘汉各路煤斤贮存颇多,致萍矿不纯之煤更形疲销,因此经济方面无法活动,不得不裁人并事,缩小范围。目前日出统煤仅三百八十吨,此项统煤过洗后可净得洗煤约二百五十吨,以一百二十吨交路局为机车烧煤,可得煤价八百四十元,专发员工伙食;所余之煤除自用外,尚有约八十吨外销,以购木料等之需。但因外销呆滞,故对于用料极形缺乏。

二、非法起运钢桥

查此项钢桥已运出十一车，共重二百四十九吨五百五十公斤，均在徐家棚卸车候运南昌。查矿存钢桥共有五节，恐尚不止十一车，容再查具报。

三、存煤被骗

萍矿专员何熙曾原在湘东自营协成煤矿，因历年业务不展，亏折不赀，由其各学友组织协昌公司，为协成后援，举毛筱瑜为经理，除专销萍矿煤焦及各路之货外，并在长沙南湖港设有协昌堆栈，招存各号煤焦。何熙曾因矿煤滞销，不得不将运湘煤焦及备交电灯公司之煤存于协昌堆栈，以待善价。此项存煤价值虽无确实数目，但至少当在五万元之内。乃毛筱瑜心怀叵测，私将此项存煤以协昌公司名义押与湖南省银行，卷款而逃，及事发省银行立将栈煤封存备抵，但何熙曾对于此案实有勾结嫌疑。事后侦得毛某已北逃，预备出关，即电请北平公安局其戚某氏派警在车站将毛弋获，解回长沙，押于县署。何因欲洗涤嫌疑，不得不破除情面。但萍矿数万元之煤已被人骗去，当无追还之望，所苦者，萍矿员工耳。

凌善永致盛恩颐、赵兴昌函

民国二十二年三月十三日（1933.3.13）

总经理、襄理钧鉴：

敬肃者，江西建设厅指令管理萍矿专员何熙曾内开：呈一件，为沥陈萍矿失修情形，请拨款修理，如万难设法，则拟变卖矿存未用机件，以备购料之用，乞批示由。呈悉。据呈该矿失修情形尚属确实，惟值兹经济困难之际，本厅殊难筹拨巨款。据呈前情，应准变卖旧机，购料修理，仰即遵照。此令。准此情形，该厅擅行处理本公司产业，竟变本加厉，员工在经济支配之下对于非法举动不敢有所表示，应如何应付，即请指示为荷。谨此。

敬颂

钧绥

职　凌善永谨启

凌善永致盛恩颐、赵兴昌函

民国二十二年六月二十九日（1933.6.29）

总经理、襄理钧鉴：

　　奉十六日钧函开：接准来函，备悉。此次实业部派员调查萍煤，关系筹备钢厂拟用皖煤，本无维持萍矿诚意，其所以调查萍煤者，备万一皖煤不足时之需要耳等因。奉此，善永因实业部一再派员调查萍煤，对于高坑必有企图，曾专函询问实部矿业司黄金涛司长，今据复称：顷接大函，藉悉一是。高坑煤矿本部已划归国营区，以备钢铁厂之需，而对于萍乡老矿一仍其旧，并无更动。知关雅注，特以奉闻等语。查高坑本属萍矿分矿，政府对于商营事业竟择肥而噬，想本公司定有应付之法也。谨此。敬叩

钧安

　　伏维察照。

职　凌善永谨呈

凌善永致盛恩颐、赵兴昌函

民国二十二年九月四日（1933.9.4）

总经理、襄理钧鉴：

　　敬肃者，德人邓考司第三次到萍矿，同来者尚有喜望公司工程司克力克，并实业部部员朱伯陶（前长兴公司副经理）等，均寓波房。查前二次仅测勘高坑，独此次竟视察东平巷八方井电机房、洗煤台等主要工程，实不明其用意之所在，致外间盛传我公司将与实部合办萍矿，多数向永询问，只以不知答之耳。用特肃函陈报，伏维钧察。敬叩

钧绥

职　凌善永谨启

凌善永致盛恩颐、赵兴昌函

民国二十二年十月七日（1933.10.7）

总经理、襄理钧鉴：

敬肃者，上月二十五日函陈萍矿情形，计达钧鉴。顷阅上月二十九日申报所登长沙专电，标题"萍矿工人失业"一节，查与事实不符。先是省府所派陈、彭两委员在矿调查，封闭帐目，像煞有雷厉风行模样。讵厅委秘书兼代何专员暂时负责之吴、杨、郭等竟电省府略称：封闭帐目，各处盘查，对于工作大有不便，以致人心惶惶，无法应付，如因此停工，某等不敢负责，请速派员接替，以免发生事端等语。同时何熙曾在省亦向厅辞职，致厅长与省主席发生不良印象，而西路剿匪总司令亦由萍乡电省请速予设法维持萍矿，毋令停工。省府认为事机紧迫，旋令由吴财政厅长乘长途汽车驰赴萍矿调解，将陈、彭两委撤回，并对于全体职工劝抚，一场风波即此平息，工作幸未停止。此为萍矿风潮起止之实在情形，用特肃函陈报，伏维垂察。谨此。敬颂

钧安

职 凌善永谨启

凌善永致盛恩颐、赵兴昌函

民国二十三年三月七日（1934.3.7）

总经理、襄理钧鉴：

敬肃者，萍矿专员何熙曾对于矿事因无力维持呈请辞职，业经省府照准，现派陈国屏、雷宣为正副专员，已于本月一日就职，所带大批人员分派各股处任事。按陈国屏，赣南人，原任军职，又委充行政督察专员，对于矿业本属外行，不过本人系熊主席之戚，于省府方面颇有相当感情。雷宣曾留学日本，江西建设厅技正云云。萍矿既成为省政府机关，望其发展，固事势之所不能，惟冀其善为维持，不为土匪所破坏，本公司即亦此受益不浅

也。谨此。敬叩

钧安

凌善永谨启

凌善永：萍矿现状报告书

民国二十三年十一月三十日(1934.11.30)

一、职员工人数

全矿职员二百十一人,窿外工程工人一千〇五十三人,窿内工程工人一千八百九十,合共工人二千九百四十三人。

二、矿出产数量及经济状况

每月以二十九日计算,共产统煤二万一千吨,因煤质太次,必须过洗后方可出售,计每月收入煤价洋六万元,每月交路局洗煤三千吨,每吨价洋六元七角五分,其他外销长沙每吨洋八元四角,汉口每吨洋十二元〇二角。

三、工员薪食

职员每月薪水共洋四千一百五十三元四角,又津贴洋六百五十元,共洋四千八百〇三元四角。专员月支洋三百二十元,工程司月支洋三百元,秘书月支七十五元,普通职员日入最高一元〇五分,最低三角五分,工人每月工食洋三万三千五百四十六元。以上员工薪食每月共发六次,每次发给五日量,其余附属办事处每月经费计株洲二百五十元,长沙一百五十元,汉口七百五十元,鲇鱼套七百元。另月需木料洋一万二千元,机油杂件一千元。

四、江西建设银行

该行为调剂萍矿起见,本年特设分行于萍乡,闻资本洋五万元,与萍矿订约,垫款以六万元为度,月息一分六厘,现萍矿已欠垫款洋六万元,汉口、长沙所售煤价均归该行收款,萍矿所需伙食以及木料机件等料价均由行照兑。

五、发电厂情形

老机两部,多年未用,所用一、二号机因炉管久未修换,蓄水池各回水管亦未修洗,致各机件时时发生障碍,一、二、三号磨电机三部尚属完好。

六、扶轮小学校

萍矿因经费缺乏停办两等小学,将张公祠校址借与路局开办扶轮小学,每月经费洋一千元,由铁道部直接汇拨,计有学生四百八十七人,路矿职工子弟免费,外界学生每学期初级收费一元,高级收费二元,共用教员十九名。

七、萍矿工会

该会成立于民国十二年,为害之烈,罄竹难书,曾于十四年总经理到矿将该会解散一次,十五年又恢复,至十六年始暴露真面目。铲共之后,该会改组,主其事者均共匪自首之人。江西省政府接管萍矿后,该会依然活动,在矿方经费拮据万状,而尚须每月津贴该会洋五百元,津贴不付,则以怠工或停工以要挟。上月奉南昌行营电令,将该会撤销,有如敢抗命即行拿办等字样,人心称快。

八、安源市场

近来萍属共匪肃清之后,市面转佳,且因矿方每月有数万元在本市流通,故各商号多直接向湘汉装运整货到安源批发,附近各处矿属土地,多出租建造市房。

九、安源之防卫

当六十二师驻扎安源为防御共匪起见,特在矿区四周建筑碉堡六座,所用砖石、铁皮门等均由萍矿担任,六十二师仅津贴工食洋七百元,计拆去笤箕街岭上矿房一全栋,花冲营房一全营,及材料股木围砖墙、八方井前首西井公事房之围墙所得之砖,均充建筑碉堡之用,事后闻何熙曾专员以该项工程曾报销五千余元。

十、萍乡城门

范宿钟行政长官命令萍矿造城门七副,所用六分钢板、头号木,以及铁工木工均由萍矿担任,萍乡县政府仅供给工食,事后赏给三百数十千文,由各工匠分派,闻该专员亦有巨数报销。

十一、萍矿债权团

本年夏间发见萍矿债权团安源、萍乡、长沙各市均设立办事处,发起人文重伯、蔡法前等及一二离矿职员,招致各欠户(大约结至十八年止)前往登记。设立之初,登记者颇形踊跃,闻有七十万元,间亦有重复登记者,例如萍矿工人及矿警局等。当初矿方仅发给某段或某局辛饷整条,再由该某段或某局按名缮给零星存条,但该债权既无底簿对照,仅凭存条零整概行登记,间有因存据须盖该团木质图记,恐落痕迹,不愿登记者。闻该发起人宗旨,第一步,向沪法庭对公司起诉,若能尝还,则心满意足,倘法庭判结矿欠矿还,则转向江西省政府起诉,如无力偿还现金,则须将矿权让渡与该团接办。不料号呼奔走,函电飞驰,竟无人置问,故该团近月已销声匿迹,无形停顿矣。

金衡荪致夏偕复函

民国二十六年六月二十八日(1937.6.28)

总经理钧鉴:

奉命之后,为避免嫌疑起见,请湘省政府介绍前往考察,于十四日抵矿,即至窿外各厂一一察勘,暗中估计。惟窿内未能亲自进去,好在该处现负责人员皆系前萍矿旧友,一问即将实情相对。兹造具报告书附呈,即乞鉴核。专肃,敬请

勋安

职　金衡荪谨上

再呈者,职离矿时正在罢工,但闻此次罢工系主持不当,并无他种关系,恐传言不实,故特奉闻。

附萍矿图一纸,报告书一纸。

职　金衡荪再呈

[附件]　调查萍矿现状报告书

窿工程处　原有十五段,直井七段,另设外段。

直井　现在水淹过井口,由井口流出。

考查直井十九年未淹以前水源度量,春夏之季每小时二百吨,秋冬之季每小时一百五十吨。从十九年至今七年计算,平巷产煤一百余万吨,约计水源必增至四分之一。现存矿三寸径抽水机两部,五寸径抽水机两部,每小时只可抽水八九十吨,如将来抽水非购办十寸径电力升降抽水机三部,难于抽干。被淹之处存小铁路,抽水机及煤车等价值在三四十万元以上。

平巷　现产煤之处有七段。

第四段(三夹槽)日产一百二十三吨,灰三十分左右,此段尚好。

第九段(小槽)日产六七十吨,半数浮炭,灰四十分左右,保险镫皆已洗尽,现采之煤多系从前弃而不取者。

第十段(一夹槽)日产六七十吨,灰四十分以上。

第十一段(大槽)日产五六十吨,灰四十分左右。

第十三段(大槽)日产二百五十吨至三百吨,灰二十分左右,现萍矿之精华,距离井口五千余法尺,已过王家园入高坑所划之矿区境内。

第十四段(大槽)日产一百二三十吨,灰三十分以上,浮炭小半数,保险镫将洗完。

第十五段(大槽)日产一百二三十吨,灰四十分左右。

每日共产煤八百余吨,灰平均三十四五分。

外段,专司窿内运煤至洗煤机及修理煤车等事。前煤车三千余部,现只存六百部,拖煤电车头,前三十余部,现只存十二部可用。

窿外工程

洗煤处,大洗煤机可随用随修,小洗煤机难于修理,从前洗煤亦不甚合宜。

炼焦处,土炉完全不能用,现已废为菜圃。机炉六十格可用,其余非大修理不可用。运煤车原有一百余部,现只存二十余部。炉门原有五百余张,现只存百余张。外厂此处损失最大。

修理厂(即前制造处),完全可用,机械毫未损失,制造各项模型尚存在。

造砖厂,稍加处理完全可用。

电机厂,一号发电机稍好,二号常出毛病,稍加修理,亦能合用。锅炉六座,三座在用,三座需加修理。

打风机,存在,尚能合用。

提样机,现不用,机器尚存在。

化验室,仪器稍有遗失。

磅秤房,可用。

医院,仪器稍有遗失。

材料厂,材料随购随用,无存。

机料厂,尚有公司存货,约值五万余元,除煤车轮外余皆冷货。

矿警局,警士一百名,枪一百支,专司矿内走漏治安,归保联队与地方驻军负责。职员住宅,少数为工人所占,稍加修理,可恢复原状。

萍矿管理处组织分为七股。

职员,共二百余人。

工人,共三千余人。

开支每月经费八万左右,以其生产日出八百余吨,经洗过可得五百吨左右,现售与粤汉路,安源交货,每吨得价五元八角。以此计算,收入支出两品稍获余利。

株州,转运局房屋地皮存在,仍归萍矿管理,兵工厂、铁道部修理厂相距数里,并无妨碍,国营钢铁厂设株州对河以上三十余里,地点下帅司。

运输,株萍段车辆只有四五百吨,现在每日只可运输二百余吨,好在已归并浙赣路,本年秋季即可通车,将来运输可望无虑。

说明　萍矿外厂表面虽属腐败,实则不难恢复,约计修理费三四十万元足矣。惟窿内产煤之处现虽有七段,只有第四段及第十三段尚好,其余五段所产之煤多系前所弃而不取者,灰份在四十分以上者诸〔居〕多。第十三段虽好,已过王家园入高坑现所划之矿区境内,进行必有窒碍。据各方可靠人报告,下层储煤不少,直井打水修理进行约计在百万以上,打干之后,日可产煤一千五百吨,再将平巷整理补助,至多日产一千七八百吨,想恢复从前日产三千吨断难办到。如仍归赣省代办,专取煤而不做工程,搜罗殆尽,至多两年断难支持矣。

高坑,军事委员会资源委员会高坑煤矿管理处。

专员,王翼臣,号燕谋,北洋生,前在萍矿实习后,在窿内充当职员,十一年工会成立,离矿。

工程,办公室一座,工人住屋一座。

打钻,第一钻,地点在高岗埠,已有六十法尺,尚未见煤,此处本非正脉,相距井口五千余法尺之远。第二钻,地点在长塘尾,将始开钻。

井口,地点在长塘尾,尚未开。

锅炉,已到两座,正筹备装配。

预算矿内储煤两千万吨。

金衡荪谨呈

公司董事会致盛恩颐函

民国二十六年七月二日(1937.7.2)

总经理台鉴:

民国二十六年七月一日第六次董事常会公议:蔡法前所控公司欠款一案,初审已经败诉,上诉结果虽未可知料,亦难于取胜,将来效尤者众,后患不堪设想。应请总经理商请徐律师将萍矿当时被共产党劫去银钱簿据、图章及重要文件等各实在情形,呈请实业部赐予救济,以杜后患云云。相应函达,请烦查照商酌办理为荷。顺颂

台祺

董事会启

（五）常耒锰矿

王勋致公司董事会函

洪宪元年二月十四日(1916.2.14)

董事会大鉴：

常耒锰矿局坐办严汲青君交来条陈一件，内分振顿规定变通三纲十二目，所述各节，于经常一门较魏前任可省去十分之六，后附办事规则，尚属周密，并矿区全图一件，兹特转呈，即祈察核，是否可行，仍希卓裁示遵。敬颂

公绥

兼代经理　王勋

［附件一］　常耒锰矿条陈

谨将常耒锰矿卑局就管见所及拟具整顿办法，分别条陈，缮呈钧鉴。

窃按湘省南路常宁、耒阳等处锰苗富厚，人民耐苦，工价便宜，天然佳矿，向为汉冶萍公司独有开采之权。只缘矿山散漫，路径崎岖，经理畏难，不免敷衍，致上下相朦，莫明真际，甚有为虎作伥，将公司现有之金钱铺张局面，引起旁观觊觎，自应亟谋整顿，以挽利权。濂猥荷委承局务，计八月间抵衡以来，始因移交困难，继因盘砂纠葛，种种棘手，无日不在交涉之中，以致三工厂进行不免阻滞。旋蒙汉厂派王善夫君来衡勘验存砂，监同测量，而魏前办狡狯伎俩始难遁饰。自维驽末，于兹数月中一面对付盘砂，一面筹划开采，阳作痴呆，暗勤摸索，自顾此身已心力交瘁。复于十二月十日到山布置一切，周历八百余里，经营两旬余，虽不敢谓办理得宜，而收回从前解散之人心已十有八九矣。间尝调查矿山之详情，参酌前人之报告，窃以为目今办法，有当认真整顿者，有当特别规定者，有当变通办理者，请为董事会、经理先生分别陈之。

甲 关于认真整顿者

一、慎选员司 查三厂员司,主任最为紧要(前名管事,魏改此名),以其负一工厂完全责任,不得其人,则弊端百出,矿务因之败坏,故选择不可不严。舒调查员报告谓,宜选当地之稍有资望者。惟鉴于前主任如李梓荣、李松涛、陈受荃等,均当地之稍有资望者也,梓荣魏前办指其亏空脱逃事之虚实不可知,而访诸舆论,实非可靠之人。若松涛,奸猾甚于梓荣,魏因松涛为欧阳欲办之人收为已有,可以任其指使,此次魏敢以废砂朦索巨款,实李松涛为之主谋,买嘱工头将废砂堆整充作存砂,并将未付价砂冒充已付价,幸濂烛破其奸,密派人四处招致工头,令彼临时指出敝窦,故王委员到山验砂,工头当场揭破,不至受其欺朦。现复查得魏手批山及伐树等价未偿清者十居七八,纷纷纠葛,计乙丙两厂均李松涛与妾弟周志贤经手,李之侵吞欤?魏之肥已欤?皆不可知。而其朋比为奸,李实魏之功狗也。至陈受荃亏空,送县究追日久,仍无把握。此外当地之有资望而能办矿者,实难其选。濂现择勤慎可靠,并熟悉该处情形者以为主任,如甲厂之梁镇国(衡阳人,前在耒阳统带缉私水陆营旗,勤慎有为,系实业银行经理荐保)、乙厂之高明志(江苏人,湖南巡按署科员,前在秧田办理榷务事,孙复瑞荐)、丙厂之吕懋泽(江苏人,衡阳道尹荐),均尚人地相宜,办事可靠。其余如收发、批山、督拣等亦详慎择使,复每月亲自到山督率监察,如有弊端,立即撤除,不徇情面。此员司宜整顿者一也。

二、添招工头 锰矿采砂,向例批定一山包于工头开挖,然工头中良莠不齐,勤惰各别,尤宜设法整顿。查历办包工,必须预支工钱,恒有亏空之弊,而魏前办反亏空工头之钱,以致工头不敢承包。濂骤闻斯言,甚为不解,及详细考察,始知亦李松涛之作俑也。李在该处开有煤矿一所(人言籍籍与魏合办,确否难知),往往将锰矿之款腾挪自用,遂致工头无着,日积月累,反欠工头之钱。其实锰矿并不欠钱,李欠之也。魏前办从不到山查察,一任若辈所为,以为其势力足以制工人,而锰矿局之怨声载道矣。濂现在所招工头,均旧时熟手,一反从前行为,凡工头承包开采,每月限定若干吨,如不及数,立即革除;或预支工钱须有铺保,或与他工头连环互保,始准支借,专尚信义,故工头感奋,而出砂较旺矣。此工头宜整顿者二也。

三、郑重批山 锰局批山,历任坐办均听各厂自由批进,所有批据不特不成文理,且任意填价,往往一山化作数名,重复批进者不知几许。魏前办所批各山尤为荒谬,就中除浮冒外,或山价未付即行开采,或付半价强作全付,乡人饮恨吞声,往往有山不肯批出。濂屡次到山,与乡人开诚布公,并出示印就批山据及存根据开导(据另呈),凡批一山,均须照章划押,当场付钱,并盖关防图章,粘贴印花,以昭郑重,而免后来纠葛,各山主甚为悦服。现拟批山据将来呈缴汉厂存根据存总局案卷内,以备查考,如此或不至再生流弊。此批山宜整顿者三也。

四、取缔收砂 舒调查员报告谓,矿山宜招妥人包办,似较自办为佳。其意未尝不是,但稍一不慎,即开协利公司等之流弊。查协利公司系李松涛反对欧阳而设,欧阳曾咨常宁县究办有案。迨魏接手,欲见好于松涛,遂出价收回,朋分巨款(其实批山据均系伪造)。又此次魏因撤任,捏报接办半年出砂六七千吨,以为留办地步,密嘱李松涛收买私挖矿砂,以符妄报之数,岂知信用已失,无人兜售,而此风一开,凡诸矿痞纷纷竟来局投卖,欲思包办者多至数十起,濂一概婉言谢绝。复有衡人欧阳第轩者,在大榆湾扬言有外人收买锰砂,且冒充本局稽查,经濂咨请衡阳道尹饬县查拿到案判禁,各矿痞始闻而胆寒,不敢尝试。盖此等外来之砂,设或收买,不特协利公司等名目愈出愈多,而与本局批山开采大有关碍也。故外来之砂从严取缔,矿痞庶无所施其伎俩。此收砂宜整顿者四也。

乙 关于特别规定者

一、限定开支 查锰矿局开支光复后尚不甚巨,至欧阳时则所费已增,自魏前办接手改章后,一切开支较前更大。即如主任一员,欧阳时薪膳不过二十八元,魏增至四十元,员司本兼薪膳,而魏创减薪增膳之说,总局伙食均由公家开支,其实薪既不减,而膳又加增矣。然此犹得曰近时生活程度增高,所费甚细,自宜量为酌加,然因此铺张局面,颇难缩小范围。况添置一项,约计有二千元之巨款(查总局一切家俱大半借自房东,各工厂亦然,所添者有限,另有总局及三厂器具表附呈),特别一项,每月统计不下六七百元。濂现虽将一切浮滥开支破除情面尽行革除，惟总局伙食一项骤难改革，其余实报实销。现在总局及已开办之甲乙丙三厂，筹设将开办之丁厂等处，每月预算限定额支大约在衡平银一千四百两之谱（另有员司夫役薪工等款额支数目附呈），如有万不得已之用款，再行呈报核准遵行。此开支宜规定者一也。

二、分期汇款　锰矿局用款，全凭汉厂拨付，计每月出砂一千二百吨，约需用银六千两，如出砂加多，不止此数。函请拨款，往返动需半月，若请电汇，所费甚巨。现自三厂开工后，往往款不济用，向交通银行挪借，为数甚微，且其期不能太远，殊为不便。兹拟规定每月请汉厂于初八、二十三两期，每期汇银三千两，以资应用，庶款有定期，不独少来往耗费，且可免逡巡瞻顾之虞。此汇款宜规定者二也。

三、严订赏罚　查办矿要素在出砂之多少与优劣，出砂多而优则成本轻，出砂少而劣则成本重，此一定之理也。然欲砂之多而优，莫如行奖励一法。譬如每厂每月限定出砂数百吨，而该厂于限数外每月增出一二百吨者，则员司工头宜记其功，如不及限数者，即记其过。每三个月计其功过，有功无过者，酌提花红钱一成，以资奖赏；无功有过者，轻则酌罚薪资，重则开除另补。如此则员司工头咸知奋勉而不敢怠忽矣。此赏罚宜规定者三也。

四、修复月报　查旧卷有月报采运砂数一览表报告公司、铁厂以备查考，此可以见办事之勤惰，出砂之多寡，法至善也。乃魏前办一律删除，创实报实运，革除亏空之说，以为除弊，而弊即因之而生。此次魏前办妄报存砂有三千余吨之多，恃无月报可稽，经濂根追实在，遂买嘱李松涛将废砂充数，其预为设计，诚巧不可阶矣，况逢冬令水枯难运时，尤天然不能办到之势。现拟复旧章而改良之，凡采运锰砂，各厂必须月报总局，总局月报公司、铁厂（另有月报一览表附呈），如各工厂有亏空等情，公司、铁厂凭月报责成坐办，坐办凭月报责成主任，照工价赔偿。如此则责有攸归，不致妄报。其用款亦照此办法，成本轻重可一览而知。此月报宜规定者四也。

丙　关于变通办理者

一、总局仍旧　查舒君报告谓,总局宜迁于耒阳。濂三至耒阳察看该处情形,一无可靠汇兑机关,二水路绕越较远,且与乙丙二厂不能联贯,三耒河以东各山矿产不富。有此三不便,则总局只能仍设衡阳,惟有每月亲到各矿山监督开采,计出砂之多寡,定员司之功过,即有交涉,亦可亲至常耒两县接洽,其情节较大者,可返衡与道尹商酌,如此办理或不至顾此失彼。此总局宜仍旧者一也。

二、归并转运　查欧阳时转运事宜本并入总局,自魏接手后,以地小不足盘旋,遂将转运局分设耒河对岸之何家套地方,虽仅隔数里,而员司夫役及一切开支每月又增数百元,现欲撙节开支,惟有将转运局仍归并总局内,该处仅设一收砂堆栈,派司事一员,船头一名,伙夫一名,挑砂夫数名驻守,如各工厂有砂运衡,立派员司前往验砂,可以早去暮回,发运汉厂亦然。如此则转运局之公费,可移作添设丁厂之用,所费相同,而一转移间,出砂较为畅旺矣。此转运宜变通者二也。

三、添设丁厂　查甲、乙、丙三厂地势,甲厂由耒河运砂,乙、丙两厂由茭河运砂,惟乙厂之大榆湾、柏坊两收砂处由湘河运砂,该处与乙厂相隔均有五十余里,山路弯远,难于兼顾。且湘河一带矿山不少,现拟在柏坊添设丁厂,而大榆湾收砂处属之,酌派主任批山开采,所费有限,出砂较多。且乙厂范围缩小,可以专心办理,而无鞭长莫及之忧。如此则四厂并峙,互相比较,庶整顿易而矿砂可期畅出也。此因地势而设厂者三也。

四、添设化验　魏前办接手时副以矿师,恐矿学不明,开采多无把握,然常耒一带锰矿浮面土子者多,深槽厚脉者少,该处土人工头均能辨别,似可不必专用矿师。惟锰类不一,如软锰、硬锰、硫锰、水锰,有青黑色,有褐色,有铁色,须化验方可定断成分,虽铁厂有化验股,而卑局相离既远,万不能均寄汉厂代化,设不合用,不独多所周折,且糜费运资,是宜添设化验一员,以资定评,且批山时锰苗优劣可以立判。查移交单内,有废旧化验器一具,束之高阁,经濂取下一一整理,只天秤尚可合用,砝码不全,想可添配,其余瓶料药件亦须稍添,苟从简单着手,所费谅不甚巨。惟化验员须请汉厂委派,其薪水约计衡平银三十两,较之前用矿师每月所需约洋二三百元,相去远甚,而功效则倍于矿师矣。此矿师宜变通者四也。

以上三纲十二目,谨就管见所及,均为目前最要之急务。倘蒙俯采,敬乞迅赐批示,祗遵施行,不胜惶悚迫切之至。

常耒锰矿局坐办　严濂谨呈

［附件二］　常耒锰矿局三厂员司办事规则

甲、主任　主持矿山开采事宜,担负一厂完全责任,司友夫役均归节制,并监督银钱出入,其应办各事规定如下:

一、所辖各山旧批新批已开未开共有若干座,废砂新砂共有若干吨,某山工头某某承包采价每吨若干,旱运至某收砂处每吨运力若干,短力若干,水运至衡转运局船价若干,每月全厂能出砂若干,某处矿产尚富,某处采挖已尽,邻近有无未批之山,诸如此类与本厂大有关系者,均须随时察考,并缮详细报单按月报告总局,以凭核夺。

二、该厂每月能出砂多少,主任须体察情形认定若干吨数,庶有比较而定功过。

三、矿山出砂之多寡优劣,全视主任之勤惰为转移,主任必须常到各矿山监察督率,倘深居简出,每月不满认定砂数,一次记过,二次罚薪,三次撤委。

四、每月既认定出砂数目,则每月用款若干,须预为决算,报告总局陆续拨款。

五、开采锰砂,工头最为重要。工头之得力与否,主任之功过系之,主任宜常与接洽,不得心存藐视。工头每月包定砂数、支用钱数尤须时时督察,如砂有不及包额者,则记其过,逾额者,则记其功,每月报告总局存记,俟三个月后,核其功过,以酌赏罚。倘有工头透支银钱及半途脱走贻误要工者,则主任负责。

六、每旬主任应报告开采砂数于总局,月终将采运砂数填就报册呈缴总局,不得逾月终五日。

七、主任既有监督银钱之责,一切支款凭单须经主任盖章方得支付,月终随册附呈。

八、厂中司友夫役无论是否总局所派,均归主任节制,如有过失,小则申斥记过,大则详报坐办撤换。

九、厂中如发生重要事件,须报告坐办核夺。

十、每月采运砂数一览表由主任填写盖章呈缴(月须填写三份)。

乙、收支 专管全厂用款帐目及银钱出入,其应办各事规定如下:

一、应备各种簿记:(一)流水。无论现款转帐均归一册。(二)总清。(三)各种暂记簿。(四)凭单。由公司发给。(五)预支单。由总局发给。(六)月报一览表。由总局发给。

二、流水帐记入法全以主任盖章为凭,每日结帐后即誊写总清,不可积压。

三、凡预支及暂收款项未能结清者,概列暂记,俟结清后即转入流水帐。

四、每月支付款项须填写公司所发凭单随同月报送呈总局,转报公司,不得草率任意添注涂改。

五、所领总局预支单每月随同月报调换。

六、收支银钱一览表每月填写二份送缴总局。

七、员司薪膳每月十五日支送,夫役工食月底发给,不得预支。

八、各项用款不得逾额定数目以外。

九、添置修理必须另报清单,由主任盖章附月报同缴,以便将来造表备查。

十、每月表册限初五日到局,不得逾期。

丙、批山 专管全厂矿山,其应办各事规定如下:

一、凡批新山,须与主任同往验看,如果苗脉深厚,得主任许可然后议价。

二、批价议定须与山主同往勘明四址,架立标志,然后付价。

三、批进之山必须详细调查并无别项纠葛方可议价;倘批定后发生事端,惟批山司事是问。

四、批进之山如查有改名重批及界址不清等情,亦惟批山司事是问。

五、山地如有坟墓阻碍矿道,亦须该司事前往劝导迁让,其费若干,与主任商酌。

丁、收发　专管矿砂优劣收发转运,其应办各事规定如下:

一、工头采出矿砂经督拣拣选成堆,须由收发亲往验看,如果拣净,方可运至收砂处过秤。

二、收砂处运单须经收发盖章后,方可交与船户起运。

三、每月须造收发矿砂一览表报告主任,以便汇齐转缴总局。

四、收发负矿砂优劣之责,必须详慎验收,如到转运局验出砂质太劣,不能收用,惟收发员是问。

五、收发与工头、船户如有私受贿赂等事,查出一并撤退究追。

戊、秤码　专管进出砂数、水旱运力,其应办各事规定如下:

一、山上来砂必须详慎过秤,秤杆须平,不得高抬,致生纠葛。

二、填写码簿不得草率,用完交主任转缴总局查核。

三、所雇船户须慎选可靠之人,如有走失亏短等情,惟该司事是问。

四、发给水旱脚力,按旬报告主任,以凭核对造册。

五、秤码与工人、船户如有私受贿赂,查出一并撤退究追。

己、监工兼稽查　专管全厂工人勤惰,开矿是否合法,稽核银钱有无透支,受主任节制,得报告总局之权。

一、工人采矿,如窿口上下,出泥远近,运砂难易,均应由监工员指挥,如工头不遵教导,得报告主任随时撤换。

二、矿山议批时由监工员前往察勘,报告主任接洽照批。

三、稽查各种情形,辅助主任,并得随时报告总局。

四、境内遇有关系工程银钱事件发生,稽查员不先报告,经坐办主任察出,稽查应记过罚薪,若知情而不报,撤退。

庚、督拣　督促工人采矿、拣选锰砂优劣,其应办各事规定如下:

一、督率工人将逐日所采锰砂剔拣净尽,倘已成堆,经收发查出尚有泥石夹杂,不能收用,惟督拣是问。

二、见有工人懒惰不能尽力开采,致随意开挖不照规则者,小则须向工头申说,斥换工人,大则报告监工,报由主任撤调工头,并追偿矿山损失费。

三、工人砍伐茶树,须由督拣检查棵数报告主任,以便核对给钱。

四、矿山四址界限如有纠葛,须报明主任饬批山司事前往理论。

五、督拣如私受工头贿赂,查明一并撤退究追。

辛、以上各项规则,凡我同人咸当遵守,倘有未尽事宜,得随时更改纠正之。

严濂致夏偕复函

民国六年十二月二十九日(1917.12.29)

经理钧鉴:

敬肃者,本月六日奉到第十五号钧函,适濂赴山巡察工程,返衡后,询悉——。

伏查卑局距离各山厂,与每厂管辖各矿山及收砂处,均甚辽阔,路径崎岖,车马难行,历前办因而惮赴,一任经手报告,致情形不甚明晰。设有调动种种朦蔽,即如魏前办同乙厂李前主任,别有存思,良由公司无切实图表,易启野心之一证。况年来采锰发达,裕牲虎视于前,常丰鹰瞵于后,他如天顺、开源、利兴等小公司,纷纷垂涎开办,若不谋固根基,展拓抵制,窃思恐内部外界从而卖弄,逐渐兼并,谨将经过情形暨愚虑所及,分别缮呈钧核。

一、卑局丙厂原测大矿区一,嗣查条例需费过巨,因改测三矿区,藉资节省(曾于二十四号函中详陈),现经测就,容俟绘图工竣,呈请核转盖章。至测绘生严时保本应嘱令仍回汉厂,惟岳鄂之间,风谣甚大,如果战事拖延,交通阻截,拟饬令暂行试办清理矿山事宜。

一、锰矿开办以来,如绘图注册等事,不甚注意者,因矿苗显在浮面,批得一山,采不多时,以故随批随采,而无所爱惜也。近如甲厂之杨梅坳,乙厂之狮形岭、对门岭,丙厂之老鸦山,丁厂之大垅里等矿山,或已弃废,或将停开,经濂前后饬令酌贴土工,趱赶开深,显出富厚苗脉,采得佳矿,统计约有数千吨,现为卑局重要矿山。因此类推,凡废停之矿想不无有锰可采,况条例颁行,不请矿照,即无采权,采锰风气已开,与昔日视为一家之产情形不同。所以清理矿山,一可杜卑局移交朦蔽之弊,一可固公司产业之基,一可期山厂出砂之旺,实在急不容缓。但从事清理,须得明白测绘、略知矿情而实能耐劳苦者,庶功易奏效,款不虚糜。濂曾两次派查,未得要领,拟俟物色有相当人才,再陈查核。

一、银钱收支金忠谅,前奉总稽核股派兼卑局稽核,已经年余,能否优加薪水,俾期切实办事,出自钧施。转运局收发兼主任冯锡祺,曾充两年,如去冬水枯,沿途驳运至一千余吨,今年水涨时,赶运至一万余吨,余砂一项,照数造表详报,不无成绩,敬拟七年一月起,酌加月辛洋六元。甲厂收发兼主任汤正纪,人太忠厚,权落收支,拟调充收发兼批山,月辛照旧。主任一席,以湖南龙山县人陈树森接管。该厂收支陈大棋,准予请假,另调刘炳奎接管。丁厂收支邬厚基,办事勤奋,加洋四元;丙厂督拣王隆有,朴诚练达,加洋二元;均调充安仁、永兴等县批山员。乙厂督拣唐玉轩,异常得力,加洋二元。转运局秤码吕绍英、熊天民,办事一心,各加二元。是否有当,统乞钧示祗遵。

一、常末等处锰矿,蠡测之见,果能切实举办,力图扩充,不难与冶萍并峙,炼冶无缺乏之虞。但机关星散,距离钧座窵远,值此矿务竞争风浪迭遭时代,举凡节制同事,对待地方,苦难在在悉准绳墨,设意见偶有相歧,权即不能一致。濂承乏两年,自顾才庸体弱,不胜重任,深恐恋栈误公,转负栽培之盛意,前恳钧座遴派能员来衡接替,迄未奉示,窃虑下游风劲,往返殊难,现惟勉竭驽骀,照常供职,静候明年春水发生,交通便利,求恩准假,不胜感祷之至。附呈十一月份采运砂表一纸,敬请鉴核。专肃。祗叩
钧安

严濂谨启

盛恩颐批:俟夏经理回沪后,再议复。

严濂致夏偕复函

民国七年二月二十一日(1918.2.21)

经理钧鉴:

敬肃者,前呈第元号芜函,谅邀鉴核。濂于一月二十三晚动身赴长沙,至二月十一半夜返衡。谨将在省时办理各项交涉缮陈钧核。

一、水口山与裕牲公司合办我局已批邻近锰矿事,当直接间接一再磋商,仰叩樾荫,昨奉该总局公函开:前奉惠函,祗悉种切,现敝局已饬水口山分局就近派员会同贵局确查前情,以便双方核夺,特先函达,即希查照等因。此事想可就范,容俟会查明白,议定善后,敬再详陈钧察。

一、去年三月派司事李相时带丁刘金山赴攸县探矿。旋据函报:锰苗不旺,业饬刘丁赴安仁试探等语。只因路隔弯远,且值测绘事冗,未遑切查。迨九月十九日李凤岗来,适奉吴厂长函开:有李崑山者来云,在安仁县伙集一二公司批购多山,持样化验求售,希与联络,谋令批归我办等语。濂遵即与商,并托人相劝,伊乃阳许力劝股友归并,暗串同事进行。濂当即调派司事驻安批山,一面仍与崑山联络,以冀设法收回。尤思湘省采锰攘夺成风,因赴财政厅先请立案,然后测绘领照,图占优先。讵料本月五日见林伯渠厅长,面呈公文时,据告安仁县有常丰公司持矿图呈文到厅领照,抄阅原呈,呈请人李凤岗系汉冶萍公司常耒锰矿局稽查员,连署人李梓荣、杨岳臣、李振常、吴江等。濂莫名惺骇,因陈明李凤岗、杨岳臣系敝局重要人,李梓荣、李振常前亦在局办事,今如此密肆野心,恳予维持,当蒙首肯。其时阴历十二月二十八日,因即放棹返衡。现在常丰已经批驳,我局立案照准,业嘱严生时保前赴安仁从事测绘矿区,一面仍拟备价,设法收回该公司矿山,以杜枝节,俟有就绪,当即详陈核示。

一、据财政厅矿科言,现虽南北政争,而关于矿科与农商部接洽仍不碍交通,并面催前次矿图呈文。濂因上虞电,文曰:三十一日到省,前两呈矿图文件,乞速寄衡,至盼等情。谅荷鉴核,伏乞迅将卑局前呈图件饬交邮局挂号径寄衡州,俾便呈请湘财厅核转,藉符定例而杜觊觎。

一、前奉董会六年三月十四日函谕,卑局改钤记为"汉冶萍公司驻湘采运锰矿局",将"常耒"二字取消,俾批采易于着手,应俟将新钤记颁到后再行改用新名称等因。查湘省锰苗四处发见,采锰公司陆续成立,濂思卑局名义限于常耒范围,探批各县锰山以拓矿界而资推广,似觉有碍拘束,伏恳钧座速刊发新钤记到衡,以便更易名称,而利进行,是为至祷。

一、查卑局开办以来,历受李党欺诈取财,实属不资。今李凤岗任各山厂总监工,杨岳臣由秤码提升丁厂主任,李相时任收支(二人凤岗荐),均受优待。李梓荣前亦在局办事,屡次解职,屡给恩薪。初濂受事时道经汉厂,同事多言凤岗人品名誉均好,畀以总监工名目,藉期消灭地方波折,讵料始而移花接木,密赴汉厂夤缘求售锰砂,继而阳为承允劝友归并,暗谋自立根基,幸觉察尚早,设法批驳,否则占据安县优先权以谋常耒,势成危殆。窃濂养虎在室,自贻隐忧,失察之罪,静候处分。惟暗通声气、残忍勾叛之李凤岗等如何对付抵制,以儆狡肆而昭激劝之处,伏候钧裁核示。附呈一月份采运砂表一纸,敬请钧阅。专肃。祗叩
钧安

严濂谨启

夏偕复、盛恩颐致公司董事会函
民国七年三月二十七日(1918.3.27)

董事会大鉴:

按常耒锰矿局严坐办函称:前奉董会六年三月十四日函谕,卑局改钤记为"汉冶萍公司驻湘采运锰矿局",将"常耒"二字取消,俾批采易于着手,应俟将新钤记领到后,再行改用新名称等因。查湘省锰苗四处发见,采锰公司陆续成立,卑局名义限于常耒范围,探采各县锰山,似觉有碍拘束,伏恳速刊发新钤记到衡,以便更易名称,而利进行等语。

查湘省产锰区域甚广,现该局业已批至安仁、攸县境界,旧时名称囿于常耒,确已不适于用,此次函请刊发新钤记,既出自贵会函谕,自当照办,业由敝处刊刻木质图章一颗,文曰"汉冶萍公司驻湘采运锰矿局",封寄汉厂

转发。兹将该章印花、印呈一纸,即请存案备查为祷。此颂

公绥

总、副经理

严濂致夏偕复、盛恩颐函

民国七年九月十三日(1918.9.13)

总、副经理钧鉴:

敬肃者,案查锰矿开办,历前办大率每年采运四五千吨。濂承乏三年,赖同事之力,采出锰砂运到汉阳铁厂约共三万余吨。现在矿区虽经立案,而谋与忌者尚多,时局迄未平安,即采与运皆受困,自顾衰弱之躯不克胜任,乃一再乞休,渥荷慰勉,感激莫名。窃维谋扩充正以拒觊觎,图改良方能轻成本,谨就管见拟具办法,不揣冒昧,分条缮呈,伏乞钧核。

一、拟择安、攸两县适中近河地点添设戊厂,应用员司开支辛伙酌照甲、乙、丙、丁四厂办理。前蒙颁给"汉冶萍公司驻湘采运锰矿局"钤记一颗,俟戊厂成立即行启用。

一、包工采锰,不独出货不多,尽有佳矿,各工人每因泥重无力开挖,辄就废弃,甚为可惜。拟择五厂中苗脉富厚矿山三、四处,每山筹备经费钱一二千串,派勤慎司事雇工,仿照明窿办法,自行试开,先挑泥后打炮,将来出砂多而办有成效,各包工模范有资,采价亦可减少。

一、生活程度日高,办锰公司日众,卑局年来采运锰砂较多,而员司辛伙仍照向章发给,恐不能终安办事之心。拟择得力司事酌加辛水,以资鼓励(另附员司名单呈核)。

一、清理矿山最为繁难,而最关紧要,拟添请清理司事两名,派技士严时保主其事。所有开办以来已未停免各矿山逐一清理,绘图编号,详注今昔官私地名、距离远近、道路,编成三份,一呈钧座,一送铁厂,一存局中,俾便查考。

一、僻处湘南,交通不便,每有事故发生,终欠接洽而无消息,且采多运多,运事困难,今非昔比。濂拟暇时或长或汉随时往来,查察运道而资联

络,能否酌贴公费,出自钧裁。

一、各厂秤余锰砂,去年九月间遵示每吨酌提奖钱二千文,以给同事。转运局余砂,前奉面谕,提四成给奖。现计每吨钱六千文,拟提二千四百文奖给卑局及转运等处各同事。

一、出砂既多,成本自轻,此一定之理。拟规定每厂月出锰砂三百吨,年计共一万八千吨,倘再加多,能否援照冶矿办法,按吨提奖钱二百文给同事,以励勤奋。

一、各厂矿丁向穿旧式红字单褂,日久破碎,殊欠整齐。拟仿照各矿厂公司,每名购制制服一套,以壮观瞻。

一、就地取才最为简便。鉴于常丰公司交涉,则当地人才不无顾虑,拟物色能耐劳苦之司友二三人到矿习练,以分其劳。再,此次常丰交涉得占优胜,借重官绅之力甚多,拟酌购礼物分别酬谢,作正开支造报。

一、事权不一,动多掣肘,瞻顾劳怨,殊鲜成绩。现值时事不靖,人心因更诪张。卑局距离钧座鸾远,每有心余力绌之处,凡范围内用人支款,尚乞明训,俾有遵循而免贻误。

以上各条办法谨就现在卑局情形,是否有当,伏恳赐示祗遵。

严濂谨上

盛恩颐致公司董事会函

民国七年十一月四日(1918.11.4)

董事会台鉴:

接奉八十九号函开:顷奉孙会长勘电内开,邢冕之来告公司,请开锰矿八处(云云照录至)即希照办等因。查城门山矿请照一案另函具复外,其常耒锰局请领矿区改由个人具名,事实法理俱有未协,谨为贵会陈之。

查常耒设局采锰,专为济益汉厂,前清即已呈领矿区批山开采。民国而还,先后有裕牲、常丰等公司,勾结地方劣绅矿痞分投批采,肆力竞争,而本公司原领区域又多已采尽,不得不另批矿山,以图展拓而资抵制。锰矿非煤铁可比,苗脉散露,蕴结不丰,多方搜觅,于常耒而外,及于安仁、攸县,现请采区三处,探区五处,共为八处,继续前案呈请领照。原欲藉法律手续资为保障,今如改用个人名义,则表面即与公司无关,设有人侵越,公司即无权过问,且觊觎者日伺其旁,若探知请照内容非由公司名义,则群起侵扰,益无宁时。是本欲藉资保障者,而适以分其势而弱其力,此胡可者?此事实上之难于遵行也。此次请照由该局严坐办濂将各山批定后,遵照部颁程式,备具矿区图说及矿商资格保结等件,呈经湖南财政厅派员会同各该县知事复勘相符,呈报到厅,始为立案核转。该坐办办理此事奔走疏通,时历数月之久,地方官绅面面商洽,而于法定手续亦极完备,今忽于厅案到部之后变更名义具呈,而所领矿区即是本公司所领财厅核准之地,不惟厅中原呈有案,不能起灭自由,而重复领区必干驳诘,此法理上之难于办到也。

夫以事实之如此需要,法理之未可通融,而农商部长以公司与日本关系为言,所谓关系者亦不过预支铁价合同耳。此系商业上之一种交易行为,且近年屡次商加售价,争回利益,为数不赀,足见此项关系但能照约履行,即无交涉之可言。今以法人资格循法定之手续请一锰照,尚须改由个人具名,似此后本公司将一矿不能开,一事不能办,是非杜其交涉正所以发生交涉也。在部长意存关切,原属可感,但事有碍难,特非所以维持之道,惟有仰祈贵会将以上各情具复孙会长,恳其达部,仍照原案核准给照,以重实业而利进行。专复。祗颂

公绥

严濂致夏偕复函

民国七年十二月二十九日(1918.12.29)

经理钧鉴:

十二月二十日上第十八号函,计邀慈鉴。顷奉到十二月十八日第七号钧谕开:接十五号来函,祗悉一是。同人等异常出力,于事有益者应酌加薪水,以酬其劳,然不能不妥定章程,略示限制。总经理不日回沪,俟核定后再闻。至来函所称局中员司其不能认真者均已裁汰一节,究竟所裁几人,是何姓名,是否不另添补,何以历次报告均未详叙,殊属疏忽,应即详细补

报,并希分函汉厂接洽,是为企盼等因。奉此,捧诵之下惭悚莫名。

窃卑局限制章程,查奉民国五年三月二十九日王前代经理函开,阁下在沪时交下条陈一件,业经转达董事会,兹奉公议:查核严汲青拟整顿常未办事细则尚属周妥,应准试办半年,察看有无成效,再由本会规定等因。随后遵守范围,频年采运锰砂逐渐加多。伏查本年因军事关系不能积极进行,各厂员司人浮于事,因考察勤惰,将不能认真者酌予裁汰,藉节糜费而昭激劝。又因裁减之后各厂有扩充者,员司不敷支配,又不能使其顾此失彼,复随时添补。兹分列一表,所有旧日员司其裁汰员额日期,暨现在员司其随时添补时日,均载其中,呈祈察阅。以前按月均呈有职员表,亦可参稽。至卑局员额因锰矿散漫异常,各山厂管辖辽阔,出砂地点时多时少不同,而用人亦因之为转移,故员司时有调移或有增减,随时相机图之。濂惟有因时考究,决不敢以人溢于事致使冒滥,或须增加亦随时调移或添补,以昭郑重。惟年来南北军队往来不绝,土匪乘机蠢动,在在堪虞,兼之常丰发生交涉,戊厂必须筹备,甲厂陈树森勇于任事,故令其兼筹戊厂。该员于矿务具有眼光,既能热心又能耐苦,往返奔驰,有时徒步,栉风沐雨,其贤劳自与众不同。技士严时测绘矿区,随同委员勘验,严寒酷暑,跋涉长途,以致抱病;迨料理领照文已达部,返局后巡查各厂,不辞劳瘁,似亦异常出力,而对于局务犹能步步进行,不肯退后。至交际员陈继昌,学识才能均超恒辈,以前文牍周丙辉改就别职,文牍事宜由其兼任,才识稳练,确亦不可多得。以上三员,实能裨益局务,若不量予加薪,似不足以示鼓励。然濂仍不敢擅专,所有高厚必出自钧座恩施,只得渎呈察核示遵。

所有员司裁汰之后略予添补,及以后用人因厂务为转移情形,与出力三员应请分别酌加薪资,以劝其余,理合肃函呈祈核夺,除通报汉厂外,
恭叩
福安

严濂谨上

汉冶萍公司呈农商部文

民国八年一月二十日(1919.1.20)

呈为据情汇转,仰恳察核事。

案据驻湘采运锰矿坐办严濂报告称:奉湖南财政厅训令第三五五八号开:转奉钧部指令第二二四七号内开:八呈暨附件均悉,查汉冶萍公司驻湘锰矿局坐办严濂分案请采耒阳之团基皂、光斗冲,安仁之大岳岭;请探耒阳之兵岭坳、石头坳、郑家对门岭;安仁之周家山,攸县之滴水洞等处锰矿,共计面积三千七百四十九亩强。虽据饬属查明图地相符,复无违碍纠葛情事,惟同时请领各矿共计有八区之多,图中均系严濂个人署名,究竟与汉冶萍公司是分是合?实在赀力能否周转?抑仅拟将日后所得矿砂专供该公司购用?合行令仰该厅切实查明,详细具复,再行核办。图结等件暂存。此令。等因。奉此,合行令仰该坐办即遵令声复,以凭核转。此令。等因。奉经遵令,据实呈复。兹将呈复情形报告前来。

查锰砂一项为汉阳、大冶两厂炼铁之用,需用至巨,在前清时即已领照开办,现委该坐办严濂驻湘采运锰砂供用。因奉湖南财政厅令催按照矿业条例请领探采各照,是以先将原领之开字第二十六号、二十七号旧照两张缴案,具文新领八区各照,系属赓续前案办理。其资本均由汉冶萍公司发交,无虞周转不灵。至图中均严濂个人之名亦系公司令其代表。理合具呈证明,以资核实。又据该坐办报告,湖南产锰之县,如常宁、耒阳、安仁、攸县、永兴等县各批有山,一俟测绘竣事,即陆续请勘领照。现有常丰公司在安仁、攸县为锰矿区构讼,已由湖南财政厅批结,乃常丰不遵批了结,一面声明不服,提起赴部诉愿,一面又化名攸仁公司朦禀委勘,亦呈明有案。似此诈欺行为,不免扰乱实业。理合汇录湖南财政厅批与该坐办报告并案具呈,仰恳钧部察核,前呈锰矿八区,照案给照祗领,并令行湖南财政厅,该局在产锰之县采砂,照案维持,他人不得侵越,以维矿权而儆刁风,实为公便。

谨呈

农商部

具呈人　汉冶萍公司董事会孙宝琦等

农商部采矿执照

民国八年二月二十七日(1919.2.27)

采矿权者严濂。

右采矿权者严濂于民国七年六月八日禀请在湖南省衡阳道耒阳县西乡五十里仁义团团基皂及其邻近,领矿区四百六十八亩七分,开采矿业条例第六条第一类锰矿。据湖南财政厅长查明,转呈到部,核与矿业条例相符,应准其在请领矿区内开采锰矿。合行发给采矿执照。须至执照者。

农商总长　田文烈

中华民国八年二月二十七日

矿政司长　林大闾

中华民国八年三月十三日在湖南省财政厅注衡阳道采矿权,衡字第二册第二十七号。

湖南财政厅长　刘淇

吴健致夏偕复函

民国九年五月十二日(1920.5.12)

经理钧鉴:

接据常耒锰矿局严坐办函开:卑局清理矿山,计从清季开办日起,至民国八年年底止,批得锰山一千一百八十余座(前报一千八百余座,系误写),派员测绘分甲、乙、丙、丁四厂,陆续缮成图册,每厂一本,另检查表一本,合成五本为一份,共缮三份,分别呈钧座与公司并留卑局备案,兹已造齐,理合连批山契赍恳钧座核转。又查民国八年二月二十二日,奉钧函开,奉经理十七号函开,清理矿山,事关重要,所需司事,准其暂雇,事竣取消等因。奉此,卑局遵即添雇陈砚耕为测绘,又以技士严时、庶务李宗道兼其职务,并调陆莲生为书记,不分酷暑沍寒,经营清理矿山事务,现已告竣。测绘员陈砚耕,遵即取消,该员籍隶上海,且清理矿山,从事一年,实属异常辛苦,拟从优送薪两月,川资一月,合计洋七十二元,以酬劳勚。至严时与李道宗,以兼职未另支薪,拟请记功一次。可否之处,仍候钧裁。书记陆莲生,即以转运局秤码熊锡纯辞职遗缺补入,月支薪膳洋十四元。至戊厂因交涉未了,尚未开工,不便著手清理,应暂从缓,合并陈明等情。附到清理甲、乙、丙、丁矿山清理册四本,检查表一本;又呈公司清册四本,检查表一本;又呈公司批山正契五百九十六张,原契五百十八张,前手移交旧批原契七张,并目录一本,照收无讹。

查该局清理矿山事竣,雇员陈砚耕,从事一年,实属异常辛苦,所请从优送给三个月薪水为酬劳川资;又严时及李宗道二君兼职未另支薪,请予记功一次,均应准照所请。除函复该坐办外,相应函报,仰乞鉴察是幸。至呈寄公司册契等件,容当交汉平转奉也。合并声明。肃颂

勋绥

厂长　吴健谨肃

严濂致夏偕复、盛恩颐函

民国十年三月二十九日(1921.3.29)

总、副经理钧鉴:

敬肃者,前奉汉厂吴厂长函示,现综计运储锰砂约足供汉冶两厂两年炉用有余,对于批山采运不必如前之积极从事等因。奉此,卑局遵即体察情形,约缩进行,减轻成本办法缮呈钧鉴。

一、卑局文牍兼交际陈继昌去年一月目疾假归,旋赴上堡接榷运事,撤差回局,不久即于九月赴长沙就省公署秘书职,因拟月辛截至上年底止,另送恩辛一月,所遗文牍已以沈叔稚补充,月辛三十元。

一、锰砂由耒河运衡者矿山统归甲厂管理。该厂主任乐庆祥任事以来,异常勤奋,采砂畅旺,成绩较优,现支辛洋三十五元,拟酌加五元,仍照四年份规定章程。余如收发邬厚基、督拣文达材、胡三多、伍锡光、严杏金,拟各加二元,以资鼓励。

一、锰砂由茭河运衡者矿山统归乙丙两厂管辖。乙厂主任陆曾燕去年十一月请假回沪就医,假满病犹未痊,续假一月,今接来函辞职。查该厂地

处冲繁,收支葛萱,秤码唐春麟,督拣朱茂林、白贵江、木锡衢,年轻未能自治,人才难得,拟从四月份起改设丙厂收砂处,归并丙厂,管理所有收发。唐玉轩仍回龙门督拣,月支辛膳十四元;批山兼工程萧立桃专管秧田、东江口一带矿山工程,秧田秤码刘步蟾仍理原职,东江口秤码调程佑铨接充,督拣另派胡廷桢,月辛均照旧。陆主任、葛收支、唐秤码、朱白林三督拣辛膳截至三月底止,加送恩辛一月。乙厂名义暂予撤销,厨夫丁役分别去留,惟丙厂主任刘炳奎原支辛膳洋三十元,现兼并乙厂,矿山事繁责重,拟加洋十元,收支黄紫源加二元。又以地广山多特拟添熟悉锰矿情形孙文涌一名,管理监工事务,月支辛膳洋二十元。如此采砂可望照常,月减额支约洋一百三十元。

一、锰砂由湘河运衡者矿山统归丁厂管理。该厂主任吕懋泽年力就衰,一再辞职,并推举秤码杨元升代理职务。查杨秤码管理大榆湾收砂事务成绩最优,兹从三月份起试代两月。吕主任辛膳截至三月底止,加送恩辛一月。杨君试代期内月支辛膳洋二十四元,日后察看成绩,如佳拟加洋六元,即补丁厂主任之职。

一、转运处锰砂,九年度运到大冶铁厂综计一万五千吨零,每吨水力三千九百文。此次奉汉厂函谕停运一月,所有来处挂号船户,当即乘机饬议磋减水力,现从三月份起开运,每吨水力钱三千七百文。查领装船户已约有百号,以通年运万吨计,得减轻水力钱二千串文。惟转运减少,山砂来多,必需或租或购筹得宽大堆坪,方可回旋。再卑局各山厂及转运处九年度秤余锰砂,前因该处冯主任请假回里,迟未申报,现已到差,业嘱赶紧造表送呈台核,合并声明。

一、各员加辛均列十年度预算,惟刘炳奎原议加五元,为并办乙厂矿山加洋十元,黄紫源加二元。再陆曾燕主任,乙厂深资得力,当七、八、九年间南北接触,该处适在战线界内,凡兵匪出没,官绅筹捐,对付维持,苦难言状,积劳成病,请假就医,现虽辞职,病尚未痊。吕懋泽与葛、唐、朱、白、林六人亦均任事多年,相与共尝患难,卑局为约缩额支,故辛膳截至三月底止,委与寻常离职微有不同,八年度红奖,恳求俯鉴下情恩准从宽,一律照给,不胜感戴之至。

一、甲、丙、丁三厂及转运处,年减额支洋一千八百元,钱二千串,至土工过重锰分不高之山,一律停办,尤可减少活支。而每年采运较好锰砂,预计能达万吨左右,若于耒河口购地一方,目前全作堆砂坪,日后腾出一半余地建简便房屋十余间,两共约费洋三千元,庶使总局转运归并一处,预算再可年减开支洋千元。

右撤销乙厂,减轻运力,去调员司,为整理约缩实事求是起见,不辞嫌怨,业已发表,伏乞俯赐核准。除申报汉厂外,专此肃陈。祗请

钧安

伏乞垂察。

严濂谨上

严濂致夏偕复、盛恩颐函

民国十一年二月十二日(1922.2.12)

总、副经理钧鉴:

敬肃者,昨奉吴厂长一月二十六日函示:公司经济困难,各厂矿奉命裁员减政,所有各项经费力从搏节,尊处商增砂价及加薪当然无庸置议;本年砂数需达一万二千吨,预算案须特别减少等因。濂遵即召集各山厂主任磋商约缩裁减方法。正在筹议间,适奉一月二十六日第一号钧函,辱承温语慰留,勖以勉为其难,并过蒙奖饰,回环庄诵,惭感交集,但自顾体衰任重,又值时艰孔亟,虽惕冰渊,弥忧复悚。

查卑局采运锰砂,以采价及水旱运费为大宗,每吨约计占成本洋五元有零,其余辛食、房租、杂用、交际等项,每吨约占成本洋二元有零,合计每吨八元有零。现在工价既不能增,亦万难再减,惟有将离河稍远旱力较重及窿口较大、贴土较多、拣工费繁、不甚得力各山一律约缩暂停,俾轻无形之成本,但矿区东鳞西爪,措手殊难急切。又,查卑局员司原有五十二人,拟裁七人,丁役六十三人,拟裁九人,濂薪水查照汉厂办法减支一成,此项裁减约计洋一千九百元,各项杂费再三磋减,约可省洋一千元,以全年出砂

一万二千吨摊算，每吨约可减轻成本洋二角有零。似此核实裁减，砂价成本大约估计每吨七元九角许。除据实胪陈汉厂外，理合陈明，伏乞钧座赐示祗遵。

抑又陈者，此间钱价日低，米价日昂，各工采运锰砂困难既如此，而土匪掳赎，军队纷至，报纸所载又属非虚。卑局办法，对于内部固要抚循，对于各界尤宜联络，必须年富力强者主持，方能进行无碍。濂自去秋患病延医服药，迄未痊愈，自念精力日衰，神思恍惚，设有意外，贻误必多。务恳经理体恤下情，转致吴厂长迅派贤能前来接代，俾得赴沪就医，稍资静养，倘能回复康健，仍可图效微劳。不敢自外生成，实缘湘南风气未开，卑局范围散漫，情势与交通及团聚地点不同，如此优厚矿山，批价尤轻，距离钧座窎远，亟应杜渐防微。我经理神明洞烛，濂沃荷知遇，披隔直陈，所有未尽事宜，拟将裁减部署妥贴后，即搭轮赴汉厂详陈，并到沪面求训诲。兹附呈一月份砂表一纸，敬祈察核。专肃。恭叩

钧安

伏维垂察。

严濂

盛恩颐致赵时骧、严恩棫函

民国十三年八月十四日（1924.8.14）

径复者：

接七十二号函，据湘锰局函，衡地水灾，拟捐振谷二百石，并陈明被灾员司当时借支及恤赏各款，又修理损失物件及修复窿口、加贴土工各费，转请核夺等情具悉。查此次湘灾奇重，锰局既在该地营业，感情所系，自未便恝然，且振谷已有先例，应准照捐二百石，以襄义举。至局中各员役因水来势猛，衣物漂失，情复可悯，其受灾最重之乐庆祥、金锡康、杨堪、曾荣章、冯锡麒、吕绍英、石廷珍七人，预借薪水两个月，以应急需，共三百二十三元，其各护兵杂役因抢护公家物件，共奖赏一百六十元，均准支销，以示体恤。乐庆祥、金家镒于临难之时尚能力顾大局，抢护公物，所有案卷及重要物件

均得保全,尤堪嘉尚,准予各记功一次。至所请大水时搬运杂用及水退后修理物件约计三百元,为数尚不过巨,并予照准,饬由该坐办分别缓急,核实开支。所请修复窿口帮贴土工约计二千元一项,查民国八九年间,该局以雨水过多,窿口崩塌,每厂酌给挑土工费陈准有案。本年灾情之重,尤与曩昔不同,自可援案照准。惟此项帮贴之款,只能照往年成例先尽余砂项下弥补,其不足之数,方准支销,以示限制。统希查照饬遵。此致
汉厂赵署厂长、严副厂长

副经理

严时^①致夏偕复函

民国十三年九月二十三日(1924.9.23)

经理钧鉴:

敬肃者,卑局工程自今夏突被水灾后,正在重新布置力图规复之际,昨敝收支处忽奉汉厂会计处函示,银根奇紧,汇款暂停等因,卑局阴历八月中比汇银三千两凭单已经退回。伏念卑局经济向来独立,时对于外面银钱往来从未经手,且无顾问稽核之才,通融无路,来日方长,焦灼实甚,不得已拟将各山厂暂行停工,所有员役相机裁并。惟值此秋深农隙,正当积极采砂,乃整理方殷,忽筹约束,中道而废,不独工程方面深为可惜,即循序收束亦须经费接济方能著手,况湘南天灾之后风鹤时惊,此中困难情形笔难罄述。伏乞赐予维持,饬速汇款接济,不胜盼祷待命之至。专肃。恭叩
钧安

伏维崇鉴。

严时

---

① 严时(1892—?):字砺真,江苏宝山(今上海)人。时任公司驻湘锰矿局坐办。

赵时骧致盛恩颐函

民国十四年二月十一日（1925.2.11）

兼总经理钧鉴：

常耒锰矿局采运锰砂有售日本者，有运供冶用者，而汉厂只少数用途，理应直接归总公司管辖。现隶汉厂，遇事承转多一转折，耽延日期，诸多贻误；加以现在金融紧迫，该局每月开支需数不少，会计处对付益感困难。用特函乞鉴核，准将常耒锰矿局自十四年一月起直接归总公司管辖，即乞饬知会计所查照办理，并乞示复，以便转知常局，实为公便。肃颂

崇绥

赵时骧谨肃

盛恩颐阅批：总公司相隔较远，鞭长莫及，所请毋庸议。

赵时骧致盛恩颐函

民国十四年九月十五日（1925.9.15）

兼总经理钧鉴：

前奉函示，以湘锰自本年九月份起缩小范围，月支经费以二千银为限，如何支配，出锰若干，即饬严坐办拟具概算，函由汉厂转陈备核等因。遵即函行严坐办遵照去后，兹据函送概算表一件，相应函转钧座阅核。据该坐办函称：表列开支各节不过约计大概情形，间有因时变通截长补短之处，当此公司经济困难，但求力图节省，不使稍滥为宗旨。运费一项，仅列由山厂运衡款目，至运冶用费未曾列入。缘湘省久旱，河水已涸，长衡小轮业经停驶，今年秋冬恐难开运，各山厂暨转运处存砂，俟明春水涨时，敬恳转陈公司接济运费，以便扫数运冶，藉供炉需。合并陈明。卑局为缩小范围起见，已于八月份先行裁减员司十人：甲厂收支卢骏勋、监工张效良；乙厂监工萧立桃、秤码欧阳恒、督拣何国梁；丙厂督拣彭文思、刘敬宗；丁厂秤码刘宪斌、唐颖；卑局造册曹藻。薪水均截至八月底止，并加送恩薪一月。九月份复将乙厂裁撤归并丙厂，该厂主任江焱开缺，薪水截至九月底止，加送恩薪

一月;收支周定松调补甲厂收支,收发龙起田改为秤码。所有裁员、并厂各缘由,理合据实陈明,是否有当,伏乞察核转陈指示祗遵。再,此间僻处湘南,市面狭小,非他处可比,偶尔匮乏,无处通挪,敬恳转陈经理体谅下情随时接济,俾工程无中断之虞,是所企祷等情。合并附陈。肃颂

钧绥

赵时骧谨肃

售砂合同

民国十五年七月十日(1926.7.10)

立合同汉冶萍公司驻湘锰矿局(以后称锰矿局)售卖锰砂与裕牲锰矿公司(以后称裕牲),双方凭证议订条件于后:

一、数量　干量一千吨。

二、成分及价格　含锰三十五分为标准,每吨价洋计一十六元二角;三十五分以上者每分照加光洋计四角六分。

三、取样算价　每批取化验矿样三份,一份由裕牲化验;一份由锰矿局托汉厂化验;一份眼同封存汉阳铁厂。双方对于化验有差误时,以封存之砂请第三者化验为标准化验单。每批结价。三十五分以下者不收。

四、交货　运到汉口中央栈码头交货,由双方眼同过磅,起卸各费均归裕牲担任。

五、砂价　议定预付砂价洋四千元,成立合同之日先付洋二千元,余由锰矿局随时支取。再衡州锰砂起运时,锰矿局需用水脚等费,仍向裕牲公司酌量预支。

六、期限　现因时局关系不便运砂,一俟交通回复,随即起运,二个月内运清。裕牲随时照约收货,砂船到汉五日内卸空,不得互相推诿。

附件一　若因时局关系,矿砂不能起运,双方□□情形续支砂价。矿砂运清后,再行结清。□□□局应将应交裕牲三十五分之锰砂另堆存储,裕牲并得派人保管。

附件二　裕牲派验砂员一人,赴锰矿局帮同验砂。本合同同式二纸,

双方各执一纸,俟银货二清后作废。

汉冶萍公司驻湘锰矿局坐办　严时

裕牲锰矿股份有限公司经理　李钦予代

证人　刘廷震

中华民国十五年七月十日订于长沙

潘灏芬致严时函

民国十五年九月二十八日(1926.9.28)

径复者:

　　接十六号函,陈报运锰运单,湘省不准通过,现呈建设厅免领护照,仍请援照旧案,令饬关卡放行,并另函托厅友从中疏通。又以裕牲款不应手,前请款三千元,恳饬速汇等情,具悉。查公司运单为免税通案,兹湘省不准通过,须另领护照,是将旧案推翻,执事呈请免领,仍请照案令饬通行,自是维持旧案之意,办法甚是。现经托人疏通,已否办到,深为系念,尚望见告。至需款一层,公司同在窘境,兹勉筹一千元交托南洋烟草公司汇至长沙由刘泰生收交,到希查收,酌量支配,暂维现状为要。此致
湘锰局严坐办

严时致盛恩颐、潘灏芬函

民国十六年二月七日(1927.2.7)

总、副经理钧鉴:

　　谨肃者,迭上函电,谅荷赐览。时自被押候逾旬日,困苦情形笔难尽述。忧闷至极,顽躯顿觉不适,屡求金友翁设法营救。初金君托同事来说,须时亲笔写信请其设法营救,方可进行。比即写好请转运处收支许彦卿君送去。复云:过阴历年再说。迨正月初三日即二月四日,又将原信退来。同日蒙友翁亲来狱中,说会计所长来电,须译密码复去嘱时代译,文曰:严坐办被押,极力设法挽救等语。又语时云,友人恐时出狱就逃,故不敢保。时力言不得友翁同意,必不走,请其解说营救。后同乡旅衡友人魏君(商务

书馆经理)来告,日来正在力为设法,金友翁闻而劝阻,嘱容缓设法等语,不知何意。五日金友翁又来语时云,友人恐时出狱后谋对付行为,故不敢保出。时又力言断不有所动作,但求平安出去,恳其力为表白。昨六日午刻金君又来,仍与前说相如,时力求其设法,并告以病重,急需出外调理,蒙友翁允为设法。而午后又据同事来谈,金君仍在外语人云,恐时出狱即逃,故终不便设法使出狱等语。闻之骇然。

今晨忽闻金君于昨日午后,由烟馆中被教导团为去冬时被押后,局丁等又散发传单诽谤,内中涉及团部政治部魏助理员(房东之弟)涣章指为劣绅,并有教唆时压迫工友等语,且金曾在总工会证明此事,传去质询被押,闻之尤为焦急。比即致函团部,告以时已被押,局事需人处理,请其即将金君开释。又函请旅衡各同乡,以同乡情谊力为设法营救。

惟时以被押之人,欲谋救人未知能否生效,经过事实理应亟为陈明。窃时不才,支持乏术,屡请辞职,不荷俯允,种种困难,屡经函陈在卷。今竟不幸至此,钧座虽无意罪时,但时今日情况实由公司所致,在公司亦未为有益。窃时为衣食奔走,背亲远游,今事已至此,已失自由之身,不敢再有主张,安危上下是在钧座之仁慈处置矣。时但求早日出狱,平安摆脱,稍减亲心之痛,略轻不肖之罪。自恨因一点热忱贻祸自受,于人何尤,他日有生之年,皆出钧座之赐。言念及此,泪与墨俱。专肃。敬叩

钧安

伏乞慈鉴。

严时谨肃于衡阳狱中

黄金涛致盛恩颐、潘灏芬函

民国十六年二月八日(1927.2.8)

总、副经理钧鉴:

据常耒锰矿局金收支忠谅一月十九日函开:严坐办因公司经济困难拟将总局归并转运处,将局内公役等全体解散。该公役等因在局供差多年,需索恩饷情形激烈,谅与乐庶务暨诸同仁恐酿成事变,出为调解,经严坐办

允许给洋五百元,以作遣散之费。款尚未发,衡阳工友联合会闻此消息,忽派员前来调查,并开会评议,将该公役等游街示众,并押为首两人。该公役等不服判决,上诉总工会,总工会复派员前来调查,于前日五句钟时请严坐办到会质审,并传谅询问情由。经工会议决,谓严坐办勾结劣绅,破坏工会,系反革命行动,比送衡阳县署,收押五百元之款现封存工会。谅因兹事重大,又局中毫无余款,殊深焦急,今日特电陈经理文曰:严坐办因解散公役事被押,急速电汇款救济,余函详等情。并以奉告现在谅托人从中极力斡旋,能否生效,殊难逆料。此事究应如何办理之处,伏乞指示方针,无任盼祷等情。查公役要求恩饷业经调解,给洋五百元,事属妥协。总工会复谓严坐办破坏工会,系反革命行动,送县收押究属何因。据函前情,除函复应付情形殊难遥策。既据金君称已托人从中极力斡旋,务希迅即疏解,俾严坐办早日返局,以重公务而免系累外,理合转陈鉴核,究应如何办理之处,出自鸿裁。虔请

崇安

赵时骧谨肃
黄金涛代

盛恩颐致严时函

民国二十六年四月二十八日(1937.4.28)

径启者:

前据函陈常耒锰矿详细情形,具悉,自应即时继续举办。所拟拣运存砂、建造趸船、修理运砂码头及各办公处,以及帮贴土石抽水、清理矿山各办法,均属紧要,应由贵局长即行赴湘开办。至领照立案一事,尤关根本,应于到湘后依法进行,是为至要。所请拣运存砂费内之拣工费四百元,清理矿山费七百元,建造趸船、修理运砂码头及办公处之添置修理费二千二百元,帮贴土石抽水费六千元,准照估计之数,先行具领,已饬会计所于贵局长赴湘时照发,以便带往应用,仍应撙节动用,实用实销,按月具报。惟常耒锰矿局拟设收支主任,尚未遴派有人,所有收支款项即由贵局长暂行

兼管。兹随函发交钤记一方,以资信守。

再,局用每月预算为嗣后开支根据,应由贵局长审慎预计,勿遗勿滥,列表陈报候核。又,贵局长月支薪水外,兹另给公费每月五十元,以资办公及交际之用。所请存砂运费及请照费用,应俟需要时再行核发。相应函达,即希查照分别迅速妥慎办理。此致

常耒锰矿局严局长

总经理

严时致盛恩颐函

民国二十六年七月二十九日(1937.7.29)

总经理钧鉴:

敬肃者,前上第六号函,谅达记室。职局领照立案一事,因华北时局变化颇受影响,昨接友人函告各节,即专函陈明襄理,谅经转呈钧座。时因此事近复进省一行,厅令业经奉到。建厅电部请示后,奉部令尚须派员调查矿床、矿量及附近地质,报部审查后方能核定。此次到省已与地质调查所接洽,大约可照该所以前调查矿量无多、成分二十多分之报告,厅令另纸录呈鉴核。此事重心现已移于实业部,将来或须再赴首都接洽,届时当请示办理。

再,职局此次请领采矿照四,常宁、耒阳各二,探矿照三,常宁二,耒阳一,合并陈明。各山厂及转运处存砂已拣好者,截至现在已有一千三百吨之谱。连日大雨,水势稍涨,山厂存砂现正陆续运衡,由衡运冶,因水脚发生问题,前已函陈请示,俟奉谕核准后即当趁此水势设法运冶。职局运砂需款经常费用系按月开支,各山厂领款均系每月初来局预支,汇款若每月十日以后到衡即难接济,于进行不无妨碍。此间离沪遥远,汇款须一星期后方到,敬恳转饬会计所体察实情,将职局经费提前于月初汇衡,庶进行不至阻滞,是所企祷。专肃。恭叩

钧安

伏乞垂察。

附抄呈建设厅训令一纸

严时谨上

[附件] 湖南建设厅训令

查该商呈请探采常宁、耒阳两县硬锰矿共七区等案,本厅当以该项矿产关系冶炼钢铁原料,经电请实业部核示遵办,兹奉复电尚须派员详细调查各该区矿床、矿量及附近地质情形,报部审核后再行核定饬遵等因。合行令仰知照。此令。

严时致盛恩颐函

民国二十六年九月十八日(1937.9.18)

总经理钧鉴:

敬肃者,连上第十一、十二号函,谅达典签。职局甲厂秤码裘绍龙被耒阳县警察拘押一案,前已详细呈报,并抄呈建设厅批示,谅蒙察核。近又邀集耒邑士绅联名具呈县府,请予保释,亦未生效。查此案发生原非偶然,昨托人在建厅抄来耒阳县代电及建厅指令,始知其注重公司方面,而非个人问题,故将耒阳县属新渡头存砂五十余吨查封,此事幸时先赴省方接洽,省方对此案多有明了真相者,亦有误会者,当此时势,亦不能与之深辩。兹将该县代电及厅令一并抄呈钧鉴,便知其中底蕴。同时常宁方面亦发生谣诼,幸存砂业已运清,又赶紧收束,函达县府,风波遂平。衡阳方面亦有谣言,幸多旧交从中疏解,尚可安居。但因耒阳封砂一案呈报建厅,牵及衡阳,昨日衡阳县政府发来通知,云奉建厅令饬将耒阳运来存砂百余吨查封,并派政警谭队附前来执行。查各厂运来存砂均堆积转运处砂坪,与该处原有存砂混合不能分散,倘仅封百余吨,其余存砂势必发生问题。再四思维,与其隐瞒而生后患,不如合盘托出较为妥善,故将该处存砂一千八百三十余吨一律查封,以免另生枝节。钧座明达,谅亦为然。兹将函复衡阳县公文录呈鉴核。衡阳县府方面,时早有接洽,故查封手续极为简单。惟此项存砂虽交当地保长看管,而保长不能常川驻此。已拣之砂成份较优,难免不被人盗窃,县府之意仍欲职局派人保管,以昭慎重。究应如何保管之处,伏乞鸿裁示遵,是所企祷。此事发生,原因时局关系,时虽问心无愧,而调度无方,殊难辞咎,加以远方之人羁押囹圄,无辜受累,清夜思量,犹抱不安,现仍极力设法为之解脱。知关廑注,并以上陈。专肃。恭叩

钧安

伏维垂察。

严时谨上

严时致盛恩颐函
民国二十六年十月十日(1937.10.10)

总经理钧鉴:

敬肃者,本月二日上第十五号函,并抄呈建设厅声明查封锰砂吨数请予备案公文一件,谅蒙察核。顷奉建厅十月七日批示,据称并未私采锰砂装运出口,准免置议。至查封存砂一节,业准衡阳县府呈复封存大小锰砂十堆,令准备查在卷等因。奉此,除归卷备查外,谨将原批录呈钧鉴。此次县府奉令查封存砂原出于时局之趋势,无可抵抗,但虽受无端之压迫,终愧有忝厥责,用是不避嫌怨据理直陈。现在所有存砂吨数及并非私采情形既经建厅照准备案,将来时局平定,呈请启封,时已有根据,较易着手。而满城风雨,至此亦稍见光明,此间目前尚平靖,惟亦时有防空警报。知关廑注,并以奉闻。专肃。恭叩

钧安

伏乞垂察。

附抄呈建设厅批一件

严时谨上

[附件] 湖南建设厅批件

呈悉。据报该商此次在常耒两县只将往昔存山锰砂加以选运,并未私采运砂出口各情,查属实在,应准免予置议。至查封该公司存砂一节,业据

衡阳县政府呈复略称,经已派员会同当地保甲长将不计吨数之大小锰砂十堆封存,责成该保甲长等保管等情到厅。经令准备查在卷,仰并知照。此批。

盛恩颐致严时函

民国二十七年七月二日(1938.7.2)

径启者:

查驻湘锰矿局前经停办,改设保管处,由执事负责保管,现在大冶亦已停工,公司财政困难已达极点,保管处应予裁撤,所有该处职员佣工薪水工资均截至六月底为止,自七月起,一并裁撤。职员自执事以下,各给予裁薪三个月,佣工给予工食一个月,均自七月份起算,以示体恤。各处房屋即行退租。希于奉到此函后,即行分别将结束事宜妥速办理完竣,备文具报,是为至要。此致

驻湘锰矿局严局长

总经理

(六) 阳新锰矿

季厚墍致夏偕复、盛恩颐函

民国十三年五月十九日(1924.5.19)

总、副经理钧鉴:

查阳新锰矿复开伊始,亟须调查现状,以为进行之标准,因派采矿股周股长前往查勘,兹据旋冶报告,谨将报告书照录一份寄呈垂察。查开办该矿,从前皆抱收砂主义,一切工程甚形简单,如山厂泥土皆任其积存不运,只拣易采者采取,今既复开,自应作有统系的计画,如仍照旧法,则不数月即无矿可取。拟嘱该矿皮主任即照周股长报告书择要举行,以期产额增加,于冶厂自用外复可供给制铁所。谨此函陈,伏祈鉴核是幸。专肃。

恭叩

钧安

　　附抄报告书一份。

季厚堃谨启　周厚坤代

［附件］　查勘阳新锰矿报告书

沿　革

　　据阳新县志载：宋时银山产铁铅，苏东坡游此题"铁壁"二字，镌于岩石上可证。元时于此山采银，明万历间复开银场，矿尽山崩，旋废云云。清光绪末叶，张文襄公办汉阳厂，始见于此采锰，念余年来，无甚迁变。

矿　床

　　矿床东西向，断续绵延四千余尺，厚十余尺至数十尺不等，深可预计者约数十尺，以此推算，矿量当在十万吨以上。矿质除锰外含铁质居多，有谓亦含铅质，但近年未经发见，顾曩时于此采银者或即由铅中所提炼焉。

开　采

　　查已开采地点凡六，曰观音桥、螺丝湾、叶家坟、圣旨牌、上山头、笔架山等。是旧有厂位，或因山岩倾塌，或为渣土闭塞，颇难施工，须先将土石运出厂外，方能从事采取矿砂。惟螺丝湾、上山头两处尚有窿口宛在，如能兼由窿内开采，作双方并进计划，似不难供给冶炉炼需。

设　备

　　查观音桥、螺丝湾、叶家坟三厂可作一段，圣旨牌、上山头、笔架山三厂可作一段，各设挂路一道，山麓铺设轻便铁路，上自挂路，下至存厂，一气衔接，以资周转。又存厂两旁宜建装矿码头，以便转载拖运。

化　验

　　查各厂矿砂所含锰质成分不一，有自十二三分至三十余分者，必须于山厂备置简便化验物品，随时检验考核成分，方能分别优劣，藉资取舍。

测　探

　　矿床附近所有未经开采或已开采而未知其深宽者，均须先行测探，俾作策画,以定施工趋向。

结　　论

综上各节,均系举纲挈领,由根本计画,至若办法细则,开采成本,工作支配,以及计算设备物品等项之规定,已与该矿皮主任面有商榷,须再请其谙习人地情形者实地规画,呈请核夺,似为妥洽。

周开基谨具

盛恩颐致季厚堃函

民国十三年六月十八日(1924.6.18)

专复者:

接四七号函,附阳矿化分表十三种,具悉。查表内所刊官山头、上山头二种锰分太低,虽有钙养抵砂,究不合算。笔加山二种,矽分太多,螺丝尾一种,硫分过高。总计以上五种,应暂置不采,即希转致查照。此复
大冶厂矿季厂矿长

副经理

季厚堃致夏偕复、盛恩颐函

民国十三年十月三十日(1924.10.30)

总、副经理钧鉴:

前奉九三号谕函,敬悉,当即转嘱魏股长前赴阳矿,会同皮主任遵照办理,并于十月十五日电陈在案。

兹据魏股长、皮主任联名函称:灏于十五日驰抵阳新,与名振会商一切,所有双港、县城、富池等处起卸工人,均于日前先后在冶招往,分区派定工作,尚属相安。现在每日可驳运矿砂四十余吨,交往来阳新、武穴间汽船拖带至富,如内河退水稍缓,则本年尚可行轮一月,能将双港存砂多运若干。此灏、名振等奉缄会同办理招工事宜之实在情形。

惟是阳矿规模极为狭小,前此设备原只为年产四五千吨之预备,本年办理采运已觉十分勉强,明年冶厂炉需锰砂一万五千吨,产额既须增加,一

切设备自应酌量扩充,而此项进行计画又非先期筹备,不能措置裕如。灏、名振等详察阳矿情形,会商意见,拟从十四年起阳新所出锰砂只负运存富池之责,由富至冶应请转商运输所派驳往运,以期迅速。至目前急须举办各节,采矿方面拟加修挂线路一条,除机件业已向厂定造外,约需土方工费洋七百元;圣旨牌、螺丝尾、叶家坟各处矿脉较有希望,拟多做土石,添辟厂位;观音桥、上山洞、螺丝湾土厚矿深,拟改开窿口,两共约需洋三千元。运输方面如能将银双铁路接长八里,直达河边,为最上策,但购地修路铺轨及购办车头需费稍巨,一时恐难举办。为目前简便办法,拟再加造矿车十五部,如火车运输发生滞碍时,即可用人力推送,以补不足。双港、县城港口年久淤塞,舟行搁浅,拟于今冬水涸即行招工疏浚,约需工费洋一千五百元。阳局原有驳船六只,本年仅修好四只,尚有二只,仍拟即行修整应用,每只约需修理费洋一百六十元,计三百二十元,并另加造六只,每只载重七吨,所有工料油灰桅篷零件等项约需洋四百五十元,计二千七百元。以上所拟计画,均与明年产额有关等因。

查所称各节,均系实在情形,愚见各条内尤以县城至双港小河乘冬令水涸赶紧开挖暨酌量添造小驳数只以利转运为至急,拟请批准,即行开工。至其余设备亦均属紧要,然有缓有急,伏祈裁夺施行,是所至祷。恭叩

钧安

季厚堃谨启

季厚堃致盛恩颐函

民国十四年四月二十三日(1925.4.23)

总经理钧鉴:

前奉第二四号谕函,阳新锰矿局月支经费若干,现有工人若干,采出若干,运出若干,每吨约合成本若干,应由该主任详细列表,嗣后并按月一报,以资考核等因,当经转知该矿皮主任遵照。兹据函称:阳矿于民国十一年停顿,十三年二月名振奉调前往接办,当时修理车辆船舶,招集矿工船户,于五月间始克正式开工采运,截至十二月止采获矿砂四千九百十二吨,运

出矿砂四千一百八十八吨一百八十一千分,支出现金洋二万一千一百七十七元五角零五厘,材料机件除存储不计外,用去转帐洋一万六千八百三十元零二角七分五厘,两共洋三万八千零零七元七角八分,其中尚有扩充项下之造路、铺轨、修船费用,洋一万四千四百七十一元四角二分二厘,应列入阳矿资产,仅实支经常费洋二万三千五百三十六元三角五分八厘,科合成本每吨计洋四元九角六分。兹造具十三年份支出现金、采运矿数总表及费用支出详细报告书,请为转呈。至本年一月后,因经费支绌,裁减矿工,现在仅有三十余人,每日出矿十余吨,运富矿砂二三十吨,所有各项表册容汇齐续寄等语。理合据情函陈,并附原表三纸,伏祈垂核是幸。恭叩

钧安

季厚堃谨启

盛恩颐致公司董事会函

民国十四年七月十六日(1925.7.16)

董事会公鉴:

查汉厂于前清宣统年间,承租湖北武昌县(即今之鄂城县属)银山头、马婆山两处官有铁矿,禀部颁发执照开采,并派戴委员怡前往设备兴工,均经该厂禀陈有案。惟开办未久,即值改革事起,公司固限于财力,不克充分经营,而该矿矿量不丰,矿区距江岸过远,中隔大湖,运道极形艰阻,实无开采之价值,采矿不多,遂尔停辍,而矿界年租及省委驻矿监收井税、年租、委员之津贴、矿次员役之薪工,仍须照付,岁支虽不甚巨,究属糜费。前据汉厂报告,樊口拦江堤将次筑成,则此后该矿山由水运输,更无出路,因饬将采存矿砂赶紧设法运厂,一面裁并员役,准备结束。兹据陈报,存砂业经运清,该局亦已裁撤,所有出井税早经按吨缴讫,历年矿界年租,亦系按年缴纳,本年缴至六月底止,驻矿省委津贴亦截止六月底停支,请具呈退租等情前来。除呈湖北省公署声请退租,寄由汉厂转报外,理合报明贵会鉴核备案。肃颂

公安

兼代总经理

湖北省长公署指令

民国十四年八月十八日(1925.8.18)

令汉冶萍公司总经理盛恩颐。

呈件为银山头、马婆山采存矿砂业已运清,咨请部注销退租由。

呈悉。据称该公司承租鄂城县属之银山头、马婆山两处铁矿,采存矿砂移运铁厂,已于本年六月间运清,请咨部注销退租,并令驻山委员回省销差等情,应准如呈,分别咨饬可也。仰即知照。此令。

中华民国十四年八月十八日

兼省长 萧耀南

盛恩颐、潘灏芬致季厚堃函

民国十四年十二月二十二日(1925.12.22)

径启者:

查阳新锰矿,前因冶厂封炉饬即停采,以资节省。该矿既经停办,亟应收束,该主任皮名振即予停职,应由尊处迅派妥人前往该矿,将采存锰砂查点计数,及一切器具文卷一律接收,即驻矿为保管员,责成保管,所有司役概予裁退,酌留一二人帮同管理,一如前次停办时之状况。合行函知,即希查照办理,并将遵办情形详晰具复备核为要。此致

冶厂矿季厂矿长

总、副经理

盛恩颐、潘灏芬致赵时骧函

民国十八年七月二十九日(1929.7.29)

径启者:

前接来函,关于阳新锰矿以后应否续采见询等情,当以该矿成分太劣,成本及运费又复过昂,现值停炉时期,实无开采之价值,函征吉川顾问意见,对于停采亦表赞同。合行函知,即希查照,将存锰加紧运完后应即实行

结束,并将该矿每月看守费再行核减至最少限度,报候核夺为要。再,该局屋涉讼一事,现在进行如何情形,及局契已未发还,并望见复。此致
汉厂矿赵厂矿长

总、副经理

盛恩颐、潘澣芬致会计所函

民国十九年一月二十三日(1930.1.23)

径启者:

接冶厂矿长函:陈复阳矿存锰运清后遵饬结束,已将各工人遣散,并将重要材料器具运冶存储;该矿保管员经一再核减,定为月支一百五十元左右,开具每月支用清单,陈请查核等情。合行函知,并将来单抄送查照。此致
会计所费代所长

总、副经理

(七) 永和煤矿

江西永和煤矿公司转让合同

民国十年七月十九日(1921.7.19)

汉冶萍公司(以下简称汉冶萍)与朱祖荫、屠鹤清(以下简称朱屠)商议转让江西永和煤矿公司股票,预付款项,订立合同如左:

一、朱、屠愿将己名下及经手所招友人名下之江西永和煤矿公司票面十四万元以上,即二千八百股以上,票面十七万八千五百五十元以下,即三千五百七十一股以下之优先、普通股票转让与汉冶萍管业。

二、朱、屠担保永和煤矿公司所发股票不超过优先股洋十万元、普通股洋七万八千五百五十元,业经汉冶萍查明列表,如于所列股数之外有所增加,汉冶萍不能承认,由朱、屠负责料理取消。

三、转让价汉冶萍允付每股价洋如左：

甲、优先股　每股价洋七十五元

乙、普通股　每股价洋六十五元

惟朱、屠索价优先股每股价洋八十元，普通股每股价洋七十元。此节留待双方再行协议。但汉冶萍允不再减前允之介，朱、屠允不再增前索之价。

四、汉冶萍因朱、屠现有急需预付洋三万元，朱、屠允以己名下及经手所招友人名下之永和煤矿公司股票票面十万元，即二千股为此项预付款之担保品抵押，于汉冶萍将来转让契约成立实行转让之时，此项预付之款即为转让价之一部分。

如转让契约不能成立，朱、屠允于接到通知后一个月内将预付款照数以现洋偿还，并按月以一分计息，汉冶萍即将抵押之股票如数交还朱、屠。如朱、屠到期不能偿还本息之时，允以上项抵押于汉冶萍之江西永和煤矿公司股票票面十万元即二千股转让于汉冶萍，不另索价，前项债务即为两讫。

五、转让契约议定以后，汉冶萍须经董事会核议通过方生效力，如不通过即不成立。所有本合同之预付款项抵押股票照第四条所开办理。

六、汉冶萍与永和煤矿公司订有借款合同。该项合同与本合同有连带关系，如永和不履行，以致无效时，本合同亦即无效；所有本合同之预付款项抵押股票照第四条所开办理。

如因其他事故以致本合同无效时，所有本合同之预付款项抵押股票照第四条所开办理。

七、朱、屠将经手所招友人名下之江西永和煤矿股票抵押于汉冶萍时，应于本合同签订后即向各股东取得授权书，声明愿托朱、屠抵押或转让于汉冶萍，此项授权书须于签订合同后两星期内交于汉冶萍收管。

八、汉冶萍与永和所订借款合同内声明，代表担保阳历本年五月三十一日以前，永和之负债不超过汉阳铁厂收支许笠山所查帐上数目，如有超过之数，由代表自行筹还。阳历六七两月，永和一切开支约加增债务两万元左右，代表担保，如数目溢出过巨之时（如两万五千元以上）亦由代表自行筹还等语。查代表即系朱、屠二君，如有此项情事发生，代表不能筹还之时，汉冶萍可代为偿还，计需若干即于应付转让价内扣除，如不足时，仍由代表自行凑足。

九、朱、屠允于汉冶萍取得股东权利接收采办以前，担保矿山窿工机器房屋均无毁伤损害情形。

十、本合同由朱、屠两人签名，两人之中如有一人不能出席之时，由一人负其完全责任。

十一、本合同缮具两份，双方各执一份。

朱祖荫

屠鹤清

汉冶萍公司总经理　夏偕复

中华民国十年七月十九日

夏偕复、盛恩颐致公司董事会函

民国十年七月三十日（1921.7.30）

董事会公鉴：

窃查江西永和煤矿公司，为前充安矿收支屠鹤清等所办，查悉后，当将屠等免职，并经陈报在案。该煤矿自经开办，已历三年，所出煤焦，闻尚优美。近因困于经济，无力进行，由屠鹤清浼人来商，愿将该矿转让，由本公司承受，先派刘朗、汤尚松两矿师前往调查，均称尚有希望。复派冶厂黄副厂长锡赓详加复勘，据报告称：询据该公司声称，先后共领三矿区，共占面积十六方里有余，距株萍车站九华里，距安矿四十里，矿石层及煤槽与安源大同小异。大煤槽，其性较硬，须参和近处小煤槽之煤，即可炼焦，约估煤量，有五六百万吨，按照目前情形，该矿略加布置，日可出煤一二百吨，如能合并安矿，作为附属机关，似尚合算等语。查核报告情形，似尚有承受价值，当电汉厂许收支恒，亲到该公司调查帐目股票及欠债各数，以凭核办，旋据报称，股本及欠人各帐，总计约在四十万元等语。

经理等以冶厂开炉后,安矿岁产之煤,悉数炼焦,仅足供汉冶化铁之需,而厂矿锅炉车船所用烧煤,岁需二十万吨,尚须另购。现值煤价翔贵,即此购煤一项,岁费不赀。该矿煤质既佳,而又接近安源,密迩铁路,工作既挹注有资,运输亦极便利。该公司既愿移转,似应收回,量予扩充,取携自便,不惟免购外煤,且去安源之一敌。经与该公司当事人朱祖荫、屠鹤清一再磋议转让条件、代价一层,该公司于股本及实用外,尚须酌偿优利,总须四十五六万元,惟转让手续,频烦研究,因之尚未定议,而朱、屠两人需款孔急,暂以该公司股票票面十万元,即二千股,抵押三万元应用,订立转让永和股票预付款项合同,声明将来转让契约成立,此项预付之款,即为转让之一部分;如不能成立,即照数偿还,并按月一分计息,如朱、屠不能偿还时,即将抵押二千股之股票转让于汉冶萍,不另索价等语。比时因贵会会期尚远,而朱、屠又立待需款,未及陈报,已于七月十九日签订。兹将该项合同照录,送请贵会追认,并将筹议转让该矿详情,一并陈明,黄副厂长报告照抄附送。转让条件,一俟妥商就绪后,即行陈请核议示复施行。除陈孙会长外,专肃。祗颂
公安

总、副经理

永和煤矿公司董事会议案
民国十年七月三十一日(1921.7.31)

民国十年七月三十一日永和煤矿公司在上海开董事会。

到会董事:施则敬、朱祖荫、史久绍、杜占鳌、许继焕、屠鹤清。

公推史久绍君为主席。

主席宣言:

本公司已过历史,到会诸君均已知悉,去年在湘开董事会,以建筑自矿至峡山口之铁路为惟一前提,比时全体赞同,并于如何施工,如何筹款,皆议有端绪。正在着手间,适湘局变更,遂将垂成之计画骤然停顿,于是对于矿工设施购机筑路诸大端均无从顺序进行,年余以来,全仗朱君樾亭、屠君

介颐苦心孤诣,借债支持,截至本年七月底止,共负债洋二十万元左右,息既奇重,期又甚迫,欲再募新股,另借大款,又以时局不定,无法募借。是以本公司一因金融关系,二因时局关系,非特不能图将来之发展,并无以维目前之现状。兹有朱、屠两董事提出说帖,请到会诸君逐条公决。

节录朱、屠两董事说帖最要两条:

一、由祖荫等担任代收照票面十四万元之股票交汉冶萍公司接收,汉冶萍即履行代还本公司债务之责任。

二、与汉冶萍议定收足十四万元之股票,交其接收,汉冶萍即照优先每股价洋七十五元,普通每股价洋六十五元兑付票价,先付一半现金,一半三星期期票,届期照兑。

以上两条,当经表决赞同,俟与汉冶萍成交后,所有结束前此公司办法,具详说帖各条,亦经表决照办。

主席提议:本公司领袖、董事朱君樾亭原定月薪三百元,自开办迄今,朱君只领半薪,在朱君廉洁自持,在同人诸多愧歉,况此后结束等事,尤赖朱君擘画,自宜将全薪补足,以表示同人酬劳薄意。

朱君坚辞不领,经同人敦迫,始允即在徐家棚堆栈存煤变价内支配,不另开支。

本日到会各董事,并屠君代表王董事汉丞,一体具函向各股东宣告辞职。

施则敬　朱祖荫　史久绍　杜占鳌　许继煐　屠鹤清

公司董事会致夏偕复、盛恩颐函

民国十年八月三日(1921.8.3)

总、副经理均鉴:

昨接第七十号来函,以永和煤矿商请转让于本公司承受,先以十万股票抵借三万元,订约录请追认等因。兹于民国十年八月一日第十一次常会提出,公议:永和煤矿接近安源,照总经理函称,为免购外煤起见,本公司有承受之价值,现将股票十万元抵借洋三万元,业已过付,本会准予追认,仍

俟将让渡条件妥议就绪,并永和自开股东会,全体股东通过之后,再行报会公议云云。相应函复,即希查照。此颂

均绥

董事会启

附合同

民国十年八月四日(1921.8.4)

汉冶萍公司(以下称甲方)与朱祖荫、屠鹤清(以下称乙方)因十年七月十九日所订合同尚有未尽事宜,特订附合同如左:

一、正合同内所称收买股票十四万元优先每股价洋七十五元,普通每股价洋六十五元,兹特扩充股额至收全为止(即收至十七万八千五百五十元)。

乙方所交股票如非全数,甲方即照上项价格照本合同第二条付款。

乙方所交股票如系全数,甲方允照优先每股八十元,普通每股七十元给价,其付款方法亦依第二条办法。

乙方所交股票虽非全数而足十四万,或超过十四万时,所余股票乙方得于半年内随时收集至全数,一次补交与甲方,甲方亦允收受,除补交之股票甲方即照本条第三项价格付款外,其余以前所交之股票,甲方亦允照本条第三项价格补给与乙方。

如上项补交股票不能一次交全而陆续交与甲方,则其价格与付款办法均照十四万元各股票办理,至交足全数时,与前所交之股票统照本条第三项价格补给。

二、乙方承收前项股票同息折收足十四万元时,即将股票息折过户于甲方,连同转让书交与甲方接收,甲方即照优先每股七十五元,普通每股六十五元兑付票价。此项价洋付一半现金,一半付三星期期票,期到照兑,俾得与各股东价票两交,以期各股东乐于出售其余股票,随收随交,照前优先、普通各价付与现金。但如乙方不能履行第五、第六两条,或有特别障碍以致新董事不能行使职权时,前项期票甲方得以拒绝兑现,甲方并得要求

乙方照正合同第四条第二项同样办理,十四万元以后之股票,甲方亦得拒绝收受。

十四万元之股票自过户后,甲方虽只付半价现金,然于股东会内甲方亦得行使股权。

三、公司向官厅注册有须认股书时,乙方允向各股东补取。

四、乙方允即办理以下事务:

甲、在汉口事务所保存之股东会议事录及董事会议事录、公司钤记及重要文件,即日寄沪,于股票过户后交由甲方收执。

乙、朱祖荫之声明移转矿业权书计一式三纸,允即办就交甲方收执,由甲方出具收条为凭,但于新董事会成立后,应换一永和公司之收条。

五、乙方允担保旧董事全体或七人向股东会辞职,并交与甲方以全体或七人共同签名之辞职书。

六、乙方允即书一各旧董事共同签名之函向各机关办事员声明业已辞职,由新董事接替之事实。此函交与新董事,由新董事转饬各处办事员遵照办理。

七、乙方允担保于新旧董事交代时,将一切文件、册簿、票据、材料、款项以及他项生财以完好式样移交与新董事,如有遗失损坏,归乙方负责。

八、乙方允向矿上办事员疏通并担保无不法举动发生。

九、乙方允担保阳历本年五月三十一日以前,永和所有负债不超过于汉阳铁厂收支许笠山所查帐上数目,并六月一日以后,息金由新董事担任偿还,如有超过之数,由乙方自行筹还,阳历六七两月,永和一切开支约加增债务两万元左右,乙方担保数目溢出过巨之时,如两万五千元以上,亦由乙方自行筹还。

十、乙方承收股票十四万元交甲方接收,新董事即将担任,永和债款如数清还,以免纠葛。

十一、前订之正合同及本附合同虽由甲方经理签字,如甲方董事会有所修改,双方均允再行协商。

十二、甲方代表于三星期内至汉口事务所查阅文件,如发现新事实有须加入本合同时,乙方允再协商。

朱祖荫

屠鹤清

汉冶萍公司总经理　夏偕复

中华民国十年八月四日

夏偕复致公司董事会函

民国十年八月九日(1921.8.9)

董事会公鉴:

前以永和煤矿无力进行,商请转让,与该当事人朱祖荫、屠鹤清议订转让永和股票预付款项合同,并先以股票二千股抵押三万元,报请追认,并陈明俟转让条件妥商就绪,即请核议施行等情。嗣奉议复,民国十年八月一日十一次常会提出,公议:永和煤矿接近安源,照总经理函称,为免购外煤起见,本公司有承受之价值,现将股票十万元抵借洋三万元,业已过付本会,准予追认,仍俟将让渡条件妥议就绪,并永和自开股东会,全体股东通过之后,再行报会公议等因。遵与该当事人朱、屠二君一再磋商,该公司股票全数本系十七万八千五百五十元,如能全数收齐,允于优先、普通照正合同所订七十五元、六十五元外各加给五元,如只能收到十四万元,仍照正合同付价,意在将股票悉数收清,事权归一,故特予以奖励。股票息折收至十四万元时,即将股票悉数过户,连同转让书交与本公司接收,照优先七十五元、普通六十五元兑付票价,一半现金一半期票,如是则本公司为大多数之股东矣。一面即由该公司旧董事召集股东会,当场辞职,即由股东选举新董事接任。似此递嬗,则永和矿产即为我所有权矣。再由新董事提议增加股本,即照收买实数为增加之数,或推广若干,并订立章程,呈部注册。以上即为转让手续,业经商订附合同,于八月四日签字。兹特另纸抄呈,敬祈核议。

窃维收买永和煤矿,固由其质优量充,足以辅我之不足,然尚有二因为前函所未及,兹再补陈:一、该矿接近安源,前者发起诸人即属安矿职员,虽经脱离,然与安矿熟悉,如有所需,如材料、技师等,保无设法通融之处,长此以往,要必损及安矿,此可断言;收并则前之所谓损者,悉可转以为利。二、扬子公司添设炼炉,需煤是要,前闻该公司有收并该矿之议,嗣因经济困难,不能即时筹付巨款,该矿始舍而就我,有此良机,势难放弃。具此二因,虽值经济困难之时,不得不竭力图成,以为固本杜患之计。至收购价值,现经筹有的款,究竟应否承受该矿之处,除陈报孙会长外,理合陈请贵会核议示遵。

再,附合同先经签字之故,缘该当事人称搜集股票,不能不稍有凭据,并有责成该当事人即行办理之事务,以免拖延时日,耗费无稽,是以权行签字。此案如不蒙贵会通过,自可作废,或须有改正之处,亦可商改,均经于正附合同内载明,虽经签字,仍留余地。合并声明。肃颂
公安

总经理 夏偕复

汉冶萍公司致朱祖荫①、屠鹤清②函

民国十年十月六日(1921.10.6)

樾亭、介颐先生均鉴:

接奉十月一日台函,以敝董事会修改附合同第二条,碍难承认,并谓合同有主体、有附件,修改只能施之于附件,不能涉及主体等因。查订立附合同之时,所议各条件,因未提经敝董会通过,故于合同内载明:"如甲方董事会有所修改,双方允再协商"等语。是所谓修改者,系指该合同全体而言,并未指明何者为主体、何者为附件,亦未指明附件可修改,主体不应修改也。案经敝董会公同议定,自应照修改者执行,不得变更法定手续,以符原订之旨。尊处只须将应行交代之事,从速交清,则应找票价自可早日算给,固不必于议定之案徒为笔舌之争也。尚希鉴察为幸。此复。顺颂
均祺

汉冶萍公司启

---

① 朱祖荫(1853—?):字樾亭,江苏宜兴人。时任湖南省长公署高等政治参议。
② 屠鹤清(1870—?):字介颐,江苏武进(今常州)人。曾任萍矿收支处长,后被开除。

永和煤矿公司股东会议案

民国十年十月十一日(1921.10.11)

　　中华民国十年十月十一日下午三时,假上海青年会开永和公司股东大会,到会股权六千六百九十权。

　　公推周厚坤先生为临时主席,宣布移沪开会宗旨,并增股改组经过情形。略谓上届票选临时首席董事朱樾亭先生,因事不克莅会,函托鄙人代表一切,即朗读委托书。并谓今日为本公司第二次股东大会,上届开会地点本在长沙,今届因该处地方不靖,人事变迁,徇多数股东公意,改在上海开会。顷计远近到会股东,权数已达十分之九,足征诸股东极具热心。惟本公司虽照股份有限公司组织,但尚未经过注册手续,且上届股东大会以工程繁巨,基〔资〕本微薄,息债艰重,曾经三分之二以上股东议决,股额增加至优先十万元,普通三十万元,共为四十万元,即由各股东分头招集,现已足额,已缴股银亦达三十九万四千五百元,结果甚为圆满。兹特正式接开创立会,另订章程,预备呈请官厅注册,俾遇事得以适用条例,享受保护,而公司业务亦可就原有范围从事扩展。方今国内工厂林立,煤焦用途益有供不应求之势,本矿质量丰美,运输便利,经此次集厚资力,根本整理,将来造诣,当有可观。是固诸股东所同深期望者也。

　　次由主席宣读章程草案,逐条解释,由股东详细讨论,一致通过。

　　主席报告:公司临时董监辞职,并宣读董事朱祖荫、施则敬、史久绍、屠鹤清、许继煐、杜冠三、王汉丞、王士林,监察俞伯琴、郑云斋诸君全体辞职书,征询股东意见,应否酌留,抑即改选。

　　股东夏棣三先生起言:从前董监既属临时票举,且循绎来书意义,并因各有专务,势难强留,似应准予辞职。众举手赞成。

　　主席宣称:上届临时董监,现经股东赞成准予辞职,应请照章投票选举董事七人,监察二人。众起立投票。

　　投票毕,由股东公推李慕青、顾仙舟两君监视开瓯检票。

　　计当选董事七人:

夏棣三先生得五千六百三十权。

左子廙先生得五千三百五十权。

金籾蕃先生得五千二百九十权。

李树侬先生得四千六百十权。

盛我龚先生得四千四百九十权。

朱樾亭先生得四千四百七十权。

周厚坤先生得三千九百十权。

次多数董事四人：

陈安生先生得一千七百二十权。

倪燮臣先生得一千六百权。

包子如先生得九百八十权。

杨绶卿先生得七百二十权。

计当选监察人二人：

赵炳生先生得五千四百七十权。

孙莲孙先生得四千八百五十权。

次多数监察人二人：

孙景扬先生得一千权。

宋子文先生得四百八十权。

当场宣布后，主席言：董监今已举定，照章董监公费应由股东会议决，应请各股东发表意见。

股东夏棣三、李树侬先生发言：本公司力量尚薄，扩张伊始，成效未彰，董监夫马公费鄙意暂不支给，以节经费。主席宣付表决，多数通过。

议毕时已五钟，宣布散会。

永和煤矿公司章程

民国十年十月十一日（1921.10.11）

第一章　总则

第一条　本公司集资经营，由朱祖荫代表报领探采江西萍乡县西南凤鸣乡长坡里、洞天眼、沙坡等处煤矿,计农商部采字执照第九百六十三号及农商部探字执照第六百五十七号,又已请未批之一区,呈部注册,名曰永和煤矿股份有限公司。

第二条　本公司遵照矿业条例,以开采煤矿,建筑矿用铁路,及其他附属事业为宗旨。

第三条　本公司设总事务所于上海,并设分事务所于矿山。

第四条　本公司凡有公告事项,由董事会登载上海申、新两报三天公告之,或用函通知。

用函通知时,公司依照股东名簿所载住址,用挂号信递送,惟达到与否及达到之日期,公司不负责任。

第二章　股份

第五条　本公司全系华股资本,总额定为银元四十万元,分作八千股,每股计银元五十元,内优先股十万元,普通股三十万元。本公司股票分为一股、十股、百股三种。

第六条　本公司股份一次缴足。

第七条　本公司股银存储殷实银行,应行动支款项时,由矿长报告董事会,由董事会按照预算核实支拨,以昭慎重。

第八条　本公司股票用记名式,凡股东有用堂名户记登记者,各从其便,但仍须将代表股东姓名、籍贯登簿,以昭核实。

第九条　本公司设股东名册,编定号数。其所登事项如左:

一、各股东股份之数及其股票之编号。

二、各股东之姓名、住址。

三、各股份已缴之银数及其年、月、日。

四、各股份取得之年、月、日。

第十条　本公司股票转售时,非经过户手续,不能发生效力,其户名当以股东名册为准。惟在开股东会前一个月,停止股票过户。

第十一条　本公司股票如有遗失时,须报明本公司并登报声明作废,俟满三个月后,查无纠葛,并须有妥实保人,始补给新股票。

第十二条　本公司股票如有股东须改换户名，或因损坏分合，须换给新股票时，应声明理由，备具证书，检同旧股票，送交本公司，照章办理。

第十三条　换给或补发股票时，得收手续费每纸一元。

第三章　股东会

第十四条　本公司股东会，分定期会、临时会两种。

第十五条　定期会每年举行一次，其会期、场所于一月前由董事会通告之。

第十六条　临时会由董事认为本公司紧要事件或由股份总额十分之一以上股东之请求，由董事酌定时期、场所，于一月前公告召集之。

第十七条　本公司各股东每一股有一议决权。

第十八条　股东会之议长，以董事会会长任之。如遇会长阙席时，由董事中推举一人任之。如董事均阙席时，由到会股东中公推一人任之。

第十九条　股东因有事故，不能到会时，可出具嘱托书，委托代表到会，其应有之议决权与到会同，但嘱托书应送交公司存留为证。

第二十条　股东会之议决，以到场股东议决权过半数行之；可否同数，由议长决之。

第二十一条　股东会议有未决事件，议长得延长会期，以三日为限。

第二十二条　股东会议决事项，须详载于议事录，由议长签字盖章保存之。

第四章　职员

第二十三条　本公司设董事七人，监察人二人，由股东会就有本公司股份二百股或二百股以上之股东选举之。

第二十四条　董事举定后，由董事中公推一人为董事会会长。

第二十五条　本公司于矿场设矿长一人，由董事会选任之。

第二十六条　本公司董事任期三年，监察人任期一年，董事、监察人任期满后，重被选举者，均得连任。

第二十七条　董事有任本公司职务者，其董事之职务如故。

第二十八条　董事、监察人公费，由股东会议定之。

第五章　计算

第二十九条　本公司营业帐目,每月一结,每十二个月一总结,并将是项帐目报告董事会,遵照公司条例由董事会造具簿册,由监察人报告于股东会。

第三十条　本公司所得纯益,以二十分之一为公积,二十分之一为董事、监察及办事人之报酬,其余按股派给各股东。

第六章　附则

第三十一条　本公司董事会及总分事务所办事细则,另行订定之。

第三十二条　本章程未经订明各事项,均遵照公司条例办理。

第三十三条　本章程由股东会议决,呈部注册后,方生效力。其应行改定之处,应由股东会依照本章程第二十条之规定议决修正,呈部注册。

主席　周厚坤

到会股东　李慕青　顾仙舟

夏偕复、盛恩颐致屠鹤清函

民国十年十一月五日(1921.11.5)

介颐先生台鉴:

前接十月删电开,本矿交代,需款甚急,恳求尊处以股票项下允借洋三万五千元,以待结束,全体即行解散,乞速电舒矿长照拨。又接十月号电开,矿事已完全解决,请电舒矿长,即拨款三万五千元,归股款项下暂支,以便结束各等因。查现存股款,本订定俟接收清楚后,方能照付,兹因执事一再电请,为从速结束起见,只得勉允照拨,以三万五千元为限。即祈与舒楚生君接洽,收到该款时,并请出具收据,注明"在股款项下扣抵"字样是荷。此复。顺颂

台祺

汉冶萍公司总、副经理

夏偕复、盛恩颐致舒修泰函

民国十年十一月十日(1921.11.10)

径启者：

接一号至十四号来函并各电，具报到汉及到矿各情形，均悉一是。此次执事赴矿接收，忽发生纠葛，固属彼方内部之争，而因此迁延，进行阻滞，本公司受损殊多，执事对于调人所提意见五条，虽为抵制之方，确属正当之法，筹谋老到，佩慰曷胜。兹将彼方对于协定外要求各节，条复办法如左：

一、屠支股款　查所存股款，系议定俟接收清楚后，方能找付，前接屠介颐君两电，请拨股款三万五千元，本难照办，因念该款尚系应付之项，不过迟早问题，业经复允，此时只能以三万五千元为限，并嘱其收到该款，出具收据，注明"在应付股款内扣抵"字样，以示限制。

一、八、九、十三个月开支　查接尊处十月养电内称，五个月开支三万余云云，除六、七两月开支限制约二万余元，已载明合同不计外，其八、九两月开支，照来电三万余摊算，应不及万数，兹格外通融，勉予承认。惟希查明，核实算给。至十月份，全因彼方耽误所致，所有开支不能认付。

一、煤焦变价　查本公司不惜巨资，收买永和股票及代偿债务，即系完全盘顶，该公司所有财产，自应全为我有，况接收以前之六、七、八、九四个月，矿山开煤经费已经认付，则所出煤焦更无再任该公司变价之理。所有现存矿山及峡山口、徐家棚等处煤焦，统归我接收。所请变价，应请完全拒绝。

以上三节，即希照办。至矿山债欠，及在矿收股，亦应俟交出后，核明分给。该款已嘱安矿筹备，可就近商拨，其余未尽事宜，并面告魏收支，渠到矿后，当可接洽也。盖印矿区图尚未收到，副张一纸，已交由魏收支带往矣。此致

永和煤矿舒矿长

总、副经理

布　告

民国十年十一月二十四日(1921.11.24)

敬启者：

　　修泰奉永和煤矿公司新董事会委任本矿矿长接收一切事宜，所有在矿各员司工役人等，业经前王矿长全体解散，修泰接收后暂行停工，缩小范围，重行改组。除已知照一律停工外，其原有上下人等，有与本公司接收之日以前往来银钱帐项未清之事，请于五日内向原经手人理楚，以后概不与永和新董事会委任之矿长相涉。特此奉闻。

永和煤矿矿长　舒修泰谨启

舒修泰致夏偕复函

民国十年十二月二十三日(1921.12.23)

经理钧鉴：

　　敬肃者，本月二十二日肃呈第三十号函并单，计达钧览，泰昨详察本矿窿内，途途皆壁，余煤甚少，若筹备将来进行，或先从打钻入手，或凿壁追探煤槽，前已由金矿师报陈在案。至究应如何妥善办理之处，仍候钧座酌裁，非泰所敢冒昧擅专也。顷闻梁矿师继善意拟下月来沪面陈一切，兹将永和自民国九年一月起至十一月交替日止所有每月出煤吨数，理合另缮清单附呈察核。敬叩

钧安

舒修泰谨肃

　　附呈永和九、十两年出煤吨数清单三纸

　　谨将永和自民国九年元月起，至十年十一月止每月采煤吨数，理合报告钧座察核

年份	月份	采煤吨数
九年	1月	1 830.945
	2月	721.843

年份	月份	采煤吨数
	3 月	1 310.770
	4 月	1 370.001 0
	5 月	1 712.931
	6 月	138.243
	7 月	45.063
	8 月	59.653
	9 月	414.426
	10 月	1 151.891
	11 月	1 451.551
	12 月	1 350.327
十年	1 月	无
	2 月	无
	3 月	615.500
	4 月	1 494.500
	5 月	983
	6 月	1 010
	7 月	236.500
	8 月	467.500
	9 月	255
	10 月	250
	11 月	111.500

共计 九年一月起至十二月止采煤 11 557.653 吨；十年一月起至十一月止采煤 5 423.500 吨。

魏允治致永和煤矿公司董事会函

民国十二年四月三十日(1923.4.30)

董事会钧鉴:

敬肃者,赖矿师于本月二十六号来矿,当即妥为招待,并嘱监工引导,履勘窿内外各处,连日又参观附近土井,现已履勘完竣,于三十号起程赴湘。据赖矿师云,可暂以原有工人向第三区东北正窿试探等语,业已遵照著手进行。除筹备增工,出煤计划径由赖矿师报告外,理合将赖矿师来矿日期并履勘情形呈报钧鉴,用备查考。专肃。敬请

崇安

魏允治谨肃

夏偕复致公司董事会函

民国十二年九月六日(1923.9.6)

董事会大鉴:

公司收买永和煤矿,初因接收交割未清,继因有该矿无煤之说,因将应找价款约八万余元扣住未付,该公司代表朱祖荫、屠鹤清屡次催索,告以无煤,碍难再付。现在该矿于本年七月初二日起每日出煤约五十吨,两月以来,已出煤三千余吨。

兹有黄柳仲来函称,贵公司与前永和煤矿公司代表朱祖荫、屠鹤清两君订约移转股权一节,所有未了手续,现经朱、屠二君委托鄙人代理,业经朱、屠二君缄向贵公司声明,其契约内所订代理人权限:(一)屠鹤清代表永和各股友以按照合同将移转股权全部代价收回,并向汉冶萍要求赔偿过期损失为目的,黄柳仲应按照法律上可得利益充分代为主张。(二)汉冶萍所欠价款,由屠鹤清详细核算,开明数目,交黄柳仲依法诉追。(三)黄柳仲得按照前两条之规定,以不背忠实主义,与汉冶萍直接为诉讼外之交涉。鄙人既受前项委托,亟应代为进行。查朱、屠二君曾于本年七月二十三日将本件未了各项缄请贵公司迅赐履行,迄今多日,未蒙赐复,兹特代申前请,

务乞于阳历九月二十日以前将贵公司对于前缄意见缄示鄙人,以资接洽。再,鄙人现住武昌小都司巷一号及汉口扬子街五十三号裕甡公司内,特以布达,即祈察照等语。

查现在该矿既有出煤之证,似宜与前途议一结束办法,惟经理因此事迭受抨击,疑为受贿,断不能再行经手。此事究应如何办理之处,应请贵会核定,直接函复,是为至幸。肃颂

公绥

总经理　夏偕复

永和煤矿公司董事会致魏允治函

民国十二年九月十八日(1923.9.18)

径启者:

永和煤矿自执事代理矿长以来,始而维持现状,继而筹画出煤,竟能达其目的,月出一千五百余吨,洵属任事勤奋,著有成绩,应即升为矿长,以示奖励。惟刻值经济困难,仍暂支原薪,合并知照。此致

永和煤矿魏矿长允治

董事会启

夏偕复致孙宝琦函

民国十二年十二月十三日(1923.12.13)

慕公会长阁下:

奉京字百四十五号台函,以永矿欠付价款一事,接施省之君函,据永矿抄件,请备款结束,照抄来函,饬即解决等因。查收买永矿,应付票价及代偿债务各款,公司已付过三十八万九千四百余元,下欠八万七千六百余元,先以交割未清,继因开采无煤,致未找付。至本年七月间,采见煤槽,月可出煤一千数百吨,此事本应结束,九月间接律师黄柳仲来函,声明代表朱君祖荫、屠君鹤清,清理该款,偕复因此事迭受抨击,疑为受贿,未便再行经手,愈丛诟谤。当经报请董事会核定,直接函复。嗣朱君祖荫附岑西林信,

来函催索,又经转陈董会,并案核办。先后奉会议复,应俟派员赴矿查明,再行核夺等因。盖案经转会核办,自应静候办理,故于朱君出面口头催索,不能有所表示,并非置之不理也。兹既奉谕,迅筹解决,免生枝节,不得不仰承尊意,勉遵办理。昨已与朱君祖荫接洽,关于欠数,朱君尚有要求,容俟与谈判后,拟具解决办法,陈请示遵。先此肃复。祗颂

崇绥

总经理

夏偕复致公司董事会函

民国十三年三月七日(1924.3.7)

董事会公鉴:

欠付永和煤矿移转价款一事,前以偕复被谤远嫌,呈请贵会主持核办,奉复俟派员查勘,再行酌核等因在案。

上年十二月间,奉孙会长函谕,迅拟解决办法,以资结束,并将办理情形见复等因。当即遵与朱君祖荫谈判。查欠付永矿票价,除已付过及十年十一月屠君鹤清在矿借拨,立有收据,准在股款扣抵外,现计结欠六万零三百十五元。兹据朱君祖荫函称,屠君在矿借拨低股之款,只承认二万一千六百元,此外之二万元应作已交峡山口煤焦各价,为乙方解散员司酬劳之资;又一万三千七百五十五元,为甲方应付十年十月、十一月矿山经费,均属不能扣抵股款,尚要求欠款延期利息等语。查前订合同时,原议甲方清查债务,乙方料量结束,以两月为期,至七月底交接,故合同订明,承认六、七两月经费。讵乙方辗转拖延,迨十月派员到矿,尚多方阻滞,至十一月始行交清。即据接收舒矿长函称,乙方要求矿用经费,认至十一月止。当经函复,交代迟延,咎在乙方,兹格外让步,八、九两月勉予认付,至十月、十一月,应即拒绝。是六、七、八、九四个月矿用经费既系我认,则所存煤焦当然归我接收。十年七月十六日乙方来函,有采存煤炭均归贵公司接收之语,故徐家棚存煤一千余吨,乙方变价不交我处,曾以公函反对,声明结算余款时须扣除,现既不予追扣,已属格外通融,则峡山口已交煤焦,岂有再任作

价之理。且屠君同为乙方立约之代表人，收款立据，声明抵股，讵能谓为无效？朱君要求二万元，系作煤价，不能扣抵股款，万难承认。惟一万三千余元，核其开来细帐，尚有购地购木等款，不尽属于员薪工资，似尚有商酌余地。又朱君以我方不认煤焦作价之二万元，云另拟一结束办法，缘当日呈领矿照之连署人沈君锡三，亦为永矿重要分子，伊处存有股票四十一股，计票面洋二千五十元，沈君知矿权移转时必须伊署名，曾索重价，如不给予，则不连署，此案即不得结束。如甲方允如数收回，则永矿原有股票即可完全收清，按照合同所订，股票全清，所收股票每股一律加价五元，合计需洋一万七千余元，由我方照给。伊以一万元给沈，收回余股，下余七千元，即作欠款延期利息，如能照允，则煤焦作价之二万元取消，而矿用经费之一万三千余元仍须我认。盖照此办法，将来办理矿权移转，原连署人方允署名，否则与移转事又生阻碍，请为抉择等语。以上两项要求，照前所请，三万三千余元之外，尚须认息；照后所商，连利息在内亦须三万三千余元，与我方结欠之数均属溢出。按之事理，准诸合同，俱属节外生枝，实难承认。究应如何办理，于上年十二月二十四日将以上各情陈请会长核定饬遵，并将朱君来函（附有签注）、屠君来帐及屠君前在矿次借款收据，并我方结算清单一并抄附去后，兹于本年二月二十日奉会长函复，饬即按照所订合同就近商承董事会诸公，酌量情形，持平妥商解决办法，以结悬案，而免纠纷，函达查照等因。

理合查案详陈，并附抄签注朱君来函、屠君来帐，即祈贵会俯予查核，公司决定，指示遵行，是所感盼。专肃。祗颂
公安

总经理　夏偕复

魏允治致永和煤矿公司董事会函

民国十三年三月二十九日（1924.3.29）

董事会钧鉴：

敬肃者，二月二十四日奉永字第一号函知，委任赖伦矿师会同股东联

合会所派周君仲卿来山履勘,到时希即妥为招待。又于三月十四日接奉第四号函,嘱赖矿师到矿时,对于窿内工程有所建议或指导之处,务希遵照办理,仍将赖矿师查勘情形及如何指导等方法详晰具复备核为要各等因。奉此,嗣赖、周二君到汉,来电通知,随即派人迎接,于三月十四日抵矿,连日导引赖、周二君进窿察勘,佥云实在有煤,因工程太少机械未全,致煤数不能源源而出。旋又察勘矿区以外四周各土井,煤质虽优劣不等,然皆丰富,足征我矿不致无煤,惜时值水大,各井未及入内遍视。

本矿目前计画,据赖矿师云,暂仍由试探入手。工头廖洪玉向东行做正平窿一条,又水风平窿一条,此窿须做适宜之勾配,又做新上正平窿一条,该平窿须距正平窿高约二十法尺。工头李德生沿大槽离正窑横石窿约七十五法尺做新窿一条,寻闭口上之正槽向西行,做水风平窿一条,又穿大槽之篷石作横石窿一条,又在进风正下插好炭处做正平窿一条,惟距正平窿高约二十法尺,须与廖洪玉所做新上平窿接通,即可进风。工头徐德生做通腊冲两老下插后,即循篷石做斜向下插一条,远约一百法尺,与廖洪玉新上平窿相接为止,做通后,此腊冲即为窿内进风总路。工头张正兴照常修理窿内各处。以上就原有工人一百另九名内酌留七十七名,暂减三十二名,数月后如人不敷,再行酌量添用,此系赖矿师查勘情形及指导之方法也。计议已定,随即通知各工头拟减人数,讵料工人俱乐部出而阻挠,不允裁减,允治即晓以大义,现虽暂减,以后仍须增加,乃该部怂恿工人恃蛮要挟,坚不承认,实属可恶已极。当时如定欲裁减,势必立起风潮,矿山又苦无后援,再四思维,非从根本解决,实无办法。除仍责成监工遵照赖矿师指示方法外,理合具复,伏乞鉴核备查。

再,赖、周二君三月十四日到矿,二十八日启行,昨已电陈在案。所有赖矿师在矿日支供给费洋,应请径嘱会计所按日照付,连同川资旅费数目,一并函知矿山转帐,合并陈明。专肃。敬请

钧安

魏允治谨肃

夏偕复致公司董事会函

民国十三年四月二十九日(1924.4.29)

董事会公鉴:

欠付永和煤矿移转价款一事,先后奉孙会长函谕,迅拟解决办法,以资结束,并就近商承董事会诸公,酌量情形,持平妥商,以结悬案各等因。遵将上年十二月间与朱君祖荫面议情形,于本年三月七日肃具七号函陈请核示。旋奉抄示三月十五日议案开:公议永和煤矿现已由董事会派委矿师会同股东联合会所派之员前往查勘,应俟勘明复到,再行核夺等因在案。

兹据朱君祖荫函称:贵公司所欠永和煤矿各股东股票半价暨承认代还债务,除还下欠债款计自辛酉八月四日合同签字之日起,迄今两年六月有奇,此两年六月之中,经荫与前永和经理屠君介颐向贵公司口头函面逼迫,催偿数逾百次,而贵公司百般推诿,延宕至今,所欠股款为岑西林先生应得者,几及全数之半,西林先生两袖清风,迫不及待,不得已于上年十月出而主持,另定取偿之方法,旋以贵公司董事会孙会长有函来沪,允偿前欠价款,维时西林先生待款度岁,亦遂极端让步,冀得了结,乃贵公司夏经理因事东渡,回国后仍不诚意了结,一味饰词推延。荫日前追随西林先生于常州途次,面陈近来索偿前项价款经过情形,奉谕回沪再向贵公司索讨,尽五日内归偿,若逾期不归,令荫折回南京,实行所定取偿方法,则股票半价洋十一万五千六百五十元,并两年半逾期息金,照各股东附股时湘汉利率,均应如数取偿,分毫不能短少。至于除还下欠债款本息,亦照合同办理等因。奉此,特再具函为最后之催告,应请贵公司于五日内归还前欠价款,并先一面答复,俾定行止等语。

查此案宕延已久,贵会派员赴矿查勘,闻已勘毕言旋,究应如何解决之处,敬祈贵会早赐核议,示复祗遵。肃颂

公安

总经理 夏偕复

夏偕复、盛恩颐致公司董事会函

民国十三年五月七日(1924.5.7)

董事会公鉴:

前据赖伦矿师查勘永和矿报告,业经译汉连同原文送达在案。兹续据赖矿师来函,关于永矿事宜续有报告,兹照译两份,除以一份送股东联合会外,兹特送呈,即祈鉴核。肃颂

公安

总、副经理

[附件] 赖伦致夏偕复函

棣公总经理阁下:

敬启者,谨遵今日钧函所示之希望,及续行永和最近调查之报告,余得转呈萍乡金总工程师及陈友德君报告之原文,至为欣慰。案此报告原文,乃余三月二十七日离永和以后,探矿窿道之进步情形也。此矿应办之新探矿工作,余启程时,照此次所揭方针,业已吩咐,乞将此二报告及方针,照抄数份,寄上之原函,希即掷还为荷。

由此二报告,可知永和新探矿工作之结果,较余前报告所逆料者,尤为优良,向西北之主要窿道(参考余拟定之方针全部及陈君之报告),已通过余报告中第一图所示之断层,且复存良煤中,仿佛在大槽煤槽向东北之长面内。凿入大槽上磐之横断窿道(参阅余报告第三图及陈君之报告),发见新煤槽(似即小槽),系可以炼焦之良煤,且主要窿道之西南部,亦发见之,似即该小煤槽之连续,而余则误认为沿他曲折面之煤炭导脉者也(参阅余报告第三页附注)。宜注意者,由小槽内此等地方所产之煤,灰分甚低(百分之三.九九及百分之三.一〇),挥发物亦低(各为一四.八八及一八.二〇)也。

余最近调查永和煤矿以后,新探矿工作,于最短时间内,得如是之优良结果,除再极力劝告下述之意见以外,更无他说,即在永和煤矿内,更继续

此种探矿工作。照余最近报告所示之计划,于萍株铁道线之附近地点,着目开发新矿是也。在小槽煤槽内,发见可以炼焦之良煤,且利用无凝结性之大槽煤,与萍乡煤混合,为汉冶萍公司化铁炉制造冶金用之良焦,亦有可能性。若此种焦炭,用近世副产物炼焦炉制造之,则此可能性,似可制造充分之焦炭量,以供化铁炉之用,而其费用,亦必低廉。所谓近世副产物炼焦炉者,审慎再三,计划已久,约计自一九〇八年以来,即有是议,或拟设在汉阳铁厂,或拟设在萍乡煤矿者是已。

探矿工作,沿正当精确之方向,既得优良结果,由是可知将来永和应施之探矿工作,必须由干练经验之工程师指导之,管理之。去年余曾托陈友德君,规定每月至少巡察永和一次,乞将该矿之进步情形告余。陈君者,在余前萍乡副总工程师拉克司(Lux)之下,实有训练之矿山测量家也。但此项计划,为某种原因,未曾实行,致使此矿遭去年之损失。今年亦托陈君作此种规定之巡察,并嘱金总工程师,赞许此行。所规定之探矿工作,尚须继续许久,而欲得最良结果,以用一外国有经验之工程师继续管理为上策,强明精干之管理,可省经费不少。

余此次更拟减少矿夫至适当之数,照前述方针,仅使够探矿及开矿工作之用而已。去年矿夫,仅十九人,每日仅一班,作工十二时间,曾与三矿夫头口头协议,以此数之二倍,甚至三倍之矿夫,挖煤每车(半吨),给以二角以下之包工价值,则每日产煤五十吨自可办到。乃此次余抵永和时,所雇矿夫,不下一百七人,就余去年离永和时仍存之顺适工作状况而论,每日仅挖煤五十吨,产额既少,则此矿夫数,不无过大之感。由余对于永和此后继续探矿工作所定之计划而言,由四矿夫头,仅雇矿夫七十五人,经营此事,实可够用。裁减矿夫,能否实行,须视魏矿长之权力为转移,如魏矿长能抗本地俱乐部之恶意,自可减少矿夫,使至此数。顾此俱乐部之一首领,名陈新甫(译音)者,永和所雇之工匠,萍乡监工王鸿卿之亲戚也。王鸿卿与其兄王殿丞(曾充萍矿化验长)于一九一七年免职,致起萍乡工人之种种骚扰,并使德国最后之少数佣员,由萍乡早行解职。关于此事,余现有确实证据在。

除减少矿夫数以外,尚须节省管理费,前报告中,已言及之。欲达此目的,以请魏矿长来沪面议此重要问题为上策。余逗留永和时,关于此点,已与魏矿长作准备之协议矣。

余离永和后,关于永和矿所呈进步之附加报告,请以此等劝告终结之。窃此豫期之进步,对于此矿良好之前途,加重要之关系,可作萍乡之副矿,供给充分之焦炭,以供汉冶萍公司汉阳大冶化铁炉之用。此种焦炭,实汉冶萍公司目下所急需者也。

余之提议,在正当情形内,务祈从速见诸实行。特此报告。顺候钧安

赖伦上言

公司董事会致夏偕复、盛恩颐函

民国十三年九月三十日(1924.9.30)

总、副经理均鉴:

接刘予醒、李徵五、汪幼安三君函称:接奉台函并抄示各件,嘱将永和全案、合同、证据先行详细研究,再会同永和朱、屠两君,严切谈判等因。当由股东联合会公推徵五、幼安会同予醒将该案分项阅览。查永和矿产,非由永和公司正式立约出卖,乃系由朱、屠收买永和股票转让汉冶萍公司,不过由朱、屠担保其股票全额不超过十七万八千五百五十元,又担保将一切文件、册簿、票据、材料、款项,以及生财完好交出。既云担保,其非主体可知也。不由主体而为买卖,似非一种直接之买卖行为,此种买卖方法,实出乎通常手续之外。复阅合同内容,其性质不徒不能认为正式买卖契约,并不能认为议卖之草约,直一种将来可为买卖之预约耳。况该附合同第二条载明,如新董事不能行使职权时,得要求乙方照正合同第四条第三项同样办理。此时既非有正式买卖契约,又未经将矿产权柄正式移交接收,是新董事不能行使职权,双方只有股东抵借之关系,仅不能与依买卖之结果,以移转矿产者相提并论。虽已由夏总经理派员探采,而永和所领部颁探采各照,据夏总经理声称,至今尚未由朱君等签字移转,即汉冶萍至今并未取得

此矿所有权。关于股票之预先抵借款项,应如何了结,尽可依据该合同原文办理。至对于该矿之收买,现既叠经赖矿师等一再勘明,原有各窿本属废窿,无煤可挖,须再费巨金另探新窿道,是该项标的物已具有重大之瑕疵,似非再经董事会正式审议后,不能认买卖之已成立也。徵五等管见如此,似否有当,仍祈复核。至向永和旧股东交涉,自应由原经手办理,徵五等无会同之必要。除径复股东联合会外,合并声明等语到会。

查此事尚未接准股东联合会来函,所有刘、李、汪三君函陈各节,合先备函布达,即希查照。此颂

均绥

董事会启

魏允治致永和煤矿公司董事会函

民国十四年四月七日(1925.4.7)

董事会钧鉴:

敬肃者,本月五日奉永字第七号钧函开:查该矿每月除赍送报册及报收萍拨经费外,别无报告,目下工作是何情形,每日出煤若干吨,是否全数售出,计自采出煤以来共有若干,售去若干,尚存若干,售去者是何售价,如何支销,希即一并明细开折具报备核。现值公司经济困难,各厂矿均厉行减政,如当涂、宝华等每月经费亦均裁减,该矿尚在保守时期,月需经费三千元,数不为少,务即大加裁节,将每月必不可少之用数,酌拟开单陈候核定照支,统希查照办理,毋延至盼等因。奉此,允治遵将各项情形详细陈之:

查窿内工作,自上年被水浸害之后,预料抽干积水,各处修理需时,是以决计减去工人数十名,藉资搏节,业于上年八月五日和字第十五号函将减工情由呈报在案。现窿内只存工人三十六名,仅敷修窿之用,而仍责令随时采取,矿出煤吨数视地段之难易为准,每日或数吨,或十余吨不等,按月列册呈报,且屡经该监工报称,尚有出煤地段,要求加工,因经济困难坚未允许。上年赖伦矿师指导之处,未克继续进行,亦为少数工人所限之故。

此目下工作之情形也。

又查窿煤一节,自十二年五月开始出煤起至十四年三月底止,共计采出七千八百三十二吨四百九十五启罗,内除售出二千吨,并逐月支用有册可稽外,尚存一千零三十吨零八百七十五启罗,另折开呈。计自采出煤以来,实只售过一次并未全数出售,所售之二千吨,每吨价洋二元四角,共洋四千八百元,当交收支处入册汇报,已于上年六月三十日和字第十一号函呈在案。并未指定何项支销。此出煤用售之情形也。

又查经费一层,窿工、机器两处工人工资为支出之大宗,自经工人俱乐部成立后,无故实难减少,其他材料均须应时购储,以备急需。允治接手以来,对于各项材料非万不可少之品,决不轻予购办。至于员司薪水,原有一千四百余元,历年递减,现仅月支七百十二元,所有人数悉未多用,原定薪水不厚,加之时下生活程度过高,无可再减。矿警部分以岗位人数而论,尚不敷用,服装各物亦未制全,此皆为节省之故,所幸各巡士籍隶北直,无工党性质,地处偏僻,深资得力,实无可减之处。此外,地方士绅津贴、矿山租价,均尤不能议减,即如原有窿内矿师以及事务、煤务、转运各主任遗缺均未请补,其余缩减转运处租地租价以及三月十二日和字第七号函请减少机器、监工薪水,均为节省起见。以前奉准核定月领经费四千元,自上年秋季水患发生,允治即趁时机裁工减费,极力撙节,现在每月仅领经费三千元,时形竭蹶。惟冀遇事减省,以所节之余补不足之支,就目前窿内水势而论,机器处应加工匠,窿工处应增工人,均经允治严词拒绝,不允所请,无非为保守时期未便琐渎,用副钧会减政之至意。所有每月必需用数另折开呈,此经费未能再减之情形也。

至本矿与当涂、宝华事实不同,情形有别,似难并论。窃思允治供职以来,对于用人用款,无不力求撙节,未敢稍有虚糜,致负委任。兹奉前因,理合将裁节困难各情形缕晰呈复,伏祈察核示遵,是为至叩。专肃。敬请
钧安

魏允治谨肃

永和煤矿公司董事会致魏允治函

民国十四年四月十六日（1925.4.16）

径复者：

接八号函，陈复永矿目前工作及不能核减等情，查该矿自接办以来，仅出煤七千八百余吨，近年出数益减，每月仍需支用三四千元，而出煤尚不敷自己烧用，如以用款扣合煤数，成本之巨当为中外所无。现值经济困难，似此掷金虚牝，其何以对股东。前者函饬核减，犹复以无可裁节为词，殊属非是，应自接函之日起，即行停工收束，酌留十数人保守，自五月一日起月支经费以一千元为限，如能再少更妙，按月报由本会核准方得在萍矿支领。除函萍矿遵照外，合亟函知，即希查照办理，并将酌留人数及一千元用途如何支配，开折送核是要。此致

魏矿长

董事会启

公司董事会致盛恩颐函

民国十四年六月十七日（1925.6.17）

兼代总经理台鉴：

接第三十一号来函，以永和煤矿现开并非正窿，出煤无多，徒糜经费，应否继续现状，抑或改保为守，以节糜费之处，请核议示遵等因。兹于民国十四年六月十五日第十一次董事常会提出，公议：现值减政之时，经济至为困难，所有永和煤矿既称现在所开并非正窿，应即照经理所请，改保为守，以节糜费，俟将来必须开办时，另再寻获正窿，妥筹办理云云。相应函复，即希查照。此颂

台祺

董事会启

夏偕复呈江西实业厅文

民国十五年九月十六日(1926.9.16)

为呈复事。

奉钧厅第十三号通知:奉农商部训令,查催各矿业权者,呈报开工日期,奉经通知矿商,所领矿案,注册已久,如尚未依照矿例细则第四十四、第四十五两条之规定办理,亟应于本年九月分别呈报等因。仰见钧厅于促进矿业之中,仍寓体恤商艰之意,感佩莫名。伏查矿商呈领萍乡县属之长坡里煤矿采区,自上年六月间奉到部颁执照后,即将关于采矿之重要设备各事宜分投筹备,限于经济支绌,未能积极进行。至本年四五月间,甫经就绪,正拟呈报开工,讵其时霪雨兼旬,山洪暴注,矿井悉为淹没,几至尽弃前功。同时株萍路之湘东桥亦被水冲圮,该路本已缺车滞运,今更转运维艰,即使勉力开采,煤无出路,势必益陷困境。正在观望时机,而湘鄂遽发生战事,赣西亦复告警,金融杜塞,遮断交通,更无措置余地,只有俟时局平靖,运道通畅后,再议开工。缘奉前因,理合据实呈复。伏祈钧厅俯赐鉴核。实为德便。谨呈

江西实业厅

矿商夏偕复谨呈

(八) 佛宁门煤矿

孙宝琦致公司董事会函

民国七年五月二十四日(1918.5.24)

董事会公鉴:

前准来函,以有人在江苏实业厅呈领南京佛宁门煤矿,请向部设法挽回等因。当经函请农商部缓批厅呈,俟公司呈送图说,即予查照前案,核给矿照在案。兹准农商部复函内开:佛宁门煤矿公司领照试探于前,并出资

赎回于后,本有优先取得采矿之权,惟据厅呈,迄已五年,尚未换照开采,核与现行矿例究有未合手续之处,而于停办原因仅称经济困难,亦难据以驳斥他商。贵公司既因有人领办,函请设法挽回,应将停工数载有何特别原因足为充分理由,详晰声复,以凭核办等因。

查佛宁门煤矿公司停办已久,究竟有何特别原因,应请查明核复,以凭复部。鄙见此矿公司既已费款力争,将来如能争回,无论合用与否,自不得不筹资开采,以免他人觊觎。倘虑资本太重,煤质不合炼铁之需,不妨暂以土法试挖,用款无多,所挖之煤并可就地出售。好在当此缺煤之时,市价甚佳,或不致有亏累之虞。倘不愿办,只好弃之,未便悬宕。兹将部函照抄奉览,请即核议见复。专此。顺颂

公绥

孙宝琦致盛恩颐函

民国七年六月十七日(1918.6.17)

泽承贤婿惠览:

昨接来函并呈文函稿,均经领悉,即嘱蒙生往晤邢司长,面商一切。据云:勿庸公函,只须呈文一件,呈内声明公司领矿在先,支宝争矿在后,旋经前苏督程判断矿产仍归公司,偿其损失洋二千元,俱皆有案可稽;因部中迄未发照,以故至今未能开采。况部中并无明文取销公司之采矿权,而公司应有之采矿权当然存在。兹按照邢司长所嘱,拟就呈稿一纸,内中之年月日请尊处查卷填写,事实中如有不合之处,即希更正可也。以上各节均与邢司长当面接洽妥协,照此办理谅无遗误,即希照缮盖印寄京,以便呈递为要。此复。即颂

时绥

宝琦启

地山仁弟患恙计已大痊,均此道候。

附呈代拟呈稿一纸。

[附件] 汉冶萍公司呈农商部文

具呈人汉冶萍煤铁厂矿有限公司。

为呈请开采煤矿事。

　　窃公司于前清宣统二年六月在江苏省江宁县佛宁门山地方发现煤矿，愿在该地领矿区，民地官地面积共九方里三百八十四亩二分七厘，曾于民国元年十二月三十日由公司呈请江苏都督咨部发给开采执照在案。辛亥改革时，有支宝公司朦呈请照，经江苏都督令饬交还，支宝要求赔偿损失，经江苏都督判断以二千元收回，俱有案卷可稽。是公司既得探矿权于先，复又赎回于后，大部既无明令取销采矿权，则公司采矿权当然存在，自应即日开采。惟前既经苏督咨部请照，理应候部发照，方可开采。旋因政局未定，延至于今部照尚未发给，而公司因大冶新炉告成，用煤甚多，仅恃萍矿所产，实不敷用，务恳大部俯念商艰，准予所请，发给矿照，以便开采，而维实业。兹特具矿图及矿床说明书呈请鉴核施行。再，前呈矿图代表人误填副经理盛恩颐之名，特此更正。合并声明。谨呈

农商总长

　　呈请人:汉冶萍煤铁厂矿有限公司

　　上海四川路三十六号

　　代表人:夏偕复

　　职业:汉冶萍公司总经理

　　年龄:四十五岁

　　原籍:浙江杭县

　　住址:上海愚园路十号

　　代书人:

　　职业:

　　年龄:

　　住址:

　　连署人:盛恩颐

职业:汉冶萍公司副经理

原籍:江苏武进县

住址:上海静安寺路一百十号

附呈矿区图五纸

矿床说明书二扣

江苏实业厅通知

民国七年十月二十三日(1918.10.23)

通知汉冶萍公司。

案查该公司请采江宁县佛宁门煤矿一案,前据将矿图更正送厅,当以图内所载面积数目按照缩尺未能吻合,曾于该图粘附签注,呈部酌核能否认为合格在案。兹奉农商部指令第二一二〇号令开:呈并附件均悉,查汉冶萍公司请采江宁县佛宁门煤矿一案,既据查明并无纠葛违碍。惟矿区面积按照所呈矿图计算仅四千三百七十余亩,较图内所载九方里三百八十四亩二分七厘之数相差八百六十余亩,又缩尺系用万分之一,其图中测点六号至十一号暨十二号至一号各角度,并未按测点进行之顺序填注,三四两号之次序亦填写错乱,均属不合。合行将原图发还,仰即转饬更正后,再行呈候核办。此令。等因。奉此,合亟通知该公司,仰即遵照令开各节,重绘精确矿图四纸,呈候核转。此知。

厅长　张轶欧

江苏实业厅通知

民国八年三月十五日(1919.3.15)

通知汉冶萍公司。

案查该公司请采江宁县佛宁门煤矿一案,前据将矿图更正送厅,即经转呈在案。兹奉农商部指令第五二〇号开:呈图均悉,江宁县佛宁门煤矿前据该厅查明,汉冶萍公司确向江苏旧省公署请采有案,此次所送该公司遵令更正矿图到部,审核尚无不合,应准随令填发采字第六百三十二号采矿执照一纸,仰即注册给领。矿图四纸,一纸存部,三纸印发,并仰分别发存。此令。等因。并发矿图三纸,采照一纸到厅。奉此,合亟通知该公司,希即遵照矿业注册条例第十条各项之规定,将应缴注册费一千元缴送到厅,以凭注册给照。此知。

厅长　张轶欧

江苏实业厅通知

民国八年四月二日(1919.4.2)

通知汉冶萍公司。

为通知事。

　　案据该公司遵将奉准给照开采江宁县佛宁门煤矿一案,应缴注册费一千元,派人赍送到厅,并附领状一纸。据此,除将该公司矿业权照章注明采矿金字第一册第十二号,暨分别呈咨训令外,合将部颁采字第六百三十二号执照及盖印矿图各一纸发给收执,并依注册条例施行细则第十九条之规定,将注册号次各项另纸通知该公司,仰即遵照矿业条例第七十九条第一项,及矿业条例施行细则第四十四、四十九、五十、五十一、五十二、五十四、六十八、七十等条,暨第七十一条第二项之规定办理。此知。矿图矿照各一纸随发。

厅长　张轶欧

　　计开

　　注册号次　采矿金字第一册第十二号

　　注册原因　奉部核准开采煤矿

　　注册目的　采矿权之设立

　　收文年月日　民国七年七月十九日

　　注册年月日　民国八年三月二十五日

　　事项号次　共计六项

　　部颁采矿执照采字第六百三十二号

汤尚松、陶吉甫致夏偕复、盛恩颐函

民国九年三月十五日(1920.3.15)

总、副经理钧鉴:

敬肃者,昨上第一号函谅蒙鉴及。窃尚松等于十四日随同席君鸣九前赴佛宁门煤矿区域,按图先由王姓屋西北角立有本公司界石处起勘至三元庵嘉善寺,转由山道上行三里许,见有老窿口三眼,虽经土淤,形势尚在。再向上行越过山岭,下驰里许,又见老窿口两眼亦为土淤满,再下驰数十武两旁叠出山岗,中间低凹,此即图载佛宁门之地点。由岗边降级而下约一里许,出山口转东约一里许至三台洞庵,后殿三间向作佛堂禅房,前殿三间颓垣漏屋,后檐矮墙上无遮栏,门窗隔板均不完全。庵外左右沿山十二洞,榴木成林。询据土人云,是宵小出没之区,后商据该庵主持面称,前进庵屋昔年有人租住,按月租洋十元,此时须加租金,如须修理则归房客自理等云。经尚松等一再商减,不见承允,即辍议,向二台洞再觅。讵行里许,连见三洞烟熏墨黑,间有流氓盘踞,惟日偏西遂归旅次。本撙节之旨,互相筹议,凡为管见所及,胪陈鉴核。

一、就矿设局,舍三台洞庵别无相当,拟租该庵设局以利工程,月租约以五元至八元,为托人磋商之余步,惟修费较巨,主持尚不承修,而由我修理,或分认修理费,但求利于进行似可不惜小费。

一、商租庵屋及加修理尚需时日,若仍寓旅馆,房饭过巨,拟于租定时先悬事务所牌于庵门,择日开工,另在下关僻静处觅屋居住,月租约在十余元,较寓旅馆为省,惟往返矿区日需租驴费甚巨,现拟购驴两头,每匹约洋二十余元,月计较租用为合算,且裨于工而便自用。

一、兴工开矿时,所雇工人良莠不齐,处此荒野蒹苇之区易生事故,拟请县转嘱警厅,届时派警驻矿,以资保卫。

合将以上三条亟应筹办缘由,具函陈明,伏乞迅赐核示遵行。其余应筹事件容再续陈。再,尚松等于十五日同赴实业厅,适值张厅长公出,遂晤矿业科长面递公〈函〉,陈明到山开办,并约明日再谒厅长而退。旋至江宁

县询知,孙知事昨已赴苏,遂晤黄课员言明到矿开办,面交信件经其代收,嘱于十九日再谒县长。附以陈明,请纾廑念。专肃。敬请

钧安

工程员　汤尚松

兼总务员　陶吉甫

夏偕复、盛恩颐致汤尚松、陶吉甫函

民国九年三月十九日(1920.3.19)

径复者:

接三月十五日第二号函,具报履勘矿山情形,并拟办法三条,具悉。查该矿山荒僻,除三台洞庵别无栖止之处,自系实情,希即与该庵租定前殿为事务所,应需修理之处核实枯计报候核复后,再行兴修。至修理未竣以前,请在下关暂行租屋并购驴两头以作赴山代步,及函请县署派警驻矿保卫,均属可行,准予照办。除俟开工定期陈报到后,再函县拨警外,复希查照。此致

佛矿事务所汤君尚松、陶君吉甫

总经理　夏偕复

副经理　盛恩颐

汤尚松、陶吉甫呈周厚坤[①]报告书

民国九年三月三十一日(1920.3.31)

谨遵矿业条例将佛宁门山煤矿形势开采办法及组织情形逐修胪陈于左:

一、矿位　查佛宁门山高约二百余丈,坐落南京省城神策门外西北方相距九里之遥,东北有二台三台两洞,北近扬子江支流,山脚有榴木成林,西有达摩洞,南有三元庵嘉善寺,山南北均有路可通下关,约计十里之遥

---

① 周厚坤(1409—?):字朋西,江苏无锡人。时任公司经理处技术课课长。

（见第一图）。

二、结构　勘佛宁门矿山叠垒成形，原来端正，内含煤层亦属齐整，因地质之运动使底层变为侧立，形属崎岖，昔之上层则倾落于山南者居多，察看四周之山石，最多为右灰石，其次为红纱石，而泥板石与黑炭石亦间或有之，且有数处发见变形石，如翡翠石灰石粒、华英石等类（见第二图）。

三、历史　查本公司在前清时，领有江宁县属之北固乡佛宁门煤矿一区，曾派温武滋矿师实行开采，因光复而停办。入民国后，则呈请江苏实业厅转奉农商部核准颁给采矿执照，查明矿业注册条例第二十六条之规定，特派职务员就矿区设立事务所，重复开采以守矿权。

四、开窿　现在佛宁门山之中腹部开辟窿口，系向正北距山脚约四五百尺由窿口开挖，向正南挖至三丈时，分挖两叉道，一面由西至南六十度，一面转由北至东八十度开挖。先用孔明车取水，因水量日见加增，拟即购办三十匹马力锅炉全副，十寸径双筒取水机一部，用四寸进水管、三寸出水管，每点钟可取水二千格伦，庶可免除目前之水患。现经工人努力，每日可挖丈许（见第三图）。现一面在佛宁门山前部用半西半土法开采，一面在佛宁门中部及夏家廊等处另用钻机寻取丰美煤层，俟取得佳煤时，即一面由夏家廊开窿挖通现开佛宁门之煤窿，一面购设轻便铁道，装置起重机、洗煤台等，以图大兴开采。惟该处地壳翻动剧烈，断层众多，施工维艰，不得不循序进行耳。

五、办公部　总公司设在上海四川路三十六号，事务所暂设于江宁县属之北固乡三台洞道院，工场设在佛宁门山中部夏家廊等处，材料处设在佛宁门山附近窿口。

六、服务　采矿工程师汤尚松、总务员陶吉甫，会计、庶务各一人，机匠一名，监工一名，矿警四名，工头一名，副工头二名，矿工三十余名。

以上六条，恐有疏略，不合矿章，如有损益之处，敬请裁核更正，转呈经理核夺，转陈实业厅备案，批示祗遵。谨呈
周课长台鉴

事务所　汤陶

汉冶萍公司呈平政院诉讼书

民国九年三月(1920.3)

参加之事实及理由。

本案孙占魁因欲夺取本公司业经取得江宁县佛灵山煤矿之矿业权,不服农商部之决定,提起行政诉讼。前奉农商部函开,钧院以该诉讼与本公司有利害关系,依行政诉讼法第八条,命本公司参加诉讼等因,当将本公司所得该矿矿业权之经过情形及详细事实,缮具参加书,经由农商部转呈钧院在案。兹再就农商部之处分并非违法,与夫本公司在法律上应享有该矿矿业权之理由,依式提出参加书状,请求察核。

查孙占魁起诉理由及追加理由,虽据胪列多端,综其要旨,可略分为事实上之攻击,与法律上之攻击,兹就其攻击之点分别驳辩于次:

一、关于事实上攻击之点略称:民自民国六年十二月请求开采佛灵山煤矿,迭次具禀,历经年余,江苏实业厅向无云及汉冶萍公司有请采之事,该公司亦无开采之事实,直至八年二月二十一日江苏实业厅抄给农商部处分命令,始谓该公司曾于前清末年领照,呈请开采。此次农商部答辩书乃谓该公司呈请给照在先,江苏实业厅接管卷内确有此项呈文,已据该厅查明呈复民之呈请在该公司采照未发以前,业经该厅批斥在案等语。其实该公司究竟是否呈请在先,有无案卷,殊不可知。民于初次呈请时,江苏实业厅实未批斥,其后鲍镕捏名让与,该厅违法允许,始行批斥,然始终未提及汉冶萍公司一字云云。

查矿业条例第四十条,探矿或采矿呈请地与他人所呈请之地相重复者,其重复部分应以呈请在前者有优先权。本公司发见江宁县佛灵山煤矿,前清宣统二年即经领有勘照,民国元年支宝公司朦领该矿,复经本公司出资赎回,向江苏省旧公署呈请采矿执照,只以部照未发,不敢先事兴工,案卷俱在,不难查核。孙占魁请领开采该矿执照,事在民国六年,其所呈请之地与本公司呈请在前者完全重复,按诸上开条例,本公司自属有优先权。江苏实业厅驳斥孙占魁之呈请,无论其批词中有无云及本公司呈请开采之事,而本公司呈请在前之效力,要并不因此而减杀或消灭,讵容呈请在后之人藉为口实。

一、关于法律上攻击之点略称:矿业条例第四十六条第一款,矿业权注册一年后无正当理由延不开工者,其矿业权应即取消;又第一百零七条,自本例公布日起以六个月为限,凡从前业经领照之矿,须依本条例呈请注册。汉冶萍公司假使果于前清时曾经领照,何以八年之久延不开工,其在矿业条例颁布之后,又何以并不依法注册?乃据农商部第四八九号指令抄粘孙某来函内称,该公司已于前清时领照探采,而农商部之答辩则谓该公司尚未领得采照,是该公司欲以曾经领照证明其矿业权之确实,农商部则以该公司未曾领照,以便于法律上之解释,而不自知其词之矛盾;且据矿业条例第一百零六条,本条例自公布日施行,依该条例所规定,凡欲采矿者,应具呈文并附图说,否则不生效力。乃农商部之答辩书谓,该公司呈请开采在前,不得以省旧公署遗失矿图延未咨部之故,使该公司之优先权受其影响,而该公司孙某函中则有赶办图说之语。夫既日赶办,则系从前未办而非遗失可知,农商部乃诿过于江苏省旧公署之遗失而毫无证明方法,显系托词掩饰。况即如农商部所云,又何以数年之久,该公司从未呈催,亦属自甘抛弃云云。

查矿业条例第四十六条第一款规定,系指领有采矿执照之人,于注册后逾法定期限,延不开工者而言,若尚未领得采照依法注册,而仅在呈请之中,该项条文自属难于适用。又同条例第一百零七条关于注册期限之规定,乃对于在该条例公布之前业经领有矿照者而设,若在呈请领照之中,该项条文亦属难于适用。至同条例第二十八条虽规定凡欲采矿者应具呈文并附图说;而第三十一条又载,呈请办矿人所具图说若不完备,矿务监督署长或农商总长得限期令其更正或补呈,如逾限尚不更正补呈,应将原呈取消等语。综观前后条文,呈文、图说虽为呈请采矿者应行提出,然苟不完备,必须该管官厅限令更正补呈,而仍不遵,始应将原呈取消,否则呈请采矿人并无应受何种制裁之明文。本公司领得勘照事在前清末年,民国元年已经改请采照,迨该条例公布后,孙占魁朦领前本公司所请采照并未奉部发给,则该条例纵有注册开工之期限,本公司何所依据呈请注册? 何所依据克日开工? 矿图一节,本公司于请领采照时,无论早已附呈,即使假定该项矿图本公司于请领采照时未曾附呈,而依上述条文亦非经江苏实业厅长或农商总长取消本公司之原呈,而本公司之呈请在前,依矿业条例第九条及第四十条,仍有取得优先权之效力。况本公司附呈矿图,系经江苏旧省公署将其遗失,因而延未咨部,已有江苏实业厅长查复农商部之公文书可以证明。而矿业条例亦无呈请采照人如逾若干时期而不向主管官厅呈催发给,即属抛弃权利之规定,即本公司亦无抛弃该项矿业权之表示,何得以未经呈催之故遂即指为抛弃? 至就本公司前用孙宝琦名义致函农商部而未用正式之呈文加以攻击,此乃本公司所具文书是否违式之问题,而本公司前此依法请领采照,应享优先之权已如上述,则此次之文书无论违式与否,要不因之而受影响,即无辩驳之价值。

依上述理由,应请钧院驳斥孙占魁之请求,仍维持农商部之决定,以保矿权而安矿业。实为公便。谨呈

平政院公鉴

中华民国九年三月　日

　　参加人:汉冶萍煤铁厂矿有限公司

　　代理人:律师许卓然

　　　　　律师曹祖蕃

汉冶萍公司致江苏实业厅函

民国九年四月十日(1920.4.10)

敬启者:

接奉第七十六号批开:呈报江宁县佛宁门煤矿开采日期并分设事务所,请鉴核由,奉批:据呈已悉,仰仍遵照矿例,拟具矿业施工计画书,绘图贴说,连同矿工服务、抚恤各规则,一并呈候查核。此批。等因。奉此,遵将佛宁门煤矿施工计画,开呈清折一扣并附各图,又矿工服务及抚恤规则,

另缮一折,备函呈送。即祈鉴核备案为荷。此致
江苏实业厅厅长

汉冶萍公司谨启

[附件一] 佛宁门煤矿施工计画书

一、矿位 查佛宁门山高约三百余尺,坐落南京省城神策门外之西北,相距九里之遥,东北有二台、三台两洞。北近扬子江支流,山脚有榴木成林,西有达摩洞,南有三元庵、嘉善寺。山之南北均有路可通下关,约计十里之遥(见第一图)。

二、结构 勘佛宁门矿山叠垒成形原来端正,内含煤层亦属齐整,因地质之运动,使底层变为侧立,形属崎岖,昔之上层则倾落于山南者居多,察看四周之岩石,最多为石灰石,其次为红砂石,而泥板石与黑炭石亦间或有之,且有数处发见变形石,如翡翠石灰石粒、华英石等类(见第二图)。

三、开窿 现在佛宁门山之中腹部开辟窿口,系向正北,距山脚约四五百尺,由窿口开挖向正南,挖至三丈时分挖两叉道,一面由西至南六十度,一面转由北至东八十度,开挖先用孔明车取水,因水量日见加增,拟即购办三十匹马力锅炉全副,十寸径双筒取水机一部,用四寸进水管三寸出水管,每点钟可取水二千格伦,庶可免除目前之水患。现经工人努力,每日可挖丈许(见第三图)。现一面在佛宁门山中腹部及下家廊等处另用钻机寻取丰美煤层,俟取得佳煤时,即一面由下家廊开窿挖通现开佛宁门之煤窿,一面购设轻便铁道,装置起重机、洗煤台等,以图大兴开采。惟该处地壳翻动剧烈,断层众多,施工维艰,不得不循序进行耳。

[附件二] 佛宁门煤矿矿工服务、抚恤规则

服务规则

一、工作之种类及其等级 为石工、木工及挑土工。

二、雇佣及解雇之办法 随时雇佣,如不听指挥或工作不合程度,与以三日之知照辞退之。

三、对于各种类各等级之工价　随工作之轻重难易而定之。

四、发给工价日期　每月一号或十五号,视收支事务之繁简而定之。

五、各种类之工作时间及其换班方法　每日十时,每日一班。

六、休息日及其他关于休息之事项　每两星期休息一日。

七、关于老人幼童妇女劳动之事项　并无老人、幼童、妇女之劳动。

八、所定之赏罚事项及其等级　工人如有意毁坏公司物件,其损失在工价以内者,于工价中扣除之,其超出工价以外者,向包工追偿之。

抚恤规则

一、诊察费及疗养费由包工担任之。

二、疗养时不能工作,按其日数给与三分之一之工价。

三、葬费给与十五元。

四、遗族抚恤,按照死者一百二十日之工价给与之。

五、废疾抚恤,照废疾者一百二十日之工价给与之。

夏偕复、盛恩颐致公司董事会函

民国九年四月十四日(1920.4.14)

董事会公鉴:

　　本公司领有江宁县佛宁门山煤矿一区,业经遵照矿例呈奉农商部发给采照,并于八年三月在江苏实业厅注册在案。查矿业注册条例第四十六条,载有矿业权者注册一年后,无正当理由延不开工,或中途停工至一年以上者,其矿业权应即取消等语,是该矿亟应开工,未便再缓,业派汤尚松为该矿工程员,陶吉甫为会计兼总务员,驰往开办。兹据该员等函报,已在矿区附近三台洞道院租定前进为事务所,一面招工开采,除函报实业厅、江宁县给示保护外,理合将派员开办佛宁煤矿缘由,备函陈请贵会鉴核备案。

祗颂

公安

总、副经理

江苏实业厅通知

民国九年四月十九日(1920.4.19)

通知汉冶萍公司佛宁门煤矿事务所。

案准该公司上海总事务所函送江宁县佛宁门矿业施工计画书、矿工服务、抚恤各规则并图说到厅,察阅所拟计画,大致尚无不合,惟查服务规则内载第三、四两款,均未据明白规定,其第八款暨抚恤规则第一款各规定,复欠妥洽,合行通知该事务所,仰即查照分别更正,再行呈候查核。此知。

规则一份随发,余存。

厅长　张轶欧

江苏实业厅布告

民国九年五月十日(1920.5.10)

为布告事。

案据汉冶萍公司函陈,窃敝公司开采佛宁山煤矿,业将开工日期及施工计划先后具报在案,兹据该矿工程员等函称,钻机将到,亟应在佛宁山北面中腹部之五家山地方凿孔并堆土搭盖工场机房,需用陈、韩、刘、翟、潘五姓公山土地壹万叁千玖百方英尺。又在下家廊地方掘直井窿口并堆土搭盖工场,须用刘姓公地壹万贰千方英尺。该两处均系有主之地,除已托该北固乡总董先行通知地主外,理合函请转陈等语。查矿业条例第五十七条、五十八条载明,矿业权者使用他人之土地须经矿务监督署长许可,应即公告或通知地主或关系人各等语。兹据该工程员勘定五家山及下家廊地方凿孔开窿,并堆土塔盖机房工场,使用他人土地,共计二万五千九百方英尺,自应遵照矿例陈请钧厅许可,公告或通知地主,以便由该员等与各地主协商租用,给予相当之偿金。为此备函陈请,即祈查照施行,并请于公告或通知内,饬令各该地主务须公平协商,不得高抬租价,致碍进行等情。据此,查该公司领采江宁县佛宁山煤矿一案,业经呈奉农商部核准给照注册,并令江宁县知事保护开工各在案。兹据前情,除批令该公司转知该矿工程员前往接洽外,合依矿业条例第五十八条第二项之规定,布告该矿地各地主及关系人等,仰候该工程员到山妥与协商。此布。

厅长　张轶欧

佛宁门煤矿挖窿工程合同

民国九年六月三日(1920.6.3)

汉冶萍公司佛宁煤矿事务所(下文简称公司)与承揽包工王宝林(下文简称承揽人)订立合同。

今凭中保订明承揽人承包公司佛宁煤矿挖窿工程,双方协定条款详列于左:

一、窿口开挖深阔概以工部尺为准。

一、窿口定以六尺见方,深以六十尺递算。

一、挖工深在六十尺以内者,计黄土每尺工价洋一元八角,黑炭石每尺工价洋三元一角,硬石每尺工价七元五角。

一、自六十尺以下至一百二十尺者,计黄土每尺工价洋二元二角,黑炭石每尺工价洋四元,硬石每尺工价洋九元三角。

一、深至一百二十尺以下,如须下挖工价再定。

一、挖窿无论深至几何丈尺,如经工程管理员定挖横窿时,承揽人不得要求再往下挖。

一、深在六十尺以内开挖横窿者,窿口上宽四尺、下宽五尺、高六尺,进六十尺以内,黄土每尺工价洋一元六角,黑炭石每尺工价洋三元,硬石每尺工价洋七元;每进六十尺,黄土每尺加洋二角,黑炭石每尺加洋三角,硬石每尺加洋五角。

一、横窿在深六十尺以下者,每进六十尺,黄土每尺工价洋二元,黑炭石每尺工价洋三元八角,硬石每尺工价洋九元;每进六十尺,黄土每尺加洋二角,黑炭石每尺加洋三角,硬石每尺加洋五角。挖沟引水归承揽人自挖。

一、窿内需用木料铁器以及起水器具,概归公司置办,其火药归承揽人备价领用,其灯油及零星等物,概归承揽人自备。

一、抽提窿内之水由承揽人抽提。

一、窿内之水如深过十尺,致不能开工时归公司津贴,每工一名每日伙食洋二角。

一、窿内撑栅木料,由公司备匠人做好,归承揽人派工架上。

一、工人因公受伤,查实后由公司医治外,给伙食洋每日二角,如因伤以致永久不能工作者,由公司给怜恤费洋六十元。如因伤致死者,由公司给殡葬费洋六十元,工头一律看待。

一、所用铁器木料,如公司不能应手以致误工,归公司津贴每人每日伙食四角;承揽人所领之器具用坏,归公司修理,失落归承揽人赔偿。

一、每窿口工人限用铺板五丈,由承揽人向公司具领,失落归承揽人照赔;工人住处归公司租备,工人自用碗具等物,归承揽人备置。

一、工人如经工程管理员查实为有不法行为及有意扰乱情事,经指定后承揽人应即开除或由公司送官惩办。

一、工价十日领款一次,每月底结算一次。

一、承揽人如照合同约据办理,公司不得藉故另招他人包工。

一、承揽人如不履行承揽字据及不受工程管理员指挥,公司先行知照中证转告,取消承揽字据,另招他人承揽。

一、无论挖至几何丈尺,听工程管理员随时察看情形,设或必须停办,承揽人亦即停工,不得要求赔偿损失。

一、此项合同限以挖见煤层之时为取消之期,承揽人如欲继续承包挖煤,工价及条件由公司核定后应与承揽人尽先与议。

一、此项合同一样二份,双方各执一份存照。

代表人　汤尚松

代表人　陶吉甫

承揽人　王宝林

证　人　陈瑞仪

中华民国九年六月三日订

公司董事会致夏偕复、盛恩颐函

民国十年四月四日(1921.4.4)

总、副经理均鉴:

昨接第三十一号来函,以佛宁门矿机钻人掘迄未发见煤层,已饬撤局停办,报请鉴核等因。兹于民国十年四月一日第五次常会提出,公议:佛宁门矿既经探验无煤,应即停办,所有前领采矿部照,应请总、副经理即行缴销,以完手续云云。相应函达,即希查照办理。此颂
均绥

董事会启

汉冶萍公司呈江苏实业厅文

民国十年六月八日(1921.6.8)

呈为矿业权因废业消灭,呈请注销注册事。

窃查本公司前领江宁县佛宁门煤矿矿区,经于八年四月三日奉到通知,发下部颁采字第六百三十二号执照及盖印矿图各一纸,并蒙贵厅注册,将注册号次各项另纸抄发等因。遵即依照矿例,筹备兴工,于九年三月间遴派工程、事务各员,就矿设局开办,业经呈报并于注册日起,按期解缴区税各在案。开办时,先由工程员查勘矿区,相度矿脉,应在佛宁门山北向中腹部之五家山及夏家廊两处施工,陈经贵厅公告各地主,协议租用应用地亩,一面先用钻探,继用人掘,初开直井,后辟横窿,纵横约达数丈以外,除土石外全系黑炭石,再掘则见灰石与山顶露石相似。经营将及一年,迄未发见煤层,不得不作废业之表示,业饬撤局停办,并将使用土地填回原状交还地主,工头、团警、夫役亦一律遣散。理合遵照矿业注册条例第四节第三十六条之规定,呈请贵厅注销注册,实为公便。再,该矿矿区税已缴至本年六月底止,矿权既经消灭,以后区税应即停止缴纳,合并陈明。谨呈
江苏实业厅长

具呈人　汉冶萍煤铁厂矿有限公司

　　　　上海四川路三十六号

代表人　夏偕复

　　　　职业　汉冶萍公司总经理

　　　　原籍　浙江杭县

　　　　年龄　四十八岁

　　　　住址　上海极司非而路三十六号

代书人　王思亮

　　　　职业　汉冶萍公司文牍课员

　　　　原籍　浙江吴兴县

　　　　住址　上海中华路勤余里七号

连署人　盛恩颐

　　　　职业　汉冶萍公司副经理

　　　　原籍　江苏武进县

　　　　住址　上海静安寺路一百十号